空き家問題
解決を支える政策法務
―施策展開のための改正法解釈―

北村喜宣〔著〕

第一法規

はしがき

　研究テーマはいくらでもある。ただ、発見されるのを待っているだけだ。

　指導教官からであったか、かつて大学院生時代に、このように言われた記憶がある。要するに、鋭敏なアンテナを持っていれば、論ずべき課題は無限にみつかるという趣旨であろう。自分にそれほどのものがあるとは思えないが、それでも老朽不適正管理空き家への法的対応に関する理論と実務を研究していると、たしかに次々と論点に出逢う。ひとつ整理すれば、また新しいテーマがみえてくる。この分野は、行政法学や自治体政策法務論にとっては、「宝の山」ではないかと改めて感じる。

　倒壊の危険がある空き家群は、最近になって登場したわけではない。それがこれほどまでに問題化するに至ったのは、この社会が、事態の深刻さを本能的に認識したからであろう。少子高齢化による住宅ストックのだぶつきは、新築住宅の戸数増によって、一層肥大化する。経済的価値が低下した建築物には管理のコストがかけられず、状況は一層悪化する。所有者等を探そうとしても、登記簿が現在の所有者状況を正確に反映していないために、行政の対応は困難を極める。区分所有関係にある長屋の場合には、誰にどのような措置を求めてよいのかが明確ではない。所有者不明のままに行政が解体する際の費用負担をどのようにすればよいのかの整理が必ずしも十分にされていない。右肩上がりを暗黙の前提とする現行法制は、縮小社会の到来を想定してはいなかった。

　法律と現実とのこのミスマッチに、市区町村（以下、本書において「市町村」という。）は空き家条例で応接した。その爆発的拡大は、2014年11月に「空家等対策の推進に関する特別措置法」（以下、本書において「空家法」という。）の制定をもたらした。

　その施行から8年が経過した2023年6月、空家法は大改正を受ける。2014年法が取り組もうとした相手は、相当に手強かったのである。国土交通省は、改

i

正法の積極的活用を通して課題解決を図るよう指針を作成し、そのなかで「望ましい」「適切である」「考えられる」「重要である」「可能である」「参考となる」「求められる」として具体例を示し、市町村に働きかけている。一方、多くの法律・条例を兼任しているのが通例の市町村行政現場のなかには、改正空家法による事務の純増に対して、とまどいを隠せないところも少なからずある。

　空き家問題についての3冊目の論文集となる本書は、改正空家法の逐条解説をするとともに、2018年に出版した前書以降に執筆した論文を編集して収録したものである。関係資料も最新化した。空き家問題には、まだまだ多くの論点が伏在しているに違いない。アンテナの感度を落とさないようにして、これからもこの分野とお付き合いをしていきたい。

　本書の出版にあたっては、第一法規株式会社制作局編集第二部の小野寺佳奈子課長と名倉亮子さんのお世話になった。丁寧な編集作業により、筆者と読者との距離は大いに近くなった。釼持麻衣（関東学院大学法学部准教授）、箕輪さくら（信州大学経法学部准教授）、小谷野有以（上智大学大学院法学研究科博士前期課程学生）、山岸叶珠（上智大学法学部学生）の各位には、校正チェックの労をとっていただいた。あわせて感謝申し上げる。

　　　　　　　　　　　2024年　やっと来た秋があっという間に逃げてゆく

　　　　　　　　　　　　　　　　　　北 村 喜 宣

目　　次

はしがき

目　次

●第1部　2023年改正空家法

第1章　空家法の逐条解説 ……………………………………………… 2

目　　的（1条）　　　　　　　　　　　　　　　　　（ 4 ）

定　　義（2条）　　　　　　　　　　　　　　　　　（ 9 ）

国の責務（3条）　　　　　　　　　　　　　　　　　（ 19 ）

地方公共団体の責務（4条）　　　　　　　　　　　　（ 22 ）

空家等の所有者等の責務（5条）　　　　　　　　　　（ 26 ）

基本指針（6条）　　　　　　　　　　　　　　　　　（ 32 ）

空家等対策計画（7条）　　　　　　　　　　　　　　（ 34 ）

協議会（8条）　　　　　　　　　　　　　　　　　　（ 53 ）

立入調査等（9条）　　　　　　　　　　　　　　　　（ 56 ）

空家等の所有者等に関する情報の利用等（10条）　　　（ 62 ）

空家等に関するデータベースの整備等（11条）　　　　（ 69 ）

所有者等による空家等の適切な管理の促進（12条）　　（ 71 ）

適切な管理が行われていない空家等の

　　　　所有者等に対する措置（13条）　　　　　　　（ 73 ）

空家等の管理に関する民法の特例（14条）　　　　　　（ 89 ）

空家等及び空家等の跡地の活用等（15条）　　　　　　（ 96 ）

空家等の活用に関する計画作成市町村の要請等（16条）（ 98 ）

建築基準法の特例（17条）　　　　　　　　　　　　（100）

空家等の活用の促進についての配慮（18条）　　　　（102）

地方住宅供給公社の業務の特例（19条）　　　　　　（104）

独立行政法人都市再生機構の行う調査等業務（20条）（105）

独立行政法人住宅金融支援機構の行う援助（21条）　（106）

目　次

特定空家等に対する措置（22条）　　　　　　　　　　　　　（107）

空家等管理活用支援法人の指定（23条）　　　　　　　　　　（149）

支援法人の業務（24条）　　　　　　　　　　　　　　　　　（157）

監督等（25条）　　　　　　　　　　　　　　　　　　　　　（160）

情報の提供等（26条）　　　　　　　　　　　　　　　　　　（163）

支援法人による空家等対策計画の作成等の提案（27条）　　　（165）

市町村長への要請（28条）　　　　　　　　　　　　　　　　（168）

雑　　則（29条）　　　　　　　　　　　　　　　　　　　　（170）

罰　　則（30条）　　　　　　　　　　　　　　　　　　　　（172）

附　　則（平成26年11月27日法律第127号）（2014年法のもの）　（175）

附　　則（令和5年6月14日法律第50号）（2023年改正法のもの）（177）

改正空家法の施行にあたって制定されている省令、

　　発出されているガイドライン等　　　　　　　　　　　　（180）

●第2部　改正空家法の制定過程

第2章　空家法改正法案確定に至る政府内部過程
　　一国土交通省と内閣法制局とのやりとりからみえるもの一……………184

1　情報開示請求　　　　　　　　　　　　　　　　　　　　（184）

2　誤解と理解　　　　　　　　　　　　　　　　　　　　　（185）

3　開示文書の始期と終期、そして、その間　　　　　　　　（188）

4　用例集　　　　　　　　　　　　　　　　　　　　　　　（190）

5　内閣法制局説明資料　　　　　　　　　　　　　　　　　（191）

6　内閣法制局指摘事項と国土交通省の対応　　　　　　　　（191）

7　開示文書の検討を通じての雑感　　　　　　　　　　　　（205）

第3章　空家法2023年改正法案の準備、内容、そして、審議…………………207

1　2014年法の宿題　　　　　　　　　　　　　　　　　　　（207）

2　改正に至る経緯　　　　　　　　　　　　　　　　　　　（208）

3　改正法の概要　　　　　　　　　　　　　　　　　　　　（218）

4　国会審議　　　　　　　　　　　　　　　　　　　　　　（227）

5　改正法の施行と今後　　　　　　　　　　　　　　　　　（244）

目　次

第 4 章　空家法2023年改正における附帯決議を読む …………………………… 245

　　1　空家法の未来像？　　　　　　　　　　　　　　　　　　　　（245）

　　2　管理不全空家等の判定の円滑化支援　　　　　　　　　　　　（246）

　　3　成年後見人未選任の意思能力に欠ける疑いが強い

　　　　特定空家等所有者への対応　　　　　　　　　　　　　　　　（248）

　　4　多数者共有特定空家等への対応　　　　　　　　　　　　　　（250）

　　5　措置途中で死亡した特定空家等所有者の相続人への対応　　　（251）

　　6　代執行対象の特定空家等における残置動産の扱い　　　　　　（253）

　　7　借地上の特定空家等が代執行により除却された場合の

　　　　土地所有者等の受益調整　　　　　　　　　　　　　　　　　（254）

　　8　全部非居住・部分居住の長屋への対応　　　　　　　　　　　（255）

　　9　多くの宿題を背負わされた国土交通省　　　　　　　　　　　（256）

● 第 3 部　施行が開始された改正空家法

第 5 章　指定の判断基準

　　　　―空家等管理活用支援法人の法的位置づけ― ……………………………… 260

　　1　「市町村長は」「その申請により」

　　　　「法人」「として指定することができる」　　　　　　　　　（260）

　　2　改正空家法のもとでの支援法人　　　　　　　　　　　　　　（261）

　　3　法案審議　　　　　　　　　　　　　　　　　　　　　　　　（264）

　　4　行政手続法の観点からの整理　　　　　　　　　　　　　　　（266）

　　5　補完的役割ゆえの広い行政裁量　　　　　　　　　　　　　　（268）

　　6　市町村の対応のあり方　　　　　　　　　　　　　　　　　　（273）

第 6 章　空家等管理活用支援法人指定申請の取扱い ……………………………… 276

　　1　支援法人制度への対応のあり方　　　　　　　　　　　　　　（276）

　　2　支援法人の背景と必要性　　　　　　　　　　　　　　　　　（277）

　　3　行政手続法の適用関係　　　　　　　　　　　　　　　　　　（278）

　　4　支援法人申請への対応　　　　　　　　　　　　　　　　　　（280）

　　5　審査基準の例　　　　　　　　　　　　　　　　　　　　　　（280）

　　6　不指定処分の場合の理由　　　　　　　　　　　　　　　　　（284）

v

目 次

　　7　早急な決定が求められる申請処理方針　　　　　　　　　（284）

第7章　空家等管理活用支援法人指定処分に関する審査基準の作成動向…………286

　　1　支援法人指定制度　　　　　　　　　　　　　　　　　（286）

　　2　国土交通省の沈黙、国会答弁、「手引き」　　　　　　　　（287）

　　3　審査基準の提案　　　　　　　　　　　　　　　　　　（293）

　　4　8つのタイプ　　　　　　　　　　　　　　　　　　　（294）

　　5　市町村の対応状況　　　　　　　　　　　　　　　　　（296）

　　6　小　括　　　　　　　　　　　　　　　　　　　　　　（303）

第8章　空家法改正を踏まえた条例対応の可能性……………………………………315

　　1　第211回通常国会における改正　　　　　　　　　　　　（315）

　　2　改正法の要点　　　　　　　　　　　　　　　　　　　（316）

　　3　前提とする空き家条例　　　　　　　　　　　　　　　（317）

　　4　条例対応の可能性　　　　　　　　　　　　　　　　　（319）

　　5　今後の対応のあり方　　　　　　　　　　　　　　　　（326）

●資　料

　　資料①　空家等対策の推進に関する特別措置法の施行状況等について
　　　　　　（令和6年3月31日時点　国土交通省・総務省調査）　　　（328）

　　資料②　空家等に関する施策を総合的かつ計画的に実施するための
　　　　　　基本的な指針　平成27年2月26日付け総務省・国土交通省告示第1号
　　　　　　（最終改正　令和5年12月13日付け総務省・国土交通省告示第3号）（330）

　　資料③　管理不全空家等及び特定空家等に対する措置に関する適切な
　　　　　　実施を図るために必要な指針（ガイドライン）　平成27年5月26日
　　　　　　付け国住備第62号・総行地第76号国土交通省住宅局長・総務省大臣官房地
　　　　　　域力創造審議官通知（最終改正　令和5年12月13日）　　（351）

索　引………………………………………………………………………………395

初出・原題一覧

◆本書で参照したウェブサイトの最終閲覧は、2025年1月10日である。

凡　例

凡　例

□ 法令名等は、正式名称または以下の略語を用いる。

・空家法／法　→　空家等対策の推進に関する特別措置法（平成26年法律第127号。最終改正 令和5年法律第50号）
・旧法　→　空家等対策の推進に関する特別措置法（令和5年法律第50号改正前）
・空家法施行規則／施行規則　→　空家等対策の推進に関する特別措置法施行規則（平成27年総務省、国土交通省令第1号）
・区分所有法　→　建物の区分所有等に関する法律
・情報公開法　→　行政機関の保有する情報の公開に関する法律
・所有者不明土地法　→　所有者不明土地の利用の円滑化等に関する特別措置法
・地方拠点法　→　地方拠点都市地域の整備及び産業業務施設の再配置の促進に関する法律
・特定盛土規制法　→　宅地造成及び特定盛土等規制法
・農業用ため池法　→　農業用ため池の管理及び保全に関する法律
・農振法　→　農業振興地域の整備に関する法律
・廃棄物処理法　→　廃棄物の処理及び清掃に関する法律
・歴史まちづくり法　→　地域における歴史的風致の維持及び向上に関する法律

・基本指針　→　空家等に関する施策を総合的かつ計画的に実施するための基本的な指針（平成27年2月26日付け総務省・国土交通省告示第1号（最終改正 令和5年12月13日付け総務省・国土交通省告示第3号））
・ガイドライン　→　管理不全空家等及び特定空家等に対する措置に関する適切な実施を図るために必要な指針（ガイドライン）（平成27年5月26日付け国住備第62号・総行地第76号国土交通省住宅局長・総務省大臣官房地域力創造審議官通知（最終改正 令和5年12月13日））
・促進区域ガイドライン　→　空家等活用促進区域の設定に係るガイドライン（令和5年12月13日付け国住備第113号・国住街第104号国土交通省住宅局住宅総合整備課長・市街地建築課長通知）
・手引き　→　空家等管理活用支援法人の指定等の手引き（令和5年11月30日付け国土交通省住宅局住宅総合整備課事務連絡）

凡　例

□ その他、以下の略語を用いることがある。

・基本指針改正パブコメ回答　→　空家等に関する施策を総合的かつ計画的に実施するための基本的な指針の変更案に関するパブリックコメントに寄せられたご意見と国土交通省及び総務省の考え方
・ガイドライン改正パブコメ回答　→　「特定空家等に対する措置」に関する適切な実施を図るために必要な指針の一部改正案に関するパブリックコメントに寄せられたご意見と国土交通省及び総務省の考え方

・京都市空家条例　→　京都市空家等の活用、適正管理等に関する条例（平成25年条例第80号。最終改正 令和5年条例第30号）
・京都市旧空き家条例　→　京都市空き家等の活用、適正管理等に関する条例（平成25（2013）年制定時）
・所沢市旧空き家条例　→　所沢市空き家等の適正管理に関する条例（平成22（2010）年制定時）

第1部

2023年 改正空家法

第1部　2023年改正空家法

空家法の逐条解説

分量倍増の大改正　2014年11月に制定された空家法は、2023年6月に改正された。全体16か条を30か条にする大改正である。

　2015年5月の同法施行以来、最前線で同法の実施をしている市町村の行政実務現場においては、さまざまな課題が認識され、とりわけ国土交通省に対し、様々なルートを通じて要望がされてきた。それに対応するべく、同省は、2021年6月に基本方針を改定し、2020年12月および2021年6月にガイドラインを改定した。しかし、なお不十分な点があることは認識されていた。内閣提出法案として成立した2023年改正は、そうした課題に対する国土交通省の一応の回答といえる。

　2023年改正に伴い、基本指針およびガイドラインは、同年12月に改定された。「空家等に関する施策を総合的かつ計画的に実施するための基本的な指針」（平成27年2月26日付け総務省・国土交通省告示第1号（最終改正 令和5年12月13日付け総務省・国土交通省告示第3号））（以下「基本指針」として引用。）、および、「管理不全空家等及び特定空家等に対する措置に関する適切な実施を図るために必要な指針（ガイドライン）」（平成27年5月26日付け国住備第113号・国住街第104号国土交通省住宅局住宅総合整備課長・市街地建築課長通知（最終改正 令和5年12月13日））（以下「ガイドライン」として引用。）である。これらは、空家法の施行状況調査結果（2024年3月31日現在の最新版）とあわせて収録している。　⇒資料

8か章に編成　改正前と比較すれば、現行空家法には、①まったく改正を受けなかった条項、②条項ズレが発生した条項、③改正を受けた条項、④新規に規定された条項がある。旧法においては、章立ては設けられていなかったところ、現行空家法は、①〜④から構成される全体30か条を、次のように8章立てにされた。

第1章　総則（1条〜8条）

第2章　空家等の調査（9条〜11条）

第3章　空家等の適切な管理に係る措置（12条〜14条）

第4章　空家等の活用に係る措置（15条〜21条）

第5章　特定空家等に対する措置（22条）

第6章　空家等管理活用支援法人（23条〜28条）

第7章　雑則（29条）

第8章　罰則（30条）

附則

改正法の解釈解説　旧法に関しては、多くの解説書が出版されていた。旧法と異なり、2023年改正法は内閣提出法案として成立したため、今後は、国土交通省の解釈が、より積極的に示されるだろう。

　現在のところ、改正法案審議における答弁、改正法施行を受けて2023年12月に改正された基本指針およびガイドライン、それらの作成過程において示されたパブリックコメント回答（以下、それぞれ「基本指針改正パブコメ回答」「ガイドライン改正パブコメ回答」という。）、その他の関係マニュアルにおいて、国土交通省の見解が示されている。また、旧法の立案者によるものとして、自由民主党空き家対策推進議員連盟（編著）『空家等対策特別措置法の解説〔改訂版〕』（大成出版社、2024年）（以下「議連解説」として引用。）が出版された。

情報公開請求による資料入手　それに加えて、筆者は、情報公開法を利用し、法案審議がされた衆議院本会議および衆参両院国土交通委員会における審議に関して用意されたいわゆる「質問取り」に対する答弁予定書、さらには、「空家等対策の推進に関する特別措置法の改正に係る想定問答　令和5年4月28日時点　暫定版」（以下「想定問答」として引用。）を入手した（非開示部分あり）。とりわけ想定問答には、「実際に使用されなかった答弁」が多く含まれている。著作権法との関係で全部収録はできないため、必要に応じて、関連する部分を引用して紹介している。なお、興味深いことに、議連解説には、想定問答の文章を特段の出典明示なくコピーしている部分や酷似した文

第1部　2023年改正空家法

章となっている部分が散見される。

　また、筆者は、同じく情報公開法を利用して、国土交通省「空家等対策の推進に関する特別措置法の一部を改正する法律案：内閣法制局説明資料」（令和5年2月）（以下「説明資料」として引用。）をはじめ、法案作成過程における国土交通省と内閣法制局のやりとりに関する資料も入手した（非開示部分あり）。閣議決定された法案として確定する以前の原案がどのようであったか、改正の趣旨や内容がどのように説明されたか、内閣法制局の指摘を受けて修正をした部分がどこであったかが確認できる。それは、改正法の理解や今後の課題の把握に有益であった。

　筆者なりの改正法理解　本章は、それらの資料の分析・検討を踏まえた、現時点における筆者の改正空家法理解である。旧法を前提にした『空き家問題解決を進める政策法務』（第一法規、2022年）で示した整理や解釈を改めた部分もある。なお、以下はもっぱら行政法的観点からの解説であるため、技術的・財政的な側面については触れていない。

　市町村行政担当者と改正法について意見交換をすると、条文の解釈に迷う場面があるという声を聞く。本章で示したのは、一研究者の解釈にすぎないが、改正空家法の運用にとって参考になれば幸いである。筆者自身、さらなる調査・研究のほか、国土交通省とも対話を重ね、空家法のより合理的な実施や今後の空き家法制の進化に寄与できる議論を積み上げていきたい。

■　目　的（1条）

第1条　この法律は、適切な管理が行われていない空家等が防災、衛生、景観等の地域住民の生活環境に深刻な影響を及ぼしていることに鑑み、地域住民の生命、身体又は財産を保護するとともに、その生活環境の保全を図り、あわせて空家等の活用を促進するため、空家等に関する施策に関し、国による基本指針の策定、市町村（特別区を含む。第10条第2項を除き、以下同じ。）による空家等対策計画の作成その他の空家等に関する施策を推進するために必要な事項を定めることにより、空家等に関する施策を総合的かつ計画的に推進し、もって公共の福祉の

第1章 空家法の逐条解説 ■1条

> 増進と地域の振興に寄与することを目的とする。

【改正対応】

改正なし。

(1) 「適切な管理が行われていない空家等」

「空家等」とは何か 空家法は、適切な管理が行われていない建築物またはこれに附属する工作物およびその敷地のうち、2条1項にいう「空家等」に該当するものを対象とする。同項がいうように、空家等とは、常時非使用状態にあるものである。適切な管理が行われていない状態にあっても、たとえば、居住者がいる「ごみ屋敷」のように、自らの生活起因の物品や敷地外から収集した物品を家屋の内外に大量に堆積させている（使用実態がある）事案は、空家法の対象外である。また、たんに老朽危険状態にある家屋でも、使用がされているかぎり、空家法の対象にはならない。使用とは事実の問題であり、使用者に正当な権原があるかは関係ない。

非使用家屋は、建築基準法の対象となる建築物でもある。実務的には、空家法が優先的に適用されるけれども、建築基準法が適用除外されるわけではない。その不適正な維持管理によって著しい保安上の危険等が発生している場合には、特定行政庁により、必要な範囲で同法が適用されうる（建築基準法10条）。空家法には、建築基準法との関係で特別措置対応を法定する部分がある。_{⇒49頁、100頁}

空家法の主たる対象は、非居住の建築物・工作物である。居住者の権利なり利益に配慮する必要がない点が、権限行使においては意味を持つ。

「適切な管理」とは何か 何が「適切な管理」かについて、旧法は規定を設けていなかった。これに対して、改正法のもとでは、6条が規定する「空家等に関する施策を総合的かつ計画的に実施するための基本的な指針」において、「所有者等による空家等の適切な管理について指針となるべき事項」（2項3号）が新たに規定された。そこでは、「適切な管理」の内容が正面から記述されてはいないけれども、防止すべき不適切な管理状態が具体的に示されている。これは、法2条2項に規定される「特定空家等」の定義を具体化したものといえる。

5

第1部　2023年改正空家法

(2)　「防災、衛生、景観等の地域住民の生活環境」

「防犯」の扱い　空家法以前に制定されていた空き家条例においては、①防災、②防犯、③生活環境保全のうちいくつか（あるいはすべて）が目的規定にあげられていた。これに対して、空家法は、②を含まない。

　旧法の初期段階の法案には、「防犯」という文言が目的に含まれていた。ところが、その後の調整のなかで、それは警察活動等の治安（犯罪）対策そのものであり、その観点から独立して実施するのが適切という判断から除外された経緯がある。

目的に含まれる　それでは、空家法の実施にあたって、市町村行政が警察に対して協力を一切求めることができないのだろうか。法1条には明記されていないけれども、空家法が防犯を通じた地域安全という法益を積極的に排除しているとは思われない。特定空家等に起因する周辺住民の不安感への対処という地域の事務を実施するために、市町村が警察や消防に協力を求めるのは可能であり、そうした必要性のある市町村との関係では、それも同法の目的の射程に含まれていると解される。「防災、衛生、景観等」の「等」に含めて整理すればよい。

　空家法成立後に法律実施条例（その規定内容が空家法の一部分として作用する条例）として制定された空き家条例のなかには、奥多摩町空家等対策基本条例（2017年）のように、「防犯」を第1条の目的規定に含むものもある。そうした条例のなかには、本則中に「関係機関との連携」という1か条を起こして、警察や消防への協力要請や措置要請が規定されているものもある。これは、目的の追加ではなく、確認的顕在化と整理できる。

　なお、2023年には、国土交通省不動産・建設経済局不動産業課長あてに、警察庁刑事局組織犯罪対策部組織犯罪対策第二課長＋財務省関税局調査課長の連名で、「特殊詐欺、不正薬物の密輸等に悪用される空き家（空き部屋）対策の啓発資料の配布依頼について」（警察庁丁組二発第1号・関調第8号令和5年1月6日）が発出されている。そこでは、「詐取金や不正薬物の送付先に空き家（空き部屋）が利用されるケースが後を絶たず、この種の犯罪の取締りや被害防止の推進上、重要な課題」と認識されている。

6

第1章　空家法の逐条解説　■1条

(3)　「地域住民の生命、身体又は財産を保護するとともに、その生活環境の保全
を図り」

「地域住民」の意味　建築基準法もそうであるが、国会の制定にかかる法律に
おいては、その対象は、「国民」と記述されるのが通例である。この点、空家法
は、「地域住民」としている点で特徴的である。これは、2014年の制定時に約
400もの空き家条例が先行していた事情に配慮したものであろう。

空家法の実施は、市町村の法定自治事務である。しかし、それにあたっては、
全国画一的対応ではなく、それぞれの市町村の地域特性に応じた対応が推奨さ
れる趣旨が、「地域住民」という文言に込められている。空家法以外に、第1条
の目的規定に「地域住民」という文言を含む法律は多くない（例：地域保健法、
半島振興法）。

「生命、身体又は財産」　「地域住民の生命、身体又は財産」というフレーズは、
現行法では、空家法1条にのみ規定されている。建築基準法1条のように、「国
民」と規定されていれば、抽象度が高くなるために保護の具体性が低くなると
考えられるところ、「地域住民」のそれとされた意味は大きい。この保護法益に
影響を与えるような状態で放置された空家等の財産権の内在的制約は、通常の
場合よりも大きくなると考えるべきである。

建築基準法が「国民の生命、健康及び財産」という場合、「国民」には、建築
物の居住者のほか周辺住民が含まれる。これに対して、空家法の対象は居住者・
利用者のいない建築物であるため、「地域住民」とは、基本的に周辺住民や通行
人を意味している。主として同法の対象となる建築物に起因する外部性（保安
上の危険や生活環境上の支障）を除去するのが、根本的な目的である。

「生活環境の保全」の内実　「生活環境の保全」は、多くの事象を含みうる概念
である。これを正面から定義する実定法はない。空家法1条にいう「生活環境」
は、施策の方向性はやや異なるものの、景観法1条にある「潤いのある豊かな
生活環境」にほぼ重なる。生命・健康といった人格権のコアの側面ではなく、
日常生活における快適さの側面を重視した身近な生活環境である。生活環境と
いう法益は、生命、身体、財産と並置されている点が注用される。

総合性を実現した議員立法　建築物・工作物に起因する保安上の危険と敷地の
樹木・雑草の繁茂に起因する生活環境の支障は、中央省庁でいえば、前者が国

土交通省、後者が環境省の所管である。これらを同居させる法律は、内閣提出法案としては、実現が困難であったかもしれない。

　この点で、制定が進められていた空き家条例は、地方自治法1条の2第1項に規定されるように、総合的行政主体としての自治体の面目躍如である。空家法は、これに学んだ議員立法ならではの作品と評せよう。議員立法となった背景について、想定問答は、「<u>国土交通省、総務省等複数省庁に関わる内容を法案としてまとめる</u>には、議員立法が適当という理由による。」（下線原文）と説明している（問8）。

(4)　「空家等の活用を促進する」

明記された「活用」　本条は、「空家等の活用の促進」を目的に含めている。空家法以前の空き家条例においては、これを目的に含むものは少なかった（例外：2013年制定時の「京都市空き家の活用、適正管理等に関する条例」（以下、本章において「京都市旧空き家条例」という。））。また、条例は制定しないにしても、空き家バンク等の事業を立ち上げて、利活用の促進に取り組む自治体はあった。空家法は、そうした動きを踏まえて、空家等の活用を正面から目的に加えている。

(5)　「公共の福祉の増進と地域の振興に寄与」

空家等対策と地域振興　空家等に関する施策の推進という中目的が大目的のひとつである地域振興に寄与するというロジックは、少々わかりにくい。空家法制定前の空き家条例の目的規定には、「安心・安全なまちづくり」といった文言はみられたが、空き家施策を地域振興につなげるという発想はなかった。

　「地域の振興」を第1条の目的に規定する法律は、空家法を含め、半島振興法、棚田地域振興法、集落地域整備法、総合保養地域整備法、市民農園整備促進法など合計15ある。これらの法律と比較すると、空家法のもとでの施策は、「規模感」が小さいように感じられる。この点に関しては、個別事案への対症療法ばかりに目を向けるのではなく、施策の総合的・計画的推進を通じて、まちの魅力や活力を高めることを究極目標とすべきという立法者の想いが込められていると受けとめるべきであろう。

第1章　空家法の逐条解説　■2条

(6)　改正法との関係

改正法の三本柱と目的規定　　国土交通省によれば、改正法は、空家等の「活用拡大」「管理確保」「特定空家等の除却等円滑化」を三本柱とする。とりわけ前2者が、改正法の目玉といえる。本条の目的規定は改正法による修正を受けていないが、それぞれ「活用を促進」「生活環境の保全」「地域住民の生命、身体又は財産を保護」に対応する施策拡充である。

先手を打った対応の必要性　　保護法益の重要性の観点からは、前記三本柱の順序は逆になる。それゆえに、旧法は、倒壊等の危険が高くなっている特定空家等への対応に重心を置いた制度設計をしていた。改正法は、それを認識しつつも、旧法施行後においても使用目的のないままに放置される空家が増加の一途をたどる推計結果を踏まえ、より事前での対応が必要と考えた。それ自体は、（とりわけ小規模市町村において実施可能性があるのかは別にして、）十分な合理性のある立法判断である。

■　定　義（2条）

> **第2条**　この法律において「空家等」とは、建築物又はこれに附属する工作物であって居住その他の使用がなされていないことが常態であるもの及びその敷地（立木その他の土地に定着する物を含む。<u>第14条第2項</u>において同じ。）をいう。ただし、国又は地方公共団体が所有し、又は管理するものを除く。
>
> 2　この法律において「特定空家等」とは、そのまま放置すれば倒壊等著しく保安上危険となるおそれのある状態又は著しく衛生上有害となるおそれのある状態、適切な管理が行われていないことにより著しく景観を損なっている状態その他周辺の生活環境の保全を図るために放置することが不適切である状態にあると認められる空家等をいう。

【改正対応】

下線部を**追加**。

第1部 2023年改正空家法

(1) 「空家等」（1項）

「き」のあるなし　空家法以前の空き家条例においては、「空き家」という語が
用いられていた。一般的な用語法としてもそうである。たとえば、新村出（編）
『広辞苑〔第7版〕』（岩波書店、2018年）は、「空き家・明き家」として、「人の
住んでいない家。居住者のない貸家。」（31頁）と説明する。

　空家法が「き」を入れなかったのは、豪雪地帯対策特別措置法13条の4に、
「空家」と表記した前例があったからである（2012年改正による）。それ以前に
も、政省令レベルでは、都市再開発法施行令30条1項、「マンションの建替え等
の円滑化に関する法律施行規則」36条1項などに例がある。なお、最初の使用
例において、なぜ「空家」という用語法が選択されたのかは不明である。法令
用語として「空き家」を用いるのは、「特別交付税に関する省令」のみである
（4条1号事項31・算定方法2および事項53）。

(2) 「建築物又はこれに附属する工作物」（1項）

建築物と工作物　空家法は、「建築物」の定義を置いていない。同法が建築基
準法の特別措置法でもある点に鑑みれば、建築基準法2条1号にいう「建築物」
と同義と考えられる。

　その中心となるのは、「土地に定着する工作物のうち、屋根及び柱若しくは壁
を有するもの……、これに附属する門若しくは塀、観覧のための工作物又は地
下若しくは高架の工作物内に設ける事務所、店舗、興行場、倉庫その他これに
類する施設……をいい、建築設備を含む」である。建物・門・塀が、建築物と
なる。同条3号によれば、「建築設備」とは、「建築物に設ける電気、ガス、給
水、排水、換気、暖房、冷房、消火、排煙若しくは汚物処理の設備又は煙突、
昇降機若しくは避雷針」である。

純粋な工作物とは　この定義には、工作物であっても建築物の概念に含まれる
ものが多く列挙されている。したがって、建築基準法上、建築物ではない工作
物とは、これら以外のものである。具体例としては、建物の屋上広告塔、袖看
板、物干し台、土地に定着している広告塔がある。このうち、土地の定着物は、
後述のように、「敷地」に含まれる。

10

第1章　空家法の逐条解説　■2条

(3)　「居住その他の使用がなされていないことが常態であるもの」（1項）

非使用性の判断基準　「その他使用」ではなく「その他の使用」という文言であるから、居住は並列的表示ではなく、例示的表示である。したがって、使途は居住に限定されない。そのほかの例としては、倉庫、物置、店舗、駐車場としての使用がある。

　「使用がなされていないことが常態」というのは、客観的にそう認識できるという意味である。その判断は、①人の出入り実績（使用について正当な権原を有する者であるかどうかは問わない）、②電気・水道・ガスなどの使用実績、③外観、④登記簿・住民票の記載内容などを総合的に勘案して客観的に判断する。所有者等が「使用している」と主張していてもその様子が確認できないような場合には、「空家等」と認定される。客観主義的総合判断説である。なお、非使用が常態とみて空家等として調査をした結果、使用の実績が確認できれば、空家等ではなくなる。

常態性の判断基準　「常態」といえるための期間は、一義的には決まらない。硬直的に対応するのは適切ではないが、おおよそ1年を目途としてよい。基本指針は、ひとつの基準として、「概ね年間を通して建築物等の使用実績がないこと」をあげる（一3（1））。「常時無人の状態にある」と規定していた2010年制定時の「所沢市空き家等の適正管理に関する条例」（以下「所沢市旧空き家条例」という。）2条1号のもとでは、そのような運用がされていた。

　現に年数回の使用があれば、非使用が常態とはいえない。所有者等が道路から外観を確認する程度であるならば使用はされていないため、「空家等」と判断される。建築物内に残置動産がある場合、それが「倉庫としての使用」かどうかが問題になる。なし崩し的に倉庫化したというように、建物の状態が相当に劣化しており屋内の動産の管理にも影響を及ぼしているようであれば、不使用と判断してよいだろう。所有者等が死亡し唯一の相続人と連絡がとれないような場合は、行政が確認できる不使用期間が1年に満たなくても、それ以前に使用がされていたとは判断できない合理的根拠があるため、空家法の制度趣旨に照らせば、空家等と解しうる。火災により屋根・柱・梁・床の大半が消失している状態のものは、居住が不可能であり、同様に考えてよいだろう。それが何かに使用されると考える合理性はないため、焼失時から1年を待つ必要はない。

11

なお、こうした家屋は、建築物というよりも、所有者にとっては不要物であり、廃棄物処理法のもとでの一般廃棄物ではないだろうか（滅失登記は、別に問題となる）。

　空家等の判断には、それほど慎重になる必要はない。さらなる調査によって使用の実績が判明すれば、非該当とすればよいだけである。空家法9条にもとづく調査が必要と判断されるようであれば、とりあえず空家等（暫定的空家等）と把握しておけばよい。生命・健康という同法の保護法益に鑑みれば、予防アプローチ的な考え方にもとづく対応でよいだろう。

ガイドライン　空家等の該当性判断については、改正法を受けて、「管理不全空家等及び特定空家等に対する措置に関する適切な実施を図るために必要な指針（ガイドライン）」が作成されている。旧法のもとでのガイドラインをバージョンアップしたものである。旧法14条14項、改正法のもとでは、22条16項を踏まえた対応である。今後、より詳しい管理指針（Q＆Aや写真付きといわれる）が作成される予定のようである。

長屋における住戸部分の使用　「空家等」として想定されるのは、独立した戸建て住宅の場合が多いだろう。それでは、棟続きの長屋はどうだろうか。

　旧ガイドラインの作成にあたって実施されたパブコメ回答において、国土交通省・総務省は、「長屋の場合、当該長屋の一部のみが使用されていない場合にはそもそも空家等には該当しないことから、特定空家等に該当しません。」と回答している。そこで、この解釈を前提にしつつもこうした長屋に対応する必要性を感じる市町村のなかには、独自の定義を施したうえで、部分居住長屋についても空き家条例による対応の対象とするものがある（例：「京都市空家等の活用、適正管理等に関する条例」（以下、本章において「京都市空家等条例」という。）2条1号）。長屋を名称に含む条例も制定されている（例：「池田市空家等及び空き長屋等の適切な管理に関する条例」）。

(4)　「及びその敷地（立木その他の土地に定着する物を含む。）」（1項）

「等」としての敷地　「空家等＝空家＋等」である。そこで、「等」が問題になるが、本条1項の定義からは、「どこまでが"空家"でどこからが"等"なのか」が、判然としない。

第1章　空家法の逐条解説　■2条

　空家法は、「空家」を独立した概念として明確に規定していない。このため、①「建築物又はこれに附属する工作物であって居住その他の使用がなされていないことが常態であるもの」の敷地、②「建築物又はこれに附属する工作物であって居住その他の使用がなされていないことが常態であるもの」以外の空家およびその敷地という解釈もありうるが、実務的にきわめて煩雑かつ複雑な整理となる。そこで、本章では、「建築物又はこれに附属する工作物であって居住その他の使用がなされていないことが常態であるもの」＝「空家」、「その敷地」＝「等」と考える。そのうえで、建築物のみを意味する場合には、「空家」（「管理不全空家」「特定空家」）と表記する。

　建築基準法は、建築物と敷地を別に観念している。同法は、敷地の状態には無関心であるが、老朽不適正管理空き家に関して寄せられる苦情の多くは敷地の不適正管理に起因するため、空家法では、これを規制対象に含める必要がある。敷地に含められる土地の定着物の例としては、樹木や雑草のほか、建物と独立して設置されている広告塔がある。こうした形態の広告塔は、建築基準法のもとでの工作物である。同法は、ひとつの敷地にある建築物、工作物、樹木などを一体として捉えている。

　空家法と民事法　　私人間の法律関係を規律する民法では、本条にある「建築物」ではなく「建物」という文言が用いられている。定義はないが、不動産登記規則111条には、「建物は、屋根及び周壁又はこれらに類するものを有し、土地に定着した建造物であって、その目的とする用途に供し得る状態にあるものでなければならない。」という要件規定（外気分断性、土地定着性、用途性）がある。不動産登記法には、民法にはない「家屋」という文言があるが、独立した定義は与えられていない。建物と同義のようにみえる（2条21号）。

　民法では、「敷地」や「工作物」という文言は用いられている。「境界又はその付近における障壁、建物その他の工作物」（民法209条1項1号）という規定にみるように、建物は工作物の例示となっている。

　規定ぶりの相違により、空家法と民法の定義上の異同が、一応は問題になる。しかし、公共政策法である空家法は、その目的の実現のために前記文言を用いているのであるから、民法との関係にさほどの注意を払う必要はない。空家法の実施にあたって、独立して解釈することに問題はない。なお、「等」に敷地が

13

第1部　2023年改正空家法

含まれるという整理は、民法学の観点からは、相当奇異に映るだろう。

(5)　「ただし、**国又は地方公共団体が所有し、又は管理するものを除く。**」（1項）

性善説　国または自治体の所有・管理にかかる空家等については、そもそも適正に管理されている、あるいは、そうでなくても市町村から指摘を受ければ適切な対応が期待できるという理由で、全面的に適用除外となっている。性善説を前提とする。議連解説は「関連法令に基づいて〔管理を〕適切に行っているのが通例」（21頁）、基本指針は「通常は各法令に基づき適切に管理されることが想定され〔る〕」（一 3（1））とする。⇒336頁

前提を欠く場合の対応　現実にそうはなっていない場合は、この除外規定を適用する前提を欠いている。したがって、建築物や工作物の所有者等が国やほかの自治体であるというだけで、地元市町村の対応要請が一切禁止されるわけではない。本項但書を治外法権の許容と誤解してはならない。「適切な管理がされていない場合には、対応を要請することができる」というように、法律実施条例のなかで、この点を確認する規定を設けてもよいだろう。

土地所有者としては除外なし　なお、注意が必要なのは、国有地・公有地を借地してそこに私人が建てた家屋に関して、土地所有者である国や地方公共団体は、この規定の射程外となっている点である。適用除外されるのは、その所有・管理にかかる建築物と附属工作物に限定され、敷地は含まれない。意識的にそのようにしたのかは定かではないが、市町村は、土地の所有者等である国やほかの自治体に対して、借地上の空家の所有者に適切な対応をするよう求める措置を、法13条1項・2項または22条1項・2項にもとづいて講じうる。

(6)　「特定空家等」（2項）

条例とは異なる規定ぶり　空家法は、所有者等が状態是正のための具体的措置をすべき対象を「特定空家等」と把握し、本条2項でこれを定義する。この点は、それまでの空き家条例とは大きく異なっている。

　空家法以前に制定された多くの空き家条例は、定義規定において「空き家等」を定義したうえで、具体的措置の発動要件の次元で、たとえば、「空き家等が管理不全な状態になるおそれがあると認めるとき」（所沢市旧空き家条例6条）とし

14

第1章　空家法の逐条解説　■2条

ていた。個別案件ごとに具体的に検討するというように、行政運用の流れに即した規定ぶりとなっていた。

個別認定は不可避　これに対して、空家法の規定ぶりからは、市町村内に存在する特定空家等が、あたかも客観的にすべて把握できているような印象を受ける。しかし、それは実務的にはありえないため、後述のように、現実には、個別事案ごとに該当性を「認定」する手続が講じられている。法律実施条例のなかで、そうした手続が規定されるのが通例である。もっとも、条例で規定しない場合でも、当該定義への該当性判断は、個別にせざるをえない。

⑺　「著しく保安上危険となるおそれのある状態」「著しく衛生上有害となるおそれのある状態」「適切な管理が行われていないことにより著しく景観を損なっている状態」「その他周辺の生活環境の保全を図るために放置することが不適切である状態」（2項）

空家等×4要件＝特定空家等　特定空家等は、空家等にさらに絞りをかけた概念である。4つの要件（正確には、具体的3要件とその他1要件）のいずれかに該当すればよい。これらは、周辺の生活環境との関係で把握されるものである。

　第1は、「著しく保安上危険となるおそれのある状態」（保安状態）である。保安上危険とは、たとえば、建築物・工作物の倒壊、建材の脱落・飛散のような状態である。第2は、「著しく衛生上有害となるおそれのある状態」（衛生状態）である。衛生上有害とは、たとえば、アスベストの飛散・曝露がある、悪臭がひどい、多量のネズミ・ハエ・蚊が発生しているといった状態である。以上の2要件は、建築基準法10条1項および3項を参考にしている。第3は、「適切な管理が行われていないことにより著しく景観を損なっている状態」（景観状態）である。景観毀損とは、たとえば、樹木の異常な繁茂、敷地内のごみ堆積、多数の窓ガラス破損状態での放置などである。第4は、「その他周辺の生活環境の保全を図るために放置することが不適切である状態」（その他生活環境状態）である。生活環境の保全上放置が不適切とは、たとえば、樹木の敷地外への越境、空家等に棲息する動物の鳴声といった状態である。これらの4つの状態のいずれかがあれば、周辺の生活環境が影響を受けるという整理である。

　実は、改正法案の立案過程において、「著しく」の削除が検討されていた。し

15

かし、内閣法制局審査の過程で断念されている。⇒195頁

「おそれ」段階で認定　保安状態および衛生状態については、それぞれ著しく危険あるいは著しく有害になる「おそれ」段階で特定空家等となるとされる。未然防止アプローチである。一方、景観状態およびその他生活環境状態については、そうはなっていない。これは、保護法益としての「重さ」の違いに配慮したものである。

微妙に異なる法益の重み　特定空家等に関する「保安、衛生、景観、その他生活環境」という４つの法益は、まさにこの順番で重みが増していく。ところが、それらがまとめてひとつの定義のもとに入れ込まれている。対応できる状態の範囲を広くとるという点では効果的な整理である。

　その反面、市町村は、４つの法益のすべてに対応しなければならない。保安や衛生は義務的事務とされるべきとしても、そのほかについては、対応するかを市町村の条例決定に委ね、これを選択制にするのが分権時代の法律のあり方であるようにも思われる。

「独自」の判断基準を　空家法のもとでは、これら諸状態をどのような基準で判断するのかが、実務上重要である。判断基準の一例として、法22条14項にもとづくガイドラインの〔別紙１〕〜〔別紙４〕は、それぞれについて、「参考となる基準」を示している。旧ガイドラインから、微妙に修正されている。⇒377〜381頁

　これはあくまで、参考例である。空家法の実施においては、地域特性に応じた対応が重視されているため、市町村は、これを参考にしつつ、地域の実情や行政リソースを踏まえて、カスタマイズした基準を策定・運用すればよい。

　判断基準の定め方は、市町村によって多様でありうる。旧法時代の代表的な運用は、次のようなものであった。①客観的に評価しやすい保安状態の問題点については、基礎、柱・外壁、梁、筋交いなどの状況を数値化し、その合算が100点を超えるものを候補とする。②その候補について、衛生基準・景観基準・生活環境基準を「Ａ・Ｂ・Ｃ」で評価する。③以上を総合判断して判定する。まずは、保安上の危険性や被害発生の蓋然性が重視されるべきであろう。

　一方、数値による判断は硬直性を招くと懸念する市町村のなかには、こうしたモノサシを用いず、ひとつひとつにつき総合判断するところもある。あるいは、それぞれの状態をもっと単純に「有・無」で評価して最終判断するところ

もある。特定空家等の認定基準は70点としたうえで、法22条3項にもとづく命令の判断をする際に、100点を超えているかを改めて評価するという方法もある。

実施体制や地域の実情を踏まえて市町村が自分に適合する方法を採用すればよいのであり、どの方法が優れているかという問題ではない。要は、特定空家等の判断が個別案件において的確にされ、究極的には、それを裁判所に対して説得力を持って説明できればよいのである。なお、判断基準は、その機能からすれば、法22条3項にもとづく措置命令の発出にあたっての処分基準（行政手続法2条8号ハ）のひとつとなる。したがって、作成しても、公にする義務はない（同法12条1項）。もっとも、項目程度は公表しておいてよいだろう。

観念の通知としての認定の通知　空家法は、特定空家等の該当性を個別に判断するという手続を規定していない。しかし、実務においては、それは不可避である。そこで、前述のように、多くの空き家条例においては、「認定」という手続が規定されている。認定は、市町村の一方的な確認である。それを所有者等に連絡する行為は、行政法学の伝統的な整理によれば、「観念の通知」である。行政処分ではない。改正法のもとでの管理不全空家等についても、同様の措置が講じられるだろう。

空家等と特定空家等との関係を整理すると、[図表1.1]のようになる。

[図表1.1] 空家等と特定空家等の関係

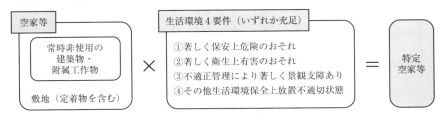

〔出典〕筆者作成。

特定空家等の情報の扱い　特定空家等の所在に関する情報は、行政が保有している。この情報を積極的に開示する運用は、考えられていないようである。命令後には公示されるが（法22条13項）、それ以前の段階において情報公開条例に

第1部　2023年改正空家法

もとづき開示請求がされればどう対応するかと若干の調査をしたところ、非開示にすると回答した市町村ばかりであった。

　たしかに、個人情報であり、原則的には非開示である。しかし、著しい保安上の危険性があるからこそ特定空家等と認定したのであるから、「ただし、人の生命、身体、健康、生活又は財産を保護するため、公にすることが必要であると認められる情報を除く。」という情報公開条例の例外条項に該当するのではないだろうか。特定空家等の所有者等の氏名や住所などは非開示にするとしても、その所在地までを非開示とする必要はない。

　もっとも、情報公開条例のもとでの扱いはそうであるとしても、空家法の実施のなかでは、一覧表にまとめてウェブサイトにアップするほどの対応は不要だろう。個別の特定空家等の状況に応じ、道路上にカラーコーンを設置するなどの措置を講じて通行人等に情報提供・注意喚起をすれば十分である。

認定の裁量　本条2項にある「認められる」という文言が、1項にはない。これは、空家等は客観的に認知できるものであるが、特定空家等の認定にあたっては、市町村長に一定の裁量があることが前提とされていると解される。主観的要素が介入しうるのである。

　特定空家等を認定した以上、市町村は、法22条にもとづく対応が必要になる。同条1項にもとづく助言・指導を一度することは、ほぼ義務的であろう。それを踏まえて、どの範囲で対応するかは、市町村の方針およびその行政リソースとの関係で決定されるべきことが予定されている。

　この点に関して、市町村は、全体的な実施状況を適宜公開するのが望ましい。これは、後述のように、管理不全空家等についても同様である。「ウチの隣の危険空き家は特定空家等なのか。それならすぐに代執行せよ。」という個別具体的な声があがるだろうが、当該対象物の状態、それに対する行政の対応方針と現状の対応状況を説明するだけで足りる。

管理不全空家等というカテゴリー創設の影響　改正法は、空家等の管理確保・活用拡大の観点から、管理不全空家等というカテゴリーを新たに設け、市町村の義務的事務として、所定の措置を規定した。これは、空家等と特定空家等のいわば「中間」に位置づけられる。旧法のもとでは、空家等には、特定空家等にかぎりなく近い状態のものから「なったばかり」の状態のものまでが広く含

第1章　空家法の逐条解説　■3条

まれていた。改正法のもとでも同じであるが、アクションを起こした方がよい空家等として、管理不全空家等というカテゴリーが創設されたのである。したがって、市町村は、これへの対応をするための「もうひとつの基準」を用意する必要がある。

■　国の責務（3条）

> **第3条**　国は、空家等に関する施策を総合的に策定し、及び実施する責務を有する。
> 2　国は、地方公共団体その他の者が行う空家等に関する取組のために必要となる情報の収集及び提供その他の支援を行うよう努めなければならない。
> 3　国は、広報活動、啓発活動その他の活動を通じて、空家等の適切な管理及びその活用の促進に関し、国民の理解を深めるよう努めなければならない。

【改正対応】
新設。

(1)　「国」（1項〜3項）
新たに国の責務を規定　旧法には国の責務に関する規定がなかったが、通常の立法例にならって規定された。同旨の規定は所有者不明土地法4条にもみられる。「努めるものとする」よりは強く、「しなければならない」よりは弱い規定ぶりである。説明資料は、「国が能動的に先導して空家等対策を実施していくことを責務規定として明確化することが適切」とする。

「政府」で十分　法令用語としての「国」は、法律上の権利義務の主体を意味し、一般には、立法府・行政府・司法府のすべてを含む概念である。行政府のみを指す場合には、「政府」が用いられる（例：土地基本法10条）。

　空家法だけの問題ではないが、本条のように権利義務といった実体的内容を定めない場合には、行政府を意味する「政府」とするのが適切である。施策の総合的策定が国会による法律制定行為を含むとは思われない。「国」という用語は、「地方公共団体」の対概念として、慣行的に使用されているのだろう。

19

第 1 部　2023年改正空家法

⑵　「総合的に策定し、及び実施する責務」（1 項）

分権改革後の立法に多い用語例　このフレーズは、ほかの法律にも多くみられ
る。特徴的なのは、第 1 次分権改革以降の立法に多い点である。この改革にお
いては、「国と自治体の適切な役割分担関係の実現」が希求された。

求められる「適切な役割分担」関係　その内容は、抽象的にではあるが、地方
自治法 1 条の 2 に規定されている。すなわち、自治体は、「住民の福祉の増進を
図ることを基本として、地域における行政を自主的かつ総合的に実施する役割
を広く担う」（ 1 項）のである。そして、国は、「〔 1 項の〕趣旨を達成するた
め、……国が本来果たすべき役割を重点的に担い、住民に身近な行政はできる
限り地方公共団体に委ねることを基本として、地方公共団体との間で適切に役
割を分担するとともに、地方公共団体に関する制度の策定及び施策の実施に当
たつて、地方公共団体の自主性及び自立性が十分に発揮されるようにしなけれ
ばならない。」（ 2 項）のである。

　立法または解釈にあたりこうした関係の実現が図られるべきことについては、
地方自治法において、さらに踏み込んだ規定がされている。すなわち、「地方公
共団体に関する法令の規定は、地方自治の本旨に基づき、かつ、国と地方公共
団体との適切な役割分担を踏まえたものでなければならない。」（ 2 条11項）。さ
らに、そのように「解釈し、及び運用するようにしなければならない。」（同条
12項）のである。空家法に規定される事務は、法定受託事務ではなく法定自治
事務（地方自治法 2 条 8 項）であるが、それに関しても、「国は、地方公共団体
が地域の特性に応じて当該事務を処理することができるように特に配慮しなけ
ればならない。」（同条13項）とされている。「ものとする」でも「努めなければ
ならない」でも「努めるものとする」でもなく、法的義務づけの表現としては
もっとも強い「ねばならない」が用いられているように、相当に強力な国家意
思が示されている。このような整理は、憲法92条に規定される「地方自治の本
旨」という文言が確認的に用いられている点からも支持される。

施策の総合的実施は市町村の責務　条例が先行したように、空き家対策は、住
民に身近な市町村の事務である。したがって、「空家等に関する施策を総合的に
策定し、及び実施する責務を有する」のは、本来的には、国ではなく市町村で
ある。空家法に規定されるのが法定自治事務である点に鑑みれば、本条 1 項の

20

規定の「国は」という文言のあとに、「国と地方公共団体との適切な役割分担を踏まえつつ」という通則法的規定が当然に存在しているといえる。

国にとっての総合性の意味　地方自治法上、国は、「全国的に統一して定めることが望ましい……全国的な規模で若しくは全国的な視点に立つて行わなければならない施策」（１条の２第２項）を実施する役割を負っている。2014年の空家法制定それ自体は、この立法方針にもとづいたものである。しかし、あくまでそれは、総合的施策策定実施主体である市町村をサポートするものでなければならない。市町村の施策ニーズとは無関係に、「国から目線」で一方的に施策を創出してその実施を義務づけるのは、憲法にも分権改革の制度趣旨にも反している。

　中央政府に限定すると、その執政は、基本的には分担管理原則にもとづき行われている。空家法を中心的に所管するのは、国土交通省であり、担当は住宅局住宅総合整備課住環境整備室である。本条の「総合的」という文言を踏まえれば、同室が、局や省を超えて調整を行い、法１条に規定される目的の実現を図ることが命じられている。そのように空家法を運用するほか、課題としては、改正法案の衆参国土交通委員会での可決の際に付された附帯決議がある。そこ ^{⇒第4章} に含まれる内容は、とりわけ法務省を含め、中央政府全体でまさに総合的に対応しなければ実現しないものである。

空家法の実施における条例の役割　空家法の実施においては、市町村の地域特性に応じた処理が求められる。それが住民・事業者の権利義務に法的に影響を与える場合には、法律による行政の原理にもとづき、条例の根拠が求められる。

　空家法には、「条例」という文言はない。しかし、そこで規定される事務が自治事務であることから、市町村は、憲法94条を根拠にして、「法律の範囲内」において空家法を実施するために必要な条例を制定できる。地方自治法14条１項も、「法令に違反しない限りにおいて」と、確認的に規定する。それを否定する法政策的必要性があるのならば、その旨が空家法に明記されるはずであるが、それはされていない。市町村は、全国統一的に適用されると考えられる事項を除き、その地域ニーズを踏まえて、空家法をカスタマイズする法律実施条例（条例の内容を空家法と融合して実施できる法律リンク型条例）を制定できる。

第1部　2023年改正空家法

■　地方公共団体の責務（4条）

> **第4条**　市町村は、第7条第1項に規定する空家等対策計画の作成及びこれに基づく空家等に関する対策の実施その他の空家等に関して必要な措置を適切に講ずるよう努めなければならない。
>
> 2　都道府県は、第7条第1項に規定する空家等対策計画の作成及び変更並びに実施その他空家等に関しこの法律に基づき市町村が講ずる措置について、当該市町村に対する情報の提供及び技術的な助言、市町村相互間の連絡調整その他必要な援助を行うよう努めなければならない。

【改正対応】

旧法4条と8条を**統合**。

(1)　「市町村」（1項）

行政主体の数　法1条は、「市町村（特別区を含む。第10条第2項を除き、以下同じ。）」と規定する。空家法で用いられる「市町村」は、原則として、特別区を含む概念である。2025年1月1日現在、792市、743町、183村、23特別区の1,741団体がある。

国土交通省の調査によれば、2014年の空家法制定前の条例数は、401であった。「和歌山県建築物等の外観の維持保全及び景観支障状態の制限に関する条例」（2011年）を唯一の例外として、残りのすべては市町村条例である。空き家対策は、きわめて地元密着型の事務であり、空家法が実施の基本的役割を都道府県ではなく市町村に負わせたのは自然であった。議連解説は、「住民に最も身近で個別の空家等の状況を把握する立場にあるのは市町村」と説明する（48頁）。

もっとも、憲法92条が規定する「地方自治の本旨」に鑑みれば、地方分権時代において、すべての市町村に同内容の事務の義務づけをする必要があったかは疑問である。改正法により創設された13条の管理不全空家等や23条の空家等管理活用支援法人に関する事務は、市町村が条例にもとづき担当を決定する選択制で充分であった。

22

第1章　空家法の逐条解説　■4条

(2)　「その他の空家等に関して必要な措置」（1項）

市町村施策に求められる総合性　法3条1項は、国が総合的な施策策定をすると規定し、本条1項は、市町村はその枠組みのもとで設けられた同法の規定を適切に実施すると規定する。しかし、前述のように、総合的施策策定実施主体は、むしろ市町村である。したがって、市町村は、空家法の実施に汲々とするのではなく、同法を利用しつつも、地域特性に適合的な空き家行政を展開することが、法制度的には期待されている。

　改正法は、国の責務を新たに規定し、市町村の責務と並べた。この構成は、所有者不明土地法にならったものであるが、同法5条1項にある「国との適切な役割分担を踏まえて」という文言はない。法定受託事務を規定する同法ですらこうした認識を持っているのに、法定自治事務のみを規定する空家法にこの文言がないのは奇異である。そうではあっても、空家法の実施にあたって、前述の地方自治法1条の2は、解釈上の指針となる。文言の欠缺が適切役割分担原則の否定を意味すると解すべきではない。

地域特性に応じた措置の展開　「その他」ではなく「その他の」とされているから、空家等対策計画と空家等に関する対策の実施は例示である。空家法のもとでの市町村の事務には任意的事務（7条・8条）と義務的事務（9条・10条・13条・14条・16条・22条～28条）がある。義務的事務においても、空家法の規定だけを前提とするのではなく、これを地域的にカスタマイズする法律実施条例を制定できるのは、前述の通りである。それ以外にも、「努めるものとする」という訓示規定もある（11条・12条・15条）。

(3)　「適切に講ずるよう努めなければならない。」（1項）

やや強化された訓示規定　旧法においては「努めるものとする」と規定されていたが、市町村と都道府県の責務をひとつの条に統合するにあたり、旧法8条が都道府県による援助に関して「努めなければならない」と規定していたのに平仄を合わせたものである。市町村の責務が、やや強化された。

身の丈にあった実施　市町村は、地域住民のために空家法にもとづく法定自治事務を実施するが、実施体制には大きな差があるのが現実である。空家法の専任職員が配置されるのはまれであり、他の法律・条例も担当しているのが通例

23

第1部 2023年改正空家法

である。「兼任者が1名」という現場も少なからずある。このように、空家法のためにどれくらいの人員・時間・予算を投入できるかは、一様ではない。

　ところが、住民は、そうした事情を知らない。空き家に対して、より早期の対応を求める改正法の内容を知った住民は、ときには条文を提示しつつ、「ウチの隣の空き家を何とかしろ」と迫ってくる。どのように考えればよいだろうか。

　国土交通省は、法23条の指定にかかる空家等管理活用支援法人を活用すればよいと考えているのかもしれない。しかし、活用方針を十分に固めないままに安易に指定をすると、制御不能になり、振り回されるおそれなしとしない。指定した支援法人がボランティアで対応してくれればよいが、業務費を求めるとなると、市町村には財政負担が発生する。それほど使い勝手がよい制度とは思われていない。

[図表1.2] 改正空家法のフロー

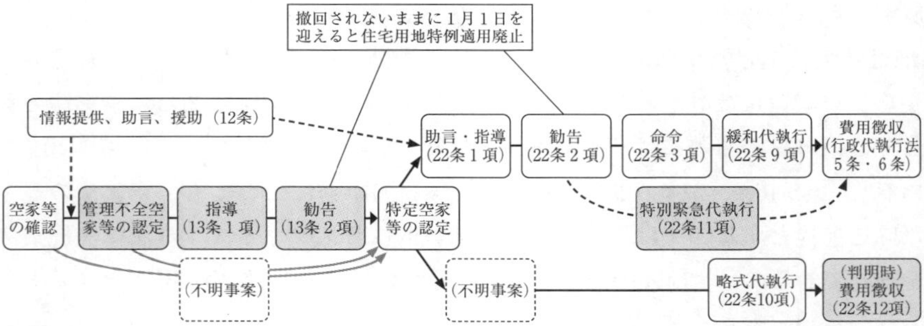

〔出典〕筆者作成。

　身の丈を超える行政はできない。住民に対して「できないということ」を伝えるのには躊躇するだろうが、誠実でなければならない。たとえば、「管理不全空家等に常時認定できるのは〇件」「特定空家等の認定は代執行まで実施する可能性のあるものについて行う」といった方針を法7条にもとづく空家等対策計画に記載するのも一手である。決して逃げているわけではない。憲法92条のもとで、空家法の実施裁量として、市町村に認められている対応である。

　市町村に実施が求められる改正空家法のフローは、[図表1.2]の通りである。

24

第1章　空家法の逐条解説　■4条

グレーの部分が、改正法による追加である。なお、管理不全空家に関する措置は、特定空家等との関係で必ず経なければならないわけではない。

(4)　「情報の提供及び技術的な助言、市町村相互間の連絡調整その他必要な援助」(2項)

都道府県の役割　本条2項は、空家等対策計画の作成・変更・実施をはじめとして、空家法にもとづき市町村が措置を講ずる場合に、情報提供、技術的助言、市町村相互間の連絡調整などの必要な援助を都道府県が講ずるよう求めている。市町村の要請を受けて対応する場合と、それにかかわらず対応する場合がある。

　地方自治法2条5項は、都道府県の役割として、「広域にわたるもの」(広域事務)のほか、「市町村の連絡調整に関するもの」(連絡調整事務)および「その規模又は性質において一般の市町村が処理することが適当でないと認められるもの」(補完事務)を規定する。本条は、それらを空家法に引き付けて整理したものである。

具体的な対応　空家法の施行前後においては、たとえば、域内市町村の連絡調整組織をつくって情報交換を促進したり、旧法14条14項にもとづく国のガイドラインを詳細化したガイドラインを作成して市町村独自の措置基準づくりをサポートしたりする都道府県もあった。現在では、定期的なセミナーの開催や国からの情報提供をする例が多い。富山県のように、除却に関する独自の補助金制度を持つところもある。

25

第1部　2023年改正空家法

■ 空家等の所有者等の責務（5条）

> **第5条**　空家等の所有者又は管理者（以下「所有者等」という。）は、周辺の生活環境に悪影響を及ぼさないよう、空家等の適切な管理に努めるとともに、国又は地方公共団体が実施する空家等に関する施策に協力するよう<u>①努めなければならない。</u>

【改正対応】

　条項ズレ。旧法3条「空家等の所有者又は管理者（以下「所有者等」という。）は、周辺の生活環境に悪影響を及ぼさないよう、空家等の適切な管理に努めるものとする。」を修正して規定。

下線部①：旧法では、「努めるものとする」とされていた。

⑴　「所有者又は管理者（以下「所有者等」という。）」

所有の2形態　民法206条が規定するように、所有者は、その所有にかかる物を自由に使用・収益・処分する権利を有している。この権利が所有権である。

　所有形態には、①1人の者だけが目的物の所有権を持つ単独所有、②目的物の所有権を複数者が量的に分有する共有がある（民法249条）。共有の場合には、共有者全員が本条の責務の対象となる。その範囲が当該市町村の住民に限定されないのはいうまでもない。国外に居住している場合もあれば、外国籍者の場合もある。所有者等には、会社などの法人も含まれる。

あてにならない登記簿情報　動産とは異なり、不動産である土地や建物の場合には、民法177条および不動産登記法のもとで、登記簿において、不動産に関する権利関係を確認する制度になっている。登記は、第三者に対する対抗要件である。

　ところが、個人の場合、所有者の死亡により相続が発生して権利が移転しても登記が変更されていなければ、現実の所有者と登記簿上の所有者が異なる現象が発生する。空家法の措置は、あくまで現実の所有者に対してなされるものであるため、市町村長は、これを特定しなければならない。確認する対象とし

26

ては、以下のようなものが考えられる。

　登記簿にある記載（通常は、登記情報の権利部（甲区）の最後に記載されている者が所有者）をもとにしつつ、関係者の住民票や戸籍謄本を公用請求して取得し（住民基本台帳法12条の2第1項、戸籍法10条の2第2項）、措置の対象となる所有者を確定しなければならない。なお、後にみるように、住民基本台帳ネットワークシステムの利用（2022年8月以降）、戸籍情報連携システムの利用（2024年3月）が可能になった。^{⇒66頁}そのほかにも、親族や近隣住民への聞込み、水道・電気・ガスの供給事業者の保有情報の確認、郵便転送情報の確認、家庭裁判所での相続放棄申述の有無の確認などの方法もある。もっとも、照会の相手方に回答義務がないため、制度としては「片想い」である。^{⇒66頁}所有者不明土地法の実施のために作成された『所有者の所在の把握が難しい土地に関する探索・利活用のためのガイドライン〔第3版再補訂〕』（2024年10月）にも、参考になる情報がある。

　不動産登記法の改正により、2024年4月から、相続登記が義務化された（76条の2第1項）。違反は10万円以下の過料に処される（164条）。2026年4月から、氏名・住所の変更登記も義務化される。ただちに効果を発揮するとは思われないが、長期的にみれば、探索の困難さの緩和に資することが期待される。

餅は餅屋に　収集した戸籍情報等を読み解いて家系図・親族関係図を作成するにあたっては、戸籍や住民票の事務を取り扱っている担当課あるいは固定資産税担当課の職員の助力を得るのが効率的である。法7条にもとづく空家等対策計画の記載事項のひとつに「空家等に関する対策の実施体制に関する事項」があるが、そのなかで庁内関係部署の協力について定めておけばよい。

敷地所有者の位置づけ　借地に建つ非居住家屋の場合の敷地所有者は、「空家等」の「等」の所有者であるため、「空家等」の所有者となる。この点は、旧法5条にもとづく基本指針の2021年改正において明確にされ、法6条にもとづく現在の基本指針でも維持されている（一3（2））。^{⇒337頁}

管理者とは　管理者とは、建物の所有者から、契約など一定の法律行為にもとづいて、当該建物の保存・利用・改良などの行為の権原を委任された者である。建物の存在を前提にするため、除却等の変更行為の権原はないのが通例である。

　賃貸借用建物について所有者から管理の委任を受けている不動産業者が、管

理者の典型例である。所定の手続を経て選任された不在者財産管理人、相続財産清算人、成年後見人は、管理者に該当する。2023年4月施行の改正民法で新たに導入された制度のもとでの所有者不明土地管理人、管理不全建物管理人、管理不全土地管理人も同様である。

相続放棄制度 「相続は、死亡によって開始する。」（民法882条）。それを前提として、相続の放棄をしようとする者は、その旨を、相続開始があったことを知った日から3か月以内に家庭裁判所に申述しなければならない（民法915条1項、938条）。実務上は、最高裁判決（最二小判昭和59年4月27日判時1116号29頁）が踏まえられている。家庭裁判所が申述を受けつければ（審理はされない）、当該相続放棄者は、その相続に関しては、初めから相続人とならなかったものとみなされる（民法939条）。共有案件において部分的に相続放棄がされる場合には、放棄のたびに持分が変化することに注意が必要である。まずは相続人全体を把握し、家庭裁判所に照会をして、相続放棄の有無を慎重に調査しなければならない。

　空家法の実施に引きつけていえば、市町村が調査をして判明した所有者が、被相続人の死亡によって自らが相続人となったことを市町村からの連絡によって初めて知れば、そのときから3か月以内に放棄手続が可能となる。

持分割合 単独所有の空家であっても、所有者が死亡すれば、相続人の間で、基本的には、法定相続分割合に則って相続がされ、相続人の共有となる。相続人が妻と子A・Bの2名であれば、妻2分の1、子A4分の1、子B4分の1である。その後に妻が死亡すれば、子Aが2分の1、子Bが2分の1となる。

　これは単純な事例であるが、現実には、多くの子があり、それぞれに配偶者があり、複数の子があるという事例も少なからずある。そうなると、共有者の数が増加し、持分割合は少なくなる。時間の経過により空家法の適用を受ける管理不全空家等になったときには、数次の相続が発生しているため、その傾向は一層進行する。ある市町村で把握した78名の共有案件において、持分割合を示す分母・分子の分母は、「11,289,600」であった。そのもとでの最大持分割合は10.71%、最小持分割合は0.01%であった。0.01%であってもゼロでない以上、「所有者」である。

全員相続放棄事案 被相続人が死亡して相続が発生したけれども、相続の事実

を知った相続人全員が相続放棄の申述をして家庭裁判所がこれを受理する審判をした場合、最後に相続放棄をした者（最終相続放棄者）が管理者に該当するかが問題になる。2021年改正前の民法940条1項は、「相続の放棄をした者は、その放棄によって相続人となった者が相続財産の管理を始めることができるまで、自己の財産におけるのと同一の注意をもって、その財産の管理を継続しなければならない。」と規定していたため、同人が空家法にいう管理者に該当すると解する説もあった。しかし、最終相続放棄者の管理義務は、あくまで新たに相続人となる者との間のもの（内向きの義務）である。法5条の責務は、そのかぎりにおいて負うにすぎず、第三者との関係におけるもの（外向きの義務）ではない。

　なお、2021年改正によって、民法940条1項には、「相続の放棄をした者は、その放棄の時に相続財産に属する財産を現に占有しているときは」（傍点筆者）という限定が明記された。傍点部にあるように、居住がされていない状態にある空家等は、この要件を充たさない。最終相続放棄者の管理者性については明確でない面があったが、この改正によって、管理者に含まれないことが明らかになった。

一般的制度であるがゆえの弊害　　相続放棄は、民法のもとで一般的に認められている制度である。申述書には「理由」を記す欄があるけれども、審判にあたって、理由は審査されない。特定空家等の所有者になることを初めて知ったという場合は「6　その他」をチェックすることになるが、家庭裁判所にとってのアンケート調査以上のものではない。「特定空家等に関する相続放棄はできない」という特別法規定はない。

　市町村が相続人をようやく突き止めて接触をしたところ、相続人であることを初めて知った所有者等の相当割合が相続放棄の手続を選択しているようである。全員相続放棄事案において土地が売却可能であれば、相続財産清算人制度を利用しての除却もできるが、そうでなければ、特定空家等の状況次第では、法22条10項にもとづく略式代執行をするほかない。こうした結果になる相続放棄は「権利の濫用」（民法1条3項）のように映り、市町村の不満が強いが、特定空家等についてのみ利用を制限するわけにもいかない。

第1部　2023年改正空家法

(2)　「周辺の生活環境に悪影響を及ぼさないよう」

「悪影響」の内容　　所有者等が適切な管理に努めるのは、周辺の生活環境への悪影響の防止のためである。周辺の生活環境の保全に影響を与える項目として、特定空家等の定義のなかで、保安状態・衛生状態・景観状態が列挙されている（法2条2項）。前述のように、空家法における所有者等の管理責任のあり方は、常に周辺の生活環境との関係で把握されるのであり、それへの悪影響の防止のために、積極的な関与が求められている。「悪影響」（法11条にも規定される。）の具体的内容としては、法2条2項が定義する特定空家等の要件が、これに相当する。⇒15頁

(3)　「適切な管理に……努めなければならない」

訓示規定　　空家法以前の空き家条例では、所有者等の責務に関して、「適切に管理しなければならない。」というように、抽象的ながらも法的義務とする例が大半であった。それを踏まえて、具体的な義務が命令で確定するようになっていた。空家法以降の空き家条例にも、そのように責務を規定するものが少なからずある。

　旧法3条は、「適切な管理に努めるものとする。」というように、建築基準法8条1項と横並びの、弱めの手続的な抽象的法的義務を規定していた。具体的な実体的法的義務は、旧法14条3項にもとづく措置命令によってはじめて具体的に課されるという整理である。旧法3条について、想定問答は、「空家は個人の私有財産であるため、周囲に悪影響を及ぼしていない（公共の福祉に反しない）空家を含めた空家一般について、適切な管理を行うことを義務とすることまでは難しい。」（下線原文）と説明している（問39）。

　この点、改正法によって、強めの努力義務になった。「たんなる法的義務づけ」をするにすぎない訓示規定であるが、改正を必要とする立法事実に鑑みて、少しだけ踏み込んだのである。内閣法制局として許容できるギリギリの対応なのだろう。もっとも、命令で義務が具体的に確定する（強制力を伴う法的義務となる）点は、空き家条例と空家法とで変わりはない。

管理のポイント　　空家等が管理不全空家等、さらには、特定空家等の状態にならないためには、日頃からの管理が重要なのはいうまでもない。基本指針は、

「空家等の適切な管理のために所有者等が留意すべき事項」として、①保安上危険の防止のための管理、②衛生上有害の防止のための管理、③景観悪化の防止のための管理、④周辺の生活環境の保全への悪影響の防止のための管理、の4項目について、対応のポイントを示している。 ⇒347頁

土地基本法改正の影響 2020年3月に、土地基本法が一部改正された。同法全体を通じて、土地が「適正に利用される」というフレーズが「適正に利用し、又は管理される」と修正され、基本理念のひとつとして、「土地は、その周辺地域の良好な環境の形成を図るとともに当該周辺地域への悪影響を防止する観点から、適正に利用し、又は管理されるものとする。」（3条2項）が新設された。

この部分は、空家法が対峙する課題をも直接念頭に置いたものである。土地所有者等（土地基本法では、「土地の所有者又は土地を使用収益する権原を有する者」（4条1項））が名あて人になっているわけではないが、土地の適正管理という法政策が基本法レベルで明記された意味は大きい。自分の土地であるからといって、同地に存在する建築物を自由に放置することはできないのである。

この点は、空家法の実施にあたっても留意されるべきものである。具体的には、法13条または22条にもとづく諸権限の行使にあたり、所有者等に対して、より強い管理責任を求めることができるようになったといえる。所有者等の側からみれば、空家等に関する財産権の内在的制約の範囲と程度が強まった。空き家条例のなかには、「適正に管理しなければならない」という規定ぶりのものも多くある。空家法を「上書き」しているという認識でなされていることが大半であるが、このような認識を先取りしているといえよう。

民事法責任との関係 なお、たんに努力を求める本条の規定は、あくまで空家法のもとでのものである。管理不全状態にある建築物または工作物の倒壊により被害が発生した場合には、居住の有無にかかわらず、被害者・加害者という私人間の関係において、民法709条にもとづく不法行為責任（過失責任）や同法717条にもとづく工作物責任（無過失責任）が問われうるのはいうまでもない。

第1部　2023年改正空家法

■　基本指針（6条）

第6条　国土交通大臣及び総務大臣は、空家等に関する施策を総合的かつ計画的に実施するための基本的な指針（以下「基本指針」という。）を定めるものとする。

2　基本指針においては、次に掲げる事項を定めるものとする。

一　空家等に関する施策の実施に関する基本的な事項

二　次条第1項に規定する空家等対策計画に関する事項

三　①所有者等による空家等の適切な管理について指針となるべき事項

四　その他空家等に関する施策を総合的かつ計画的に実施するために必要な事項

3　国土交通大臣及び総務大臣は、基本指針を定め、又はこれを②変更するときは、あらかじめ、関係行政機関の長に協議するものとする。

4　国土交通大臣及び総務大臣は、基本指針を定め、又はこれを変更したときは、遅滞なく、これを公表しなければならない。

【改正対応】

条項ズレ（旧法では5条）。

下線部①：**新設**。

下線部②：旧法では、「変更しようとするとき」とされていた。

(1)　「国土交通大臣及び総務大臣」（1項）

所管官庁　　空家法は、国土交通省および総務省の共管法である。国土交通省が空家法を所管するのは、国土交通省設置法4条66号が同省の所掌事務のひとつとして、「住宅（その附帯施設を含む。）の供給、建設、改良及び管理並びにその居住環境の整備に関すること。」を規定するからである。総務省については、総務省設置法4条19号「地方自治に係る政策で地域の振興に関するものの企画及び立案並びに推進に関すること。」がその根拠である。また、空家法は、地方税法の特別措置を部分的に規定するため、53号「地方税、森林環境税及び特別法人事業税に関する制度の企画及び立案に関すること。」という点でも、同省の所掌事務に関係している。

第1章　空家法の逐条解説　■6条

(2)　「基本指針」（1項）

基本的事項を明記　基本指針は、2度の改正を受け、現在のものは「第3版」
⇒330頁
となっている。2014年の空家法制定を受けて、国土交通省および総務省は、2015
年1月30日付けで、都道府県・市町村に対して、「「空家等に関する施策を総合
的かつ計画的に実施するための基本的な指針（案）」に関する意見照会」を実施
した。その結果を踏まえて、基本指針（平成27年2月26日付け総務省・国土交通省
告示第1号）が定められた。

　初版の基本指針は、「空家等に関する施策の実施に関する基本的な事項」（以
下「基本的事項」という。）、「空家等対策計画に関する事項」、「その他空家等に
関する施策を総合的かつ計画的に実施するために必要な事項」の3部から構成
されていた。このうち、基本的事項が、全体の大半を占めている。内容として
は、空家法の第1次施行部分（2015年2月26日施行）に対応するものである。

　第1回目の改正は、2021年である（令和3年6月30日付け総務省・国土交通省告
示第1号）。そこでは、空家法施行後5年間の運用状況を踏まえ、「将来の外部
不経済が予見される空家等への対応について」、「市町村による財産管理制度の
活用について」、「地域の空家等対策を支援する民間主体の活用について」、「借
地の土地所有者への措置及び所有者多数の場合の対応について」に関する記述
が追加されている。

　第2回目の改正は、2023年である（令和5年12月13日付け総務省・国土交通省告
示第3号）。前回改正からの状況の変化および改正法を受けたものであり、基本
的事項が相当に拡充されるとともに、「所有者等による空家等の適切な管理につ
いて指針となるべき事項」という項目が新設され、全体が4部構成になった。
この新設は、改正による法6条2項3号の追加に対応するものである。

技術的な助言ゆえの非拘束性　基本指針および法22条16項にもとづくガイドラ
インは、市町村との関係においては、技術的な助言（地方自治法245条の4）で
ある。したがって、あくまで事実上の効力しかない。相当に詳細な内容となっ
ているが、市町村が独自の解釈を踏まえてこれとは異なる対応をしたとしても、
従っていないという理由だけで違法となるわけではない。また、異なる対応を
しているその理由を明確に示す法的義務もない。

33

第1部　2023年改正空家法

⑶　「関係行政機関の長」（3 項）

　関係する範囲で　「関係行政機関の長」とは、国土交通大臣および総務大臣以外の中央府省の大臣を意味する。たとえば、空家等の利活用を通じた農山漁村地域の振興の観点からは農林水産大臣が、廃棄物不法投棄や動物棲息に起因する生活環境悪化対策の観点からは環境大臣が、それぞれ関係行政機関の長に該当する。所有者等のなかに、福祉的・医療的サポートを要する人が多いということになれば、厚生労働大臣がこれに該当しよう。

■　空家等対策計画（7 条）

第7条　市町村は、その区域内で空家等に関する対策を総合的かつ計画的に実施するため、基本指針に即して、空家等に関する対策についての計画（以下「空家等対策計画」という。）を定めることができる。

2　空家等対策計画においては、次に掲げる事項を定めるものとする。

　一　空家等に関する対策の対象とする地区及び対象とする空家等の種類その他の空家等に関する対策に関する基本的な方針

　二　計画期間

　三　空家等の調査に関する事項

　四　所有者等による空家等の適切な管理の促進に関する事項

　五　空家等及び除却した空家等に係る跡地（以下「空家等の跡地」という。）の活用の促進に関する事項

　六　特定空家等に対する措置（[①]第22条第 1 項の規定による助言若しくは指導、同条第 2 項の規定による勧告、同条第 3 項の規定による命令又は[②]同条第 9 項から第11項までの規定による代執行をいう。以下同じ。）その他の特定空家等への対処に関する事項

　七　住民等からの空家等に関する相談への対応に関する事項

　八　空家等に関する対策の実施体制に関する事項

　九　その他空家等に関する対策の実施に関し必要な事項

3　前項第 5 号に掲げる事項には、次に掲げる区域内の区域であって、当該区域内

の空家等の数及びその分布の状況、その活用の状況その他の状況からみて当該区域における経済的社会的活動の促進のために当該区域内の空家等及び空家等の跡地の活用が必要となると認められる区域（以下「空家等活用促進区域」という。）並びに当該空家等活用促進区域における空家等及び空家等の跡地の活用の促進を図るための指針（以下「空家等活用促進指針」という。）に関する事項を定めることができる。

一　中心市街地の活性化に関する法律（平成10年法律第92号）第2条に規定する中心市街地

二　地域再生法（平成17年法律第24号）第5条第4項第8号に規定する地域再生拠点

三　地域再生法第5条第4項第11号に規定する地域住宅団地再生区域

四　地域における歴史的風致の維持及び向上に関する法律（平成20年法律第40号）第2条第2項に規定する重点区域

五　前各号に掲げるもののほか、市町村における経済的社会的活動の拠点としての機能を有する区域として国土交通省令・総務省令で定める区域

4　空家等活用促進指針には、おおむね次に掲げる事項を定めるものとする。

一　空家等活用促進区域における空家等及び空家等の跡地の活用に関する基本的な事項

二　空家等活用促進区域における経済的社会的活動の促進のために活用することが必要な空家等の種類及び当該空家等について誘導すべき用途（第16条第1項及び第18条において「誘導用途」という。）に関する事項

三　前2号に掲げるもののほか、空家等活用促進区域における空家等及び空家等の跡地の活用を通じた経済的社会的活動の促進に関し必要な事項

5　空家等活用促進指針には、前項各号に掲げる事項のほか、特例適用建築物（空家等活用促進区域内の空家等に該当する建築物（建築基準法（昭和25年法律第201号）第2条第1号に規定する建築物をいう。以下この項及び第9項において同じ。）又は空家等の跡地に新築する建築物をいう。次項及び第10項において同じ。）について第17条第1項の規定により読み替えて適用する同法第43条第2項（第1号に係る部分に限る。次項において同じ。）の規定又は第17条第2項の規定により読み替えて適用する同法第48条第1項から第13項まで（これらの規定を同法第

87条第2項又は第3項において準用する場合を含む。第9項において同じ。）の規定のただし書の規定の適用を受けるための要件に関する事項を定めることができる。

6　前項の第17条第1項の規定により読み替えて適用する建築基準法第43条第2項の規定の適用を受けるための要件（第9項及び第17条第1項において「敷地特例適用要件」という。）は、特例適用建築物（その敷地が幅員1.8メートル以上4メートル未満の道（同法第43条第1項に規定する道路に該当するものを除く。）に2メートル以上接するものに限る。）について、避難及び通行の安全上支障がなく、かつ、空家等活用促進区域内における経済的社会的活動の促進及び市街地の環境の整備改善に資するものとして国土交通省令で定める基準を参酌して定めるものとする。

7　市町村は、第3項に規定する事項を定めるときは、あらかじめ、当該空家等活用促進区域内の住民の意見を反映させるために必要な措置を講ずるものとする。

8　市町村（地方自治法（昭和22年法律第67号）第252条の19第1項の指定都市及び同法第252条の22第1項の中核市を除く。）は、第3項に規定する事項を定める場合において、市街化調整区域（都市計画法（昭和43年法律第100号）第7条第1項に規定する市街化調整区域をいう。第18条第1項において同じ。）の区域を含む空家等活用促進区域を定めるときは、あらかじめ、当該空家等活用促進区域の区域及び空家等活用促進指針に定める事項について、都道府県知事と協議をしなければならない。

9　市町村は、空家等活用促進指針に敷地特例適用要件に関する事項又は第5項の第17条第2項の規定により読み替えて適用する建築基準法第48条第1項から第13項までの規定のただし書の規定の適用を受けるための要件（以下「用途特例適用要件」という。）に関する事項を記載するときは、あらかじめ、当該事項について、当該空家等活用促進区域内の建築物について建築基準法第43条第2項第1号の規定による認定又は同法第48条第1項から第13項まで（これらの規定を同法第87条第2項又は第3項において準用する場合を含む。第17条第2項において同じ。）の規定のただし書の規定による許可の権限を有する特定行政庁（同法第2条第35号に規定する特定行政庁をいう。以下この項及び次項において同じ。）と協議をしなければならない。この場合において、用途特例適用要件に関する事項

第1章　空家法の逐条解説　■7条

については、当該特定行政庁の同意を得なければならない。

10　前項の規定により用途特例適用要件に関する事項について協議を受けた特定行政庁は、特例適用建築物を用途特例適用要件に適合する用途に供することが空家等活用促進区域における経済的社会的活動の促進のためにやむを得ないものであると認めるときは、同項の同意をすることができる。

11　空家等対策計画（第3項に規定する事項が定められたものに限る。第16条第1項及び第18条第1項において同じ。）は、都市計画法第6条の2の都市計画区域の整備、開発及び保全の方針及び同法第18条の2の市町村の都市計画に関する基本的な方針との調和が保たれたものでなければならない。

12　市町村は、空家等対策計画を③定めたときは、遅滞なく、これを公表しなければならない。

13　市町村は、都道府県知事に対し、空家等対策計画の作成及び実施に関し、情報の提供、技術的な助言その他必要な援助を求めることができる。

14　第7項から前項までの規定は、空家等対策計画の変更について準用する。

【改正対応】

下線部①：旧法では、「第14条」とされていた（**条項ズレ**）。

下線部②：旧法では、「同条第9項若しくは第10項」とされていた（**条項ズレ**）。3項～11項・14項は**新設**。

下線部③：旧法では、「定め、又はこれを変更した」とされていたが、変更については14項を新設したため、**「変更」の文言が削除**された。

(1)　「総合的かつ計画的」（1項）

空家法における意味　「総合的かつ計画的」とは、法律において国の施策の実施のあり方を示す際に用いられる一般的なフレーズであり、空家法に特有のものではない。本来は、法3条1項に規定されるべきものである。
⇒20頁

空家等対策計画は、同法のもとでの対応の総合性と計画性を担保するものとして位置づけられている。なお、「基本指針＋（任意）計画」という組み合わせは、近時の法律のデフォルトともいえる構成である。

空家等の対策との関係で、この規定ぶりの意味は大きい。法6条の規定のみ

37

からは必ずしも明らかではないが、基本指針は、「空家等のそもそもの発生若しくは増加を抑制」することが本条2項9号の「その他空家等に関する対策の実施に関し必要な事項」に含まれるとしている。これは、現在は居住されているけれども将来空家等になる可能性が高い家屋についても、未然防止アプローチの観点から、施策の対象にできるという趣旨である。

要因発生プロセスへの対応　独居老人が施設に入所したり死亡したりした場合、当該家屋は空家等になる可能性がある。そうした事態は避けられないにしても、それが特定空家等になるのを未然に防止するため、市町村行政が家族等と連携をとって適切な方策を講ずる必要がある。その所管は、建築や住宅を扱う部署でなく福祉部署であろう。そのほか、防災、防犯、交通安全、債権回収、環境、道路、河川、公有地管理など、関係部署は多岐にわたる。空家等対策計画の作成および実施には、個々の家屋の状況の時間的推移に対応して、機動的な関係部署の横断的関与が求められる。空家法が福祉的観点からの関与の必要性を認めている点については、法8条にもとづく協議会の構成員の属性のひとつとして、「福祉……に関する学識経験者」が規定されていることからも推察される。基本指針は、「市町村内の関係部局による連携体制」という節をわざわざ設け、行政分野を横断する全庁体制による取組みを期待している。⇒333頁

　特定空家等に相当する物件に対して対症療法的に対応するだけでなく、それ以前の段階にある空家等に相当する物件を対象に発生抑制や利活用を検討する市町村の数は、増加している。本条には、そうした先駆的自治体施策を一般化する意義がある。

対象区域の考え方　本条は、計画の対象区域について触れていない。市町村全域とするか一部とするか、全域としつつもそのなかに重点対策区域を設けるかについては、市町村の裁量がある。重点対策区域の設定は、優先順位をつけた実施を説明するための工夫である。メリハリをつけた法律実施のためには、既存の景観関係・まちづくり関係の計画を踏まえた実施方針を計画に書き込むこともできよう。具体的案件への対応の必要性から、空家法の実施においては、どうしても「モグラたたき」のような実務になりがちであるが、市町村の政策全体の観点から空家法の実施を捉えるようにするのが望ましい。

(2) 「基本指針に即して」（1項）

「即して」の意味　空家等対策計画の中心は、本条2項が列挙する諸事項である。決定にあたって、基本指針に即することが求められている。もっとも、次にみるように、計画作成は任意的事務である。「即して」とは、基本指針に追随するという意味ではない。2項各号の事項を記載する必要はあるが、基本指針を十分に踏まえつつ、各事項の中身としてどのような内容を盛り込むかについては、市町村の裁量がある。

(3) 「計画……を定めることができる。」（1項）

作成の任意性　「できる」とあるように、計画の作成は、市町村の義務ではなく、文字通りの任意である。国土交通省は、作成を推奨している。[図表1.3]として示した空き家対策総合支援事業（事業期間　平成28年度〜令和7年度）においては、本条2項が定める各項目の記載がされている空家等対策計画の作成が、補助金交付の要件となっている。

[図表1.3]　空き家対策総合支援事業

事業名	補助率等	条件等
空き家対策基本事業	空き家の除却★（補助率：2/5。但し、緩和代執行・略式代執行の場合は1/2）	特定空家等の除却（行政代執行・略式代執行に係る除却費用のうち回収不能なものを含む）、不良住宅の除却、上記以外の空き家・空き建築物の除却であって、除却後の跡地が地域活性化のための計画的利用に供される場合
	空き家の活用★（補助率：直接1/2、間接1/3（かつ市町村の1/2））	地域コミュニティ維持・再生のために10年以上活用することが条件
	空き家を除却した後の土地の整備★（補助率：1/2）	除却後の跡地について地域活性化のための計画的利用に供される要件がかからない特定空家等または不良住宅を除却する場合に限る
	空き家の活用か除却かを判断するためのフィージビリティースタディー★（補助率：1/2）	インスペクションや間取り図作成等を含む実施可能性調査等
	空家等対策計画の策定等に必要な空き家の実態把握（補助率1/2）	空家等対策計画に数値目標や空き家対策を推進する具体的施策を記載する場合に限る

第1部　2023年改正空家法

事業名	補助率等	条件等
	空き家の所有者の特定★（補助率：1/2）	所有者の特定のための交通費、証明書発行閲覧費、通信費、委託費等を合計した額
	空家等管理活用支援法人による空き家の活用等を図るための業務（補助率：1/2）	空家法24条1号、3号または5号に掲げる業務
	＊補助上限額：1法人あたり500万円/年度	＊支援法人が所有者等から費用を徴収する収益事業は対象外
	＊補助期間：1法人につき、最大3か年度	＊支援法人に対する補助の全体事業費は、各空き家対策総合実施計画の交付対象事業の全体事業費の1/2未満
空き家対策附帯事業	空家法に基づく行政代執行等の措置の円滑化のための法務的手続等を行う事業等（補助率：1/2）	緩和代執行・略式代執行に係る弁護士相談等の必要な司法的手続等の費用、代執行後の債権回収機関への委託費用、財産管理制度の活用に伴い発生する予納金で回収不能なもの
空き家対策関連事業	基本事業とあわせて実施する事業（補助率：各事業による）	住宅・建築物耐震改修事業、住宅市街地総合整備事業、街なみ環境整備事業、狭あい道路整備等促進事業、小規模住宅地区改良事業、住宅地区改良事業等計画基礎調査事業、地域優良賃貸住宅整備事業
空き家対策促進事業	空き家対策基本事業と一体となってその効果を一層高めるために必要な事業★（補助率：1/2）	各空き家対策総合実施計画の交付対象事業の全体事業費の2/10以内

＊ 上記以外にも、モデル的な取組みへの支援を行う「空き家対策モデル事業」がある。

★ の事業内容については、空き家再生等推進事業（社会資本整備総合交付金）としての実施可能である。以下、空き家対策総合支援事業および空き家再生等推進事業をあわせて「空き家対策総合支援事業等」という。

〔出典〕国土交通省資料をもとに筆者作成。

増加する作成　計画作成市町村数は、増加している。国土交通省と総務省の調査によれば、2024年3月31日時点では、全1,741市町村のうち、「策定済み」が1,501団体（86.2%）、「策定予定あり」が152団体（8.7%）、「策定予定なし」が88団体（5.1%）となっている_{⇒328頁}。なお、2022年度から、空家等対策計画の作成（含・改定）にかかる調査・分析、計画案作成に必要とされる費用のすべてが、「住宅地区改良事業等計画基礎調査事業」として、補助対象になった。計画作成作業それ自体は（「コンサルタント丸投げ」を懸念してか、）補助対象でなかった旧法時代とは異なっている。

　自治体事務を規定する近時の法律の特徴として、計画の実質的義務づけが指

40

摘される。作成は制度的には任意として国の直接の財政負担義務を回避しつつ、作成する場合の規定事項を詳細に枠付け、補助金制度などと関連させて実質的に作成に追い込むという仕組みである。空家法でも繰り返された。

計画期間 本条2項2号は、計画の記載内容のひとつとして、計画期間をあげている。計画期間を何年とするのかは、市町村の任意である。空き家をめぐる状況の変化の速度や行政対応の現実性に鑑みれば、1期5年とするのが適当であろう。計画最終年度には、それまでの実施実績や状況の変化を踏まえての改訂作業がされるだろう。

作成手続のあり方 作成手続は、市町村の裁量に委ねられる。地域住民の生活に大きな影響を与えるものであるから、拙速な作成は避けたい。改訂にせよ新規作成にせよ、住民参画を踏まえた原案づくりとパブリックコメントは必須であろう。東久留米市のように、第1段階として計画作成方針をつくり、第2段階として計画をつくるという方法もある。

改正法は、空家等の所有者等に対して、より前倒し的に対応を求めた。後述のように、計画のなかで促進区域を定める制度も新設された。^{⇒43頁}これは、地域社会とも大きくかかわる。このため、現行計画の計画期間の満了を待たずに新たなバージョンをつくることにも十分な理由がある。

⑷ 「次に掲げる事項を定めるものとする。」（2項柱書）

記載事項の枠付け 本条2項においては、空家等対策計画において定められるべき事項が、9項目にわたって列挙されている。内容を法律が決定しているという意味で、一種の枠付けである。各項目の具体的内容は、基本指針のなかで解説されている（「二 空家等対策計画に関する事項」「三 所有者等による空家等の適切な管理について指針となるべき事項」「四 その他空家等に関する施策を総合的かつ計画的に実施するために必要な事項」）。本条2項1号～8号は、いわば空のカートリッジである。そこにどのような内容を充填するかは市町村の自治の問題であり、大きな裁量がある。

前述の通り、この計画の策定にあたっての実態把握は、空き家対策総合支援事業等のもとでの補助金の対象となっている。このため、少なくとも形式的には、基本指針に即した内容とする必要がある。なお、この計画の作成が任意的

事務となっている点に鑑みれば、国においては、市町村の決定を尊重する取扱いが求められる。

2種類の7条計画　旧法においては、任意の策定にかかる空家等対策計画において定められる事項は、本条2項各号であり、そのかぎりにおいては同じであった。これに対し、改正法においては、同項5号の内容として、空家等活用促進区域および空家等活用促進指針に関する事項を定めることができるとした。これは任意である。このため、改正法のもとでは、7条計画としては、必須事項のみの計画と任意事項も含む計画の2種類が存在する。

総合的空き家対策計画の可能性　市町村の空き家対策は、空家法だけによって実施されるわけではない。地域の生活環境の保全の観点からは、同法の対象外とされる使用状態の建築物を対象にした独立条例を制定する自治体もある。空家等や特定空家等でないかぎり、これらへの対応は、空家等対策計画の射程には含まれない。

そこで、市町村においては、法定計画である空家等対策計画をその傘下に位置づけるような独自の「総合的空き家対策計画」を作成し、それにもとづいて、空家法および空き家条例による空き家対策行政を推進するという整理も可能である。［図表1.4］のようなイメージである。さらに大きく、所有者不明土地法45条にもとづく所有者不明土地対策計画を統合して、総合的空き家・空き地対策計画とすることも可能であり、多くの実例がある。

［図表1.4］総合的空き家対策計画のイメージ

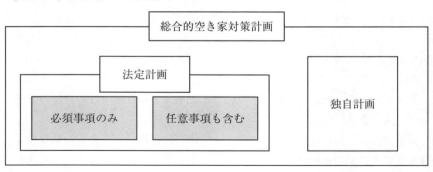

〔出典〕筆者作成。

第1章　空家法の逐条解説　■7条

(5)　「空家等活用促進区域」（3項）

旧法の対応　改正法によっても、1条目的規定には変化がない。「空家等の活用を促進する」という目的は、旧法時代から含まれていた。空家等対策計画を規定する旧法6条2項5号には、同計画の必要的規定事項として、「空家等及び除却した空家等に係る跡地……の活用の促進に関する事項」が掲げられていたのである。ところが、旧法は、その実現に向けての踏み込んだ施策を規定していなかった。

空家等活用の特別法による促進　「活用」には、大きく2つの意味がある。第1は自ら利用することであり、第2は市場に委ねることである。いずれの場合も、現状のままでそれが可能ならば、法律のサポートは不要である。

　一方、何らかの法的理由でそれが難しいとき、打開のためには困難の理由となっている法的支障に対応する特別法的対応が必要になる。阻害要因の典型例とされるのは、建築基準法にもとづく接道規制および用途制限である。本条3項〜11項に新設された空家等活用促進区域（以下「促進区域」という。）の制度は、特別法的対応をしようとする。空家等対策計画のなかで、本条2項5号に掲げる事項として定められるものである。この措置は、改正法の三本柱のひとつである「活用の拡大」（残りは、「管理の確保」「特定空家等の除却等」）の中心をなしている。説明資料では、約3分の1の頁が、この制度の説明にあてられている。

促進区域設定にあたっての考え方　国土交通省は、「空家等活用促進区域の設定に係るガイドライン」（令和5年12月）（以下「促進区域ガイドライン」として引用。）を公表している。詳細については、このガイドラインを参照されたい。

対象となる区域の意味　促進区域は、本条3項1号〜4号が明記する4種類の区域、および、同項5号の委任を受けて空家法施行規則1条に規定される4種類の区域の内部において定められる。その要件は、当該区域における経済的社会的活動の促進のために当該区域内の空家等および空家等の跡地の活用が必要となると認められることである。指定の際には、当該区域内の空家等の数およびその分布の状況、その活用の状況その他の状況が勘案される。

　前記要件に関して、改正法原案では、「経済社会的活動の拠点となるべき区域」という表現が検討されていた。ところが、「拠点がないところに新たに拠点を設けるというニュアンスがある」と内閣法制局に指摘されている。これから

^{⇒206頁}

43

第1部　2023年改正空家法

も明らかなように、促進区域の対象は、すでに「ストック」として存在している区域なのである。

空家法施行規則で定める区域　本条3項5号の委任を受けた空家法施行規則1条は、以下の区域を具体的に規定する。

施行規則第1条　空家等対策の推進に関する特別措置法……第七条第三項第五号の国土交通省令・総務省令で定める区域は、次の各号に掲げるものとする。

一　地域再生法……第5条第4項第7号に規定する商店街活性化促進区域

二　地域再生法第5条第4項第12号に規定する農村地域等移住促進区域

三　観光圏の整備による観光旅客の来訪及び滞在の促進に関する法律……第2条第2項に規定する滞在促進地区

四　前各号に掲げるもののほか、地域における住民の生活、産業の振興又は文化の向上の拠点であって、生活環境の整備、経済基盤の強化又は就業の機会の創出を図ることが必要であると市町村……が認める区域

8種の法定区域と促進区域の関係　本条3項の規定ぶりからは、本則の4区域（中心市街地、地域再生拠点、地域住宅団地再生区域、歴史的風致の重点区域（1号～4号））および施行規則の3区域（商店街活性化促進区域、農村地域等移住促進区域、滞在促進地区（1条1号～3号））の合計7つの法定区域はすでに定められていることが前提とされている。逆にいえば、空家等対策計画のなかに促進区域を定める目的で新たに前記の区域を定めることは、想定されていない。市町村区域全域を指定することは、想定されていないだろう。

　7つの法定区域は、それぞれの根拠法の目的を実現するために定められている。その地理的空間を促進区域として重複指定しても、少なくともその制度趣旨に反しないことが大前提になる。たとえば、歴史まちづくり法2条2項に規定される重点区域とは、歴史的風致の維持・向上が特に求められる場所である。そうしたところが促進区域に指定され、後述のような関係法のもとでの規制緩和がされるとしても、所有者等の思いどおりの土地利用ができるわけではない。促進区域の指定に先だって、空家法担当はそれぞれの先行区域の制度を担当する部署との調整をしなければならないが、「国土交通省が考えるほど楽ではな

44

第1章　空家法の逐条解説　■7条

い」という予想は、現場には強くある。

　一方、施行規則1条4号の区域については、地域の実情に応じた新たな指定が予定されている。指定により財産権に影響が及ぶことを考えると、比例原則の観点からは、その必要性に関して一定の調査が義務づけられると考えるべきである。

促進区域の設定が想定される区域　　促進区域ガイドラインを踏まえて、促進区域の設定が想定される7つの法定区域のモデル的状況をそれぞれの根拠法の定義を参考にまとめると、以下の通りである。いずれも、「黄金時代」をとっくにピークアウトし、右肩下がりの状態が相当に進行しているエリアである。

調整区域との関係　　市街化調整区域を促進区域のなかに含めることもできる。この点に関して、促進区域ガイドラインは、「市街化調整区域のうち、誘導用途としての開発が見込まれない区域を促進区域に設定することや、市街化調整区域の全域を促進区域に設定することは、制度趣旨からして適切な運用ではありません。」と述べる。

中心市街地 （中心市街地の活性化に関する法律2条）	シャッター商店街を含む市街地のように、当該市街地の土地利用および商業活動の状況等からみて、機能的な都市活動の確保または経済活力の維持に支障を生じ、または生ずるおそれがあると認められる区域
地域再生拠点 （地域再生法5条4項8号）	中山間地域にある拠点地区で、人口減少・恒例化に伴い、空き店舗等が増加し、活力や生活利便性の低下が著しい地区で、住民の持続的な暮らしを支えるため、生活利便機能が求められる地区
地域住宅団地再生区域 （地域再生法5条4項11号）	高度成長期に都市郊外部に大量に造成された団地に子育て世帯が一斉に入居したため高齢化が進展し、都市機能の維持や生活環境の確保が課題となる区域
歴史的風致の重点区域 （歴史まちづくり法2条2項）	歴史的風致の維持および向上を図るための施策を重点的かつ一体的に推進することが特に必要であると認められる区域であるが、空家等および転出人口の増加により、地域の活力が低下している地区
商店街活性化促進区域 （地域再生法5条4項7号）	地域の核となる商店街であるが、空き店舗増加・来街者数減少のため活力の低下が発生しているため、その活性化により地域経済の発展と地域住民の生活向上を図ることが適当と認められる区域
農村地域等移住促進区域 （地域再生法5条4項12号）	人口減少により空家や遊休農地の増加、農業等の担い手不足によるコミュニティの衰退などが課題となっている農村地域等で、移住促進により活力の向上を図る必要がある地域
滞在促進地区 （観光圏の整備による観光旅客の来訪及び滞在の促進に関する法律2条2項）	観光圏において観光旅客の滞在を促進するため、宿泊地としての魅力向上に重点的に取り組む地区

45

第 1 部　2023年改正空家法

　想定問答は、「中心市街地や観光振興を図ろうとする地域等を想定」としつつ（問46）、それに限定されず、「地方の中山間地域の中心部において、将来にわたって地域住民が生活を継続できる環境を整備するため、空家を地域の交流施設や移住者向けの住宅として重点的に活用することが必要な場合」（下線原文）も含まれるとする（問49）。

　モデルは兵庫県条例　促進区域制度のモデルになったのは、2022年に制定されていた兵庫県の「空家等活用促進特別区域の指定等による空家等の活用の促進に関する条例」である。同条例のもとでは、市町の申出にもとづき、知事が「空家等活用促進特別区域」を市町に指定し、流通促進や活用支援を目的に特区内の空家情報の届出を義務づけるとともに、特区指定された市街化調整区域内の空家跡地活用や空家の用途変更を可能にする規制緩和を定めている。本条 3 項で用いられる「空家等活用促進区域」「空家等活用促進指針」の名称は、それぞれ条例の「空家等活用促進特別区域」「空家等活用方針」を参考にしたのだろう。

(6)　「空家等活用促進指針」（3 項〜 5 項）

　ゾーニングとポリシー　促進区域はゾーニングであり、空家等活用促進指針（以下「促進指針」という。）はポリシーである。いずれもが、空家等対策計画のなかで、本条 2 項 5 号の内容として定められる。促進区域内において空家等を活用して事業を計画している人に対して、明確なメッセージを発することができる。

　必要的規定事項と任意的規定事項　本条 4 項は、促進指針において定められるべき必要的事項を列挙する。5 項は、任意的事項である。促進区域制度の規定それ自体は任意であるが、その内容が建築基準法の適用に関係するため、相当に詳細な枠付けがされている。

　誘導用途　促進区域において促進されるのは、同区域内の空家等やその跡地の活用を通じた同区域の経済的社会的活動である。そこで、「何に対して、どのように」これを行うのかが重要になる。これが「誘導用途」であり、①対象となる空家等の種類（例：住宅か非住宅か、どのくらいの規模か、沿道に面しているか）、②その空家等について誘導すべき用途（例：住宅、事務所、店舗）の 2 つから構成される。

46

第1章　空家法の逐条解説　■7条

(7)　「敷地特例適用要件」（6項）

建築基準法43条2項　種々の理由で、建築基準法43条1項の要件（幅員4m以上の道路に2m以上接道）を充たしていないにもかかわらず、現に存在する建築物がある。典型的には、戦前の建物のように、同法施行以前に建築されたものである。その建築物を解体して同じ敷地に再建築しようとしても、いわゆる接道規制に抵触するために認められない。空き家については、約50%がこうした状態にあるとみられている。

　建築基準法43条2項は、その例外を2つ規定する。第1は、一般的な戸建て住宅等の場合、特定行政庁が交通上、安全上、防火上、衛生上支障なしと認めたときである（同項1号：特例認定）。第2は、周辺に広い空地などを有する敷地にある建築物で、特定行政庁が交通上、安全上、防火上、衛生上支障なしと認めて建築審査会の同意を得て許可したときである（同項2号：特例許可）。

審査基準　この認定や許可は、申請に対する処分である。したがって、特定行政庁は、行政手続法5条にもとづいて審査基準を定める義務がある。建築基準法施行規則10条の3は、「道の基準」「建築物の用途に関する基準」について定めるのみである。「交通上、安全上、防火上及び衛生上支障がない」という要件については、具体的な指針もない。

空家法による特別法的明確化　改正法は、促進区域内にある空家等の活用拡大という政策目的の観点から、その敷地が幅員1.8m以上4m未満の道に2m以上接している空家等（特定適用建築物）にかぎって、国土交通省令基準を参酌して特定行政庁が定める要件を充たす場合には、建築基準法43条2項1号の認定を得られるようにする措置を講じた。敷地特例適用要件に該当する空家等であれば、本来であれば困難である建替えが認められる道が明確になった。法17条1項にもとづく読替えにより、そうした措置が可能となる。

参酌基準　本制度の対象は、建築基準法42条2項の指定要件に該当しない道である。「空家等対策の推進に関する特別措置法第7条第6項に規定する敷地特例適用要件に関する基準を定める省令」が、敷地と道との関係、構造、用途、拡幅合意等に関する参酌基準を定めている。

　拡幅合意等に関しては、当該道について、将来拡幅することおよび拡幅後の当該道を将来にわたって通行することについての同意等が関係権利者との間で

47

第 1 部　2023年改正空家法

されていることという趣旨の基準が示されている。ここにいう「同意」とは何か、同意等調達のコストは敷地特例申請者のみが負うのか、耐火・耐震構造にしなければならないにせよ再建築できる点で同地域の居住者（たとえば、敷地後退をして建築をした人）との間に不公平感が生じないかなど、具体的運用において市町村が直面する課題は多そうである。もっとも、この基準は参酌基準であるため強行法規のような法的拘束力はなく、地域特性に応じた（緩和を含めた）修正は可能である。市町村は、決定内容を的確に住民に説明できるようにしておく必要はある。

　近隣の土地所有者が不明の場合、想定問答は、「市区町村や建替えを行う者が、民法の財産管理人の選任を要求し、土地所有者等に代わって、<u>財産管理人から同意を得ること</u>が可能」（下線原文）とする（問73）。相当にハードルが高そうである。

⑻　「住民の意見を反映させるために必要な措置を講ずるものとする。」（7項）

<u>促進区域制度のインパクトの大きさ</u>　　改正法は、市町村が空家等対策計画に促進区域および促進指針を定める際に、住民意見の聴取および反映のための措置を必ず実施することを義務づけた。決定内容が地域社会に対して与えるインパクトの大きさに鑑みたものであろう。計画策定にあたってこうした措置を義務づける前例としては、都市計画法16条1項、文化財保護法183条の3第3項がある。

　敷地特例適用要件や後述の用途特例適用要件という規制緩和措置の導入は、地域の安全性確保の観点から、住民に不安を与えるかもしれない。そこで、行政が一方的に決定するのではなく、必要な情報を開示して住民意見を求めるとともにその内容について最大限考慮を命ずるこの規定は、基本的に適切である。

　もっとも、これは住民自治の問題である。どのようにして決定するかは、本来は、市町村の裁量に委ねられるべき事項である。本項は、確認規定といえる。

<u>必要な措置</u>　　意見聴取のための方法は、多様である。公聴会の開催やパブリックコメントの実施など、市町村によって多様であってよい。インターネットの活用も有効である。反映については、住民参加の審議会における検討を経て決定する方法もある。

第1章 空家法の逐条解説 ■7条

(9) 「市町村……は、……都道府県知事と協議をしなければならない。」（8項）

協議の視点　市街化調整区域を含む促進区域を空家等計画に定めようとするときは、市町村には、都道府県知事との協議が義務づけられている。政令指定都市および中核市は除外されているが、これは、こうした市は市街化調整区域における開発許可権限を有しているからである。

　協議に際しては、①都道府県の都市計画マスタープランとの調和、②市町村の都市計画マスタープランとの調和、③市町村の土地利用計画との調和、④住民等意向の反映、⑤無秩序な開発防止という市街化調整区域の制度趣旨の潜脱、⑥範囲設定の適切さなどの観点から、市町村の原案が検討される。

(10) 「用途特例適用要件」（9項）

建築基準法48条　都市計画法8条1項1号は、都市計画区域内に設定できる13の用途地域を規定している。第一種低層住居専用地域、第二種低層住居専用地域、第一種中高層住居専用地域、第二種中高層住居専用地域、第一種住居地域、第二種住居地域、準住居地域、田園住居地域、近隣商業地域、商業地域、準工業地域、工業地域、工業専用地域がそれである。建築基準法48条1項〜13項は、それぞれについて同法別表第二に定められる建築物の建築のみが許されるという原則を規定する。

　たとえば、第一種低層住居専用地域の場合、建築できるのは、住宅、事務所・店舗兼用住宅、共同住宅など10種である（建築基準法別表第二（い））。兼用住宅の場合、あくまで「兼用」であるため、非住宅用途は延べ面積の2分の1未満に限定される（建築基準法施行令130条の3）。

特例許可　もっとも、この規制を貫徹すると硬直的になる。そこで、建築基準法48条1項〜13項は、一定条件を充たした場合に例外的に許可ができるとも規定している。たとえば、「特定行政庁が第一種低層住居専用地域における良好な住居の環境を害するおそれがないと認め、又は公益上やむを得ないと認めて許可した場合においては、この限りでない。」というように、である。

審査基準　敷地特例適用要件と同様、建築基準法上の特例許可に関する審査基準は、明確には定められていない。一般的には、同法48条1項〜13項のそれぞれに付された但書にあるように、①各用途地域における環境を害するおそれな

49

第1部　2023年改正空家法

い場合、あるいは、②公益上やむをえない場合であるが、たとえば、飲食店営業が認められない第一種低層住居専用区域において空家等の全体を利用したカフェ（非居住型）が特例許可として認められるかは不確定である。

用途特例適用要件　そこで、空家等の活用を促進するという改正法の目的の実現のために、促進区域との関係で各用途地域の特徴を損なわないように定められるのが、用途特例適用要件である。法17条2項の読替え規定によれば、この要件への適合は「②」と評価されるのである。

　これは、促進区域内において誘導用途を実現するためのものである。そもそも認められない用途を実現しようというのであるから、本条10項が規定するように、「促進区域における経済的社会的活動の促進のためにやむを得ないもの」でなければならない。そこで、当該用途が本来認められる用途地域においては求められていないような措置を講じること（例：利用者に起因する騒音への配慮、ゴミ置場に起因する臭気への配慮、自動車交通量の増大による影響の緩和、集客による地域のプライバシー侵害への配慮）が、要件として求められることになる。

空家法による特別法的明確化　促進区域が定められれば、用途特例要件が適用される同区域内にある空家等に関して、誘導用途に即した活用を可能にする特例許可が得られる可能性が高くなる。本項は、促進区域内において空家等の利活用を進めたい市町村や利活用希望者に対して、その道筋を明らかにした。

　どの範囲に用途特例要件を適用するかは、市町村の裁量である。この点で、「より広く」という圧力が地元からかかる可能性がある。こうした声に安易に流されないよう、確固たる方針のもとに判断しなければならない。

⑾　「特定行政庁……と協議をしなければならない。」「特定行政庁の同意を得なければならない。」（9項）

特別基準の承認　定められた敷地特例適用要件は、建築基準法43条2項1号のもとで特定行政庁が行う「支障なし認定」の審査に大きな影響を与える。したがって、その内容が適切であることは、認定の適法性の大前提となる。そこで、本条9項は、促進指針に敷地特例適用要件を盛り込む場合に、認定権限を持つ特定行政庁に協議するよう求めたのである。一方、用途特例適用要件に関しては、協議に加えて同意も求められている。

50

同意の要否の理由　建築基準法のもとでの通常の「支障なし認定」（43条2項1号）または特例許可（同項2号）であれば、特定行政庁がこれを行う。それぞれについて、行政手続法5条にもとづく審査基準が作成されているはずである。自分でつくった基準を踏まえて自分が判断するのである。

　ところが、都道府県知事が特定行政庁になっている場合、知事は、市町村が定める基準を用いて、敷地特例適用要件および用途特例適用要件の判断を強制される。そのため、その内容が適切であるかを確認しなければならない。市町村長に特定行政庁たる知事との協議を義務づけるのは、このためである。都市計画法のもとでの開発許可に関して、同許可の事務を担当しない市町村が、政令で定められる技術的細目による制限を条例で強化・緩和する場合や最低敷地面積を条例で定める場合に、当該市町村域において同許可の権限を持つ都道府県知事と協議しその同意を得なければならないのと同旨の制度である（33条2項～6項）。

　なお、敷地特例適用要件の場合には、協議のみでよく、特定行政庁の同意は必要とされていない。この理由は、以下のように説明できる。用途特例適用要件に関しては許可であるため個別判断が求められるけれども、敷地特例適用要件は、許可基準ではない。市町村が空家等対策計画においてこれを定めれば、法17条1項にもとづき、自動的に特定行政庁である都道府県知事の認定基準になるとされているからである。

同一自治体である場合　実際には、政令指定都市や中核市のように、空家法の事務を担当する市が建築基準法の特定行政庁を置く市でもある場合がある。いずれも同一の長が当該事務を管理・執行するのであるが、本条9項の運用としては、空家法担当部署から建築基準法担当部署に協議をすることになる。両者が同一の担当のもとにある場合でも、いささか形式的であるが、協議をした記録は文書化しておく必要がある。

　同一自治体であっても調整は容易ではないといわれる。都道府県と市町村となれば、それ以上だろう。協議を受ける側には、改正法の制度趣旨を踏まえた対応が求められる。

第 1 部　2023年改正空家法

⑿　「同意をすることができる。」（10項）

建築基準法のもとでの用途特例適用要件の確認　建築基準法48条 1 項～13項
但書には、「公益上必要」「公益上やむを得ない」という要件が規定されている。
本条にもとづく用途特例適用要件は、その内容をそのかぎりにおいて具体化す
るものである。⇒100頁「特例適用建築物を用途特例適用要件に適合する用途に供するこ
とが促進区域における経済的社会的活動の促進のためにやむを得ない」という
本条10項の規定は、その趣旨を確認したものである。

⒀　「調和が保たれたものでなければならない。」（11項）

都市計画への配慮　空家等対策計画に促進区域が規定されない場合には、その
内容は、都市計画に影響を与えるわけではない。このため、特段の調整は不要
であった。ところが、促進区域制度においては、都市計画法の規制緩和になり
うるため、整合性を確保する必要がある。

　そこで、促進区域を規定する同計画は、都市計画法 6 条の 2 にもとづく都市
計画区域の整備・開発・保全の方針（都道府県区域マスタープラン）および同法
18条の 2 にもとづく市町村都市計画基本方針（市町村マスタープラン）との調和
が求められる。その結果、たとえば、誘導用途としての開発ができない市街化
調整区域内の場所を促進区域として設定することや、市街化を抑制すべき区域
である市街化調整区域の全域を促進区域とするのは適切ではないとされる。

⒁　「都道府県知事に対し、空家等対策計画の作成及び実施に関し、情報の提
　　供、技術的な助言その他必要な援助を求めることができる。」（13項）

都道府県の役割　計画作成などにあたって、市町村は、都道府県の援助を求め
ることができる。その旨を確認的に規定する条例もある（例：「豊頃町空家等対
策の推進に関する条例」 7 条）。要請を受けた都道府県の対応については、本条は
具体的に規定しないが、法 4 条 2 項が積極的に対応するよう求めている。

52

第1章　空家法の逐条解説　■8条

■　協議会（8条）

第8条　市町村は、空家等対策計画の作成及び変更並びに実施に関する協議を行う
　ための協議会（以下この条において「協議会」という。）を組織することができ
　る。
2　協議会は、市町村長（特別区の区長を含む。以下同じ。）のほか、地域住民、
　市町村の議会の議員、法務、不動産、建築、福祉、文化等に関する学識経験者そ
　の他の市町村長が必要と認める者をもって構成する。
3　前2項に定めるもののほか、協議会の運営に関し必要な事項は、協議会が定め
　る。

【改正対応】
　条項ズレ（旧法7条）。

(1)　「協議会」（1項）
設置の任意性　空家等対策計画の作成および実施にあたっては、専門的知識を
有する者の協力が必要な場合がある。そこで、本条は、市町村が協議会を設置
できる旨を規定する。法7条にもとづく計画の作成と同様、設置は任意である。
　協議会の設置主体は、それぞれの市町村である。基本指針は、地方自治法252
条の7にもとづいてこれを共同設置するという提案をする（→2（2））。しか
　　　　　　　　　　　　　　　　　　　　　　　　　　　⇒334頁
し、あまりに大掛かりであり、また、空き家をめぐる事情は市町村によって異
なることから、現実性は薄いだろう。
附属機関としての法的性質　この協議会は、地方自治法252条の2の2に規定
される協議会（地方公共団体の事務の一部を共同で管理・執行する等のために設置
される）とは異なり、その法的性質は、同法138条の4第3項に規定される附属
機関である。空家法が究極的な根拠を与えるのではない。
　行政実例には、執行機関の附属機関を代表する職（会長や委員長等）を当該執
行機関である長が兼ねることは差し支えないとするものがある（昭和33年3月12
日自丁行発第43号福井県総務部長宛行政課長回答）。しかし、長をもって附属機関

53

というのは奇異である。当該協議会の長以外の構成員集団が附属機関であると整理すべきであろう。

機動的対応のための工夫　空家等対策計画を作成した後の実施は、専門的判断を要する事務的色彩が強い作業となる。そこで、協議会のなかに部会を設け、たとえば、特定空家等の認定や法13条あるいは22条のもとでの諸措置の内容の決定を審議させるという運用もありうる。

　前述のように、協議会の設置は、そもそも任意である。基本指針改正パブコメ回答は、以下のように述べている。

　特定空家等や管理不全空家等に対する措置を判断するのは市町村であるため、措置を講じるにあたり協議会での協議は必須ではありませんが、措置内容等を検討する上で協議会の場を活用頂くことを妨げるものではありません。

---

(2)　「市町村長（特別区の区長を含む。以下同じ。）のほか」（2項）

必要的構成員としての長　協議会の構成員として、市区町村の長の参加が必須とされている。空き家対策には全庁的対応が求められるために、長の積極的関与が必要という立法者意思であろう。

構成員の属性　地域住民および市町村議会議員のほかは、属性で表示されている。基本指針は、それぞれについて、具体的に、法務（＝弁護士、司法書士、行政書士、法務局職員）、不動産（＝宅地建物取引士、不動産鑑定士、土地家屋調査士）、建築（＝建築士）、福祉（＝社会福祉士等有資格者、民生委員）、文化（＝郷土史研究家、大学教授・教員等）をあげている。また、「その他」の例としては、自治会役員、警察職員、消防職員、道路管理者等公物管理者、まちづくりや地域おこし、地域の空家等対策に取り組むNPO等の団体（23条の指定を受けた支援法人を含む。）をあげている（一2（2））。前述のように警察職員が含まれているのは、住民の不安感への対応という「広義の防犯」に関して空家法が無関心ではないという趣旨であろう。そのほか、「都道府県や他市町村の建築部局やまちづくり部局、都市計画部局（又は土地利用規制部局）など、……空家等対策に関連する部局等に対して協力を依頼することも考えられる。」とされている。

独自の附属機関の設置　なお、部会を設置して機動的な対応をする工夫をなしうるにしても、協議会に長の出席を常に求めるのは、現実的ではない。また、例示されている属性に関する拘束を嫌う市町村もある。実際、設置を予定しない市町村は多い。国土交通省と総務省の調査に対して、512市町村（29.4%）が「設置予定なし」と回答している（2024年3月31日現在）。

　法7条の計画よりも、「予定なし」が多い。実際、地方自治法138条の4第3項のみにもとづき、独自の第三者的組織を条例設置する市町村が多くある。空き家条例のなかで規定される場合もあれば、それのみを規定する組織条例が制定される場合もある。当該組織の外部委員には報償費が支払われることもあるから、地方自治法203条の2が規定する給与条例主義に照らせば、一般的には非常勤職員となる外部有識者の条例上の位置づけを明確にする必要がある。また、行政職員以外の委員については、過料による履行担保による守秘義務を法定する必要がある。

　法7条の協議会または独自の附属機関のいずれにしても、その所掌事務の中心は空家法にもとづく市町村長の権限行使にあたっての諮問対応などである。どちらの方式をとったとしても、空家法にもとづく市町村長の権限行使の効果に変わりはない。空家法の実施を市町村で行うにあたってどのような組織が望ましいかは、地域特性を踏まえた自治的判断によるものである。義務的ではないにしても、本項は、過度の枠付けである。

所掌事務と手続　協議会やそれ以外の附属機関にどのような審議権限を与えるかは、市町村長の裁量である。これらを設置せずに法22条3項にもとづく命令や同条9項にもとづく緩和代執行をしても、手続違反となるわけではない。しかし、それらの権限行使にあたって附属機関に諮問する旨が空き家条例に規定されている場合において正当な理由なくそれを省略して実施すれば、当該処分は手続的に違法となる。

運用緩和の許容性　本条にもとづく協議会を設置する市町村にあっても、長の参加を義務的とする運営の硬直性は懸念されていた。2015年に作成されたガイドラインに関するパブコメ回答では、「協議会の運営要領等において、代理人として他の者を任命することは可能」となっていたところ、2021年6月に改正された基本指針は、「市町村長を構成員としつつも、協議の内容に応じて、本人で

第1部　2023年改正空家法

はなく、市町村長より委任された者が参画するなど、必要に応じて柔軟な運営方法とすることも可能」として、この点を確認した。基本指針でも維持されている（一2（2））。しかし、法改正ではなく解釈で可能な対応とするには疑問がある。

⇒334頁

■ 立入調査等（9条）

> **第9条**　市町村長は、当該市町村の区域内にある空家等の所在及び当該空家等の所有者等を把握するための調査その他空家等に関しこの法律の施行のために必要な調査を行うことができる。
>
> 2　市町村長は、①第22条第1項から第3項までの規定の施行に必要な限度において、②空家等の所有者等に対し、当該空家等に関する事項に関し報告させ、又はその職員若しくはその委任した者に、空家等と認められる場所に立ち入って調査をさせることができる。
>
> 3　市町村長は、前項の規定により当該職員又はその委任した者を空家等と認められる場所に立ち入らせようとするときは、その五日前までに、当該空家等の所有者等にその旨を通知しなければならない。ただし、当該所有者等に対し通知することが困難であるときは、この限りでない。
>
> 4　第2項の規定により空家等と認められる場所に立ち入ろうとする者は、その身分を示す証明書を携帯し、関係者の請求があったときは、これを提示しなければならない。
>
> 5　第2項の規定による立入調査の権限は、犯罪捜査のために認められたものと解釈してはならない。

【改正対応】

下線部①：旧法では、「第14条」とされていた。

下線部②：旧法では、「当該職員又は」とされていた。

第1章　空家法の逐条解説　■9条

(1)　「この法律の施行のために必要な調査」（1項）

敷地内調査以外　本条1項が規定する調査は、2項が規定する敷地内への立入調査以外のものである（もっとも、敷地内に立ち入って玄関の呼び鈴を押すように、社会通念上プライバシーの侵害とはみなされない行為は認められる）。その目的は、区域内の空家等の所在・状態および当該空家等の所有者等の把握である。空家等の所有者等が把握できた場合に、利活用の意向を聴取するための調査も可能である。

具体的内容　何をもって「必要な調査」とみるかは、事案により異なる。標準的には、敷地外からの外観目視、親族・周辺住民・地元自治会幹部への聞込み、不動産登記簿情報、戸籍情報（戸籍謄本、戸籍附票）、住民票情報（住民票、住民票除票）の取寄せ（いわゆる公用請求）、（空家等の所有者等が判明した場合の）当該所有者等に対する事情聴取等による調査が想定されている。的確な調査は、すべての対応の基本である。外観調査であれば、行政自らするほかに、自治会の協力を求めたり電気・ガス・水道の検針の際に空家等の状況に関する情報提供の協力を求めたりするアウトソーシングも考えられる。

　対応の最初の段階で所有者等の調査を正確にしておくことは、空家法の実施過程における対応の手戻りを回避するために、きわめて重要である。登記簿上の所有者が死亡したままに相続発生による権利移転が登記簿に反映されていないケースは多くある。前述の情報収集手法に加え、登記簿上の所有者の最後の住所地を管轄する家庭裁判所に「相続放棄の申述書」の提出があるかも確認しておきたい。本人は相続放棄したと回答していても、それは先に死亡した父に関するものであり、最近死亡した母に関するものではない場合もある。

(2)　「第22条第1項から第3項までの規定の施行に必要な限度」（2項）

特定空家等対策に限定　報告徴収および立入調査は、特定空家等に対する措置をするためにのみ実施できると規定される。この規定を反対解釈すれば、法13条にもとづく管理不全空家等に対する措置のためにはなしえないとなる。改正法が可能な場合として法22条だけを明記したのは、所有者等の財産権やプライバシーへの配慮からであろう。

特定空家等に近い管理不全空家等の場合　もっとも、管理不全空家等であって

57

第1部　2023年改正空家法

も、法13条2項の勧告要件を充たす状況になれば、当該案件を特定空家等に引き上げることも検討される。そこで、法22条1項にもとづく助言・指導の対象とするかどうかの判断のために必要であれば、管理不全空家等あるいはそれには認定していないが特定空家等の疑いが強い空家等に対しては、報告徴収や立入調査は可能と解される。

　後にみるように、法13条2項にもとづく勧告にあたっては、「必要な具体的な」内容であることが求められている。勧告の具体性を確保するためには、敷地外から眺めるだけでは不十分な場合もあるだろう。具体性に欠ける勧告は違法であるが、具体性を確保できないために勧告ができないというのも不合理である。外観目視で把握できる情報を最大限利用した結果をもって「具体的」と整理するのでは意味がない。同じ状況の管理不全空家等であっても、道路からのみえ具合で指導・勧告内容が異なるという不公平もある。無接道案件なら、相当に面倒になる。そこで、要件を限定したうえで、同項の勧告をするために報告を求めたり空家等に立入りができる旨を法律実施条例において規定することが考えられる。将来的には、法13条の施行のためにも立入調査を可能とする改正が必要である。

⑶　「空家等の所有者等に対し、当該空家等に関する事項に関し報告させ」（2項）

　新設の理由　旧法以前に制定された空き家条例のなかには、報告の徴収に関する規定を設けていたものもあった（例：京都市旧空き家条例22条）。しかし、旧法9条2項は、市町村長の報告徴収権を規定していなかった。

　そうなると、旧法14条1項にもとづき特定空家等の所有者等に市町村長が指導をした場合において、どのような対応をしたのかを知ることが困難になる。実際、市町村長は、任意での質問はできるものの、回答を強制できない。このため、行政現場においては、この権限の必要性が感じられていた。そこで、罰則の担保のもとに、報告義務が規定されたのである。適切な改正である。

　報告を命ずる　報告は、空家等の所有者に対して、個別に求められる。30条2項が規定する20万円以下の過料の対象には、「第9条第2項の規定による報告をせず、若しくは虚偽の報告をし」とある。したがって、「報告させ」というのは、それを通じて報告を法的に義務づけることを意味するから、報告の命令で

ある（文書によることを原則とする）。これは、行政手続法2条4号にいう不利益処分と解されるから、行政不服審査法にもとづく審査請求の対象になるし、行政事件訴訟法にもとづく取消訴訟の対象になる。その点に関する教示が必要となる（行政不服審査法82条1項、行政事件訴訟法46条1項）。もっとも、この命令は、行政手続法の定める適用除外事由（3条1項14号「報告……を命ずる処分その他その職務の遂行上必要な情報の収集を直接の目的としてされる処分」）に該当するため、それに先立っての弁明機会の付与は不要である。

　なお、情報収集であれば、命令をせずとも行政指導によって求めるのは可能である。行政指導であれば、拒否や虚偽報告に対して罰則を適用できないのは当然であるが、文書でなく口頭を通じてでもかまわない。

あくまで間接強制　報告徴収や立入調査は、あくまで過料の担保のもとでの間接強制による。立入調査の場合、抵抗を排してこれをなしうるものではない。明記はされていないが、正当理由がある場合には、たとえ拒否したとしても、処罰要件を充たさない。

(4)　「その職員又はその委任した者」（2項）

委任による調査　本条にもとづく調査は、市町村職員のほか、委任をした者も行うことができる。書面による委任をする必要がある。委任対象者は、調査内容に応じて多様である。一見明白に特定空家等であり除去相当とみなせるような場合でないかぎり、建物の構造の調査であれば、それなりの調査技術を必要とするため、建築士有資格者でなければならないだろう。そのほか、調査内容によって、土地家屋調査士、不動産鑑定士、行政書士などが対象になる。敷地に入っての状況調査程度であれば、そこまでの専門性は要求されない。委任を受けた者の調査にあたっては、市町村職員の立会いは不要である。

　委任を受けた者は、空家法のもとでの立入調査を本来業務としていない。そのため、委任にあたっては、業務の期間や場所を明確に特定するのが望ましい。委任契約においては、守秘義務も規定しておく必要がある。委任のかぎりで非常勤の地方公務員となるため、その業務執行に対する妨害行為は、公務執行妨害罪（刑法95条1項）を構成する。一方、業務執行に起因して損害が発生すれば、国家賠償責任（国家賠償法1条）が問われうる。

第1部　2023年改正空家法

⑸　「空家等と認められる場所に立ち入って調査をさせることができる。」（2項）

立入りができる場合　「空家等かどうかの判断は外側から、特定空家等と認定するなら敷地内立入りも可能」、これが空家法の整理である。法22条1項〜3項の規定の施行に必要な限度とされているが、そこで規定される措置は、特定空家等に対するものである。このため、前述のように、空家等と認められる場所とは、実際には、特定空家等の疑いがある空家等を意味する。しかし、前述のように、法13条2項の規定に必要な限度での敷地内立入りを全面的に排除する合理性はない。同項の勧告を出すために必要な立入りを認めるような法改正が必要である。

　立入調査は空家法が規定する正当行為であるから、住居侵入罪（刑法130条）が成立しないのはいうまでもない。門扉を破壊しての敷地内立入りはできないが、塀にはしごをかけて敷地内に入るのは許される。法目的に鑑みれば、この程度のプライバシー侵害は、所有者等の受忍の範囲内である。

人が住んでいた！　「空家等と認められる場所」は、確実に「空家等」である必要はない。したがって、使用がないのが常態と判断して立ち入って調査をしたところ、人の居住などの使用実績（ホームレスの無権原居住でも可）が判明したとしても、当該調査が違法になるわけではない。その場合には、「空家等」ではないと確認されたのであるから、空家法の対象物ではなくなる。当該建築物が著しく保安上危険であれば、建築基準法10条にもとづく対応がされる。

立入調査の内容　「立ち入って調査」には、敷地内に加え、必要があるかぎりにおいて、建築物や工作物の内部に入って構造や朽廃の程度を確認する調査も含まれる。直接目視が困難な場合、長いポールの先につけたカメラからの撮影や（地域によっては）所定の許可を受けて（周辺に配慮しつつの）ドローン利用による撮影も考えられる。屋内への立入りについては、たとえば、壁に大きく空いた穴から内部に入るのは可能であるが、所有者等の同意がないかぎり、施錠を破壊したり新たに壁を破壊したりしての立入りまではできない。所有者等が不明であれば、その手がかりを得るための調査も可能である。家屋内への立入りができた場合には、必要な範囲で手紙や書類などを調べるのも可能である。

　本調査によって、空家等の所有者等のプライバシーや財産権の侵害は発生する。たしかに、その所有にかかる家屋を空き家状態にする自由はある。しかし、

第1章　空家法の逐条解説　■9条

空家法のもとでの立入調査の対象になるのは、土地基本法6条1項が規定する土地の適正管理の責務に反して、管理状態が劣悪であり地域社会に外部性をもたらしているものである。空家法の目的の実現のためになされる立入調査による侵害の程度は相対的に軽微であり、受忍すべき範囲内といえる。

立入調査前置主義ではない　本条2項の立入調査は、法22条1項～3項の措置にとっての必須の手続ではない。本条1項の調査によって特定空家等と認定できれば、立入調査をせずとも諸措置を講ずることに問題はない。

(6)　「その5日前までに、当該空家等の所有者等にその旨を通知」（3項）

事前通知　空家等と認められる場所への立入りに際しては、その所有者等に対して5日前までに通知をしなければならない。実施日の前日から5日を遡って数える。たとえば、5月12日に立入調査を予定する場合には、5月6日中に通知が到達していなければならない。

「5日前通知ルール」について、議連解説は、港湾法55条の2の2第2項の前例をあげる（83頁）。しかし、これは、通常の場合である。本条3項にもとづく立入調査は、法22条1項～3項の規定の施行に必要というように、公益侵害状態が相当に進行している場合であるから、前提を異にしており、前例とするのは適切ではない。

事前通知をする趣旨は、適正手続の保障およびプライバシーへの配慮のためである。通知をすれば足りるのであり、所有者等の同意は不要である。この点で、居住者の有無を問わない前提である建築基準法12条7項の立入検査とは異なる。通知方法としては、所有者等の支配下に配達されたという証明ができる特定記録郵便によるのが適切である。「ここに住んでいるようだ」という情報をもとに職員が当該住居のポストに投函する場面を写真撮影するような方法は、通知の確実性を欠くため、不適切である。

所有者等の立合い　空家法の運用においては、とりわけ管理の悪い空家等の状態を所有者等が自主的に改善、あるいは、自主的に除却するのが望ましい。このため、所有者等に繰り返しアプローチをする必要性は高い。適正手続の保障以外に、事前通知には、そうした方向へと所有者等を誘導する機能がある。通知を受けた所有者等が立会いを求めてきた場合には、応じればよい。なお、空

61

第1部　2023年改正空家法

家法は、所有者等に立会権を認めていない。所有者等が立会いを求めたが日程の調整ができなかった結果、それなしで立入調査をしても、違法にはならない。

(7)　「通知することが困難であるとき」（3項但書）

通知困難　通知が困難であるときとは、本条1項にもとづき住民票・戸籍、不動産登記簿、固定資産税台帳などの調査をしてもなお所有者等を把握できない場合をいう。氏名は判明していても所在が不明であるため連絡ができない場合も含まれる。

調査の範囲　所有者等の情報を得るために、家屋内部の残置動産を調査する必要がある場合もある。たとえば、机やタンスの引き出しを開けて、所有者等につながる情報を探すという調査である。たしかに、プライバシーの侵害にはなるが、それ以外の手を尽くしたとしてもなお所有者等の手がかりがまったくつかめない場合には、比例原則に反しない範囲でこうした調査も適法になしうる。

全員判明は不要　共有にかかる空家等に関して共有者全員の把握ができない場合には、判明している共有者たる所有者等のみに対して通知をすれば足りる。「共有者全員に通知しないかぎり立入りを拒否する」という主張は、正当理由とはみなされない。

■　空家等の所有者等に関する情報の利用等（10条）

第10条　市町村長は、固定資産税の課税その他の事務のために利用する目的で保有する情報であって氏名その他の空家等の所有者等に関するものについては、この法律の施行のために必要な限度において、その保有に当たって特定された利用の目的以外の目的のために内部で利用することができる。

2　都知事は、固定資産税の課税その他の事務で市町村が処理するものとされているもののうち特別区の存する区域においては都が処理するものとされているもののために利用する目的で都が保有する情報であって、特別区の区域内にある空家等の所有者等に関するものについて、当該特別区の区長から提供を求められたときは、この法律の施行のために必要な限度において、速やかに当該情報の提供を

行うものとする。

3　前項に定めるもののほか、市町村長は、この法律の施行のために必要があるときは、関係する地方公共団体の長、<u>空家等に工作物を設置している者</u>その他の者に対して、空家等の所有者等の把握に関し必要な情報の提供を求めることができる。

【改正対応】

下線部**追加**。

(1)　「固定資産税の課税その他の事務のために利用する目的で保有する情報であって氏名その他の空家等の所有者等に関するもの」（1項）

税務関係情報の取扱いの特殊性　「その他の」とあるように、固定資産税の課税情報は例示であるが、これが明記された意味は大きい。旧法制定が求められた大きな理由がこれである。

空家等の所有者等を探知しようとして不動産登記簿を閲覧しても、相続等による権利移転後の状況が権利登記に反映されていないために、現在の所有者等が把握できない場合がある。また、そもそも建物の登記がされていない場合もある。そこで、所有者等に関する手がかりとなる固定資産税情報が必要とされた。空家法制定以前の空き家条例の実施過程においては、対象となる空き家の所有者等に結び付く情報（例：納税者情報、納税管理者情報）が固定資産税台帳に記載されていることはわかっていた。

地方税法22条は、「地方税に関する調査……に関する事務又は地方税の徴収に関する事務に従事している者又は従事していた者は、これらの事務に関して知り得た秘密を漏らし、又は窃用した場合においては、2年以下の拘禁刑又は100万円以下の罰金に処する。」と、守秘義務を規定している。この「秘密」の範囲について、税務担当部署はきわめて厳格に解するのが一般的であった。空家法制定前の空き家条例のなかには、京都市条例のように、氏名や住所といった限定的な内容は秘密に該当しないという解釈にもとづいて、そのかぎりで利用可能という旨を規定する例もあったが、少数であった。全体としてみれば、空き家対策には一切利用できなかったのである。本条1項は、これを可能にした。

第 1 部　2023年改正空家法

利用可能な税務情報の範囲　利用可能な情報といっても限界はある。例示されている「氏名」のほか、「固定資産税の課税のために利用する目的で保有する空家等の所有者に関する情報の内部利用等について」（平成27年 2 月26日国住備第943号・総行地第25号）と題する国土交通省と総務省の共同通知が、住所や連絡先電話番号を限定列挙する。空家法担当としては、代執行による除却を考えた場合、費用回収ができる十分な資産を所有者等が保有しているかに関心があるが、納税額など「数字」の利用はできない。特定空家等の所有者等に十分な資産があることは、代執行の要件にはなっていないからである。

　固定資産税情報を利用して所有者等の判明に至ったケースはきわめて多い。総務省行政評価局『空き家対策に関する実態調査結果報告書』（2019年 1 月）によれば、90％以上の事例において、同情報ないしそれをもとした調査により所有者等の特定がされている。

福祉関係情報　基本指針は、福祉部局が保有する情報のうち、介護保険事務、国民健康保険事務、後期高齢者医療制度事務、生活保護事務等は、「その他の事務」に含まれるとする（一 3 （ 3 ））^{⇒337頁}。このため、「被保険者等や申請代行者等の氏名、住所・居所等の情報」を、市町村の空家法担当部局は福祉部局に提供依頼をすることができる。

「その他の事務」　固定資産税課税事務および前記の福祉関係事務以外に何が「その他」に含まれるのかは、市町村の独自判断になる。一例としては、建築基準法のもとでの建築計画概要書、建築確認申請書がある。

(2)　「保有に当たって特定された利用の目的以外の目的のために内部で利用」（ 1 項）

守秘義務の限定的解除　本条 1 項は、そこに記載される者の同意なしに、固定資産税の課税情報等を市町村の空家法実施に必要な限度で利用できると明記した。なお、取得した情報については、地方公務員法34条 1 項および60条 2 号により、職員には守秘義務が課されている点に注意が必要である（ 1 年以下の拘禁刑または50万円以下の罰金）。情報の取扱いについては、前記国土交通省・総務省共同通知に詳細な記述がある。また、国土交通省住宅局住宅総合整備課ほか総務省、厚生労働省 6 課合同「空家等対策の推進に関する特別措置法第10条第 1

項に基づく福祉部局等がその事務のために利用する目的で保有する情報の内部利用について」（事務連絡・令和5年3月30日）が出されている。被保険者のみならず、申請代行者等の氏名、住所・居所、電話番号も対象となる。

創設規定か確認規定か　この規定の法的性格について、2015年ガイドライン作成にあたってのパブコメ回答のなかで、国土交通省・総務省は、「固定資産税情報は、地方税法第22条により目的外利用が禁止されており、今回の法施行により空家等対策に利用することが可能となりました。」として、創設規定であると解していた。空家法が地方税法の特別措置法とされる理由は、ひとつには、この措置ゆえであった。

　ところが、その後、独立条例としての空き家条例の施行に必要な限度でも内部利用は可能という国会答弁がされている（第198回国会衆議院総務委員会議録7号（2019年3月7日）18頁［総務省自治税務局長・内藤尚志］）。これによれば、本条1項は、特別法ではなく確認規定となる。この解釈を踏まえて、空家法の対象外の空き家への対応に関して、固定資産税情報を利用できると規定する空き家条例もある（「秦野市空家等の適正管理に関する条例」11条1項）。

　照会・回答にあたっては、空家法担当部署と税務担当部署のそれぞれにおいて、定型的な様式を用意して、これを利用するのが便宜である。利用記録を確実に残す必要がある。

(3)　「都知事は」（2項）

東京都の特殊性　本条2項は、地方税法734条1項にもとづき特別区内の不動産に関して固定資産税の賦課徴収権限を持つ東京都と空家法の実施権限を持つ特別区との関係において、固定資産税情報の扱いについて同様の対応をなしうる旨を規定したものである。両者はそれぞれ独立した行政主体であるため、本条1項の「内部で利用」が観念できないからである。

(4)　「関係する地方公共団体の長」（3項）

行政の場合　本条3項は、所有者等把握のための情報源として、庁外の対象を規定する。他自治体が例示されている。具体的には、戸籍謄本・附票や住民票・除票の写し等の公用請求があろう。同項では、警察や消防も対象となる。

第 1 部　2023年改正空家法

住基ネット・戸籍情報連携システムの利用　公用請求については、所有者等の現住所特定に時間を要するほか、対応する市町村の事務負担の大きさが指摘されていた。この点に関して、2022年 5 月に制定された「地域の自主性及び自立性を高めるための改革の推進を図るための関係法律の整備に関する法律」（第12次地方分権一括法）による住民基本台帳法の改正により、別表第二に「九の二」および別表第四に「八の二」が追加され、空き家の所有者等特定のために住民基本台帳ネットワークシステムの利用が可能となった（2022年 8 月20日施行）。

　また、2023年 6 月に成立した同名の法律（第13次地方分権一括法）による戸籍法の改正により、戸籍情報連携システムを利用した公用請求によって他市町村の戸籍情報を取得することが可能となった（2024年 3 月 1 日施行）。

　これらの利用により、公用請求の減少による調査事務の効率化や他市町村に居住する空家等の所有者等の現住所特定作業時間の短縮が見込まれ、所有者等が不明であることも迅速に判明するという建前である。もっとも、実際には、それほどうまくはいっていないようであり、郵便を用いた公用請求を継続している市町村もある。

(5)　「空家等に工作物を設置している者」（3 項）

「工作物」の内容　この部分は、改正法により追加された。これだけであるとどのような工作物なのかがはっきりしないが、改正法案作成過程においては、「空家等に電気工作物、ガス工作物その他の工作物を設置している者」という原案があった。ところが、電気工作物やガス工作物を例示すると、それらに限定されて受けとめられるとして、たんなる「工作物」に修正された。現実には、前記の 2 つが中心的なのだろう。説明資料には、「私有地に賃料を払って電柱を立てている電力会社等」という記述がある。

(6)　「その他の者」（3 項）

民間事業者の場合　そのほか、主に電気・ガス・水道等の供給事業者を想定して、これらに対して、空家等に関する使用状況や関係設備が使用可能状態にあるかなどの情報提供を求めることができる旨を規定した。水道事業者を通じて携帯電話番号情報を確認し、携帯電話会社に照会した結果、所有者関係情報が

入手できた例もある。

　日本郵便に対して、郵便物の転送先情報の提供も求めうる。調査の結果、所有者等の死亡が判明した場合に、法定相続人が相続放棄をしているかどうかを確認するために、被相続人の最後の住所地を管轄する家庭裁判所に対して、「相続放棄・限定承認の申述の有無についての照会」も可能である。国土交通省住宅局住宅総合整備課「電気又はガスの供給事業者等が保有する契約情報等の空家等対策の推進に関する特別措置法第10条第3項に基づく各事業者への提供依頼について（情報提供）」（事務連絡・令和5年3月30日）が出されている。日本郵便に関しては、転送先情報を入手できたという事例も少数ながら耳にしているが、基本的に「片想い」であるのは、後述の通りである。

　所有者等に成年後見人が選任されているかは、成年後見登記事項証明により確認できうる。「後見登記等に関する法律」10条5項は、「国又は地方公共団体の職員は、職務上必要とする場合には、登記官に対して、登記事項証明書……の交付を請求することができる。」と規定するため、本条3項を用いるまでもない。

　なお、求める対象に限定はないため、何人に対しても求めうる。

(7)　様々な対象

国外居住者・外国籍者の場合　所有者等が国外に居住すると判明した場合の対応については、ガイドラインの一部改正（2021年6月30日）により、外務省の調査を利用できると明記された。外務省領事局海外邦人安全課所在調査担当が窓口になる。

　また、所有者等が外国籍者の場合には、住居地市町村への外国人住民登録の照会、東京出入国在留管理局への出入国記録や外国人登録原票の照会という方法が明記された。外国人住民登録制度開始（2012年7月9日）以前の情報については、出入国在留管理庁総務課出入国情報開示係が窓口になる。登記簿に記載されている外国籍者がすでに死亡しているような場合、東京出入国在留管理局から取得する外国人登録原票には当該個人の情報しか記載されておらず、相続関係がわからない。そのため、それ以上に進めない問題がある。

法人　登記情報で法人が現存していることが確認されれば、本店や代表者の住

第1部　2023年改正空家法

所等を確認して連絡をとる。連絡がとれない場合には、民法98条にもとづく公示送達を利用して、必要な手続を進める。

　法人が解散している場合には、清算人に連絡をとる。清算人に連絡がとれない場合には、市町村は、利害関係人として、会社法478条2項にもとづき清算人選任の申立てを行う。清算人の選任後は、当該清算人に対して本法22条の諸措置を講ずることになる。

⑻　「求めることができる。」（3項）

自治体同士の場合　ほかの自治体への照会は可能であるが、相手方には応答義務は課されていない。もっとも、公用請求の場合、「個人情報の保護に関する法律」、および、各市町村の「個人情報の保護に関する法律施行条例」「個人情報保護に関する条例」の適用との関係では、「法令に定めがあるとき。」という提供可能事由に該当するため、回答はされるのが通例である。しかし、本条3項以外の場合には、現状では、自治体同士であっても提供は難しいだろう。

対民間企業の場合　何度も言及しているが、民間企業の場合は、顧客情報となるため、どの程度の協力が得られるかは不確実である。たとえば、日本郵便の場合は、郵便事業従事者の守秘義務を規定する郵便法8条2項との関係が問題になる（違反に対する罰則はない）。

　国土交通省住宅局住宅総合整備課「空き家対策等における「郵便転送情報の取扱い」について情報提供」（事務連絡・令和2年3月3日）は、特定空家等の保安上の危険から近隣住民等の生命・身体を保護する必要性があり同様情報を入手する代替手段がない場合には、市町村への情報提供が可能であるとしていた。また、「郵便事業分野における個人情報保護に関するガイドライン」（令和4年個人情報保護委員会・総務省告示第2号）は、「国の機関若しくは地方公共団体又はその委託を受けた者が法令の定める事務を遂行することに対して協力する必要がある場合であって、本人の同意を得ることにより当該事務の遂行に支障を及ぼすおそれがあるとき。」には、個人情報の提供も可能としている（15条1項4号）。もっとも、日本郵便に対して協力義務を定める法規範はない。基本指針改正パブコメ回答においても、「法第10条第3項は、強制力のある規定ではありません。」と回答されていた。

■ 空家等に関するデータベースの整備等（11条）

> **第11条** 市町村は、空家等（建築物を販売し、又は賃貸する事業を行う者が販売し、又は賃貸するために所有し、又は管理するもの（周辺の生活環境に悪影響を及ぼさないよう適切に管理されているものに限る。）を除く。以下<u>この条、次条及び第15条</u>において同じ。）に関するデータベースの整備その他空家等に関する正確な情報を把握するために必要な措置を講ずるよう努めるものとする。

【改正対応】

下線部改正（旧法では、「第13条まで」とされていた）。

(1) 「**空家等（建築物を販売し、又は賃貸する事業を行う者が販売し、又は賃貸するために所有し、又は管理するもの（周辺の生活環境に悪影響を及ぼさないよう適切に管理されているものに限る。）を除く。……）**」

「空き家」のいろいろ　正確な情報の把握が必要な空家等とは、市町村が空家法を実施するにあたって対象となるものである。総務省が5年ごとに取りまとめている『住宅・土地統計調査』（最新は、令和5年版（確報集計））は、「空き家」について、①賃貸・売却用および二次的住宅を除く空き家、②賃貸用の空き家、③売却用の空き家、④二次的住宅（別荘、その他）の4つに分類している。①が本法の対象である。空き家は900万2,000戸であり、住宅総数6,502万7,000戸の13.8%と過去最高になった。空き家全体の状況は、[**図表1.5**]の通りである（2023年10月1日現在）。

第1部　2023年改正空家法

[図表 1.5] 住宅・土地統計調査（令和 5 年版）（確報集計）にみる「空き家」

類型	戸数（万戸）	割合（%）
① 賃貸・売却用および二次的住宅を除く空き家	385.6	42.8
② 賃貸用の空き家	443.6	49.3
③ 売却用の空き家	32.6	3.6
④ 二次的住宅	38.4	4.3

〔出典〕総務省統計局「令和 5 年住宅・土地統計調査住宅概数集計（確報集計）結果」（令和 6 年 9 月 25 日）より筆者作成。

　②〜④は、それぞれの目的のために管理がされているのが通例である。本条がカッコ書きで除外しているのは、そのうち販売業・賃貸業の対象となっているものである。そうであるかぎりにおいて、行政が介入する必要性は乏しい。問題なのは、そうしたビジネスの対象になっていない空き家、すなわち、①である。

　もっとも、そうであっても、管理不全状態にあれば対象になるというのは、もうひとつのカッコ書きが示すとおりである。結局、本条が市町村に対して正確な情報の把握を求めるのは、〔1〕②〜④で販売業・賃貸業の対象となっているが管理不全な状態にあるもの、〔2〕②〜④で所有者等の管理下にあるもの、そして、〔3〕①に対応する空家等となる。

　法 2 条 2 項の定義から明らかなように、特定空家等は空家等の部分集合である。したがって、本条にもとづく措置は、特定空家等に関するものでもある。

(2)　「データベース」

データベースの内容　データベースとして、特定の内容や方法が指定されているわけではない。紙媒体か電子媒体かは問われないが、管理や利活用の便宜を考えると、後者にするのが望ましい。一例として、法 9 条や 10 条をはじめとする各種調査を通じて入手した情報や既存資料に記載されている情報を具体的な空家等に関して整理したもの、近隣住民からの通報を記録したもの、所有者等や近隣住民などとのやりとりを記録したものを、個別の空家等ごとに集積した電子媒体の「空家等カルテ」や「特定空家等カルテ」を整備し、それを地図上

で表示する方法がある。

個人情報　これらの行政情報は、個人情報保護法制のもとでの「個人情報」に該当するため、その取扱いには注意を要する。行政職員は、物件を流通させたいという想いから、あるいは、地域住民とのコミュニケーションをよくしようという想いから、空家等の所有者等の同意なく情報を外部に提供する誘惑に駆られるが、地方公務員法34条が規定する前述の守秘義務に留意しておきたい。^{⇒64頁}

委託の場合の注意点　法7条にもとづく空家等対策計画の作成および本条にもとづくデータベースの整備の作業にあたっては、コンサルタントを活用するケースもあるだろう。法23条が規定する空家等管理活用支援法人の利用がされるかもしれない。^{⇒149頁}そうした場合であっても、あくまで市町村が主体となった内容の決定であるべきである。なお、コンサルタントに委託する際には、契約のなかで、法10条1項の措置を通じて入手した情報に関して守秘義務を課したり再委託を禁止したりする規定を設けるのが適切である。

⑶　「その他空家等に関する正確な情報を把握するために必要な措置」

多様な情報入手ルート　データベース整備以外の措置は、市町村によって多様である。空き家条例のなかには、空家等に関する情報の行政への提供を住民の努力義務として規定するものがある。自治会に対して、空家等に関する情報提供を依頼する実務もある。「正確な」というのは当然に求められることであるから、この形容詞には、確認的意味しかない。

■　所有者等による空家等の適切な管理の促進（12条）

> **第12条**　市町村は、所有者等による空家等の適切な管理を促進するため、これらの者に対し、情報の提供、助言その他必要な援助を行うよう努めるものとする。

【改正対応】

改正なし。

第1部　2023年改正空家法

(1)　「情報の提供、助言その他必要な援助」

空家等の段階での対応　　本条は、主として特定空家等とまでは認定されていない空家等を対象にして、法1条の目的に規定される利活用がされるように、法5条にもとづき適切管理の努力義務が課されている所有者等に対してそれを促すべくサポートをすることを規定したものである。適切な管理がされずに空家等が放置されると、その状態は法2条2項に規定される要件に近づき、早晩、特定空家等になってしまう。未然防止をする必要がある。

法22条1項の助言との違い　　「助言」という文言に関しては、特定空家等に対する措置として、法22条1項が「助言又は指導」と規定する。いずれも、市町村の行政手続条例の規律を受ける「行政指導」である。これは、著しく保安上危険となるおそれを是正する内容を持つが、本条にもとづく助言は援助的なものであるために、それとは異なる内容となる。

特定空家等も対象に　　空家等には、特定空家等も含まれる。したがって、本条にもとづく情報提供などの援助は、特定空家等に対してもなしうる。

市町村による制度づくり　　多くの市町村で導入されている利活用促進のための空き家バンクやマッチング制度は、本条にもとづく施策と位置づけられる。適切管理や売却など、空家等の所有者等は、それぞれの当該空家等との関係で、それぞれの事情のもとで、様々かつ複雑な想いを持っている。そうした所有者等に寄り添いつつ、空家法の実施という枠組みのなかで、納得できる決定に向けて伴走する制度づくりが求められている。

(2)　「努めるものとする。」

弱めの訓示規定　　本条では、「……行うことができる。」ではなく、「……行うよう努めるものとする。」とされている。空家等の適切管理が推進されるようなサポートを推奨するという趣旨である。市町村や都道府県に関する法4条の規定ぶり（「努めなければならない。」）よりは弱くなっている点が興味深い。

「市町村」と「市町村長」と　　空家法のもとでは、「市町村は」と「市町村長は」という2種類の主語が用いられている。本条が規定する「助言」は「市町村」がするが、同じ「助言」でも法22条1項は、「市町村長」がすると規定する。

72

使い分けの基準は、必ずしも明確ではない。事務の推奨であれ義務づけであれ、それが市町村の事務である以上、「普通地方公共団体の長は、当該普通地方公共団体の事務を管理し及びこれを執行する。」と規定する地方自治法148条を踏まえれば、その管理・執行権限は市町村長にある。したがって、本条の助言も、市町村長名ですることになる。

⑶　「これらの者」

広く親族にも　本条の対象は、所有者等である。この点に関して、空家等の調査を通じて把握した所有者が意思能力に欠ける常況にあるが成年後見人が選任されていないと判明した場合には、今後の対応を予定して、親族に対し、民法7条が規定する成年後見制度の利用を助言してよい。

■ 適切な管理が行われていない空家等の所有者等に対する措置（13条）

> **第13条**　市町村長は、空家等が適切な管理が行われていないことによりそのまま放置すれば特定空家等に該当することとなるおそれのある状態にあると認めるときは、当該状態にあると認められる空家等（以下「管理不全空家等」という。）の所有者等に対し、基本指針（第6条第2項第3号に掲げる事項に係る部分に限る。）に即し、当該管理不全空家等が特定空家等に該当することとなることを防止するために必要な措置をとるよう指導をすることができる。
> 2　市町村長は、前項の規定による指導をした場合において、なお当該管理不全空家等の状態が改善されず、そのまま放置すれば特定空家等に該当することとなるおそれが大きいと認めるときは、当該指導をした者に対し、修繕、立木竹の伐採その他の当該管理不全空家等が特定空家等に該当することとなることを防止するために必要な具体的な措置について勧告することができる。

【改正対応】
　　新設。

第1部　2023年改正空家法

⑴　「管理不全空家等」（1項）

新たなカテゴリー　改正法は、空家等と特定空家等の間に、管理不全空家等というカテゴリーを新たに設けた。旧法においては、特定空家等に近い状態であったとしても、特定空家等ではない以上、これに対して旧法14条にもとづく措置を講じることができなかったのである。このため、空き家条例のなかには、たとえば、2015年制定当時の「飯田市空家等の適正な管理及び活用に関する条例」のように、そうした状態にある空家等を「準特定空家等」と位置づけて、条例にもとづく独自の措置ができる旨を規定するものもあった。管理不全空家等制度は、こうした条例の工夫に学び、これを全国展開したものである。

⑵　「適切な管理が行われていないことによりそのまま放置すれば特定空家等に該当するおそれのある状態にあると認めるとき」（1項）

客観的状況　管理不全空家等の認定の基準に関しては、ガイドラインが詳細な情報を提供している。法22条16項にもとづく措置である。市町村は、これを踏まえつつ、独自の基準を用意することになる。たとえば、「京都市空家等の活用、適正管理等に関する条例に係る特定空家等の判定等に関する基準」（2023年12月13日）がある。

　ガイドラインの〔別紙1〕～〔別紙4〕には、もっぱら空家等の物理的状況が客観的に記述されている。しかし、それだけではない。当該空家等をめぐる⇒377～381頁 法律規制の状況もこの要件に含めて考えてよい。たとえば、建築基準法のもとで接道要件を充たしていないために再建築ができないといった場合である。改正法により導入された促進区域制度を利用するなら別であるが、大規模修繕をしようにも建築確認がされないため、居住等がされないまま放置すれば劣化が進行して特定空家化するおそれがある。こうした事情は、「そのまま放置すれば」に読み込むことができよう。

主観的事情　ガイドラインでは、もっぱら空家等に関する物理的な状況が客観的に記述されている。もっとも、空家等の状況が劣化する事情としては、所有者等側の問題もあるのが実情である。空家等が管理不全空家等になり、さらに特定空家等へと向かうひとつの理由としては、対象となる家屋が相続人の共有となり、修理をするのか除却をするのかについての合意が調達できないために、

74

何の管理もできないままに時間が経過して事態がフリーズし、劣化が進行するということがある。

　そうであるとすれば、「おそれ」判断にあたっては、「当該空家等に関する所有者等の内部事情についての調査をする必要がある」「それをなさずして「おそれ」判断をするのでは不十分ではないか」という指摘があるかもしれない。しかし、それは無理であろう。たしかに、法9条2項は、市町村長は空家等の所有者等に対して「当該空家等に関する事項」についての報告を命ずることができるとするから、それを通じた調査は可能かもしれない。しかし、その履行が過料によって担保されていることに鑑みれば、家族関係のようなプライバシーにかかわる事項が報告対象に含まれるとは解されない。管理不全空家等の認定は、客観的状況のみによってなされるべきである。

　また、管理不全空家等に抵当権等が設定されていたとしても、それは、所有者等と抵当権者等の民事法関係であって、空家法にもとづく行政法関係には影響しない。この点は、ガイドラインにおいても確認されている（第3章2（3））。

　「おそれ」の二乗　管理不全空家等と認定されるには、「おそれ」が必要である。問題は、その「おそれ」がどれくらい大きくなれば認定が可能になるかである。それを定量的に示すのは困難であるが、「少しのおそれ」程度ではこのカテゴリーに該当しないとも考えられる。

　もっとも、特定空家等は、「著しく保安上危険となるおそれのある状態」（2条2項）であり、管理不全空家等はそのまま放置すれば特定空家等に該当する「おそれのある状態」というのであるから、「おそれ×おそれ」（おそれの二乗）である。さらに、その判断は、特定空家等の認定からの時点からみると相当に前倒しでしなければならない。そうなると、特定空家等との比較で考えれば、管理不全空家等の認定のハードルは低いと考えられる。これを厳格にするのは、現実には無理であり、空家法もそれを求めてはいない。より事前に対応するべきという観点から管理不全空家等というカテゴリーが設けられたという立法事実に鑑みると、「広く管理不全空家等を認定する」という方針が基本となる。

　「認める」の意味　法2条1項に規定される空家等の定義とは異なり、本条1項の管理不全空家等の定義には、「認めるとき」という文言がある。その主体は、1,741の市町村長である。

75

第1部　2023年改正空家法

　市町村の実情は多様である。法1条に規定される「地域住民の生命、身体又は財産」および「生活環境」という保護法益を比較すれば、前者が優位になるのは自明である。管理不全空家等も特定空家等もストックとして地域に存在するものであるが、特定空家等への対応が優先されるだろう。そうした方針の結果、管理不全空家等の要件を充たしたとしてもこれを認定しないという裁量は認められる。

　また、ガイドラインに示されている内容を地域にカスタマイズしたうえで適用する裁量も認められる。同じ法律の実施ではあるが、近隣市町村と基準が異なったとしても、特に問題はない。

　管理不全空家等の段階においては、特定空家等に関する「著しい保安上の危険」と比較すれば、住民をまもらなければならない行政の責務は、相対的に低い。「おそれの二乗」を判断するモノサシの目盛りの大きさには、市町村による違いがあって当然である。ただし、同一市町村内における判断にあたり、不公平があってはならないのも当然である。

該当性判断の手続　管理不全空家等の該当性判断をどのようにして行うかは、市町村の裁量である。基本指針がいうように、法8条にもとづく協議会、あるいは、法定外の附属機関として設置している審議会等に諮問して認定してもよいし、件数が多くなることを予想して、本条1項との関係では庁内の組織を使って対応し、同条2項にもとづく勧告をする際に利用するという方法もある。

特定空家等からの「格下げ」　旧法のもとで特定空家等と認定して14条にもとづく諸措置をしてきた対象について、これを本条のもとでの管理不全空家等に認定し直し、本条にもとづく措置の対象にすることは可能だろうか。想定問答は、「<u>管理不全空家と特定空家とでは、周辺への悪影響を及ぼす状況が異なっており、特定空家として指導・勧告している空き家をそのまま管理不全空家として扱うことはできない。</u>」（下線原文）とする（問128）。

　後掲の[**図表1.6**]（⇒149頁）のように、たしかに両者は区別されるべきカテゴリーである。しかし、特定空家等というカテゴリーしかなかった旧法時代に、未然防止の観点からやや幅広に特定空家等を認定してきた市町村が、改正法のもとでの管理不全空家等というカテゴリーのもとでの諸措置を活用するべく、特定空家等からの「格下げ」をするのは可能である。改正空家法のもとでどのような実

第1章　空家法の逐条解説　■13条

施戦略をたてるのかについて、市町村には広い裁量がある。たとえば、13条と22条というように、動員できる「武器」を多く確保するのが個別具体の現特定空家等への対応として適切と考えるならば、それを否定する理由はない。想定問答の認識は、形式的・硬直的にすぎる。

　前述のように、管理不全空家等にせよ特定空家等にせよ、それに該当するという認定は処分ではない。現特定空家等の所有者等に対しては、今後は管理不全空家等として扱うという連絡をすれば足りる。「不利益変更」をしているわけではなく、「予測可能性を損なう」というものでもない。

(3)　「指導をすることができる。」（1項）

　行政指導　本条1項にもとづく指導は、行政指導である。たとえば、京都市行政手続条例2条6号は、「本市の機関（議会を除く。以下同じ。）がその任務又は所掌事務の範囲内において一定の行政目的を実現するため特定の者に一定の作為又は不作為を求める指導、勧告、助言その他の行為（処分（法令に基づくものを含む。）に該当するものを除く。）をいう。」と定義する。従うかどうかは任意であるから、行政は、従わないことを理由に不利益な取扱いをしてはならない。

　助言がないことの意味　法22条1項は、行政指導の内容として、「助言又は指導」と規定する。これに対して、本条1項は、「助言」を規定していない。管理不全空家等については、特定空家等と比較すれば、所有者等の自主的対応を促す必要性がより高いことに鑑みれば、こちらにこそ「助言」を規定し、法22条1項からは削除してもよかった。この点に関する立法政策は、定かではない。

　共有事案における相手方　指導書は、判明している共有者全員に対して送付する。当該管理不全空家等が共有となっている場合において、全員の共有者が判明しない場合には、判明している者に対してのみで足りる。本条2項の勧告ならびに法22条1項の助言・指導、2項の勧告、3項の命令についても同様である。

　「できる」の意味の違い　本条1項にもとづく指導、2項にもとづく勧告、さらには、後述の法22条1項にもとづく助言・指導、2項にもとづく勧告、3項にもとづく命令については、すべて「することができる」という規定ぶりになっている。このため、「できる」というのであるから必ずしなければならないわけではなく、そういう意味において事務を義務づけるものではないという理解

77

がある。少なくとも、旧法の立法者は、そのように考えていたようである。また、「市区町村は、現行法に基づく事務だけでも手一杯なのに、改正法で加わる事務まで対応できるのか。」という想定問答は、「改正法は市区町村に新たな事務を義務づける内容のものではない。」となっている（問30）。改正法案の審議においては、「本法案は市町村に義務を課すものではない」というように、同旨の答弁もされている（第211回国会衆議院会議録21号（2023年4月20日）5頁［国土交通大臣・斉藤鉄夫]）。

不用意な表現 こうした表現は、ゆゆしき誤解を引き起こす。たしかに、法7条にもとづく空家等対策計画の策定や法8条にもとづく協議会の設置といった任意的事務については、実施しなくても違法ではない。大半の市町村は作成しているが、「そのつもりはない」というところもある。計画がなくても空き家行 ^{⇒328頁}政はできるから、その選択については何の問題もない。協議会の設置についても同様である。

一方、法13条・22条・23条といった義務的事務に関する規定に用いられている「できる」という文言は、「与えられた権限を常に的確に行使せよと法的に命じられている」という意味である。したがって、指導すべき状況にあるのにそれを怠る過失により被害が発生した場合、市町村は、国家賠償法1条1項にもとづき、損害賠償責任を負う。法的義務づけにほかならない。前記の表現ぶりには、権限付与と裁量権付与との理解の混線がある。効果裁量があるという趣旨が伝わっておらず、表現が不適切である。これでは、改正法施行後、鳴りやまない住民からの苦情電話の対応に忙殺される市町村現場は、「自分たちはやらなくてもよい仕事をしているのか」と受けとめ、確実に不信感と虚脱感を抱くだろう。現場への配慮を欠く不用意な表現というほかない。

体制整備の模索 市町村の職員数や財政規模は多様である。空家法実施のための体制が充分に用意できないところの方が多数であるように思われる。「空家法にもとづく対応も一段落しただろう」ということか、最近になって削減されたところさえある。

協議と合意が必要であるが、地方自治法252条の14第1項にもとづく事務の委託、同法252条の16の2第1項にもとづく事務の代替執行といった制度を通じて、都道府県に担当してもらうことはできないではない。そのようになれば、

第1章　空家法の逐条解説　■13条

それは、「その規模又は性質において一般の市町村が処理することが適当でないと認められるもの」として同法2条5項に規定される補完事務である。しかし、現実性があるようには思えない。法23条にもとづく空家等管理活用支援法人のサポートを立法者は期待しているのかもしれないが、現在のところ、その可能性は未知数である。

事前予告　利活用に向けた動きを促進するのが本条の目的であり、指導や勧告をすることが目的ではない。そこで、管理不全空家等の候補として把握した後、「一呼吸」おくという運用もありうる。ペーパーワークが増えるのであるが、本条1項の指導の前に、「このままでは管理不全空家等と認定され、そうなると、指導、勧告、さらには固定資産税増額につながる」という情報を提供するのである。「一手間」をかけるとしても、前向きの対応を引き出す（後の業務が軽減される）効果はある。2023年に改正された「神戸市空家空地対策の推進に関する条例」のもとでの「管理不全類似空家等」に対する措置（2条3項、10条）は、実質的には、こうした対応を制度化したものである。

(4)　「そのまま放置すれば特定空家等に該当することとなるおそれが大きいと認めるとき」（2項）

2つの勧告要件　本条2項の勧告の要件は、①1項の指導によっても状態が改善されないこと、②そのまま放置すれば特定空家等になってしまうおそれが大きいこと、の2つである。

指導においては、対応期限を付す義務はない。このため、「改善されない」というのは、どの時点での評価なのかが問題となるが、求める内容を実現できるのに必要かつ十分な期間の経過時点と考えざるをえない。この点は、22条1項の助言・指導と同条2項の勧告の関係についても同様である。期限を付けるのは可能であるから、それをするのが適切であろう。

本条1項の要件はたんなる「おそれ」あるのに対して、2項の要件は「おそれが大きい」ことが要件となっている。したがって、「おそれ」の内容が変化していなければ、勧告は出せない。勧告の決定に際しては、当該管理不全空家等に関して、指導時との異同を正確に把握し、勧告書の理由欄に具体的に記述しなければならない。指導後に定期的に写真撮影をする必要がある。

79

第1部　2023年改正空家法

「そのまま放置すれば」　本条1項についてみたように、建築基準法上、再建築ができない管理不全空家については、除却されないかぎり存置されざるをえず、「特定空家化街道まっしぐら」となる。こうした事情も考慮できる。

　所有者等の主観的事情については、積極的には探索できない。しかし、本条1項の指導後のやりとりを通じて、前向きの対応がおよそ期待できないような場合には、放置される蓋然性が高いと判断して、本項の要件を充たす補充的な事実として整理してよいだろう。

(5)　「必要な具体的な措置」（2項）

求められる具体性　本条1項の指導で求められるのは「必要な措置」であるが、2項の勧告で求められるのは「必要な具体的な措置」である。修繕と立木竹の伐採が例示されている。このように措置の特定性が求められるのは、次にみるように、勧告が住宅用地特例適用除外という具体的な効果とリンクするためである。

　問題は、どの程度のプラスアルファが求められるかである。この点について、国会答弁では、「点検を行い、問題があれば必要な補修を行うといった勧告ではなくて、家屋の東側部分の破損している屋根ふき材が飛散しないよう補修を行うこと」とされている（第212回国会衆議院国土交通委員会議録2号（2023年11月10日）16頁［国土交通省住宅局長・石坂聡]）。

　求める内容は、比例原則に適合していなければならない。このため、管理不全空家等に関して除却を求めることはできない。それが必要な状態にあるなら、特定空家等と認定しての対応をすべきである。一方、越境樹木の伐採の場合には、越境部分だけとするのではすぐに復元してしまう。太い幹から出ている枝を根元付近から伐採するという求めもなしうるだろう。

勧告のための調査　勧告に具体性を持たせるためには、調査が必要である。ところが、前述のように、法9条2項は、13条の規定の施行の目的では空家等と認められる場所に立ち入る権限を認めていない。法9条1項にもとづき書類調査や外観目視調査ができるにすぎない。これは、プライバシーや財産権の保護との調整の結果であろう。

　しかし、勧告を検討する状態になるまでに管理不全空家等を放置しているの

第1章　空家法の逐条解説　■13条

は、一般的にいえば、財産権の消極的濫用であり、比例原則の観点からも、制度論としては、合理的範囲内で、敷地内への立入りを認める旨を規定してよかった。所有者等の同意を得ての立入りが可能なのはいうまでもないが、それが勧告の前提となっているとなれば、要請に応じてもらえるかは不確実である。
⇒58頁

　なお、本条2項の勧告後にそれが従われないままに時間が経過して状態が悪化し、法2条2項に規定される特定空家等としての認定が必要と考えられるようになれば、法9条2項にいう「第22条第1項から第3項までの規定の施行に必要」になるから、現状は管理不全空家等であるとしても、その敷地内等への立入調査は適法になしうる。

　具体性に欠ける勧告の法的効果　裁判所が法13条2項の法解釈として、具体性の程度に関する国土交通省の例示で十分と判断するかは不明である。かりに具体性に欠ける勧告を前提にして後述の住宅用地特例措置が適用除外された納税通知がされた場合、勧告の違法性は納税通知に承継されると解されるため、課税処分は違法となりうる点に留意が必要である。

(6)　「勧告することができる。」（2項）

　勧告の判断　勧告ができるのは、本条1項にもとづく指導をしてもなお当該管理不全空家等の状態が改善されず放置すれば特定空家等に該当するおそれが大きいときである。指導はたんに「おそれのある」ときであったが、勧告は「おそれが大きい」ときという違いがある。指導を受けても特段の対応がされず、時間の経過によって保安上の危険が高まるという場合であろう。もっとも、勧告段階であっても法22条の対象となる特定空家等とは異なり、対応によっては「V字回復」は可能である。議連解説は、「指導を受けても状態が改善されない空家等については、居住の用に供する住宅用地とはもはや認められず」とするが（102頁）、おそれが大きいという要件を無視しており、少々乱暴な認識である。

　後述のように、勧告には住宅用地特例適用除外とのリンケージが仕組まれている。相続人間に遺産分割紛争があるような事案において、勧告されれば固定資産税増額になるという情報提示により「事態が動く」と予想されるケースにおいては、勧告が選択されるだろう。

81

第1部　2023年改正空家法

　しかし、所有者等に資力がなく修繕が期待できない、共有者間での合意形成が期待できない、住宅用地特例が適用除外になってもそもそも固定資産税等の額が低いために経済的影響を与えられないなどの場合には、本条1項の指導が繰り返され、勧告は躊躇されるかもしれない。「できる」というように、要件が充たされていても、市町村長には、どのタイミングで勧告をするかの効果裁量（いわゆる「時の裁量」）がある。

　猶予期限　法22条2項の勧告においては「相当の猶予期限」を付すことが義務づけられているが、本条2項の勧告においては、特段の規定がない。ガイドライン改正パブコメ回答は、次のように述べる。

> 　管理不全空家等にあっては命令など勧告後の措置がないため、法文上、猶予期限を付すことを市町村に課す必要はないと考えます。なお、運用上、猶予期限を付すことを妨げるものではありません。

　不利益な措置が随伴しないという趣旨であろうか。もっとも、後述のように、勧告がされたままに1月1日を迎えると、当該管理不全空家等に対して適用されている住宅用地特例が外されるため、実質的には、12月31日までが猶予期限になっているといえる。猶予期限を付してはならないものではないため、市町村は、実情に応じて対応すればよい。

　修繕のその後　勧告の目的は、特定空家等にならないように管理不全空家等の状態を改善することである。しかし、管理不全空家等になるままに放置された理由のひとつが不動産市場において「買い手がつかなかったから」であるとすれば、これを修繕したとして利活用はされるのだろうか。建築物それ自体というよりも、その立地場所の問題である面が大きいように思われる。

　かりに管理不全空家等の状態を改善して勧告が撤回されたとしても、利用されることなく時間が経過すれば、将来において、再び管理不全空家等にならないとはかぎらない。「対応すれば必ず借り手・買い手はつくのですね。」と問われれば、行政はどう応接するのだろうか。

　市場に乗りそうにない事態が相当の確実性をもって予測できるのであれば、

本条2項の要件を客観的に充たすからといって、勧告をするのは比例原則に反し、効果裁量の濫用と評価される可能性がある。こうした場合にも、勧告は躊躇されるのではないだろうか。

住宅用地特例適用除外とのリンケージ　旧法14条2項のもとで、特定空家等に関して講じられていた住宅用地特例適用除外措置が、管理不全空家等に関する勧告についても適用された。旧法下の措置は、法22条2項として維持されている。

　住宅用地特例の適用除外とは、改正法制定に伴って改正された地方税法349条の3の2第1項が規定する「住宅用地に対する固定資産税の課税標準の特例」が適用されなくなる措置のことである。同項にいう「住宅用地」とは、具体的には、「専ら人の居住の用に供する家屋又はその一部を人の居住の用に供する家屋で政令で定めるものの敷地の用に供されている土地で政令で定めるもの」である。「住宅用地でその面積が200㎡以下であるもの」については、固定資産税の課税標準となるべき価格の6分の1、それ以外は3分の1となるのであるが、法13条2項の勧告がされたままの管理不全空家等の敷地に供されている土地および法22条2項の勧告がされた特定空家等の敷地に供されている土地については、この特例から「除く」と規定されている。その結果、地方税法附則17条4号にいう「商業地等」となる。このため、地方税法附則18条5項にもとづき、「課税標準となるべき価格に10分の7を乗じて得た額」とされる。200㎡以下の敷地の場合、特定適用による6分の1（＝0.166…）が10分の7（＝0.7）というように、約4.2倍になる。都市計画税については、同じく3分の1（＝0.333…）が10分の7（＝0.7）となるため、約2.1倍となる。

不適切な政策ではあるが　法2条2項が定義するように、特定空家等は、「そのまま放置すれば倒壊等著しく保安上危険となるおそれのある状態」等にあり、非居住が常態であるもの、物理的にみて居住の用に供せないものである。そうであるから、そうした状態にある空家の敷地となっている土地については、そもそも住宅用地特例を適用してはならないのであるが、それがされていなかった場合に、（少々遅きに失するが、）法22条2項の勧告を契機として行うのである（総務省自治税務局固定資産税課長通知平成27年5月26日参照）。勧告においては、除却が求められるから、そのかぎりにおいては、適用除外は適切である。

第1部 2023年改正空家法

　ところが、管理不全空家等に対する勧告には、除却ではなく修繕を求めるものもある。想定問答は、この措置の対象について、「指導に従わず、そのまま放置すれば特定空家に該当するおそれが大きいものに限定しており、同特例の本来の趣旨からも、同特例の対象となる「住宅」には当たらない」（下線原文）とする（問124）。基本指針も、「管理不全空家等……は、住民の日常生活に必要と認められる住宅用地特例の税負担を軽減するという住宅用地特例の本来の趣旨からも外れる」とする（一9（2）②）。⇒343頁勧告の対象になるのは除却を求めるものに限定されるという趣旨であれば、特定空家等についての前記説明が適用できる。

　しかし、管理不全空家等は、特定空家等とは異なった概念である。相対的であるが、管理不全・保安上危険の程度は低い。修繕を求める勧告もあるはずであり、そうした場合に前記下線部のように断言するのは適切とは思われない。したがって、住宅用地特例制度の趣旨からすれば、一般に、法13条2項の勧告と特例適用除外とをリンクさせるのは不適切なのである。ところが、地方税法349条の3の2は、要件をとくに限定することなく両者を等置してしまった。管理不全空家等の修繕を求める法13条2項の勧告がされたままに1月1日を迎えたがゆえに住宅用地特例が適用除外され、増額された固定資産税の課税処分がされた場合において、これを違法として提訴しても、そうしたリンケージは立法裁量の範囲内とされるだろう。

勧告と不利益取扱い　リンケージについては、もうひとつ論点がある。法令用語としての「勧告」は、一般に、行政指導を意味する。市町村の行政手続条例は、行政手続法32条2項にならって「行政指導に携わる者は、その相手方が行政指導に従わなかったことを理由として、不利益な取扱いをしてはならない。」と規定しているところ、法13条2項の勧告と住宅用地特例適用除外措置が、この法規範に抵触するようにもみえる。

　この禁止規定が、法律に根拠のない行政指導を市町村職員が個人的にした場合という「狭い場面」を前提にしているとすれば、法13条2項と地方税法349条の3の2は、その射程の外にあるといえる。一方、それは実質的法治主義原理を確認したものであり、およそすべての行政指導という「広い場面」を前提にしているとすれば、そうしたリンケージそのものが違法となる。

84

第1章　空家法の逐条解説　■13条

　前説については、まさにそうした場面について法律の根拠さえ与えれば行政指導を強制できる結果となり、きわめて不合理である。筆者自身は、後説に立つ。そのうえでリンケージを適法というためには、「勧告」は、通常の用語法とは異なり、法的拘束力をもつ（＝処分性がある）と解さざるをえない。したがって、行政手続法13条1項2号にもとづき、弁明機会の付与が必要となり、勧告書には、教示文が付されなければならない（行政不服審査法82条1項、行政事件訴訟法46条1項）。旧法14条2項の勧告について、空き家条例のなかで手続を規定したり、行政手続法の解釈として手続を講ずる運用をしたりしている市町村があったが、そうした運用がされるべきである。同法14条にもとづき、「理由」も明記する必要がある。この点は、法22条2項の部分との関係で、再度説明する。
_{⇒118頁}

「適用除外に不利益性はない」のか？　　以上の整理は、住宅用地特例の適用除外措置に法的不利益性があるという前提に立っていた。これに対して、そうではないという整理もありえよう。

　「特例」というように、200㎡以下の土地に関しては、本来課されるべき固定資産税が減免されている。これは、申請をして実現するのではなく、課税庁が一方的に適用する恩恵的なものであり、いわば「特権」である。想定問答が「原則に戻るということであり、ペナルティではない」とするのは（問124）、こうした理解にもとづいているのだろう。

　しかし、土地所有者に対する不利益的効果は明白である。あくまで土地に対する措置であるとはいえ、長年にわたって住宅用地特例が適用されてきた事実の重みに鑑みれば、その適用除外が「元に戻っただけ」でありそうした特例が「事実上のものにすぎない」とはいえない。管理不全空家とその敷地の所有者が同一の場合、勧告に従わないままに1月1日を迎えると適用除外がされるというリンケージの威嚇効果はそれなりにあるのが、実務上得られている経験である。裁判所の判断はまだないけれども、学問上の議論はさておき、勧告には処分性があるとして取り扱っておく方が、実務上は安全である。
_{⇒118頁}

勧告の効力停止・撤回　　かりに、勧告が求める措置を実現するべく修繕等に取りかかったとしても、工事が長引いて12月31日までに完了しないならば、固定資産税等の賦課期日である1月1日を迎え、住宅用地特例は適用除外されてしまう。所有者等が真摯に対応しているにもかかわらずこうした結果になるのは

85

第1部　2023年改正空家法

理不尽である。

　そうした事態を回避するには、出した勧告の効力を暫時停止するか、撤回して再度勧告するしかない。事務処理としてきわめて異例であるが、現行法を前提とすると、とりあえずはこのような整理にはなる。

　課税部門との連携　勧告がされた旨は、課税部門に通知される。空家法担当からの特段の連絡がないかぎり、当該管理不全空家等に関して、勧告は有効なものとされ、住宅用地特例を適用除外した税額での納税通知が送付される。このため、勧告をした案件については、空家法担当は、勧告の相手方との連絡を密にして、撤回が可能な状態になっているならばただちにそうしたうえで、課税担当に通知しなければならない。

　また、勧告を受けて真摯に対応中であることが確認できる管理不全空家等については、たとえ1月1日を迎えても、空家法部門と固定資産税部門が連携し、特例継続をする（＝適用除外しないことが違法とならない）運用をするのが合理的ではないか。このような取扱いについては、要綱で定めておくとよいだろう。

　勧告にかかる措置の完了報告と撤回　空家法上、勧告の相手方には、求められる措置が完了した旨を市町村長に連絡することは、明文では義務づけられていない。住宅用地特例適用除外とのリンケージは空家法に規定されているものではないけれども、市町村長が勧告をする際には、そうした結果になりうると情報提供するのが通例であろう。また、適用除外を回避したければ、措置完了を速やかに連絡して確認を受けるようにとも情報提供するだろう。こうした手続は、法律実施条例のなかで規定してもよい。勧告の効力は、撤回されないかぎりは存続する点に注意が必要である。

　勧告をした空家法担当は、固定資産税部門に対して、適時・的確に情報を通知しなければならない。とりわけ、12月の上旬には、業務委託をするなどして状況確認をし、撤回が妥当ならばそれをする必要がある。勧告にかかる対応が完了しているにもかかわらず、その確認がされないままに適用除外がされて、固定資産税が増額賦課されれば、当該賦課処分はその前提を欠いて違法と評価されるからである。

　「勧告飛ばし」　空家法のもとでは、特定空家等と認定する前に、必ず管理不全空家等と認定しなければならないわけではない。また、管理不全空家等に本条

86

第1章　空家法の逐条解説　■13条

１項にもとづく指導を繰り返しているうちに家屋等が著しく保安上危険となる
おそれのある状態となれば、本条２項を飛ばして、法22条１項にもとづく指導
をすることも可能である。

一度しか切れないカード　本条２項にもとづく勧告との関係で住宅用地特例が
適用除外されれば、それにより固定資産税等は増額される。そして、それにも
かかわらず、状態が改善されないままに当該管理不全空家等が特定空家等とし
て認定され法22条２項にもとづく勧告がされたとしても、その時には、この措
置は使えない。カードは一度しか切れないのである。

　法13条２項との関係で少し増額され、22条２項との関係でフルに増額される
「二段階ロケット方式」もありえる。しかし、地方税法上は無理と判断されたの
だろう。そうなると、「緩和代執行まで行きそうな予感」のある案件については、
カードを最後まで残すべく、本条２項の勧告はスキップされるかもしれない。

勧告は義務か、通知は義務か　空家法において、住宅用地特例の適用除外は、
管理不全空家等の状態の改善を促すための措置として位置づけられている。し
たがって、本条２項にもとづく勧告に従わなければ適用除外をするという「脅
し」をかけても改善が期待できないのが明白ならば、勧告をするにしても、そ
の事実を固定資産税担当に通知する必要はない。住宅用地特例の適用除外は、
義務違反に対するサンクションではない。かりにその措置が必要であれば、固
定資産税担当がもっぱら地方税法上の措置として、空家法からは独立して行え
ばよい。もっとも、特定空家等ではなく管理不全空家等の状態であれば、居住
の用に供しうる状態にあるだろうから、それは現実には難しい。

　この点は、とりわけ、借地上の管理不全空家に関して問題になる。賃借人の
氏名・所在が不明となっている場合には、土地所有者に勧告をしても、現実に
は何もできない。指導はするにしても、その過程でそうした事情を行政が知ら
されれば、勧告には踏み込めないだろう。「粛々と手続を進める」という趣旨の
担当者のコメントを目にすることもあるが、必要がなければしてはならない。

　一方、借地上に建築されている特定空家の所有者に対する指導や勧告は、従
われる見込みがなくても発出が必要である。それは、当該特定空家に起因する
保安上の危険を、最終的には、命令不履行を要件とする代執行によって解消し
なければならないからである。その前提として、指導や勧告を経ていることが

87

第1部　2023年改正空家法

必要となる（法22条１項〜３項）。

⑺　法13条と22条

立法者意図と現場実情とのギャップ　改正法が新たに本条によって管理不全空家等というカテゴリーを創出し、指導および勧告という市町村の義務的事務を規定したのは、法１条の目的において認識されている状態を未然に防止し、空家等の活用を促進するためである。旧法は、同条に規定される法益のなかでも最も重要な「地域住民の生命、身体」を保護するべく、著しく保安上危険等の状態にある特定空家等への対応を規定するのみであった（旧法14条）。本条は、その「予備軍」に適切に対応することによって「座して特定空家等化を待つ」のではない法政策を採用したのであり、その未然防止アプローチの発想それ自体は合理的である。

　ところが、とりわけ小規模の市町村のなかには、新たな権限に対して、戸惑いを隠せないところが多い。旧法14条（法22条）に加えて本条の事務が純増さ・・れたのである。空家法以外にも複数の法律・条例を所管している担当課・担当係は、特定空家等対応だけでも手一杯なのに、それよりもはるかに数が多くなる管理不全空家等への対応などは、現実には無理なようである。管理不全空家等に相当する空家等に対して特段の対応をしていなかった市町村からは、「22条を回しながら13条も回すのは不可能」という切実な声をよく耳にする。

実施方針の説明を　住民にしてみれば、管理不全空家等制度が導入されたのであるから、自分の隣にある空き家について指導をせよと求めたいところである。しかし、行政リソースが絶対的に不足している。そうした場合には、法23条が規定する空家等管理活用支援法人を指定して、本条１項の指導を委託するというのが立法者意図だろう。想定問答は、「空家が周辺に悪影響を及ぼす前の段階から、所有者に対して、活用、適切な管理や除却を働きかけるとともに、行政だけでなくNPO等の民間主体を積極的に活用していくことが有効」（下線原文）とする（問30）。ところが、制度の不透明さから、様子見をしている市町村が大半である。改正法を学習した住民からの連絡が来るのに戦々恐々としている行政現場もある。

　多くの市町村がそのように感じる仕組みを義務的にすることがそもそも不適

切であるが、これは所与とするほかない。市町村としては、住民に対して、改正法に関する自らの実施方針を説明するのが適切である。本条1項および2項は「できる」と規定されているように、効果裁量がある。事務それ自体は放棄できないが、どのように権限行使をするかは、市町村の裁量である。法7条にもとづく空家等対策計画を改訂する機会があれば、そこに実施方針を記述してもよい（2項1号あるいは9号）。

いくつかの例　旧法のもとで比較的多くの特定空家等を指定していたある自治体は、「そのなかで保安上危険の程度が低いものは、管理不全空家等に「格下げ」し、その旨も所有者等に通知する」という方針である。裁量の範囲内でなしうる対応である。別の自治体は「特定空家等の対策のみ行い、13条は使わない。管理不全空家等のような迷惑度が低い小さな空家等に対しては、改正法のもとで指定した空家等管理利用支援法人や従前からの関係のある団体の協力を得て活用啓発を行う」としている。

■　空家等の管理に関する民法の特例（14条）

> **第14条**　市町村長は、空家等につき、その適切な管理のため特に必要があると認めるときは、家庭裁判所に対し、民法（明治29年法律第89号）第25条第1項の規定による命令又は同法第952条第1項の規定による相続財産の清算人の選任の請求をすることができる。
>
> 2　市町村長は、空家等（敷地を除く。）につき、その適切な管理のため特に必要があると認めるときは、地方裁判所に対し、民法第264条の8第1項の規定による命令の請求をすることができる。
>
> 3　市町村長は、管理不全空家等又は特定空家等につき、その適切な管理のため特に必要があると認めるときは、地方裁判所に対し、民法第264条の9第1項又は第264条の14第1項の規定による命令の請求をすることができる。

【改正対応】
　新設。

第1部　2023年改正空家法

(1) 民法の特例

特例の意味　私人間の法関係を規律する民法には、空家法の対象となる空家等または特定空家等をめぐる課題の解決に適用できる規定がいくつかある。当然のことであるが、これらの規定は汎用的であり、空き家問題の解決のために設けられたものではない。

　旧法のもとでも、空家等または特定空家等に関する課題を解決するために、市町村が民法の規定を活用した事例がある。しかし、それは、民法の関係規定の解釈によるものであった。改正法は、「空家等の管理に関する民法の特例」という見出しのもとに、いわば空家法にカスタマイズする形で市町村が当該規定を適用できる旨を明確にしたのである。所有者不明土地法42条が参考にされた。

　第1には、不在者財産管理人または相続財産清算人の選任を求める請求人に関して、それぞれ民法25条1項または952条1項が「利害関係人又は検察官」と限定しているものを、「市町村長」とした。旧法のもとでのガイドラインにおいては、空家法のもとで一定程度の措置をした市町村の長を「利害関係人」と解しうるとしていたけれども、その解釈を正面から法定したのである。第2には、2021年に改正され2023年4月に施行された改正民法の関係制度である所有者不明建物管理命令、管理不全土地管理命令、管理不全建物管理命令について、それぞれ「利害関係人」とされている請求人を、「市町村長」とした。一方、所有者不明土地管理命令（民法264条の2）については、本条2項が「敷地を除く。」としていることから、特例の対象にはなっていない。制度利用の必要があれば、市町村長は、所有者不明土地法42条2項にもとづき、前記命令の発令を求めることができる。この規定も、「民法の特例」である。

民事法の公法化現象　たとえば、借地上にある所有者不明の家屋が土地とともに特定空家等に認定されているような場合であれば、賃料収入が得られないままの土地所有者は債権者としての利害関係人であるから、特例の対象になっている不在者財産管理人制度を自らが利用して問題解決を図るのが原則であろう。改正法は、その役割を市町村長に与えた。もちろん、当該土地所有者が原則ルートを利用することは妨げられないが、それはこれまでも可能だった。市町村長の申請が可能とされたため、今後は、地主である土地所有者がそのように動く意欲がますますなくなるだろう。空家等・特定空家等の管理不全状態によっ

90

第1章　空家法の逐条解説　■14条

て相当の不利益を被っている近隣住民が利害関係者と認定される場合であって
も、特例対象となっている制度を利用する意欲は同様になくなるだろう。

　所有者不明土地法、森林経営管理法、農業用ため池法など、各法律の公共政
策的目的の観点から、民事法のルールを修正し、利害関係の証明を不要として
制度利用の申立権を国の行政機関の長や自治体の長に認めたり、共有財産の管
理等にあたっての共有者間の関係の修正をしたりするために個別法が制定・改
正される例が、近年、多くみられるようになっている。「民事法の公法化現象」
であり、本条もそのひとつにあげられる。空家法のもとでの利用については、
国土交通省が作成した「空き家対策における財産管理制度の活用に関する参考
資料」（以下「参考資料」という。）が参考になる。

請求の手続と費用　　本条1項が規定する民法上の制度の利用に関しては、後述
のように、予納金を納付する必要はあるが、請求それ自体は、必要書類を含め
てそれほど面倒ではなく費用も安価である。不在者財産管理人・相続財産清算
人に関して、東京家庭裁判所のウェブサイトを参照すると、「収入印紙…800円、
連絡用の郵便切手…2,010円（内訳：210円×2枚、110円×7枚、100円×5枚、50
円×2枚、20円×6枚、10円×10枚）」となっている（2024年10月現在）。

　本条2項・3項が規定する民法上の制度の利用にあたっても予納金が求めら
れるが、後述のように、より安価である。費用について、東京地方裁判所（第
22部）のウェブサイトを参照すると、「収入印紙…1,000円、郵便切手…6,000円
（内訳：500円×8枚、110円×10枚、100円×5枚、50円×5枚、20円×5枚、10円×
5枚）」となっている（2024年10月現在）。

(2)　「民法……第25条第1項の規定による命令」（1項）

不在者財産管理制度　　不在者財産管理制度は、どこに所在するのかわからない
者（自然人に限定）の財産を管理・保全するためのものである。財産は管理され
るべきであり本人はどこかにはいるという前提に立って、同人のための維持管
理を目的とする。この点で、次にみる相続財産清算制度とは趣旨を異にする。

　市町村長は、空家等について、家庭裁判所に対し、不在者財産管理人を選任
するとともに同人に対してして管理に必要な対応を命じてもらう請求ができる。
対象は、問題となっている特定空家等に限定されず、すべての財産となる。こ

91

第1部　2023年改正空家法

のため、いささか小回りの利かない制度となっている。保存行為等を超えて、当該特定空家等に関して、変更行為（例：建物除却や土地の売却）をするには、裁判所による権限外行為許可が必要になる。

⑶　「同法第952条第１項の規定による相続財産の清算人の選任」（１項）

相続財産清算制度　相続財産清算制度は、人の死亡時に、同人の財産を相続する者（自然人に限定）がいない場合に当該財産を管理するためのものである。この制度の目的は、財産の管理・清算である。相続財産を引き継ぐ者が不在であるため、基本的には、それを清算してしまうほかない。相続財産の積極的な処分が制度目的である。

　市町村長は、空家等について、不在者財産管理人と同様の手続により、相続財産清算人の選任を請求できる。対象となるのは、すべての財産である。保存行為等を超えて建物除却や土地の売却といった変更行為に裁判所の権限外許可が必要になるのは、不在者財産管理人の場合と同様である。ただし、財産の清算が目的の制度であるため、不在者財産管理人の場合と比較すると、裁判所の許可は出されやすいといわれる。

⑷　「民法第264条の８第１項の規定による命令」（２項）

小回りの利く制度　本条２項・３項に規定される制度は、本条１項が規定する２つの制度を空家法の実施に適用した場合に生ずるコストを軽減している。すなわち、不在者財産管理制度や相続財産清算制度のもとでは、不在者または被相続人のすべての財産を管理の対象とするために全体の把握にそれなりの費用を要するほか、手続が長期化し、選任にあたって納付する予納金（主として管理人の報酬）が多額になる傾向にあった。流動資産（預貯金・現金）が十分にない場合には、100万円が相場である。

　これに対して、以下にみる３つの新たな制度によれば、対象となる財産は特定の土地や建物に限定され、ほかの財産の調査や管理は不要となる。管理期間も短縮され、管理人の負担が軽減されることから、納付する予納金額も少なくなる。

所有者不明建物管理制度　市町村長は、所有者またはその所在を知ることがで

92

きない空家（共有物件の場合は共有者を知ることができず、または、その所在を知ることができない空家の共有部分）について、（家庭裁判所ではなく）地方裁判所に対し、当該空家またはその共有持分を対象にして、所有者不明建物管理命令を請求できる。裁判所がこの命令をする場合には、当該命令のなかで、所有者不明建物管理人も選任しなければならない。法人に関しても可能である。

選任された管理人は、当該建物の管理および処分をする権限を有する。管理行為が基本であるため、売却や除却といった処分行為をする場合には、裁判所の許可を要する。この点については、以下でみる2種類の管理人についても同様である。

手続については、非訟事件手続法90条が適用される。

⑸ 「民法第264条の9第1項又は第264条の14第1項の規定による命令」（3項）

管理不全土地管理制度　　市町村長は、管理不全空家等または特定空家等について、地方裁判所に対して、管理不全土地管理命令を請求できる。ガイドラインは、共有者多数事案を、活用の場面として例示している（第1章4.（1））。反対者がいても、命令は可能である。
$^{⇒357頁}$

裁判所がこの命令をする場合には、当該命令のなかで、管理不全土地管理人も選任しなければならない。次にみる管理不全建物管理制度と同様、その管理状態に着目したものであり、所有者等が判明しているかどうかは問われない。法人に関しても可能である。

選任された管理人は、当該土地の管理および処分をする権限を有する。売却にあたっては裁判所の許可が必要であり、その前提として、所有者の同意が必要となる。

管理不全建物管理制度　　市町村長は、地方裁判所に対して、管理不全建物管理命令を請求できる。管理対象となる管理不全空家または特定空家の除却には、所有者の同意を踏まえた裁判所の許可が必要になる。法人に関しても可能である。

空家等または特定空家等の土地と建物の所有者が異なる場合には、管理不全建物管理制度のみが利用されるだろう。ひとつの案件について、管理不全建物管理命令と管理不全土地管理命令の両方に関する申立てを同時にすることは、

第1部　2023年改正空家法

非訟事件手続法43条3項にもとづき可能である。

非訟事件手続法による処理　管理不全土地管理命令および管理不全建物管理命令に関する手続については、非訟事件手続法91条が適用される。所有者不明建物管理命令とも共通するが、保存や利用・改良を超えて土地の売却や建物の除却といった行為の許可を求めるにあたっては、理由の立証の程度は疎明で足りる（命令を求めるときには、証明が必要）。疎明資料としては、現場地図・写真、地域住民からの陳情・苦情の内容、現状に起因する被害状況、今後想定される被害の内容や発生の可能性などを書面として提出する。売却の場合には、反社会的勢力に関係していないなど、購入予定者の属性についての情報提供も必要だろう。

意思能力に欠ける者への対応　管理状態にのみ着目する両制度は、所有者等が意思能力を欠いている常態にある場合にも利用できる。もっとも、可能になるのは保存行為と管理行為にかぎられる。

これらを超えて、除却のような処分行為をするには所有者の同意が必要であるが（民法264条の10第3項、264条の14第4項）、成年後見人が選任されていない場合には、その調達が不可能となる。したがって、管理不全建物管理制度を通じての事案処理は困難となる。この点に関しては、改正法案審議の場で、「建物所有者について成年後見人が付されていないとき……は、建物を取り壊すことは困難」と答弁された（第211回国会衆議院国土交通委員会議録12号（2023年5月10日）16頁［法務省大臣官房審議官・松井信憲］）。

2つの建物管理制度の競合　ひとつの空家等が、管理不全建物制度と所有者不明建物管理制度のいずれの命令要件も充たしていることがある。この場合には、管理人に管理処分権が専属する後者（民法264条の3第1項）を利用した方がよい。所有者の同意は不要である。

⑹　「その適切な管理のために特に必要があると認めるとき」（1項〜3項）

民法の要件　民法25条にもとづく不在者財産管理人、および、同法952条にもとづく相続財産清算人について、それぞれの条文は、選任要件を明記していない。同法264条の8第1項にもとづく命令は、「必要があると認めるとき」とある。明記のない2つについても、これと同様に考えてよいだろう。

第1章　空家法の逐条解説　■14条

　これに対して、民法264条の9第1項にもとづく命令は、「所有者による土地の管理が不適当であることによって他人の権利又は法律上保護される利益が侵害され、又は侵害されるおそれがある場合において、必要があると認めるとき」に、同法264条の14第1項にもとづく命令は、「所有者による建物の管理が不適当であることによって他人の権利又は法律上保護される利益が侵害され、又は侵害されるおそれがある場合において、必要があると認めるとき」に出される。

　特例規定であることの意味　本条は、民法の特例である。したがって、各号に規定される「その適切な管理のために特に必要があると認めるとき」という要件のハードルが、民法の前記諸規定よりも高いとは考えられない。

　民法の規定は、私人間の利害調整をするものである。一方、空家法の要件は、個別事案ごとに認定されるものではあるけれども、基本的には相隣関係であった空き家問題に対して行政法的規律が導入されたという経緯、同法の公益保護の目的、そして、本条が規定された制度趣旨を踏まえて解釈される必要がある。市町村の空家等対策計画の内容も、参考にされるべきである。

　「特に必要」　「特に必要」と規定されている点には、注意が必要である。「たんに必要」程度では、請求要件を充たさない。

　もっとも、特定空家等だけでなく、管理不全空家等、さらには、空家等の状態にあるものに関しても請求ができるとされているように、絶対的な基準で評価がされるわけではない。個別の対象をその地域環境のなかに位置づけ、事態を前に進めるためには、空家法にもとづく市町村長の行政法的権限の行使よりもこれらの手段を用いる方が効果的であるという見込みがあれば、「特に」要件は充たされていると考えてよい。その意味では、補完的手段である。基本指針は、「早期にこれらの制度を活用することを検討することが望ましい。」とする
⇒341頁
（一7）。たしかに、理想的にはそうであろう。

(7)　「請求をすることができる。」（1項～3項）

　行政の負担　本条のいずれの規定も、「市町村長は、……請求をすることができる。」とされている。市町村長が「一から十まで」担当しなければならない法13条や22条の行政措置とは異なり、市町村長は必要資料を整えて裁判所に請求さえすればよい点に、民事法的制度を利用するメリットがある。とりわけ、行

第1部　2023年改正空家法

政代執行のノウハウや行政リソースに欠ける市町村にとっては、（ヤル気があれ
ば）利用価値はある。家屋の管理や樹木の剪定などは、選任された管理人の権
限になるから、市町村長は、同人に依頼をすればよい。裁判所の許可が必要で
はあるが、空家の除却も同様である。

　予納金は必要になるけれども、土地の売却益が十分に見込める案件であれ
ば、後に確実に補填される。所有者不明土地管理人または所有者不明建物管理
人が、地方裁判所の許可を得て処分をすることになる。そうした状況にある場
合に対して、今後、とりわけ本条2項・3項の規定が活用されるのではないだ
ろうか。

　改正法を受けて改正された「米原市空家等の発生予防、管理および活用の推
進に関する条例」14条は、「空家等の管理に関する民法の特例」という見出しの
もとに、改正法14条1項～3項および所有者不明土地法42条2項を再掲する。
特徴的なのは、すべての項について、2法が「……請求をすることができる。」
というように利用は任意と規定しているところを、「市長は……請求を行うもの
とする。」と義務的に規定している点である。こうした空き家条例は、法律実施
条例のなかでの自己決定として注目される。

■ 空家等及び空家等の跡地の活用等（15条）

> **第15条**　市町村は、空家等及び空家等の跡地（土地を販売し、又は賃貸する事業を
> 行う者が販売し、又は賃貸するために所有し、又は管理するものを除く。）に関
> する情報の提供その他これらの活用のために必要な対策を講ずるよう努めるもの
> とする。

【改正対応】

　条項ズレ（旧法13条）。

第1章　空家法の逐条解説　■15条

⑴　「空家等及び空家等の跡地（土地を販売し、又は賃貸する事業を行う者が販売
　　し、又は賃貸するために所有し、又は管理するものを除く。）」

重要な利活用　本条は、市町村が活用促進措置を講ずる対象を明記する。空家
法がとくに問題視するのは、空家等のうち所有者等による自ら利用、販売・賃
貸目的保有等がされずに管理が放棄されているものである。販売・賃貸のため
に管理されているものに対する措置は不要であるため、カッコ書きで対象外と
されている（空家等に関しては、法11条カッコ書き参照）。
　　なお、正確な情報把握に関して規定する法11条とは異なり、跡地に関するカ
ッコ書きには、「周辺の生活環境に悪影響を及ぼさないよう適切に管理されてい
るものに限る。」という限定がされていない。これは、本条が利活用のための対
策を広く規定するためである。

空家等対策の延長線上に　空家等に加えて、空家等の跡地も対象となってい
る。除却されて「空き家問題」は解決されたけれども、不適正な管理のままに
放置されると、新たに「空き地問題」が発生しかねない。それを未然防止する
ための措置である。本法は、基本的に「現存する空家等」を前提にしているが、
除却された空家等の跡地はその延長線上にあるとして、なお法１条に規定され
る目的の範囲内に含まれるという整理である。

空家等の適切管理方策　適切管理促進のための措置としては、建築物の通風・
換気、通水、清掃、敷地の雑草や立竹木の剪定などを定期的に実施することが
ある。こうした行為は所有者等の費用で実施されるべきものであるが、これら
を有料で実施する専門業者やサービスをコーディネイトするNPOに関する情報
の提供などが想定されている。担当課に「空き家相談窓口」を開設して、ワン
ストップの対応を可能にし、状況により関係部署のサポートが得られるように
する方法もある。より実践的には、行政が民間事業者と契約し、当該業者が空
家等の所有者等の利用意向・処分意向を聴取し、それを可能にする「パッケー
ジ」（関係専門家・業者の組み合わせ）を複数提案できるような取組みも考えられ
る。いわゆる「ふるさと納税」を受けた場合の「返礼品」として、寄附者が所
有する空家等の管理を地元業者に委託するという対応もありえよう。

97

第1部　2023年改正空家法

⑵　「情報の提供その他これらの活用のために必要な対策」

　活用促進措置について規定する本条は、管理促進措置を規定する法12条と並列的な位置づけにある。

⑶　「努めるものとする。」

　法12条と同様の趣旨である。^{⇒72頁}

■　空家等の活用に関する計画作成市町村の要請等（16条）

> **第16条**　空家等対策計画を作成した市町村（以下「計画作成市町村」という。）の長は、空家等活用促進区域内の空家等（第7条第4項第2号に規定する空家等の種類に該当するものに限る。以下この条において同じ。）について、当該空家等活用促進区域内の経済的社会的活動の促進のために必要があると認めるときは、当該空家等の所有者等に対し、当該空家等について空家等活用促進指針に定められた誘導用途に供するために必要な措置を講ずることを要請することができる。
>
> 2　計画作成市町村の長は、前項の規定による要請をした場合において、必要があると認めるときは、その要請を受けた空家等の所有者等に対し、当該空家等に関する権利の処分についてのあっせんその他の必要な措置を講ずるよう努めるものとする。

【改正対応】

　新設。

⑴　「空家等活用促進区域内の空家等（第7条第4項第2号に規定する空家等の種類に該当するものに限る。以下この条において同じ。）」（1項）

　空家等　空家法のもとで市町村長の措置の対象となる空家等は、「空家等→管理不全空家等→特定空家等」と「進化」する。本条は、たんなる「空家等」という最も早い段階でのアプローチを規定する。もっとも、そのすべてではなく、促進区域内に所在し、かつ、用途特例適用要件の対象となっているものに限定

第1章　空家法の逐条解説　■16条

している。促進区域内には一定数の空家等が存在するが、市町村として誘導用途を定めてとくに活用を促そうとしているものに限定している。

⑵　「経済的社会的活動の促進のために必要があると認めるとき」（1項）

確認的記述　　そもそも「誘導用途」は、促進区域における経済的社会的活動の促進のために活用することが必要な空家等について定められるものである。したがって、この規定には、独立した意味はなく、確認的なものである。

⑶　「空家等活用促進指針に定められた誘導用途に供するために必要な措置」（1項）

想定される多様な内容　　誘導用途は限定されているけれども、空家等の現状は多様である。このため、必要な措置の内容も多様になる。

⑷　「要請することができる。」（1項）

要請内容　　要請は、促進指針に定められた誘導用途に当該空家等を供するためにされるものである。所有者等が独自の用途に利用するのは妨げられないが、計画作成市町村としては、指針を踏まえて、飲食店営業や旅館営業などとしての利用を求めることができるのかもしれない。もっとも、本条2項を踏まえてあっせんをするとしても収益性が保証できるわけでもなく、実際には難しそうである。

　前例となった用例は、主として空き店舗に関する地域再生法の商店街活性化促進事業に関するものである（17条の14第2項・3項）。うまく運用されているのだろうか。

法的性質は行政指導　　要請とは行政指導であり、従うかどうかは、当該空家等の所有者等の任意である。もちろん、要請をする市町村としては、応じてほしいのは当然であるが、対応してもらえなかったからといって不利益な取扱いは禁止されるのは、市町村の行政手続条例（の行政手続法32条2項相当規定）が規定するところである。

そもそも根拠は不要　　その法的性質が行政指導である以上、法的根拠は不要である。したがって、市町村は、法7条4項2号に該当する空家等であろうがな

99

第 1 部　2023年改正空家法

かろうが、必要と考える措置を講ずるよう要請することは妨げられない。

⑸　「空家等に関する権利の処分についてのあっせんその他の必要な措置を講ず
　るよう努めるものとする。」（2 項）

フォロー　必要な措置の内容が空家等に関する権利の処分である場合、それに
は専門的知識が不可欠である。要請するだけで、後は勝手にやれというのは、
たしかに無責任である。行政による何らかのフォローは必要であろう。ただ、
もっとも弱い規定ぶりの訓示規定にとどまっている。

■　建築基準法の特例（17条）

第17条　空家等対策計画（敷地特例適用要件に関する事項が定められたものに限
　る。）が第 7 条第12項（同条第14項において準用する場合を含む。）の規定により
　公表されたときは、当該公表の日以後は、同条第 6 項に規定する特例適用建築物
　に対する建築基準法第43条第 2 項第 1 号の規定の適用については、同号中「、利
　用者」とあるのは「利用者」と、「適合するもので」とあるのは「適合するもの
　又は空家等対策の推進に関する特別措置法（平成26年法律第127号）第 7 条第12
　項（同条第14項において準用する場合を含む。）の規定により公表された同条第
　1 項に規定する空家等対策計画に定められた同条第 6 項に規定する敷地特例適用
　要件に適合する同項に規定する特例適用建築物で」とする。

2　空家等対策計画（用途特例適用要件に関する事項が定められたものに限る。）
　が第 7 条第12項（同条第14項において準用する場合を含む。）の規定により公表
　されたときは、当該公表の日以後は、同条第 5 項に規定する特例適用建築物に対
　する建築基準法第48条第 1 項から第13項までの規定の適用については、同条第 1
　項から第11項まで及び第13項の規定のただし書の規定中「特定行政庁が」とある
　のは「特定行政庁が、」と、「認め、」とあるのは「認めて許可した場合」と、同
　条第 1 項ただし書中「公益上やむを得ない」とあるのは「空家等対策の推進に関
　する特別措置法（平成26年法律第127号）第 7 条第12項（同条第14項において準
　用する場合を含む。）の規定により公表された同条第 1 項に規定する空家等対策

100

第1章　空家法の逐条解説　■17条

計画に定められた同条第9項に規定する用途特例適用要件（以下この条において「特例適用要件」という。）に適合すると認めて許可した場合その他公益上やむを得ない」と、同条第2項から第11項まで及び第13項の規定のただし書の規定中「公益上やむを得ない」とあるのは「特例適用要件に適合すると認めて許可した場合その他公益上やむを得ない」と、同条第12項ただし書中「特定行政庁が」とあるのは「特定行政庁が、特例適用要件に適合すると認めて許可した場合その他」とする。

【改正対応】

新設。

(1)　1項の趣旨

空家法と建築基準法のリンケージ　空家法には建築基準法の特別措置法と位置づけられる面があるが、旧法は、その目的実現のために建築基準法の仕組みを活用してはいなかった。基本的に空き家条例のベンチマークをして制度設計されたため、法律とのリンケージに思いが至らなかったのは当然であろう。議員立法であったことも、大きな理由である。

　本条のような内容の「建築基準法の特例」は、東日本大震災復興特別区域法15条、総合特別区域法21条・44条、国家戦略特別区域法15条にみられる。これらはいずれも、「特区」を規定するものである。改正空家法にもとづく促進区域制度は、それほどの規模・内容を持たないし、法的に不可能なことを可能にするものでもないが、空家等の利活用促進という目的の実現に向けて関係現行法の運用の円滑化を図ろうとしている。

接道規制と特例認定・特例許可　建築基準法43条1項は、建築物の敷地について、幅員4メートル以上の同法上の道路に2メートル以上接していなければならないと規定する。いわゆる接道規制である。これについては、特例認定または特例許可という制度を通した例外措置がある点は、前述した。
⇒46頁

敷地特例適用要件と基準適合　本条1項の読替え規定の趣旨は、促進区域内に所在する空家等が敷地特例適用要件に適合する場合において、その所有者等がそれを除却して再建築をするべく特定行政庁に対して「支障なし認定」を申請

101

第1部　2023年改正空家法

したときには、同要件に関する協議は終了しているので、そのかぎりにおいて
認定要件に適合するとみなせるということである。なお、それ以外にも、「交通
上、安全上、防火上及び衛生上支障がない」という基準を充たす必要はあるし、
それらを踏まえて「支障なし認定」がされる。この読替えにより、通常では求
められる建築審査会の同意が不要となる。

(2)　2項の趣旨

用途特例適用要件と「公益上やむを得ない」　本条2項は、用途特例適用要件
に関して1項と同様の処理をするものである。通常ならば、「公益上やむを得な
い」かどうかの審査が個別にされるところ、促進区域内に所在する空家等の所
有者等が、建築基準法48条1項〜13項但書にもとづく特例許可申請をしてきた
場合、当該空家等が用途特例適用要件に適合することをもって公益上やむを得
ないと判断できるのである。「その他」であり「その他の」ではない。それゆ
え、用途特例適用要件に適合するとして許可された場合は「公益上やむを得な
い」と並列であるが、実質的には、その内容を具体化したものである。なお、
そのように判断したからといって、許可が羈束されているわけではない。

■　空家等の活用の促進についての配慮（18条）

第18条　都道府県知事は、第7条第12項（同条第14項において準用する場合を含
む。）の規定により公表された空家等対策計画に記載された空家等活用促進区域
（市街化調整区域に該当する区域に限る。）内の空家等に該当する建築物（都市計
画法第4条第10項に規定する建築物をいう。以下この項において同じ。）につい
て、当該建築物を誘導用途に供するため同法第42条第1項ただし書又は第43条第
1項の許可（いずれも当該建築物の用途の変更に係るものに限る。）を求められ
たときは、第7条第8項の協議の結果を踏まえ、当該建築物の誘導用途としての
活用の促進が図られるよう適切な配慮をするものとする。

2　前項に定めるもののほか、国の行政機関の長又は都道府県知事は、同項に規定
する空家等対策計画に記載された空家等活用促進区域内の空家等について、当該

102

第1章　空家法の逐条解説　■18条

空家等を誘導用途に供するため農地法（昭和27年法律第229号）その他の法律の規定による許可その他の処分を求められたときは、当該空家等の活用の促進が図られるよう適切な配慮をするものとする。

【改正対応】
新設。

⑴　「適切な配慮をするものとする。」（1項）
促進区域制度による規制緩和　本条1項は、開発を抑制するべき区域とされる市街化調整区域が促進区域のなかに含まれている場合には、同区域内にある空家等の用途変更を可能とする。都市計画の規制緩和であり、その内容は、法7条3項柱書に規定される促進指針のなかで定められている。この指針については、法7条8項にもとづき、都道府県知事との協議が義務づけられる。

個別申請の処理　前記用途変更を実現するには、空家等の所有者等は、都市計画法42条1項但書または43条1項にもとづき、都道府県知事の許可を得なければならない。この点に関しては、促進指針の協議が完了しているため、同指針に即した方向での空家等の利用は、都道府県知事には「了解済み」である。「適切な配慮」とは、この一般的了解を個別の申請にあたって円滑・迅速に適用することを意味する。説明資料は、「許可を後押しする観点からの制度的措置」を説明する。スムーズに配慮運用がされるのかは未知数である。

⑵　「適切な配慮をするものとする。」（2項）
農地法等の観点からの調整　促進区域において、空家等を誘導用途に供するにあたり、農地法4条にもとづく都道府県知事の許可（農転許可）が必要になる場合がある。また、空家等が農振法に規定される農用地区域内にある場合には、同法にもとづき農用地区域からの除外（農振除外）の手続が必要となる場合がある。それにあたっての対応を規定したものであり、趣旨は本条1項と同様である。

本条1項が前提とする法7条8項にもとづく協議は、本条2項については求められていない。説明資料は、農転許可の場合は基準や対象が明確に定められ

103

第1部　2023年改正空家法

ているからとしている。

「その他の法律」「その他の処分」　前述の通り、それぞれ農振法、同法にもとづく農用地区域からの除外を意味する。

■　地方住宅供給公社の業務の特例（19条）

> **第19条**　地方住宅供給公社は、地方住宅供給公社法（昭和40年法律第124号）第21条に規定する業務のほか、空家等活用促進区域内において、計画作成市町村からの委託に基づき、空家等の活用のために行う改修、当該改修後の空家等の賃貸その他の空家等の活用に関する業務を行うことができる。
>
> 2　前項の規定により地方住宅供給公社が同項に規定する業務を行う場合における地方住宅供給公社法第49条の規定の適用については、同条第3号中「第21条に規定する業務」とあるのは、「第21条に規定する業務及び空家等対策の推進に関する特別措置法（平成26年法律第127号）第19条第1項に規定する業務」とする。

【改正対応】
　新設。

⑴　「地方住宅供給公社」（1項）

公社の目的と業務　地方住宅供給公社法は、地方住宅供給公社（以下「供給公社」という。）の存立目的について、「住宅の不足の著しい地域において、住宅を必要とする勤労者の資金を受け入れ、これをその他の資金とあわせて活用して、これらの者に居住環境の良好な集団住宅及びその用に供する宅地を供給し、もつて住民の生活の安定と社会福祉の増進に寄与すること」としている（1条）。住宅不足地域での活動が大前提となっている。供給公社は、あくまでこの目的の範囲内で、同法21条1項および3項1号〜8号の業務を行うのであるが、促進区域が住宅不足地域に定められるかぎりにおいて、本条1項が規定する業務を追加的になしうる。

供給公社に期待される役割　基本指針は、供給公社について、「公的機関とし

104

第1章　空家法の逐条解説　■19条・20条

ての信頼性を持ちつつ、地域における住宅の改修、賃貸、管理等に関する豊富な経験・ノウハウ等を有して」いるため、計画策定市町村はこれと連携するのが適切とする。

⑵　**2項の趣旨**

役員・清算人の違法行為の範囲の拡大　地方住宅供給公社法は、その役員等に対して、同法49条の罰則（過料）の担保のもとに種々の義務づけをする。その義務づけの範囲を、本条1項により追加された業務に関しても適用し、違反に対して地方公社法にもとづき罰則を科す旨を規定したものである。

■　**独立行政法人都市再生機構の行う調査等業務（20条）**

- -

　第20条　独立行政法人都市再生機構は、独立行政法人都市再生機構法（平成15年法律第100号）第11条第1項に規定する業務のほか、計画作成市町村からの委託に基づき、空家等活用促進区域内における空家等及び空家等の跡地の活用により地域における経済的社会的活動の促進を図るために必要な調査、調整及び技術の提供の業務を行うことができる。

【改正対応】

　新設。

⑴　**「都市再生機構」**

再生機構の目的と業務　独立行政法人都市再生機構法（以下「再生機構法」という。）は、都市再生機構（以下「再生機構」という。）の目的のひとつを、「機能的な都市活動及び豊かな都市生活を営む基盤の整備が社会経済情勢の変化に対応して十分に行われていない大都市及び地域社会の中心となる都市において、市街地の整備改善及び賃貸住宅の供給の支援に関する業務を行うことにより、社会経済情勢の変化に対応した都市機能の高度化及び居住環境の向上を通じてこれらの都市の再生を図る」と規定する（3条）。再生機構法11条は、1項が17

105

第1部　2023年改正空家法

の基幹業務、2項が10の付随業務、3項が任意業務を規定する。再生機構は、あくまでこの目的の範囲内で、前記業務を行うのであるが、促進区域がその活動対象となる前記地域に定められるかぎりにおいて、本条が規定する業務を追加的になしうる。

再生機構に期待される役割　基本指針は、促進区域に関して、「地域における経済的社会的活動の促進のため、まちづくりの観点から空家等を活用し、宿泊施設や観光案内所等の施設を整備するような事例も想定され……、事業スキームの検討や関係者との合意形成といった、まちづくりに係る専門的な知見等が必要とされる。」とする。そのうえで、再生機構は都市再生業務を通じてこうした知見等を有しているため、計画策定市町村はこれと連携するのが適切とする。

(2) 本条の趣旨

業務の追加　本条は、再生機構法11条1項～3項に規定される諸業務に、空家法の実施に関するかぎりで、本条の規定する業務を追加するものである。

■ 独立行政法人住宅金融支援機構の行う援助 (21条)

> **第21条**　独立行政法人住宅金融支援機構は、独立行政法人住宅金融支援機構法（平成17年法律第82号）第13条第1項に規定する業務のほか、市町村又は第23条第1項に規定する空家等管理活用支援法人からの委託に基づき、空家等及び空家等の跡地の活用の促進に必要な資金の融通に関する情報の提供その他の援助を行うことができる。

【改正対応】
　新設。

(1) 住宅金融支援機構

支援機構の目的と業務　独立行政法人住宅金融支援機構法（以下「支援機構法」という。）は、住宅金融支援機構（以下「支援機構」という。）の目的のひとつを、

106

第1章　空家法の逐条解説　■21条・22条

「一般の金融機関による住宅の建設等に必要な資金の融通を支援するための貸付債権の譲受け等の業務を行うとともに、国民の住生活を取り巻く環境の変化に対応した良質な住宅の建設等に必要な資金の調達等に関する情報の提供その他の援助の業務を行う」と規定する（4条）。支援機構法13条は、1項が12の基幹業務、2項が10の付随業務を規定する。支援機構は、あくまでこの目的の範囲内で、前記業務を行うのであるが、促進区域において、本条が規定する業務を追加的になしうる。

支援機構に期待される役割　基本指針は、促進区域に関して、「空家等の所有者等が、空家等の活用や除却に要する資金の調達方法を検討するために必要な情報を十分に把握できず、適切な対応を進めることができない状況を改善するためには、住宅ローンに係る情報や金融機関・地方公共団体との広範なネットワークを有している住宅金融支援機構の積極的な関与が有効」とする。そのうえで、支援機構は、「各金融機関が提供する「空家の活用・除却の資金に充てることができるローン」を一元化して空家等の所有者等に情報提供することや、先進的な地域の取組の内容を全国的に周知すること等の事業の実施により、金融面からも空家等対策に取り組みやすい環境づくりを進める」とし、計画策定市町村はこれと連携するのが適切とする。

(2)　本条の趣旨

業務の追加　本条は、支援機構法13条1項・2項に規定される諸業務に、空家法の実施に関するかぎりで、本条の規定する業務を追加するものである。

■　特定空家等に対する措置（22条）

第22条　市町村長は、特定空家等の所有者等に対し、当該特定空家等に関し、除却、修繕、立木竹の伐採その他周辺の生活環境の保全を図るために必要な措置（そのまま放置すれば倒壊等著しく保安上危険となるおそれのある状態又は著しく衛生上有害となるおそれのある状態にない特定空家等については、建築物の除却を除く。次項において同じ。）をとるよう助言又は指導をすることができる。

107

第1部　2023年改正空家法

2　市町村長は、前項の規定による助言又は指導をした場合において、なお当該特定空家等の状態が改善されないと認めるときは、当該助言又は指導を受けた者に対し、相当の猶予期限を付けて、除却、修繕、立木竹の伐採その他周辺の生活環境の保全を図るために必要な措置をとることを勧告することができる。

3　市町村長は、前項の規定による勧告を受けた者が正当な理由がなくてその勧告に係る措置をとらなかった場合において、特に必要があると認めるときは、その者に対し、相当の猶予期限を付けて、その勧告に係る措置をとることを命ずることができる。

4　市町村長は、前項の措置を命じようとする場合においては、あらかじめ、その措置を命じようとする者に対し、その命じようとする措置及びその事由並びに意見書の提出先及び提出期限を記載した通知書を交付して、その措置を命じようとする者又はその代理人に意見書及び自己に有利な証拠を提出する機会を与えなければならない。

5　前項の通知書の交付を受けた者は、その交付を受けた日から5日以内に、市町村長に対し、意見書の提出に代えて公開による意見の聴取を行うことを請求することができる。

6　市町村長は、前項の規定による意見の聴取の請求があった場合においては、第3項の措置を命じようとする者又はその代理人の出頭を求めて、公開による意見の聴取を行わなければならない。

7　市町村長は、前項の規定による意見の聴取を行う場合においては、第3項の規定によって命じようとする措置並びに意見の聴取の期日及び場所を、期日の3日前までに、前項に規定する者に通知するとともに、これを公告しなければならない。

8　第6項に規定する者は、意見の聴取に際して、証人を出席させ、かつ、自己に有利な証拠を提出することができる。

9　市町村長は、第3項の規定により必要な措置を命じた場合において、その措置を命ぜられた者がその措置を履行しないとき、履行しても十分でないとき又は履行しても同項の期限までに完了する見込みがないときは、行政代執行法（昭和23年法律第43号）の定めるところに従い、自ら義務者のなすべき行為をし、又は第三者をしてこれをさせることができる。

108

第1章　空家法の逐条解説　■22条

10　第3項の規定により必要な措置を命じようとする場合において、過失がなくて
その措置を命ぜられるべき者①（以下この項及び次項において「命令対象者」とい
う。）を確知することができないとき（過失がなくて第1項の助言若しくは指導
又は第2項の勧告が行われるべき者を確知することができないため第3項に定め
る手続により命令を行うことができないときを含む。）は、市町村長は、当該命
令対象者の負担において、その措置を自ら行い、又はその命じた者若しくは委任
した者②（以下この項及び次項において「措置実施者」という。）にその措置を行
わせることができる。この場合においては、③市町村長は、その定めた期限内に
命令対象者においてその措置を行うべき旨及びその期限までにその措置を行わな
いときは市町村長又は④措置実施者がその措置を行い、当該措置に要した費用を
徴収する旨を、あらかじめ公告しなければならない。

11　市町村長は、災害その他非常の場合において、特定空家等が保安上著しく危険
な状態にある等当該特定空家等に関し緊急に除却、修繕、立木竹の伐採その他周
辺の生活環境の保全を図るために必要な措置をとる必要があると認めるときで、
第3項から第8項までの規定により当該措置をとることを命ずるいとまがないと
きは、これらの規定にかかわらず、当該特定空家等に係る命令対象者の負担にお
いて、その措置を自ら行い、又は措置実施者に行わせることができる。

12　前2項の規定により負担させる費用の徴収については、行政代執行法第5条及
び第6条の規定を準用する。

13　市町村長は、第3項の規定による命令をした場合においては、標識の設置その
他国土交通省令・総務省令で定める方法により、その旨を公示しなければならな
い。

14　前項の標識は、第3の規定による命令に係る特定空家等に設置することがで
きる。この場合においては、当該特定空家等の所有者等は、当該標識の設置を拒
み、又は妨げてはならない。

15　第3項の規定による命令については、行政手続法（平成5年法律第88号）第3
章（第12条及び第14条を除く。）の規定は、適用しない。

16　国土交通大臣及び総務大臣は、特定空家等に対する措置に関し、その適切な実
施を図るために必要な指針を定めることができる。

17　前各項に定めるもののほか、特定空家等に対する措置に関し必要な事項は、国

109

第1部　2023年改正空家法

土交通省令・総務省令で定める。

【改正対応】

下線部①：**追加**。

下線部②：**追加**。

下線部③：旧法では、「相当の期限を定めて」とされていた。

下線部④：旧法では、「その命じた者若しくは委任した者がその措置を行うべき旨を」とされていた。

11項・12項は**新設**。

13項〜17項は、**条項ズレ**（旧法11項〜15項）。

(1)　「特定空家等の所有者等に対し」（1項）

共有者の情報　本条1項〜3項にもとづく措置は、いずれも当該特定空家等の
⇒26頁
所有者等に対して行われる。単独所有の場合は楽であるが、共有の場合は少々
面倒になる。当該特定空家等が共有であると確認している事例において、各共
有者への助言・指導にあたり、他の共有者の情報を伝えることができるだろうか。

　共有者については、近しい親族のようにその対象が明確である場合ばかりで
はない。むしろ、そうでないことも多いだろう。助言・指導書を受け取った共
有者は、「他の共有者と協議したいので名前と連絡先を教えてほしい」と依頼す
るかもしれない。自主的対応の観点からは望ましい姿勢であるが、法9条1項
の調査を踏まえて作成されている所有者等の家系図・相続関係図は、個人情報
保護法制のもとでの個人情報であり、例外的扱いを定める規定が空家法にない
以上、本人の文書による同意がないかぎり、基本的に提供ができない。共有者
から委任を受けた弁護士が請求してきても同様である。個人として安易な対応
をすれば、地方公務員法34条1項に規定される守秘義務違反の刑事責任（1年
以下の拘禁刑または50万円以下の罰金（同法60条2号）を問われかねない。同法
29条1項2号にもとづく懲戒処分の対象にもなりうる。注意が必要である。

所有者等不在事案　　対応しようとしたときに、「特定空家等に所有者等がいな
い場合」がある。大別すると、①所有者等が死亡したが相続人がいない、②所
有者等が死亡したが相続人全員が相続放棄をした、③所有者等が行方不明にな

第1章　空家法の逐条解説　■22条

っているといった場合である。

清算人と管理人　こうした場合には、民法において、利害関係人の請求により、①～②については相続財産清算人を家庭裁判所が選任する（951条～959条）、③については不在者財産管理人を家庭裁判所が選任する（25条～29条）という制度がある。典型的には、債権回収をしようとしても相手方が「不存在」ないし「不在」であれば請求ができない。そこで、こうした場合であっても、家庭裁判所に清算人や管理人を選任してもらい、同人に対して請求等を可能にするのである。法14条は、前記諸制度に関して、「民法の特例」として、市町村長に請求権を明示的に認めた。^{⇒89頁}一般的には、当該家庭裁判所が所管する地域の弁護士や司法書士が任命される。空家法の実施をする市町村長にとっても、相手方がいることは重要である。

　特定空家等の敷地と家屋が別の所有者等となっており、家屋の所有者等だけが不明ないし不存在の場合、土地所有者等はまさに利害関係者である。市町村長の判断とは別の次元の問題であるが、民法の制度趣旨に鑑みれば、別の形で土地を利活用したいと考える土地所有者等がこの制度を利用するのが本来であろう。

　国土交通省は、前述の参考資料^{⇒91頁}を作成して、利用をサポートしている。

　なお、特定空家等について利用可能性は低いだろうが、軽微な対応（保存行為）をしてもらうために相続財産管理人の選任を市町村長が利害関係人として求めることもできる（民法897条の2）。

家庭裁判所への申立て　利用実績のある市町村の担当者によれば、行政の負担は、それほど大きくはないといわれる。東京家庭裁判所の例であるが、相続財産清算人の場合は、申立書のほか、添付資料として、被相続人の住民票除票または戸籍附票、関係者の戸籍謄本、相続放棄関係資料、財産資料、利害関係資料、上申書等を用意する。不在者財産管理人の場合は、不在者の戸籍謄本、不在者の戸籍附票、財産管理人候補者の住民票または戸籍附票、不在事実を証する資料、財産資料、利害関係資料、上申書等を用意する。あとは、手続費用である。収入印紙800円は同じであるが、連絡用の郵便切手料金が異なる。相続財産清算人については、1,010円分（110円×6枚、50円×4枚、20円×5枚、10円×5枚）、不在者財産管理人については、2,010円分（210円×2枚、110円×7枚、

111

第 1 部　2023年改正空家法

100円×5枚、50円×2枚、20円×6枚、10円×10枚）となっている（2024年10月現在）。それに加えて、また、官報公告費用（不在者財産管理人では不要）がかかる。さらに、清算人・管理人の報酬予定分として、事務運用上、納付が求められる予納金である。家庭裁判所によって異なるようであるが、100万円程度とされる。予納金は、報酬額以上で土地が売却でき、管理実費を差し引いてもなお余りがあれば、その分は還付される。

法人の場合　所有者等が法人となっていて、かつ、それが解散している場合もある。ガイドラインは、会社法等にもとづき清算人を利用して、解散後に存続する財産について清算を進めるとするのが原則とする（第 1 章 3．（3））。^{⇒357頁}

(2)　**「除却、修繕、立木竹の伐採その他周辺の生活環境の保全を図るために必要な措置（そのまま放置すれば倒壊等著しく保安上危険となるおそれのある状態又は著しく衛生上有害となるおそれのある状態にない特定空家等については、建築物の除却を除く。次項において同じ。）」（1 項）**

措置の内容　本条 1 項にもとづく「必要な措置」は、特定空家等ごとに決定される。ただし、その内容のうち、建築物の除却が除外される場合がある。それがカッコ書きに記されている。

　特定空家等となる要件は、①そのまま放置すれば倒壊等著しく保安上危険となるおそれのある状態、②そのまま放置すれば著しく衛生上有害となるおそれのある状態、③適切な管理が行われていないことにより著しく景観を損なっている状態、④その他周辺の生活環境の保全を図るために放置することが不適切である状態のいずれかにあると認められる空家等である。カッコ書きは、①または②の状態にない特定空家等、すなわち、③または④の状態にあるという理由で認定されている特定空家等に対しては、建築物の除却という措置は求められないことを意味する。なお、工作物は除外されていないので、景観支障除去目的での除却措置は可能である。^{⇒15頁}^{⇒13頁}

保護法益としての景観の弱さ　地域住民の生命、身体、財産への危険性がそれほどではない特定空家等の建築物に関しては、憲法29条の財産権保障との衡量から、侵害の程度が最大となる除却という措置を講ずるのは合理性を欠くと考えられた。比例原則の確認規定といえよう。景観保全のみが保護法益となって

112

第1章　空家法の逐条解説　■22条

いる法律または条例であれば建築物の除却もありえるが、保安上の危険性や衛生上の有害性と併記されている景観保全は、保護法益の「重み」において劣後するのである。

　なお、このカッコ書きは、著しい景観支障の発生のみの場合を前提としている。火災で相当部分が焼失して著しい景観支障を発生させている家屋のように、それ以外にも被災残存建材の飛散など著しい保安上の危険があれば、除却を求めることは可能である。

全部除却か部分除却か　除却には、全部除却と部分除却がある。家屋の保安上の危険性は道路に面している部分で著しいが、後ろ半分はそれほどの危険性はない場合、比例原則に照らして前面部分のみの部分除却とすべきようにもみえる。しかし、そのようにすれば、建物構造上、強度が著しく低下するし、残置部分だけでは建築物としての用途を充たさないから、基本的には、全部除却が適切である。そうした事情になければ、部分除却という選択もありうる。

その他の措置　その他の措置としては、特定空家内に棲みついた動物の駆除、敷地内に投棄された廃棄物の処理、建築物を覆い隠すまでに繁茂した樹木の伐採などがありうる。

(3) 「助言又は指導をすることができる。」（1項）

行政指導としての助言・指導　助言については、法12条においても規定されていた。これは、空家等の状態の場合である。本条1項は、特定空家等に認定された場合の措置である。旧法のもとでの措置状況については、巻末資料を参照されたい。
⇒328頁

　法13条1項にもとづく指導と同様、本項にもとづく助言および指導は、いずれも市町村の行政手続条例の規律を受ける「行政指導」である。助言と指導の区別は、明確ではない。情報提供を主とするものが助言、具体的対応を求めるのが指導というほどの区別であろう。指導の場合、同条2項の勧告、3項の命令とは異なり、履行の期限に関する規定はない。これは、行政指導としての期限を付しえないという趣旨ではない。

13条措置は前提とされない　本条にもとづく措置にあたって、あらかじめ法13条にもとづく指導または勧告がされている必要はない。特定空家等の状態で初

113

第1部　2023年改正空家法

めて認知した空き家に対しては、本条1項の助言・指導から始めてかまわない。

助言・指導の対象者　助言・指導は、それが必要と行政が判断する時点において把握できている所有者等の全員に対してなされる。共有者がいる場合には、基本的に、全員に対して行う。もっとも、探索中の共有者が存在するとしても、全員を把握して初めて全員に可能になるのではない。空家法の実施においては、基本的には、「ヒト」ではなく「モノ」の状態を重視すべきである。

　助言・指導の内容は、当該特定空家等に関して、それと認定した事由の改善・除去である。総合的に判断して全部除却が適切であれば、それを求める。その際には、特定空家内にある動産の撤去も求める。

他の権原者との関係　特定空家等に関して抵当権や賃貸借権が設定されている場合がある。特定空家等の所有者等を通じてそうした事情を行政が知ったとしても、当該者を本条の措置の対象とすることはできない。あくまで対象は、所有者等である。ガイドライン改正パブコメ回答は、以下のように述べる。管理不全空家等に関する回答であるが、特定空家等についても同様に解してよい。

> 　仮登記や仮差押に関する所有権が設定されているケースであっても、抵当権や賃貸借権が設定されている場合等と同様、市町村長が指導等を行うに当たって関係する権利者と必ずしも調整を行う必要はなく、当該権利者と管理不全空家等の所有者等とによる解決に委ねられるものと考えます。

重ね打ち　助言・指導は、一度しかできないというわけではない。状況をみながら、これを繰り返す「重ね打ち」も可能である。しかし、前記①〜④のいずれかの要件を充たすがゆえに特定空家等に認定したのであるから、助言・指導を漫然と繰り返すのは適切ではない。そうした対応をしていて倒壊により損害が発生した場合には、国家賠償法1条1項にもとづき、勧告の不作為なり命令の不作為なりの国家賠償責任が問われうる。特定空家等のリスク管理が必要となる。

口頭か文書か　助言・指導の方法は指定されていない。口頭でも文書でもよい。ただ、特定空家等の所有者等に自主的対応をしてもらうのが重要であるか

114

第1章　空家法の逐条解説　■22条

ら、すでに法13条にもとづく対応をしていたとしても、いきなり文書を送付すればその態度が硬化する可能性もある。また、文書となれば、そのなかに記載する情報は限定される。本条1項にもとづくものとして位置づけるかどうかは別にして、遠方居住で訪問できないような場合でなければ、実務においては、口頭での助言・指導をするのが通例であろう。とりわけ、法13条にもとづく対応がされていない場合はそうである。その際には、空家法の説明をするとともに、当該特定空家等の現状を、写真や動画、周辺住民からの苦情などを通して伝えられるようにしておきたい。口頭で行う際には、助言・指導内容、相手方の対応などを記録しておくべきである。なお、前述のように、共有物となっている特定空家等に関して口頭で助言・指導を行う際には、本人による文書同意がないかぎり、他の共有者の個人情報を伝えてはならない。^{⇒110頁}

　ガイドラインが助言・指導に関して参考様式を添付していないのは、口頭指導を排除しないためとされる（第3章3.（1））。^{⇒361頁}もっとも、文書による場合もあるから、市町村は、空家法施行規則ないし空き家条例施行規則のなかで、ガイドラインを参考にしつつ、助言・指導、勧告、命令の様式を規定しておくと実施にあたって役立つだろう。法12条にもとづく助言の様式も、規定しておけばよい。なるべく早期の自主的対応を促すためにも、助言・指導に従わなければ勧告になり住宅用地特例が適用されなくなるという情報を付記するのが適切である。^{⇒118頁}最終的には代執行・強制徴収・過料に至るというロードマップをビジュアルに示して、そのなかでの「現在の位置」を認識させる方法も効果的である。

「行政指導の求め」の可能性　本条1項は、行政指導を法定する。その不行使に対して、市町村の行政手続条例に規定される「行政指導の求め」をなしうるだろうか。たとえば、京都市行政手続条例39条2項は、「何人も、法令又は条例等に違反する事実がある場合において、その是正のためにされるべき行政指導（その根拠となる規定が法律又は条例に置かれているものに限る。）がされていないと思料するときは、当該行政指導をする権限を有する本市の機関に対し、その旨を申し出て、当該行政指導をすることを求めることができる。」と規定する。

　ここでは、「条例等に違反する事実」が問題となる。法5条は、「……空家等の適切な管理に努め……なければならない。」という訓示規定である。特定空家等に認定されたことが、空家法のこの弱い手続義務規定に違反した結果と整理

115

第1部　2023年改正空家法

するのは難しい。これに対して、空き家条例のなかには、「……空家等の適切な管理をしなければならない。」と規定するものがある。空家法との関係では、上書きである。この場合、特定空家等に認定されたのはこの強い実体義務違反の結果と整理すれば、行政手続条例にもとづく「行政指導の求め」は可能であろう。所有者等に対して適正管理責任を強く求めた以上、その履行を確実にする責務は当該市町村にあると考えるべきである。求めを受けた行政は、何らかの応答が事実上必要となる。

認定の予告　空家法の実施においては、自主的対応が最も望ましい。そこで、特定空家等に認定するのに先立ち、運用上、所有者等に対して「認定の予告」を通知して対応を促すのが適切である。前述のように、対応がされない場合のロードマップを明確に示せば、一定の効果は期待できる。

　勧告がされたままに1月1日を迎えると、住宅用地特例が適用除外される。この情報の認知度は高いようである。旧法のもとでは、指導文書を送付しただけで、所有者から「税金が上がるのか」という照会がされることがあり、改善に向けて進む例も少なからずあるらしい。

⑷ 「相当の猶予期限を付けて、除却、修繕、立木竹の伐採その他周辺の生活環境の保全を図るために必要な措置をとることを勧告することができる。」（2項）

助言・指導不服従時の勧告　勧告の要件は、本条1項にもとづく助言・指導によっても当該特定空家等の状態が改善されないことである。助言・指導には猶予期限が付されないため、これが従われないとしても、勧告に移行する見極めにあたっての裁量は広い。

勧告の対象者　勧告の相手方は、助言・指導をした所有者等の全員である。助言・指導の内容と勧告の内容は、同一である必要はない。共有者がいる場合については、助言・指導と同様である。

　一方、本条3項の命令の内容に関しては、勧告の内容との同一性が求められている。修繕を勧告した場合にそれが従われなければ修繕の命令になり、それが従われなければ修繕の代執行になるのだろうか。費用を強制徴収できるとはいえ、資産価値を高めるような措置を一時的であっても公費で実施する合理性

116

第1章　空家法の逐条解説　■22条

はない。状況次第であるが、その場合には、当該勧告を撤回して、部分除却の勧告を改めて発すればよいだろう。

勧告の内容　勧告の内容は、特定空家等の状況により一義的には定まらない。前述のように、「全部除却」を例にすれば、①建築物・工作物の全部除却および除却により発生したものの関係法令に従った適正な処理、②残置動産の撤去および関係法令に従った適正な処理である。動産の扱いについてはガイドラインの2020年改正によってある程度は明確にされ、現行ガイドラインに継承されている（第4章4.（1）ロ）。空家法の制度趣旨や比例原則に鑑みれば、原則として、基礎までを除去する必要性はない。ただし、空き家対策総合支援事業等として実施する場合には、基礎の撤去までが求められる。

建物・敷地で所有者等が異なる場合　特定空家等とされる家屋の所有者等とその敷地の所有者が異なる場合において家屋への対応が必要とされるとき、両者を区別せずに助言・指導、勧告をすべきと考えられている。もっとも、土地所有者には家屋を除却する権原がないため、本条3項にもとづく命令はできない。「正当な理由」があるからである。

　ただ、勧告までは可能である。その内容として、民事訴訟の提起を検討すればどうかという勧告をしてもよいのではないだろうか。民事法上の処理としては、土地所有者は、借主を被告として賃貸借契約解除・建物収去・土地明渡請求訴訟を提起することになる。居所不明であれば、裁判所との調整をして、公示送達などの手続をとりつつ、訴訟や強制執行を進める。

　もっとも、提訴となると費用もかかるし、請求が認容されるかは不透明である。また、建物の登記がされておらずそもそも所有者が誰か不明の場合には、訴訟の提起はできず、手の施しようがない。そうした場合には、土地所有者に対して、後述のリンケージにつながる勧告をするのは難しい。

　問題視されるのが立木であれば、それは土地の定着物である。土地所有者に対して、剪定を求めることは可能である。

猶予期限の長さ　猶予期限の長さは、求める内容に応じて変わってくる。全部除却の場合、関係者による検討、除却業者の選定、除却工事の実施などを踏まえると、2か月程度が妥当であろう。特定空家等の状況次第で、短くする場合も出てこよう。特定空家等に対して、法13条1項の指導や2項の勧告がされて

117

いる場合には、本条２項の勧告および３項の命令についての猶予期限は、それがされていない場合と比較すれば、短くしてよい。

住宅用地特例適用除外とのリンケージ　旧法14条２項のもとでのリンケージ措置は、改正法によって法13条２項に関して適用されるとともに、本条２項にもとづく勧告に関しても維持された。法13条２項に関する解説を参照されたい。[⇒83頁]

　勧告がされたままに１月１日を迎えると、税法上の不利益が発生する。このため、確実に送付する必要性は高い。配達証明付き内容証明郵便を利用すべきである。それまでのやりとりを通して受領拒否が予想される場合には、特定記録郵便を用いる。

法的リスク回避のために　「勧告」という法律用語は、通常は、行政指導を意味する。したがって、勧告にあたり、特段の行政手続は不要と考えるのが通例であろう。国土交通省は、そうした解釈のようである。

　ただ、前述のように、勧告が住宅用地特例適用除外という不利益的措置にリンクする制度となっていることから、勧告には処分性があると考える勧告対象者がいないとはかぎらない。勧告が行政手続法２条４号にいう不利益処分であるとすれば、法定の適用除外事由がないために、法13条１項２号にもとづき弁明機会の付与をしなければならない。中央政府は処分性がないと考えていた通知（2014年改正前の土壌汚染対策法３条２項）を裁判所は不利益処分と解したため、中央政府の解釈に従って弁明機会の付与をしないままに市長がした通知が取り消された事例がある（最二小判平成24年２月３日民集66巻２号148頁参照）。

　この法的リスクに鑑みれば、市町村長としては、勧告を不利益処分と解したうえで、弁明機会の付与を実施するとともに、勧告をする場合には勧告書に教示文を付す（行政不服審査法82条１項、行政事件訴訟法46条１項）のが安全である。[⇒84頁]その際には、行政手続法14条にもとづく理由の提示も必要である。市町村の自律的な法解釈が求められる。手続法的に手厚い保障をするのであり、所有者等に対する負担は小さい。この点は、法13条２項の勧告についても同様である。付すべき理由に関しては、本条３項の解説を参照されたい。ガイドラインの参考様式４（勧告書）[⇒387頁]には、理由欄も教示文もつけられていない点に留意が必要である。不利益処分説をとる場合には、独自の様式を用意しなければならない。

弁明機会の付与をする実務　旧法時代の空き家条例のなかには、前記のような

解釈を踏まえ、旧法14条2項の勧告にあたって、弁明機会の付与をする旨を規定するものがあった。その解釈が維持されるならば、改正法のもとでも同様の対応をすべく条例改正がされるだろう。また、条例に規定しないまでも、市町村が勧告を不利益処分と解するのであれば、条例規定の有無に関係なく、行政手続法13条1項2号にもとづき弁明機会の付与が義務づけられる。

増額された課税処分に対する審査請求　空家法の実施に関する争訟として筆者が確認している事例がある。京都市に関するもので、前提となる事実認定に誤りがあるとして、増額された固定資産税の賦課処分の取消しを求める審査請求である。認定に誤りはないとして、棄却裁決がされた（2024年3月26日）。

「激変緩和」に対する工夫　勧告の履行を促進する要因として、住宅用地特例の適用除外措置が期待されているようである。除却へと誘導するためには、除却すればいきなり商業地等として課税するのではなく、地方税条例などにおいて、激変緩和措置として数年の猶予制度を設けるなどの工夫をする必要があろう。豊前市は「老朽危険家屋等除却後の土地に対する固定資産税の減免に関する条例」にもとづき10年間、見附市は「特定空家等の所在地に係る固定資産税等の減免に関する要綱」にもとづき2年間の猶予を設けている。自主的除却費用以上の価格で土地の売却ができる場合、こうした猶予措置は一層のインセンティブとして作用するだろう。

先進的市町村では無用の措置　本来、住宅用地特例の適用は、空家法とは独立してなされるものである。住宅として利用しない、あるいは、住宅の用に供せないような場合には、適用する前提を欠くのであるから、除外するのが適切な運用である。そうした対応をしてきた市町村にとっては、特定空家等と認定する時点ではすでに適用がされなくなっている。このため、適切にやってきた市町村がこのリンケージの「恩恵」を受けないという状態にある。

　たしかに、リンケージは「効果的な武器」と宣伝され、受け止められている。しかし、そもそも固定資産税部署が適切な対応をしていれば、不要な措置なのである。このような対応をしていた京都市において、「今後、人の居住の用に供される見込みがないと認められる」ことを理由に非住宅用地であるとしてなされた固定資産税・都市計画税の賦課処分に対する審査請求事例がある。事実認定に誤りはなかったとして、請求は棄却された（2021年3月4日）。

第1部　2023年改正空家法

⑸ 「正当な理由がなくてその勧告に係る措置をとらなかった場合」（3項）

正当理由の内実　本条3項は、勧告にかかる措置が講じられなかった場合で
も、正当の理由があれば命令要件を充たさないとする。典型的には、特定空家
等が存在する敷地の土地所有者が特定空家等の所有者と異なる場合である。当
該土地所有者に「除却をせよ」という勧告をしたとしても、同者には命令を実
現する権原がないため、過料の担保による命令の履行義務づけは、当該土地所
有者に対して、不可能を強いる結果になるからである。

　一方、特定空家等の所有者等に十分な資力がないため、命令の履行を期待で
きないことが明白という事情は、正当な理由とはならない。また、当該特定空
家等に抵当権が設定されていたり現状変更禁止を命ずる仮処分がされていたり
という民事的法関係は、それぞれの関係当事者同士に適用される民事法の問題
であり（水平的関係）、行政法である空家法（垂直的関係）のもとでの正当な理由
とはならない。

　除却（変更行為）には共有者全員の同意が必要なところ（民法251条1項）、そ
れが調達できないために除却ができない状態にあるという事情も正当理由とい
われることがある。しかし、それは民事的法関係の問題であり、特定空家等が
命令要件を充たしている以上、命令することに問題はない。

　もっともこれは、現場行政における切実な論点である。そこで、ガイドライ
ン改正にあたってのパブリックコメントのなかで、この点をはっきりさせよと
いう趣旨の要望がされた。これに対し、パブコメ回答は、「引き続き検討させて
いただきます。」とするのみであった (44)。すぐ後にみるように、具体的な条
例を念頭に「無効となると解される」とまで踏み込む国土交通省であるが、正
面から問われた所管法律の解釈に関してこのような回答しかできない理由は謎
である。ガイドラインにおいては、「措置の対象者が所有者でなく管理者であ
り、特定空家等の処分を行う権原を有していない場合等においては、除却等の
措置をとることができない「正当な理由」がある」という従来の記述が維持さ
れるのみである（第4章5．イ）。^{⇒369頁}

意思能力に欠ける者　認知症などにより事理弁識能力に欠ける常況にある者
は、不利益処分に関する手続通知の受領能力がない。したがって、同者に対し
て直接に手続を講ずることはできない。こうした場合も、「正当な理由」に含ま

120

第1章　空家法の逐条解説　■22条

れる。ガイドラインにおいても明記されている（第1章4.（2））。^{⇒358頁}

　このような空家の所有者に対しては、現行法のもとでは、市町村長が成年後見人の選任申立てをして、同後見人との交渉を通じて解決を図るほかない。ところが、選任されていない場合において、その所有にかかる特定空家等の状況が急変したときには、深刻な問題が発生する。改正法の附帯決議においても触れられているが、立法的解決が必要な点である。^{⇒248頁}

厳守すべき順序　助言・指導の不服従は勧告につながり、勧告の不服従は命令につながる。すなわち、勧告は助言・指導前置、命令は勧告前置となっている。特定空家等の状況がいかに急変しようとも、この順序は厳守せよというのが国土交通省・総務省の立場である。不合理なまでに硬直的であるが、条文の文理解釈としては、たしかにこのように整理するほかない。

指導・勧告の前置は絶対？　この点に関して、ガイドラインは、以下のように述べる（第1章2.（2）ロ）。^{⇒353頁}

　法と趣旨・目的が同様の各市町村における空家等の管理等に関する条例において、適切な管理が行われていない空家等に対する措置として、助言又は指導、勧告及び命令の三段階ではなく、例えば助言又は指導及び勧告を前置せずに命令を行うことを規定している場合、……慎重な手続〔註：本条1～2項、4～8項〕を踏むこととした法の趣旨に反することになるため、当該条例の命令に関する規定は無効となると解される。

京都市空家条例　京都市空家条例17条1項は、「市長は、特定空家等が著しい管理不全状態にあるときは、当該特定空家等の所有者等に対し、相当の猶予期限を付けて、当該管理不全状態を解消するために必要な措置を採ることを命じることができる。」と規定する。「いきなり命令」も可能となっている。そこで、条例対象の空家等に関して、指導・勧告を飛ばすことの適法性が問題となる。ガイドラインの記述は、京都市空家条例を念頭に置いている。

　京都市空家条例2条4号は、法2条2項の特定空家等に該当する状態を「管理不全状態」と定義し、それが著しい状態（実質的には、「著しいの二乗」）にな

121

第1部 2023年改正空家法

っていればいきなり命令ができるとしている。本条3項が前提とする状態よりも、より深刻・重大な場面に限定した措置である。

　市町村現場においては、管理不全状態になった状態で空き家が新たに「発見」されることもある。中央政府には、こうした実情が想像できないのだろう。空家法と趣旨・目的を同じくすると解される京都市空家条例の対応は、憲法94条にいう「法律の範囲内」には抵触せず、無効の批判は当たらない。ガイドラインの記述は、ひたすら条文の文言を重視する中央政府の条例論の硬直性を自白するようなものであり、気色ばんで記すような内容ではない。

(6)　「特に必要があると認めるときは、その者に対し、相当の猶予期限を付けて、その勧告に係る措置をとることを命ずることができる。」（3項）

「特に必要があると認めるとき」　命令要件は、勧告にかかる措置を講じなかったことである。それに加えて、特別の必要性が要件とされている。もっとも、いささか不用意に用いられたこの要件は、権限行使を抑制的にする趣旨で設けられたものではない。2015年法のガイドラインに関するパブコメ回答において説明されていたように、比例原則を確認したものと受けとめるべきである。

判断基準　保安上の危険に関していえば、勧告が履行されない場合において、①建材の崩落や建物の倒壊等の蓋然性、②時間的切迫性、③それによる被害の内容・程度の3要件を基準にして、①×②×③が相当程度になっていれば（＝保安上の危険がきわめて著しい状態にあり、崩落・倒壊等の蓋然性が高く、その場合には深刻な被害が想定される）、もはや効果裁量はなくなり、命令は義務的となる。命令内容は全部除却が通例であり、選択肢を示す必要はない場合がほとんどであろう。

　「命ずることができる。」というのは、命令権限が与えられているという意味である。それを的確に行使する（＝場合によっては、行使しない）判断をするのは、市町村長の法的義務である。命令の措置状況については、施行状況調査を参照されたい。

猶予期限の長さ　命令にあたっても、勧告と同様、相当の猶予期限を付する必要がある。2か月程度が妥当だろうか。対象となる特定空家等の状況にもよるが、勧告よりも長期にする必要はない。特定空家等の状況次第で、短くする場

122

合も出てこよう。命令の送付についても、勧告と同様、配達証明付き内容証明郵便や特定記録郵便を利用すべきである。

　なお、期間について、ガイドラインは、当該特定空家等がかつて管理不全空家等にも認定され、法13条１項の指導や２項の勧告を受けていたような場合には、本条３項の猶予期限はそうでない場合と比較して短くすることが可能とする（第１章２．（２）ハ）。比例原則の縛りは受けるため、あくまで勧告内容の実現可能性を見極めた判断が必要である。

　命令予告　勧告が猶予期限内に従われなければ、次は命令となる。不利益処分である命令には手続を講ずる必要もあるし、命令が履行されなければ緩和代執行になる。行政にとっての大きなコスト負担は、できれば回避したい。命令をするのが目的ではなく状況の改善（修繕、除却）が目的であるから、任意の対応がされるのが望ましいのはいうまでもない。そこで、勧告期限が徒過した時点で、命令がされるとその後どうなるかの情報（例：行政による代執行がされれば任意除却よりも高額（1.5倍くらいか）の費用の請求がされる、氏名・住所の公表をする旨の条例規定があればそれがされる）を添付して、命令予告をするという方法もある。

　共有者の１人が死亡した場合　命令がされたあとで名あて人となっている特定空家等の共有者の１人が死亡して相続が発生し、相続放棄がされずに新たな所有者等が現れる事態も考えられる。空家法は、それぞれの措置に関して、新たな所有者等への承継効を規定していない。たしかに対物性の強い措置であるが、だからといって当然に承継するものでもない。

　助言・指導および勧告を経て命令に至るまでに、数か月は経過している。特定空家等の状況は悪化しているにもかかわらず、新たな所有者等に対しては、それなりの猶予期限を付した助言・指導、勧告を改めてしなければならないのだろうか。そうしている間に、別の共有者が死亡して新たな所有者等が発生する可能性もある。これでは、「永久にあがらない双六ゲーム」である。その結果、対応が止まってしまうとすれば、法目的に照らして著しく不合理であり、そうした状況を空家法の立法者が容認しているとは解し難い。

　改めて命令を　このような場合には、被相続人たる元共有者に対してなされた命令に関して、新たな共有者を対象にして命令をすべく、本条４項〜８項の手

第1部 2023年改正空家法

続を講ずれば足りる。それが勧告であれば、勧告の手続から始めればよく、最初の措置である助言・指導に戻る必要はない。「助言・指導→勧告→命令」という順序は、特定空家等に関して保障されるべき順序であり、個々の所有者等についてではないと考えたい。新たになされる命令の期限については、一定程度の短縮は許されよう。他の共有者に出された命令の期限を修正する必要はない。そのうえで、新たな命令の履行期限の徒過をもって緩和代執行手続に移行すればよい。その他の命令は履行期限を徒過しているが、代執行の判断はすべての命令について同時にせざるをえない。この点に関しては、代執行の効果裁量のうちの「時の裁量」のなかに吸収して対応すればよい。単独相続の場合も、同様に考えることができる。行政手続法12条の処分基準のなかで記しておけばよい。なお、解釈論ではなく立法的解決が必要な点は、改正法の附帯決議において求められている。 ⇒251頁

命令の承継 以上は、いわば受動的に所有者等になる場合である。一方、共有者の持分権を購入するというように、積極的に所有者等になることも考えられる。この場合には、命令の事実は、現地で公示されている。そうした事情を十分に認識すると期待できる新たな所有者等に、改めて命令手続をする合理性はない。命令がされているという事実は、宅地建物取引業法35条1項のもとでの重要事項説明項目に含まれると解される。したがって、条理上、旧所有者等に対する命令の効力は承継されると解しうる。

共有者間で賛否が分かれている場合 共有にかかる特定空家等の家屋に関して、共有者間で除却に対する賛否が分かれている場合はどのように考えるべきだろうか。実際、共有者間で同意調達ができないことが管理不全を招き、特定空家化の一因となっているケースもある。

共有者全員が判明している事案においては、除却という変更行為には、共有者全員の同意が必要である（民法251条1項）。賛成共有者であっても、単独では除却できない。反対者に対して説得をしているけれども、「思い出の詰まった家だから」というような理由で強く反対している場合を考えてみよう。この場合、賛成共有者に命令を出せるだろうか。除却を求める勧告はしていることを前提とする。

肯定説 除却に全員同意が必要とするのは民事法上の水平関係のルールである

124

第1章　空家法の逐条解説　■22条

が、垂直関係を規律する空家法においては、特定空家等の物理的状態にのみ着目して権限行使を考えるべきである。共有者間で除却に対する賛否がどうなっているかや、各共有者の真意がどうかなどを、行政が知ることはできない。また、そうした事項も調査しなければ命令を発出できないとすると、担当職員は、確実に病んでしまう。したがって、行政はもっぱら外形のみに着目して権限行使を判断すべきである。「ヒト」ではなく「モノ」をみる。これが空家法の権限行使の基本である。

否定説　反対者の同意が調達できないために賛成者が勧告により求められている除却をできないでいるとすれば、賛成者に関しては、まさしく勧告にかかる措置をとらないことに理由があるといえる。したがって、要件を充たさず、命令はできない。反対者が同意してくれれば賛成者は除却ができるのであり、そうならない理由はもっぱら反対者にある。命令されても賛成者は履行できないとなれば、任意除却よりも高額となる代執行を受忍して費用負担を求められる結果になるし、命令違反により過料の対象となるかもしれない。行政に協力的な賛成者をこうした目にあわせるのは理不尽である。したがって、命令は反対者にのみ出すべきである。

肯定説が適切　賛成者は他の共有者の同意が得られないから除却できないのであるが、持分の範囲で所有権は持っている。たしかに、賛成しているのに命令がされるというのは正義に反するようにみえる。しかし、公益実現のために発せられている除却命令に従うのは法的義務であり、結果を実現するために「単独での除却」も可能となる。命令は、全員同意のうえで実施せよ、自分の持分の分だけ除却せよと求めているわけではない。命令内容は不可分である。このかぎりにおいて、本条3項は、民法251条1項を上書きする特別法的意味を持つ。

　民法上は不可能を求めているため命令は無効にもみえるが、空家法の立法者は、1条の目的を実現するという公共政策的観点から、共有者のそれぞれに対して、全部除却命令を出すことを適法と考えたと整理するほかない。

　他人の家屋を除却すれば建造物等損壊罪（刑法260条）であるが、共有である以上、自分の家屋であるから問題はない。代執行ではなく、命令に従った除却であり、空家法の実施としても適切である。不法行為法上の違法性はない。除

125

第1部　2023年改正空家法

却費用の全額を一旦は負担することになるが、事後精算として、ほかの共有者に対しては、民法703条にもとづき、持分割合に応じて、負担をしていない分を不当利得として請求すればよい。したがって、共有者間の事情を考慮することなく、全員に対して全部除却の命令を発出すればよい。なお、代執行後の納付命令と費用徴収については、別途検討が必要である。　⇒142頁

除却と変更・管理・保存の関係　民法のもとで、変更、管理、保存の各行為は、改変の程度で区別されている。そこには、対象物にそれなりの価値があるという前提がある。特定空家等に認定された対象物について、この区別をそのまま適用するのは合理的だろうか。その除却に全員同意を要求するのは、あまりに硬直的である。

　保安上の危険性が極めて高い状態にある特定空家等である家屋の除却は変更行為であるが、放置すれば他者に被害を発生させる可能性がある。そうした場合に同意をしないのは、共有者間の関係において権利の消極的濫用である。

所有者不明事案における「その者」の創出　所有者不明事案であれば、本条10項にもとづく略式代執行がされるのが通例である。この点で、敷地の売却などを通じて費用回収がある程度できる見込みがある場合には、所有者不明状態にある特定空家等について、市町村長申立てにより不在者財産管理人なり所有者不明建物管理人を選任し、その者との調整をしながら、本条1項の指導、2項の勧告、3項の命令を経て、9項にもとづく緩和代執行をするという方法もある。勧告までをしておけば、状況急変の場合には、11項にもとづく特別緊急代執行も実施できる。選任がされれば、もちろん管理人による自主対応も可能である。

(7)　「その命じようとする措置及びその事由並びに意見書の提出先及び提出期限を記載した通知書を交付して、その措置を命じようとする者又はその代理人に意見書及び自己に有利な証拠を提出する機会を与えなければならない。」（4項）

命令手続　本条4項～8項は、命令にあたっての手続を規定する。本条15項にあるように、行政手続法3章（12条および14条を除く。）の適用を除外し、独自の手続が定められている。本条4項は、行政手続法15条または29条～31条に相当

126

第1章　空家法の逐条解説　■22条

する部分である。命令は行政手続法2条4号にいう不利益処分であるから、行政不服審査法にもとづく審査請求の対象になるし、行政事件訴訟法にもとづく取消訴訟の対象になる。したがって、その点に関する教示が必要となる（行政不服審査法82条1項、行政事件訴訟法46条1項）。

　また、不利益処分ゆえに、行政手続法14条1項にもとづき、理由付記が義務づけられる。本条15項は、理由付記規定を同法の適用除外に含めていない。必要十分な理由と評価されるためには、「①命令が空家法22条3項にもとづくものであることの記述、②同条22条2項の勧告にかかる措置が講じられていないこと、および、それについての「正当な理由がなく」の要件を判断する処分基準およびそれの事案への適用に関する具体的な説明、③命令をするという選択をするほかない状況にあることの具体的な説明」が、その記載自体から了知できるよう完結的に記載されていなければならない。文書主義であり、口頭での伝達は、法的には意味を持たない。_{⇒155頁}

　ガイドラインの参考様式6（命令書）は、教示文が含まれた内容になっている。_{⇒389頁}一方、理由については、「特定空家等がどのような状態にあって、どのような悪影響をもたらしているか、具体的に記載」とあるのみである。理由の不備と裁判所で評価されないためには、前記①～④が的確に記載される必要がある。

　代理人　代理人の選任手続について、本条4項は何の規定もしていない。空家法が参照したとみられる建築基準法9条4項も同様である。この点に関しては、行政手続法16条が参考になる。すなわち、本人が書面によって選任する必要がある。本人に意思能力があることが前提とされており、それがない場合には、本条4項の代理人は選任しえない。

　一般に、本人に事理弁識能力がないと思料される場合、民法7条にもとづき、配偶者や4親等以内の親族からの後見開始審判の請求があれば、家庭裁判所により成年後見人が選任される。一定の場合には、市町村長の申立てによる選任も可能である（老人福祉法32条、知的障害者福祉法28条、精神保健及び精神障害者福祉に関する法律51条の11の2）。法14条3項の命令をする際に、すでに成年後見人が選任されていれば、同人を「代理人」とみなして手続を進めればよい。

　新たに成年後見人の選任ができるか　もっとも、特定空家等の除却をするため

127

第1部　2023年改正空家法

だけに市町村長は請求ができるだろうか。実務的には、こうした措置をする市町村はあるし、家庭裁判所も選任をしている。

　一方、家庭裁判所に提出する診断書作成のための診療に本人が応じない場合には、そもそも申立てが事実上できない。その結果、意思能力が疑われる所有者等に対しては、命令はできなくなる。空き家条例に緊急安全措置という即時執行が規定されていれば、その権限を行使して、除却まではできないにせよ必要な範囲で著しい保安上の危険を除去していくことになろう。手詰まりの状態である。

　発生しうる不合理　相手方の常況を行政が知らない場合には、淡々と手続が進行する。ガイドラインの参考様式5（命令）に係る事前の通知書」には、「な^{⇒388頁}お、貴殿は、法第22条第4項の規定に基づき、本件に関し意見書及び自己に有利な証拠を提出することができるとともに、同項第5項の規定に基づき、本通知の交付を受けた日から5日以内に、○○市長に対し、意見書の提出に代えて公開による意見の聴取を行うことを請求することができる旨、申し添えます。」という記述がされている。これは、5日以内に申し出なければ、その手続的権利を放棄したものとみなすことを意味している。ところが、本人の意思能力が欠けているのが常態であったとすれば、いくら申し添えても応答できないのであり、そうした整理は当然に難しくなる。

　必要な立法対応　特定空家等の状態が同様であっても、所有者等の意思能力が疑われる場合には、本条9項の緩和代執行はできないし、本人は判明しているため、10項の略式代執行もできないという不合理が生ずる。11項の特別緊急代執行についても同様である。改正法の附帯決議でも指摘されているところであるが、立法対応が求められる。^{⇒248頁}

⑻　「意見書の提出に代えて公開による意見の聴取を行うことを請求することができる。」（5項）

　手続選択の余地　意見書の提出は、行政手続法29条にいう弁明書の提出に相当するものである。行政手続法においては、聴聞と弁明の機会の付与のどちらの手続を適用するかは、13条1項に規定されているが、空家法においては、意見書提出か公開意見聴取を命令の名あて人が選択できるとしている。意見書提出

128

第1章　空家法の逐条解説　■22条

か公開意見聴取か、実際の運用は別にして、公開意見聴取においては、当事者が一方的に意見を述べるだけの場が予定されている。

公開意見聴取の運用の実際　行政手続法にもとづく聴聞は非公開が原則であるが（20条6項）、空家法の意見聴取は、公開となっている点が特徴的である。建築基準法9条3項にならったものである。建築基準法は、日本が連合国の占領統治下にあった1950年に制定された。アメリカ法の影響を受けて、民主的手続の観点から、重要な行政処分には公開の意見聴取を設けることが連合国軍総司令部（GHQ）から指示されたのである。

　なお、前述のように命令実績が多くあるけれども、筆者の調査のかぎりでは、本条6項にもとづき公開による意見聴取が請求された実例は確認できていない。管理不全なままに老朽化させ放置したために特定空家等に認定され、それに対して助言・指導、勧告をされても従わなかったがゆえに命令に至っている背景には、複雑な家庭内ないし親族内の事情や経済的事情があるはずである。そうした「負い目」を持つ者が、公開の場での意見聴取を求める事態は、通常、想定できない。行政に伝えたい事情があれば、「こっそり」伝えるはずである。事実上、死んでいる規定である。建築基準法では必要であるとしても、空家法では不要な手続である。

⑼　「その措置を命ぜられた者がその措置を履行しないとき、履行しても十分でないとき又は履行しても同項の期限までに完了する見込みがないとき」（9項）

緩和代執行　命令が履行されなければ、行政代執行法にもとづく代執行が検討される。命令に付された期限の徒過、不十分な履行、期限までに実施の見込みがないことのみが要件となっている。命令が完全履行されず部分履行でとまっている状態でも、完全履行状態を実現すべく代執行が可能である。

　行政代執行法2条は、「〔命令〕の不履行を放置することが著しく公益に反すると認められるとき」という要件を規定する。一方、本条9項は、この公益要件を不要とする特例法である。要件を緩和した「緩和代執行」と称される制度であり、この点で、空家法は、行政代執行法の特別措置法である。緩和措置は法律の独占であり条例で独自にはできないとする実務解釈が多数のところ、板

129

第1部　2023年改正空家法

橋区老朽建物等対策条例19条や「神戸市空家空地対策の推進に関する条例」15条のように、独立条例のなかでの緩和代執行と規定するものもある。

実際上の意味　もっとも、要件を充たした特定空家等を前提とし、指導、勧告、命令への対応がされていないという事実それ自体が著しく公益に反する状態なのであるから、要件緩和の実務上の意味は乏しい。なお、代執行の実施実務に関しては、北村喜宣＋須藤陽子＋中原茂樹＋宇那木正寛『行政代執行の理論と実践』（ぎょうせい、2015年）、宇賀克也『行政の実効性確保：行政代執行を中心として』（勁草書房、2024年）が有用である。

⑽　「**行政代執行法**（昭和23年法律第43号）**の定めるところに従い、自ら義務者のなすべき行為をし、又は第三者をしてこれをさせることができる。**」（**9項**）

代執行は原則義務的　本条9項の規定ぶりは、建築基準法9条12項にならったものである。緩和代執行を規定したのは、特定空家等に対して除却等による対応を迅速に行う必要性が重視されたからである。「……できる。」というように、効果裁量はあるが、その制度趣旨に照らせば、期限徒過があってなお対応がされそうにない場合には、代執行の実施は、原則として義務的と解される。

　命令履行期限を徒過しているものの何らかの対応はされているケースにおいては、命令内容の完全実現が早急に期待できるかどうかの見極めが必要である。抵当権など第三者の権利が設定されている建築物であっても、代執行に際してその同意を得る必要はない。資力が十分になく代執行費用の回収が困難と見込まれるという事情を考慮する余地はない。実施状況については、施行状況調査結果を参照されたい。^{⇒328頁}

行政代執行法にもとづく手続　緩和代執行の手続は、行政代執行法3条〜6条に従ってなされる。相当の猶予期限を付した戒告を経たうえで作業に着手する。戒告も代執行令書通知の送達も、命令の名あて人となった者のすべてに対して、配達証明付き内容証明郵便で行う。手続は、ガイドラインに詳述されている（第4章6.（2）、4.（1））^{⇒372頁 ⇒367頁}。非常の場合または危険切迫の場合において代執行の急速な実施につき緊急の必要性があり、同法3条1項・2項の戒告・通知手続をとる余裕がないときは、同条3項にもとづき、それを経ずに代執行が可能である（緊急代執行）。

130

第1章　空家法の逐条解説　■22条

「第三者」　「第三者」とは、建築基準法9条11項にいう「その命じた者若しくは委任した者」と同義である。行政が直営的に除却工事をすることはないため、通常この方法が用いられる。その場合、市町村は、除去工事の発注者となる。廃棄物処理法上の義務は元請業者に課されているため、発注者は直接的には負わない（21条の3）。一方、対象物の状況によっては、特定建設材料であるアスベスト含有建材に関する特定工事発注者としての大気汚染防止法にもとづく配慮義務や特定粉じん排出等作業の届出義務（18条の16・18条の17）、床面積合計80㎡以上である対象建設工事の発注者として「建設工事に係る資材の再資源化等に関する法律」にもとづく通知義務（11条）が課される場合がある。

費用の負担と徴収　緩和代執行に要する費用は、とりあえずは市町村が負担しなければならない。実施後に行政代執行法5条にもとづき納付命令を発し、督促しても納付がない場合には、同法6条にもとづき、国税滞納処分の例により強制徴収をする（国税通則法40条、国税徴収法47条以下）。納付命令については、「……納付を命じなければならない。」というように義務的となっている点に注意が必要である。徴収を怠っていると、住民監査請求・住民訴訟の対象になる。

　納付命令の対象になるのは、「代執行に要した費用」である。代執行とは、その前提となる代替的作為義務を命ずる命令の行政による強制実施であるから、命令の内容が重要になる。空家法との関係でいえば、本条3項の命令において求めうる事項である。それは、本条2項にもとづく勧告の内容でもある。

発生物の扱い　代執行作業を通じて、不要物が大量に発生する。それは、廃棄物処理法のもとでの産業廃棄物（2条4項）ないし（事業系）一般廃棄物（2条2項）となる。処理は業者に委託するのが通例であろう。排出事業者や処理業者は、委託基準・保管基準・処理基準の遵守や、産業廃棄物の場合には管理票（マニフェスト）の交付など、同法の関係規定に従って処理する必要がある。

不要物とはみなせない残置動産の取扱い　作業の過程で、社会通念上、不要物とはみなせない動産（例：現金、金券、宝石（らしきもの）、骨壺、位牌）が発見される場合もある。こうした残置動産については、行政において一時保管し、一定期間内に所有者等に対して引取りを求めるほかない。後日のトラブルを回避するためにも、発見時や搬出時の状況は、写真や動画などの映像に残しておくようにするとよい。

131

第 1 部　2023年改正空家法

　基本的な考え方としては、指導、勧告、命令を通じて再三の適正管理ないし除却・撤去が求められているにもかかわらずこれに応じずに代執行に至っているのであるから、当該財産権の保障の程度はきわめて低くなっていると評価できる。期限が到来すれば、骨壺や位牌については、しかるべき手続を経て廃棄処分すればよい。地域のしかるべき宗教法人とあらかじめ協定を締結しておくとよいだろう。引取りの申出がない金員や貴金属類は、準遺失物（他人の置き去った物）と解して、遺失物法 4 条にもとづき警察署長に提出する。共有の特定空家等の場合において、共有者の 1 人だけが金員全部の引取りに現れた場合、所有者等であると確認できれば、同人に全部引き渡すことに問題はない。

　ガイドラインは、現金や有価証券については、供託所に供託するとする（民法494条・497条、供託法 1 条）（第 4 章 7 .（3 ））^{⇒374頁}。これは、弁済供託であるが、代執行という公権力の行使における行為について、供託に関する民法規定が直接に適用されて市町村が「債務者」となるという整理には、違和感がある。

債権回収部署との連携　市町村において、強制執行実務の経験を豊富に有するのは、債権回収部署である。空家等対策計画には、「空家等に関する対策の実施体制に関する事項」が記載項目となっている。そこにサポートについての記載をして、連携体制を構築しておく必要がある。

共有物件における処理　特定空家等が共有になっている場合、代執行費用をどのように請求するかが問題となる。行政としては、現に多くの資産を保有する共有者からより多くの費用回収をして、公費の支出を最小限にしたいところである。

　この点に関しては、諸説がある。空家法には連帯債務という明文規定はない以上、平等原則に照らせば、各共有者は持分以上の負担をする理由はないようにもみえる。しかし、それでは、徴収にあたって大きな支障となる。この点については、後に検討する。^{⇒143頁}

132

第1章　空家法の逐条解説　■22条

(11)　「**過失がなくてその措置を命ぜられるべき者（以下この項及び次項において「命令対象者」という。）を確知することができないとき（過失がなくて第1項の助言若しくは指導又は第2項の勧告が行われるべき者を確知することができないため第3項に定める手続により命令を行うことができないときを含む。）」**（10項）

略式代執行　本条10項は、命令対象者を確知できない場合に、市町村長が代執行を実施できる旨を規定する。「略式代執行」と称される制度である。そのかぎりで、命令対象者が判明している場合を前提とする行政代執行法の特別法とされている。具体的には、行政代執行法の戒告（3条1項）と代執行令書交付（同条2項）の手続がされない。

　なお、行政代執行法は、「行政上の義務の履行確保」（1条）について規定するところ、略式代執行がされる場面では、命令は発出されないから、前提となる具体的な法的義務が存在しない。このため、学問的分類としては、別のカテゴリーとして整理するのが適切である。即時執行と共通する性質を持っている。

　命令には、助言・指導および勧告がそれぞれ前置されるが、それらの措置についても相手方が確知できない状況にあるのが通例である。2つ目のカッコ書きは、その旨を確認的に規定している。空家法が参照した建築基準法10条3項（同条4項が準用する9条11項）においては、そうした場合であっても、「その違反を放置することが著しく公益に反する」という要件が設けられているが、空家法にはそれはない。居住者の生活や財産権への配慮の必要性が低いためである。

　空家法以前の空き家条例においては、略式代執行の必要性は認識されていた。憲法94条にもとづき規定は可能と解されるが、法律の根拠なく規定できないという実務解釈が一般的であった（2013年制定時の「山陽小野田市空き家等の適正管理に関する条例」9条2項や板橋老朽建築物等対策条例19条2項は、例外的に略式代執行を規定していた）。本条10項は、市町村に対して、大きな武器を与えた。

「確知することができない」　「確知することができない」とは、①名あて人となる者の氏名および所在が不明、②氏名は判明しているがその所在が不明、③所有者等の相続人全員が相続放棄、④そもそも所有者が存在しない、⑤所有者等であった法人の清算が終了していて対象者が不存在などの場合である。指導時には判明していたが、その後失踪した場合は、②に含めうる。氏名判明・所在不明の②の場合までを「確知することができないとき」に広く含めるのは、

133

第1部　2023年改正空家法

特定空家等に認定されるような状況に管理放棄した所有者等の財産権をそれほど配慮する必要はないという認識を踏まえている。もっとも、住民票に記載される住所地に当該者が長年にわたり居住しておらず、家族・親族や近隣住民等の調査をしてもその所在が判明しない程度の事実は把握しておく必要があろう。

　③においては、関係者として生存はしていて所在は把握できているとしても、所有者等ではなくなっている。このため、空家法にもとづかない行政指導は可能であるが、空家法にもとづく行政措置の対象者にはならない。

　確知できないとは、物理的にそうであるという意味である。共有の特定空家に関して、除却に賛成が4名・反対が1名の場合、「賛成者全員を確知できない」という整理のもとに略式代執行をしている市町村があるという話を耳にした。もちろん違法である。

　全員相続放棄事案においては、命令の名あて人が不存在であることは確知できる。こうした場合を「確知することができない」と解しうるかについては疑問が残るが、実務的には、肯定的に解されている。「判明しない」ではなく「名あて人がいない」という点を重視した整理なのだろう。

合わせ技代執行　共有者のうち一部しか所在が判明していないような事案がある。こうした事案への対応に関しては、全員に対して命令を出せないから「過失がなくてその措置を命ぜられるべき者を確知することができない」と解する立場もある。

　しかし、そのように解すると、判明している者について、代執行要件のハードルを下げ、本条4項〜8項にもとづく手続保障をしない結果となる不合理がある。1名だけの所在が判明していないだけで、全体を判明していないとみなすのも、あまりに不合理である。そうした場合の当該特定空家等の除却等については、命令をした相手方に関しては本条9項の緩和代執行、所在不明者に関しては10項の略式代執行を、「合わせ技」として一緒に実施する運用とすべきであろう。

探索の程度　どの程度の探索をすれば「過失がなくて」といえるのかについては、ガイドラインが一応の基準を記述している（第4章7.(1)）。住民票情報、戸籍謄本情報、不動産登記簿情報、固定資産税等課税情報、周辺住民への聞込みなどの方法が基本となる。電気・ガス会社への照会という手もある。市町村

134

は、ガイドラインなどを参考にしつつマニュアルを作成するのが便宜だろう。

2018年に制定された所有者不明土地法2条1項は、「所有者不明土地」の「不明」について、「相当な努力が払われたと認められるものとして政令で定める方法により探索を行ってもなおその所有者の全部又は一部を確知することができない」という条件を付している。同法施行令1条が具体的内容を規定しているので、参考にできる。当該特定空家等の状態との関係で、公金を用いての調査をいつまでも時間をかけてしていてよいものではない。それらのルートについて、どこまで踏み込むのかの見極めが重要になる。

なお、略式代執行後であっても、「その者」が判明すれば費用負担をさせなければならないため、調査がまったく不要となるわけではないが、代執行前ほどの内容・程度は求められない。実質的には、略式代執行をした旨をウェブサイトで広報し、関係者からの情報提供を待つ程度で十分である。法律実施条例のなかで、終了後一定期間、現場で標識の設置をする旨を規定するとよい。

略式代執行終了後の探索の程度　本条3項の命令が出された共有者の1人が履
⇒123頁
行期限直前に死亡したケースは先にみた。その場合において、相続者が容易に判明しないために略式代執行となったときには、終了後、通常時と同じ項目に関する調査は必要になる。ただし、それほど深く調査する必要はない。調査対象は同じであるとしても、比例原則に鑑みれば、調査範囲は狭くてよいと考えるのが合理的である。

なお、略式代執行をしただけだと、土地は所有者不明のままに残される。空家法は、この問題に直接は対応しておらず、次にみる民法の制度の利用が必要となる。

不在者財産管理人・相続財産清算人の利用　相手方不明事案においては、市町村長が前述の不在者財産管理制度を利用するケースが考えられる。本条1項〜3項の対象とするために請求する場合もあるし、略式代執行後に代執行費用の回収を行うために請求する場合もある。当該特定空家等の敷地の売却可能性等、多くの要因を総合判断した選択になるだろう。

全員相続放棄事案のように、所有者不存在事案がある。こうした場合には、土地の売却可能性があるならば、相続財産清算人制度の利用も考えられる。

135

第1部　2023年改正空家法

⑿　「当該命令者の負担において」（10項）

略式代執行の費用徴収　「当該命令者」が後日判明した場合の略式代執行費用の徴収について、改正法以前のガイドラインは、「本項の代執行は行政代執行法の規定によらないものであることから、代執行に要した費用を強制徴収することはできない。すなわち、義務者が後で判明したときは、その時点で、その者から代執行に要した費用を徴収することができるが、義務者が任意に費用支払をしない場合、市町村は民事訴訟を提起し、裁判所による給付判決を債務名義として民事執行法……に基づく強制執行に訴えることとなる（地方自治法施行令……171条の2第3号）。」と記述していた。

　しかし、債権発生原因がないために、この解釈には無理があった（10項の文言により発生するとする説もある。）。本来、ほかの法律が規定する略式代執行と同じように、行政代執行法5条・6条を準用しておくべきであった。旧法の立法ミスである。後述のように、改正法は、明確かつ適切な対応をした。

補助事業としての略式代執行の場合　　⇒39頁　国土交通省の補助事業として略式代執行を実施した場合において、「その者」が判明したために本条12項が準用する行政代執行法5条にもとづき納付命令を発して部分的なりとも費用の徴収がなされれば、面倒な補助金返還作業が必要となる。空家法の実施であるからといって、例外が認められるものではない。このため、調査には及び腰なのが実情であろう。補助金を用いた場合には、「頼むから出てくるな」という気持ちかもしれない。

　後日判明の例としては、略式代執行時には外国に居住していたために所在の把握がされなかったところ、帰国して「家がない」とわかってあわてて行政に連絡をしたというケースがある。

⒀　「あらかじめ公告」（10項）

社会に対する通知　ある特定空家等に対して略式代執行が決断されたという事実は、本条10項にもとづく公告により、はじめて社会に知らされる。この公告により、命ずべき者が名乗り出てくれば、本条1項の指導から手続が始まる。

第1章　空家法の逐条解説　■22条

⒁　「災害その他非常の場合において、特定空家等が保安上著しく危険な状態に
　　ある等当該特定空家等に関し緊急に除却、修繕、立木竹の伐採その他周辺の
　　生活環境の保全を図るために必要な措置をとる必要があると認めるとき」（11
　　項）

通常の緩和代執行手続　本条９項にもとづく緩和代執行は、３項の命令が履行
されない場合になされる。違反に対して過料が科される命令は、履行のための
相当の猶予期限を付したうえで発出され、代執行は、行政代執行法３条が定め
る手続（相当の履行期限を付した戒告、代執行令書の通知）を経てなされる。この
ように、（とりわけ法13条にもとづく対応がされない事案においては、）命令が発出
されてもその内容が強制的に実現されるには、まさに「相当の」時間を要する
のである。

災害等その他非常の場合　しかし、特定空家等の状況は急変する。建物の構造
の観点から著しい保安上の危険のおそれがあるからこそ認定されているのであ
るから、たとえば、それなりの規模の地震に遭遇した場合に、大きく傾くとい
う事態は想定される。台風や爆弾低気圧の来襲を受けた結果、建物がそうした
事態になったり、敷地内の大木が倒れたりとすることもあろう。また、災害と
は関係なく、特定空家等の状況次第では、緊急措置が必要なまでに保安上の危
険性が一気に増大する場合もある。

「地域住民の生命、身体又は財産」の位置づけ　法１条が規定する最重要の保
護法益は、地域住民の生命・身体・財産である。本条11項はこれを明記しない
が、当然に含まれていると解される。特定空家等が前面道路に倒壊しそうにな
っているような場合が典型的である。それをさらに超え、たとえそうしたもの
に対する影響が懸念されなくても周辺の生活環境への被害が予想されるときに
は、本条11項を利用できるとしたのである。未然防止アプローチを基調とする
空家法の特徴を確認できる。

⒂　「第３項から第８項までの規定により当該措置をとることを命ずるいとまが
　　ないとき」（11項）

通常より手厚い手続　本条３項にもとづく命令にあたっては、４項〜８項が、
行政手続法の特別法的規定を定める。行政手続法のもとでなされる通常の手続

137

第1部　2023年改正空家法

は、文書による意見申出である「弁明機会の付与」（13条1項2号）であるが、本項においては、それに加えて、公開意見聴取請求権、証人同伴権などが明文で認められ、相当に手厚い内容になっている。この完全履行が命令のタイミングを後ろにずらす効果を持つことは、容易に想像できる。

そもそも過剰対応　これらの手続規定は、命令の名あて人となる特定空家等の所有者等の手続的権利保障のための措置である。前述のように、もともと旧法が、違反建築物の除却命令等にあたっての手続を定める建築基準法9条2項〜6項を参照して設けたものである。建築基準法のこの規定は、居住者がいる建築物や著しく保安上危険な状態にはなっていない建築物に対しても適用される。それを特定空家等の除却等の命令についても規定したのはそもそも過剰な対応であって、立法的には不適切なものであった。特別法的に規定されているのであるから、いくら緊急であるといっても、行政手続法13条2項1号の緊急時規定を踏まえて適用除外するわけにはいかない。

「そんなことをしている場合ではない」　前述のように、旧法下の実施状況を調査したところ、実際にこの手続が利用された事例は確認できなかった。改正法は、その適用除外規定を設けることで不合理の発生を遮断したが、それ自体は適切である。

　より根本的には、過剰保障となっている本条4項〜8項を削除するべきであろう。もっとも、建築基準法との見合いもあり、内閣提出法案である改正法による対応は、そもそも期待できなかった。

特別緊急代執行　時間的余裕がない場合に命令を介在させずに一定の措置を行政が行うという特別緊急代執行については、いくつもの前例がある。廃棄物処理法19条の8第1項4号は早期のもののひとつであろう。特定盛土規制法20条5項3号や39条5項3号、森林経営管理法43条1項3号などがこれを規定する。

　空家法に関しては、勧告後の猶予期限（2か月程度）、命令に際しての意見提出・公開意見聴取手続（1か月程度）、命令後の猶予期限（2か月程度）、戒告・代執行令書の通知（4か月程度）に要する9か月程度の期間短縮が見込まれる。

「緊急代執行」という呼称　国土交通省住宅局は、本項にもとづく措置を「緊急代執行」と呼んでいる。しかし、この呼称は、通常、行政代執行法3条3項にもとづく措置を指す。ここにおいては、命令はされており、ただ、戒告や代

138

執行令書の通知をしている時間的余裕がない場合に実施される。特定盛土規制法に関する国土交通省都市局の解説『不法・危険盛土等への対処方策ガイドライン』（2023年5月）は、これを「特別緊急代執行」と的確に表現し、行政代執行法とは区別した表現をしている。混乱を回避するためにも、（「代執行」という表現をするのであれば）こちらの方が適切である。

この点について、同省住宅局はパブコメ回答において、「今後の検討の参考とさせていただきます。」とするのみである。内閣法制局との協議でも「緊急代執行」という文言で一貫していたから、今更変えるわけにはいかないのであろう。

所有者に意思能力が欠けている場合　「命ずるいとまがない」というのであるから、時間的余裕があれば命令できる状態にあることが前提となっているようにもみえる。このため、たとえば、特定空家等の所有者が特別養護老人ホームに入所しており意思能力を欠いているけれども成年後見人が選任されていないような場合には、命令をしようとしても、本人に受領能力がないため、本条4項が規定する意見書提出機会通知書を送達してもその効果が発生しない。このように整理すれば、現行法のもとでは、市町村長は、老人福祉法32条などにもとづき、家庭裁判所に対して成年後見審判請求をして成年後見人を選任してもらうほかない。⇒127頁

なお、この手続が法14条規定の「民法の特例」に含まれていないのは、もともと老人福祉法32条などが市町村長に請求権を与えているからである。

「命ずるいとまがない」の解釈　前記のような整理が、一般的かもしれない。しかし、それでは、特定空家等に関する危険性が同レベルであっても、所有者の意思能力の状況により措置ができたりできなかったりする不合理がある。

特定空家等の状態に関する本条11項の要件に明らかなように、「命ずるいとまがない」という要件が問題となるのは、まさに一刻を争う場合であり、命令の発出などを検討している時間的余裕などないはずである。したがって、これは客観的要件を反復したものにすぎず、その要件に独立した意味を持たせる必要はないように思われる。そうであるとすれば、かりに当該特定空家等の所有者が意思能力に欠ける状態、かつ、成年後見人が選任されていない場合であったとしても、除却の代執行は可能とする整理がある。

この点については、別の整理も考えられる。この要件は、ひとつには、文字

139

第1部　2023年改正空家法

通り、手続をとる時間的余裕がない場合である。それに加えて、前述のような状態にある意思能力に欠ける所有者の場合、本来は、市町村長が成年後見審判の請求をし、選任された後見人に対して助言・指導、勧告をしたうえで命令をするべきところ、そうしたことをしている時間的余裕がないときも含むと考えるのである。

しかし、すぐ後にみるように、本条11項に関しては、1項の指導と2項の勧告がされている必要があるため、いずれの整理も無理である。次回改正では、著しい保安上の危険が切迫しているような緊急時においては、もっぱら特定空家等の状態に着目した除却措置を可能にする規定を導入すべきである。改正法の附帯決議は、この点の検討を求めている。もっとも、これは空家法だけの問題ではない。こうした要件を規定している法律については、不合理が発生しないよう、関係法整備法による一括改正がされるべきである。⇒248頁

事後手続　本条11項のもとでは、命令は出されないから、それに際しての行政手続は講じられない。しかし、本項を利用するという市町村長の判断が適切であったかを検証するために、代執行実施後に意見申立てとこれへの回答義務を定める事後手続を設けるのが適切である。行政手続法では求められていないが、法律実施条例として、追加的に規定できる。

空き家条例のもとでの緊急安全措置　空き家条例においては、緊急安全措置などの名称のもとで、即時執行が規定されるのが通例である。京都市空家条例19条1項は、「特定空き家等の管理不全状態に起因して、人の生命、身体又は財産に危害が及ぶことを避けるため緊急の必要があると認めるとき……は、……これを避けるために必要最小限の措置を自ら行い」と規定する。これは、建築物の状態のみに着目して、全部除却などの大規模な措置に至らない一定の事実行為をなしうるとするものである。もっとも、「必要最小限の措置」の内容は、現場状況との関係で決まるから、場合によっては、建築物や工作物の部分的除去も含まれよう。

⒃　「これらの規定にかかわらず」（11項）

指導と勧告はなお必要　適用除外されるのは、命令に関する本条3項〜8項と明記されている。その反対解釈により、本条1項にもとづく助言・指導および

第1章　空家法の逐条解説　■22条

２項にもとづく勧告は省略できない。行政現場においても、誤解が多い点である。改正法の国会答弁で明らかになった（第211回国会衆議院国土交通委員会議録12号（2023年５月10日）16頁［国土交通大臣・斉藤鉄夫]）。

　前述の廃棄物処理法、特定盛土規制法、森林経営管理法の関係規定のもとでは、指導や勧告といった行政指導は命令に前置されていない。このため、「いきなり命令」が可能な仕組みになっている。ところが、このような仕組みとなっていない本条においては、それができない。

　特定空家等に認定した後に指導がされたその時点で状況が急変し、緊急対応が必要な状況になったとしよう。次に市町村がなすべきことは、相当の猶予期限を付した勧告なのである。これはきわめて硬直的である。特定空家等に認定すればすみやかに指導をするのが実務であるから、特別緊急代執行の要件としては、本条１項の指導は必要であるとしても、２項の勧告を介さずに除却等を可能にするのが、法政策的には適切である。

国土交通省の挑戦と蹉跌　実は、国土交通省も、そのように考えた。2023年秋に内閣法制局に対して提示した原案には、「当該措置をとることについて第２項の規定による勧告又は第３項から第８項までの規定による命令をするいとまがないときは、これらの規定にかかわらず」と記されていた。指導は必要であるが、勧告は不要というのである。

　ところが、内閣法制局から、「命令を受ける予見可能性が具体化する勧告段階において措置する必要があると考えられる」と指摘され、勧告がされていることを前提とするよう求められたのであった。実務上、国土交通省には、この指摘を拒否する自由はない。かくして、想定問答は、「勧告までされた特定空家の所有者は、その後に命令を受けて除却等を行う義務が発生する可能性があるという予見可能性を有している」と説明する（問146）。議連解説も、「勧告が行われていなければ、特定空家等の所有者等は、義務の履行が強制される可能性を具体的に予見できない」とする（152頁）。
⇒198頁

　内閣法制局の指摘は、特定空家等に関する財産権への配慮にもとづくものであろう。理解できないわけではないが、所有者側に事情はあるにしても、特定空家等に認定されるようになるまで管理を放棄してきたのは、財産権の消極的濫用の結果である。指導がされれば勧告がされ、さらには命令がされることは

141

第1部　2023年改正空家法

十分に予見できる。次回の改正では、国土交通省の原案のようにされるのが適切である。次回改正が内閣提出法案であれば、この条項に関する議院修正を期待したい。

⑰　「前2項の規定により負担させる費用の徴収については、行政代執行法第5条及び第6条を準用する。」（12項）

旧法の対応　旧法14条9項は、緩和代執行については「行政代執行法……の定めるところに従い」と規定していたため、要した費用については、行政代執行法5条・6条にもとづいて強制徴収公債権として確定させたうえで国税滞納処分の例による強制徴収が可能であった。一方、旧法14条10項は、略式代執行については、「その者の負担において」とするだけであった。

無理筋解釈と条例の工夫　前述の通り、これは立法ミスであった。それを前提としなければならなかった国土交通省の解釈にも、無理があった。

　そこで、たとえば、「南さつま市空家等対策の推進に関する条例」10条3項のように、旧法14条10項にもとづく略式代執行をした際の費用徴収について、行政代執行法5条を準用するとするものがあった。納付命令を通じて非強制徴収公債権として確定させ、公法上の当事者訴訟を通じて徴収をするのである。

他法の用例にあわせる　もっとも、行政代執行法6条の準用はされていないため、非強制徴収公債権にとどまらざるをえなかった。略式代執行の費用徴収については、同法5条・6条を準用するという用例があった（農地法51条5項、特定盛土規制法39条7項、廃棄物処理法19条の8第5項）。改正法はこれらにならい、略式代執行費用についても、国税滞納処分の例による徴収が可能となる強制徴収公債権とした。

　旧法のもとで実施をしようとすれば、提訴には議会の議決が必要であり、提訴後の給付判決までには、4〜5か月程度を要する。これが省略できるようになった意味は大きい。なお、納付、命令は羈束的であり、命令をしない裁量はない。

納付命令の出し方　共有案件における納付命令の出し方については、大別して、全員全額説、全員持分限度説、一人全額説がある。

　本条3項にもとづく除却命令は、その内容の不可分性に鑑みて、「全員全部除

142

却」であった。空家法の制度趣旨を踏まえれば、持分割合に応じた除却はありえない。「共有者5名・代執行費用100」の例で考えてみよう。

まず、全員全額説はとりえない。行政の債権は100であるところ、全員に納付命令を出せば100×5が発生してしまう。行政の債権は、100を超えることはできない。全員持分限度説については、原理的には、平等原則にかなう整理である。しかし、共有者数が多くなれば行政に理不尽な運用コストの負担を強いる結果となる。債務を発生させる前の段階である命令は全員に発出せざるをえないとしても、徴収については、別の配慮が必要である。

この点については、連帯納税義務に関する地方税法の規定が参考になる。同法10条は、債務として支払が法的に義務づけられる徴収金を連帯して納付する場合には、民法436条・437条・441条〜445条の規定を準用している。そして、地方税法10条の2第1項は、「共有物……により生じた物件……に対する地方団体の徴収金は、納税者が連帯して納付する義務を負う。」と規定する。

債務の発生は、納付命令の到達による。緩和代執行の義務者に関して未だ金銭的債務が発生していない納付命令前の時点で前記規定を参照するのは、適切でないかもしれない。しかし、本条9項にもとづき求められた命令内容の不可分性（全部除却）、どの共有者も命令による義務づけを履行しなかったがゆえに代執行がされたという事実、および、全員に関して法30条1項にもとづく罰則の構成要件を充足していることなどに鑑みれば、地方税法10条の2や民法436条を参照して、一人全額説にもとづく処理をするのが、3説のなかでは相対的に不合理が少ないだろう。負担の調整は、共有者間でなされる（宇賀前掲書237〜238頁も参照）。この点で、見解を改めた。なお、共有者多数事案の処理については、行政に理不尽な運用コストの負担を強いる結果となる。改正法の附帯決議でも指摘されているが、何らかの立法的対応が必要である。^{⇒250頁}

合わせ技代執行の場合　義務者が判明している一方で、判明しない義務者がいる特定空家等の除却にあたっては、本条9項の緩和代執行および10項の略式代執行の両者を実施するという「合わせ技」運用がされる。^{⇒134頁}略式代執行分については、さしあたり納付命令の出しようがないため、代執行費用については、義務者の1人に対して全額についての納付命令を出すことになる。

納付命令と違法性の承継　本条3項にもとづく除却命令の違法性は納付命令に

143

第1部　2023年改正空家法

承継するだろうか。本条9項にもとづく緩和代執行や10項にもとづく略式代執行についてはどうだろうか。

　除却命令に至るまでには本条1項にもとづく指導や2項にもとづく勧告がされているし、命令に際しては本条4項～8項に規定される手続も講じられるのであるから、名あて人には命令を争うことが十分に期待できる。緩和代執行についても同様である。したがって、違法性の承継を認める理由はない。一方、略式代執行の場合には、除却の事実を所有者は知りえず争いようがないのであるから、後の判明時に発出される納付命令にその違法性を承継させないと法治主義に反する。

⒅　「標識の設置その他国土交通省令・総務省令で定める方法により、その旨を公示しなければならない。」（13項）

公示の義務づけ　本条13項は、本条3項にもとづく命令を発出した後の手続を規定する。空家法施行規則2条は、標識設置以外の公示方法について、「市町村の公報への掲載、インターネットの利用その他の適切な方法とする。」と規定している。

　特定空家等の現場で標識設置をする場合には、通行人からよくみえる場所に立てておく必要がある。生じうる事後のトラブルに備え、設置作業の前後の写真撮影をするなどして、確実にされた事実を立証できるようにしておきたい。標識の毀損に対する罰則は規定されていない。それ以外の方法でも公示しうるからであろう。

公示の内容　特定空家等に対して行政の措置がされた事実は、この公示によってはじめて社会に知らされる。「その旨」として何を含めるかは、明確にされていない。当該建築物・工作物とその敷地の所在地およびそれが法2条2項にいう特定空家等であることが、その内容となろう。所有者等の氏名などの個人情報については、この規定をもとにしては表示できない。

　公示では、社会に対する情報提供の意味で、どのような理由で特定空家等となっているのかを明記するのが適切である。ただ、標識設置、公報掲載、インターネット公表といった方法では、通行人や通行車両に対する周知効果は十分ではないから、リスク回避行動を期待できない。道路管理者の協力を求めて、

前面道路にカラーコーンを設置するなどの「目に見える」対策も検討されて⇒18頁よい。

土地所有者への請求可能性　本条9項〜11項にもとづく代執行によって借地上の特定空家が除却された場合、土地所有者には、「棚ぼた」で（基礎は残るとしてもほぼ）更地が戻ってくる。借地権が当然に消滅するわけではないが、それを主張する者は、現実には存在しない。そこで、当該土地が売却されたり使用されたりするケースも考えられる。

そうした場合において、とりわけ代執行費用が回収できないとなれば、「土地所有者に何らかの負担を求められないか」と考える市町村行政担当者は多くいる。土地所有者は利害関係者であるから、自ら不在者財産管理人の選任申立てをして処理をすればよいところ、それをせずに行政による空家法実施に「フリーライド」した結果になるからである。ただ、こうした事態に対応する仕組みは、空家法にはない。改正法の附帯決議でも検討が求められているが、受益調整に関する現実の制度設計は難題である。⇒254頁

⑲　「行政手続法（平成5年法律第88号）第3章（第12条及び第14条を除く。）の規定は、適用しない。」（15項）

適用除外とその意味　本条3項にもとづく命令は、行政手続法2条4号にいう不利益処分である。したがって、それをするにあたっては、同法3章（12条〜31条）が適用されるのが原則である。

通常であれば、行政手続法13条1項2号にもとづき、弁明機会の付与の手続が講じられる。ところが、法22条4項〜8項は、建築基準法9条2項〜6項にならって、それよりも手厚い手続を規定している。このため、行政手続法12条が規定する処分基準、14条が規定する理由提示を除いて、3章が適用除外とされている。重要なのは、同法13条（不利益処分をしようとする際の手続）がその対象から外されている点である。

立法ミスの帳消し？　行政手続法13条が適用除外される意味は何だろうか。同条1項に相当する手続は、本条4項〜8項が規定しているから問題はない。問題は、不利益処分手続が適用除外される場合を規定する行政手続法13条2項である。「適用除外の適用除外」であるから、結局は適用がある。

第1部　2023年改正空家法

　行政手続法13条2項1号は、「公益上、緊急に不利益処分をする必要があるため、前項に規定する意見陳述のための手続を執ることができないとき。」と規定するが、これが適用除外されないため、緊急時において本条3項の命令をしようとしても、手続を省略できないのである。

　もっとも、改正法により、本条11項に特別緊急代執行が導入されたため、かりに同項の要件が「公益上、緊急に」という要件と合致すると解すれば、実務上の問題はなくなる。そのかぎりで問題はない。しかし、両者がズレているとすれば、問題状況はなお継続している。

`行政手続法12条と14条の除外の意味`　行政手続法3章のうち、12条と14条は適用除外の対象になっていない。12条は、処分基準である。同法2条8号ハによれば、それは、「不利益処分をするかどうか又はどのような不利益処分とするかについてその法令の定めに従って判断するために必要とされる基準」である。法令そのものではなく、法令に規定される不利益処分の要件を、行政庁の解釈により、具体化・詳細化したものを意味する。作成が義務とされる同法5条にもとづく審査基準とは異なり、処分基準について12条1項は、「行政庁は、処分基準を定め、かつ、これを公にしておくよう努めなければならない。」と規定する。したがって、定めていないこと、公にしていないことが直ちに違法となるものではない。

　処分基準について、ガイドラインは沈黙しているが、作成しておくべきであろう。手持ちの基準がなければ、的確な判断をすることはできないし、命令の発出を検討する段階において処分基準を考えるというのでは、まさに泥縄であり、的確な判断ができないからである。公にする点については、そのすべてとするか、たとえば項目のみとするかの選択があろう。全部を公にすると、命令要件の充足がギリギリされないような状態を公開する結果になるからである。

　理由付記を義務づける同法14条が除外されているのは、これが行政の恣意を抑制し行政に説明責任を果たさせるとともに、争訟提起の便宜を与えるという行政手続法の制度趣旨から当然である。争訟において違法とされないための「理由」の内容については、前述の解説を参照されたい。^{⇒127頁}

`名あて人不明事案`　命令の名あて人となるべき者が判明しない場合、および、所在のみ不明の場合において、行政手続法13条（により準用される15条3項の弁

146

明機会付与通知書現場掲示義務）が適用除外された。早期対応の必要性に鑑みた特別法的規制緩和措置であり、空家法が行政手続法との関係で特別措置法となっている部分である。

　本条2項の勧告は1項の助言・指導の不服従を前提とし、3項の命令は2項の勧告の不服従を前提としている。このため、それぞれの措置にあたり、前提となる措置が、相手方に対して確実に送達されている必要がある。ところが、これらは行政指導であるため（2項勧告についてもそのように整理すれば）、それが困難な場合について、行政手続法制上は特段の措置が講じられない（なお、行政指導の規律は、各市町村の行政手続条例による（行政手続法3条3項、46条））。本条10項のカッコ書きにおける同条1項および2項に関する記述には、そうしたときには特段の手続を不要とすることを明確にした意義がある。

⑳　「特定空家等に対する措置に関し、その適切な実施を図るために必要な指針を定めることができる。」（16項）

　改正法を受けた改訂　本項は、旧法14条14項の条項ズレである。旧法のもとでは、「「特定空家等に対する措置」に関する適切な実施を図るために必要な指針（ガイドライン）」が、旧法の施行にあわせて2015年2月26日に公表された。その後、2021年6月30日に改訂されていた。それが、改正法の施行にあわせて2023年12月13日に再度改訂され、名称も「「管理不全空家等及び特定空家等に対する措置」に関する適切な実施を図るために必要な指針（ガイドライン）」となった。

　特定空家等は管理不全空家等を含むのか　ガイドラインは、「管理不全空家等及び特定空家等の判断の基準等」というように、両方のカテゴリーに関する実務を射程に含めている。それは妥当であるが、本項は、「特定空家等に対する措置」と限定している。特定空家等が空家等を包含するならそれでもよいが、実際は逆である。管理不全空家等に関する記述を含める予定であったはずなのに、なぜその旨を本項に明記する改正をしなかったのだろうか。

　ガイドラインの法的性質　このガイドラインの法的性質は、基本指針と同じく行政規則であり、法的拘束力は有しない。地方自治法245条の4にいう「技術的な助言」である。市町村は、これを参考にしつつ、独自の内容を決定できる。本条3項の命令の基準として機能する部分は、行政手続法12条にいう処分基準

として位置づけられる。

なお、空家法にもとづく市町村の事務が法定自治事務（地方自治法2条8項）である点に鑑みれば、その内容が詳細にすぎるという面がないではない。一方、求めてもいない事務を押しつけられた感がある市町村にとっては、これぐらいの内容であって当然なのかもしれない。

㉑ 「国土交通省令・総務省令」（17項）

未制定　本条17項の委任を受けた施行規則は、制定されていない。旧法14条15項にあった規定であるが、旧法時代から未制定状態は継続している。

㉒ 代執行による除却と滅失登記

建物の滅失　代執行により空家が除却された場合、不動産登記法57条にいう「建物が滅失したとき」という要件が充される。滅失とは、典型的には建物の焼失のように、その存在を失うことをいう。

滅失登記　不動産登記法57条は、登記名義人に対して、滅失の日から1か月以内に、当該建物の滅失登記を申請しなければならないとする（違反は、10万円以下の過料（同法164条1項））。同法28条は、登記官が職権で登記することも可能としているため、登記名義人の自費による対応が期待できないならば、市町村長は、必要な情報を登記官に送付してもよい。

略式代執行の場合には、登記名義人が不明であるから、自身による申請ができない。その状態を継続するのは公共の福祉に反するから、市町村長は、登記官の職権発動を促すべく、必要な情報を提供することになろう。

㉓ 空家等、管理不全空家等、特定空家等の相互関係

複雑になった措置対象　改正によって、空家法が対応すべき空き家のカテゴリーは、管理不全の程度の順でいえば、「空家等（2条1項）、管理不全空家等（13条）、特定空家等（2条2項）」となった。

たしかに、法律上はこの3種類である。しかし、実務的には、なすべき行政対応との関係で、より広く・より細分化した把握がされているようにみえる。ひとつの整理として示すと、**［図表1.6］**のようになる。

第1章 空家法の逐条解説 ■23条

[図表1.6] 改正空家法のもとでの対象

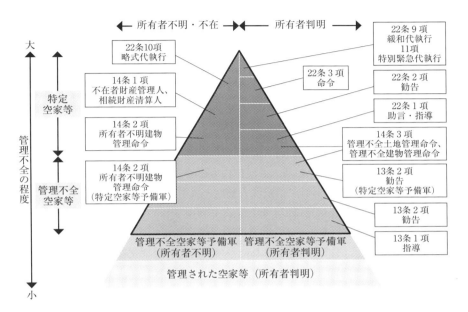

〔出典〕筆者作成。

■ 空家等管理活用支援法人の指定（23条）

第23条 市町村長は、特定非営利活動促進法（平成10年法律第7号）第2条第2項に規定する特定非営利活動法人、一般社団法人若しくは一般財団法人又は空家等の管理若しくは活用を図る活動を行うことを目的とする会社であって、次条各号に掲げる業務を適正かつ確実に行うことができると認められるものを、その申請により、空家等管理活用支援法人（以下「支援法人」という。）として指定することができる。

2 市町村長は、前項の規定による指定をしたときは、当該支援法人の名称又は商号、住所及び事務所又は営業所の所在地を公示しなければならない。

第 1 部　2023年改正空家法

> 3　支援法人は、その名称若しくは商号、住所又は事務所若しくは営業所の所在地を変更するときは、あらかじめ、その旨を市町村長に届け出なければならない。
> 4　市町村長は、前項の規定による届出があったときは、当該届出に係る事項を公示しなければならない。

【改正対応】

新設。

(1)　「空家等管理活用支援法人」（1項）

指定法人制度　民事法上の法人を法律にもとづき行政庁が指定し、法定業務の委任がされる仕組みがある。指定法人制度と称され、建築基準法のもとでの指定確認検査機関（77条の18以下）など、広く利用されている。

改正法による導入　本条が規定する空家等管理活用支援法人（以下「支援法人」という。）は、改正法により導入されたものである。制度化にあたっては、所有者不明土地法のもとでの所有者不明土地利用円滑化等推進法人（47条以下）、および、それが参照した都市再生特別措置法のもとでの都市再生推進法人（118条以下）がモデルとされている。基本指針は「市町村の事務負担の軽減」、想定問答は「行政に準じる立場から、行政を補完してもらう」と制度趣旨を説明している（問31）。その前提として、説明資料は、「特に、規模の小さい市町村ほど、他の部署・職員が空家等の対策を兼任しており、空家等の管理、活用に当たり必要な不動産流通、相続、登記等の専門的な知識が十分ではないという課題がある」という認識を示している。

本来は条例決定に委ねるべきもの　本条の事務は、空家法にもとづく義務的なものであり、それをしない自由は市町村にはない。後にみるように、国が財政的措置を講じることから、財務省との関係でも選択制にはできなかったのであろう。

しかし、法政策的には、そのようにすべきであったとは思われない。必要と考える自治体は条例を制定することによりそれが利用できるようにすれば足りるものである。後にみるように、改正法施行の際に「様子見型」「不指定宣言型」の審査基準を作成した市町村が大半であったのは、義務的事務としては異

150

常な光景である。

「手引き」　国土交通省は、支援法人制度の運用のために、「空家等管理活用支援法人の指定等の手引き」（令和5年11月30日）（以下「手引き」という。）を作成した。参考資料として、「○○市空家等管理活用支援法人の指定等に関する事務取扱要綱（例）」（以下「国土交通省事務取扱要綱」という。）が提出要求書類例や様式例とともに収録されており、支援法人制度の実務にとって参考になる。

　なお、この手引きは、政令でも省令でもないため、法的拘束力はない。あくまで参考資料にとどまる。これとは異なる対応をするのは妨げられないし、そうした選択をすることについて説明をする法的義務もない。

申請資格　支援法人の申請ができるのは、特定非営利活動促進法2条2項に規定される特定非営利活動法人（NPO法人）、一般社団法人、一般財団法人、会社とされる。「会社」とは、「空家等の管理若しくは活用を図る活動を行うことを目的とする」という制約が付されているけれども、営利目的で活動する「法人」（会社法3条）である。反対解釈として、前記のいずれの法人格もない団体（例：弁護士会、司法書士会、行政書士会）は対象外である。

　本条には、公益社団法人および公益財団法人が、明記されていない。この点に関して、手引きは、それぞれ一般社団法人と一般財団法人に「含みます。」としている。これらの部分集合という整理である。たしかに、「公益社団法人及び公益財団法人の認定等に関する法律」2条は、「公益法人」について、「公益社団法人又は公益財団法人をいう。」（3号）と定義し、公益社団法人については「第4条の認定を受けた一般社団法人をいう。」（1号）、公益財団法人については「第4条の認定を受けた一般財団法人をいう。」（2号）と定義する。しかし、空家法だけからそれを読み取れというのは無理である。霞が関ムラではよいのかもしれないが、国民との関係では不適切な規定ぶりである。

　両公益法人を含むとすると、空家法上は、6種類の法人に申請資格がある。しかし、これは例示と解すべきである。後述のように、指定に関する市町村長の裁量は広いため、たとえば、営利目的の活動を基本とする「会社」にはそもそも申請権を与えないという運用も可能である。「京都市空家等管理活用支援法人の指定等に関する事務取扱要綱」4条1項1号が指定基準として「会社」を含めていないのは、こうした理由からであろう。かりに例示でなければ、空家

第1部　2023年改正空家法

法の上書きになる。それを可能にするのは条例でのみであり、要綱ではなしえない。

(2)　「申請により……指定することができる。」（1項）

申請に対する処分と審査基準　本条にもとづく申請および指定は、行政手続法のもとでの「申請に対する処分」である。本条1項は、指定の基準として、「次条各号に掲げる業務を適正かつ確実に行うことができると認められる」と規定する。しかし、これだけでは曖昧であるから、市町村長は、行政手続法5条にもとづき、その判断にあたって実際に用いる基準（審査基準）を作成して公にしなければならない。これは、市町村長が本条を解釈したものである。求められれば見せればいいのであるが、ウェブサイトで公表するのがより適切である。

多様な審査基準　改正法施行前後の時点において、実際に作成・公表されている審査基準の内容は多様である。「様子見型」「不指定宣言型」「申請制約型」「必要があれば指定型（申請は制約しない）」「（実質的に）従前から協力関係にある団体のみ指定型」「いくつかの混合型」「無制約型」「国土交通省事務取扱要綱準拠型」⇒第7章に整理できる。それぞれが、市町村独自の本条1項解釈を踏まえたものである。

　手引きには、「支援法人の審査」として、「法人の基本的な要件」「法人の業務の適切さ」「法人の業務体制」「法人の経理的基礎」のそれぞれについて、詳細な基準が解説されている。国土交通省事務取扱要綱も添付されており、支援法人の利用に前向きの市町村は、大いに参考にできるだろう。指定実績のある市町村のなかには、指定方針を作成して、支援法人に対して求める業務を明記するところもある（例：坂井市、防府市）。

「指定しない」という審査基準　実際に作成・公表されている審査基準の大半は、「様子見型」や「不指定宣言型」である。要するに、申請されても指定しないというのである。手引きは2023年11月30日付けとなっており、それにならって審査基準を作成することもできたはずである。しかし、それはきわめて少数にとどまった。

　このような異例の展開になっているのはなぜだろうか。どのような法人が申請をしてくるのかがわからないことに加えて（地上げ屋的な団体が申請してくるお

152

それもあるとの心配もされている）、空家法27条および28条が、支援法人に対して市町村への提案・要請権を与えたうえに、それを拒否する際の理由通知義務を課す制度になっていることなどが考えられる。指定をすれば監督の業務が増えると懸念する市町村もある。

　不用意に指定をすれば行政が振り回されかねない。このような不安を抱いた市町村は、少なくなかったようである。市町村の規模を問わず、審査基準の大半は「様子見型」であるが、その背景には、こうした事情がある。基本指針改正パブコメ回答は、次のように述べる。

> 　準備ができていないことを直接の理由として指定しないとすることは適切ではないと考えられますが、その他の理由から、当分の間市町村として指定しない方針とすることが考えられます。

「様子見型」の将来　市町村の方針が定まるまでは指定しないという「様子見型」の審査基準は、筆者が、まさに「とりあえずの措置」であり、いわば緊急避難として提案したものである。もっとも、未来永劫これでよいと考えているわけではない。方針を決定し、バージョンアップした内容を1〜2年のうちに定めるのが適切である。亀岡市は、そのような対応をしている。

一法人限定という審査基準　手引きは、「指定する法人を一つに限ることも想定されます」とする。ただし、「公平性の観点にも留意しながら、複数の支援法人の指定により業務の適正かつ確実な実施が確保できなくなるか等を検討した上で、合理的にその理由を説明すべき」としている。2024年12月現在、39市町で57指定となっている。指定実績としては1法人が多いが、複数を指定している自治体としては、京都市（5法人）、多賀町（3法人）、雲仙市（3法人）、辰野町（3法人）、岐阜市（3法人）、米子市（2法人）、豊田市（2法人）、藤枝市（2法人）がある。

指定処分にあたっての裁量　申請に対する処分に関しては、たとえば、道路交通法にもとづく運転免許や食品衛生法にもとづく飲食店営業許可のように、基準の認定や基準を充たしていたときの判断にあたって、行政庁の側に裁量がほ

とんどないものもある。これに対して、本条にもとづく支援法人の指定処分に
は、市町村長の側に広い裁量があると解される。市町村長は、業務の需給関係
を判断し、必要な範囲で指定すればよい。

申請書の「受理の拒否」　指定をするつもりがないことを審査基準に明記して
いるとしても、本条1項にもとづく申請を受け取らないという取扱いは違法で
ある。行政手続法7条は、「行政庁は、申請がその事務所に到達したときは遅滞
なく当該申請の審査を開始しなければならず」として、審査開始義務を規定す
る。このため、受け取って審査をしたうえで、理由を明記して処分をしなけれ
ばならない。審査基準を定めることの重要性が理解できるだろう。

申請の取扱い　限定した数を指定するという方針を持つ場合には、申請がされ
るごとに判断をするわけにはいかない。「公募」という形で一定数の申請をプー
ルしておき、締切り後にそれらを比較検討して指定の判断をするという運用に
なるだろう。この点に関して、基本指針改正パブコメ回答は、次のように述べ
る。

　指定数を限定することについては公平性の観点から慎重な検討が必要ですが、複
数の申請を一定期間留保し、一括して審査を行うという取扱いは、それが遅滞なく
合理的な範囲内で行われている限りは可能であると考えます。

　この回答だけでは不十分である。市町村としては、前述の行政手続法7条と
の関係を整理しておかなければならない。

　この点に関しては、個々の申請との関係ではなく、「1つの法人を指定するた
めの公募を締め切った時点から遅滞なく」と考えればよい。同条は、行政指導
に従わせるために申請の受取りを拒否することで申請権を侵害するような運用
を否定するために設けられたものである。締切り後には審査が開始されるので
あるとすれば、個々の申請との関係で同条を厳格に適用する必要はない。

補完的役割　支援法人の役割について、手引きは、「市町村における空家等の
管理・活用に係る施策を外部に補完してもらう必要性に応じて」としている。
すなわち、法24条各号に規定される業務を市町村行政だけでできていたり、す

でにNGOなどと連携協定を締結して事務を委託していたりしていて、追加的に参入させる必要がないのであれば、それを理由に指定を拒否することも可能である。

この点に関して、手引きは、「「当市町村では、市町村において○○の業務を行うことができるため、当該業務に関し指定法人は指定しないこととする」など、方針を明らかにすることが重要」とする。法24条には、5つの業務が明示されている。そのすべてについて指定するのか、そのいくつかであるのか、市町村の実情に応じて判断してよい。

業務をする自由はない　運転免許や飲食店営業許可と比較して営業の自由が大きく制約できるのは、空家法の実施との関係で、市町村長の指定を受けて法24条に列挙される業務をする自由は民間側にないと考えられるからである。この点で、廃棄物処理法にもとづく一般廃棄物処理業許可と似たところがある。同法のもとでは、一般廃棄物の処理は市町村の事務とされており（6条の2第1項）、「当該市町村による一般廃棄物の収集又は運搬が困難であること。」（7条5項1号）が許可基準となっている。本条1項はこうした基準を明記しないが、支援法人の制度趣旨に照らせば、「不文の必要性要件」があると解される。^{⇒271頁}

必要な拒否理由とその程度　指定しないという方針を審査基準で定めている場合には、申請拒否処分をすればよい。その際には、「①空家法23条1項に関して定められている審査基準、②申請の内容、③審査基準へのあてはめ」について、指定拒否通知書に明記しなければならない。根拠条文しか記載していない、あるいは、基準該当性を簡単にしか記載していない申請拒否処分が取消訴訟で争われた場合、たとえ拒否するという判断が妥当であったとしても、裁判所は、理由付記が不十分であったという理由で、処分を取り消している（最三小判平成23年6月7日民集65巻4号2801頁、東京高判令和3年4月21日判時2519号5頁）。

行政手続法8条1項は、申請拒否時に理由の提示を義務づけるが、それは、口頭ではなく文書により完結的になされなければならない。裁判例においても、「その記載自体から了知しうるものでなければならず」とされている（水戸地判平成28年1月28日判自414号42頁）。万事、「書面主義」であり、申請者に役所に出頭を求めていくら丁寧に説明したとしても、行政手続法上は無意味なのである。

指定期間は必要　本条には規定がないが、指定をするにあたっては、期間を付

第1部　2023年改正空家法

すのが適切である。指定にあたっての市町村長の裁量のなかに含まれていると解される。国土交通省事務取扱要綱は、「指定の有効期間は、当該指定の日から起算して〇年とする。」というモデル条項を示している。

　期間の定め方に関するひとつの方針としては、指定日から一定期間ととする要綱方式もよいが、支援法人は市町村の空家法実施に大きな役割を果たすという制度趣旨に鑑みれば、指定時に作成されている空家等対策計画の終了年度までとするのが適切であろう。3年間かもしれないし、5年間かもしれない。あまりに短いと、次の計画期間終了時とすればよい。終了にあたって、当該支援法人を再指定するか、「公募」をして適切な法人を選ぶかについても、市町村長には広い裁量がある。

　<u>期間は附款か</u>　指定にあたって期間を限定するのは、附款のようにみえる。しかし、前述のように、市町村が独自に定める事務取扱要綱のなかで期間あるいは期間上限を明示している場合においてそれとされたときは、いわば「満額回答」であり権利制約はされていない。したがって、行政不服審査法82条1項および行政事件訴訟法46条1項にもとづく教示は不要である。

　<u>標準処理期間</u>　行政手続法6条は、標準処理期間を設定するよう努めるものと規定する。この点については、防府市や坂井市のように、支援法人指定方針のなかで、「申請の結果は、申請後おおむね1か月以内に文書で通知します。」とする例がある。

　<u>必要な様式</u>　国土交通省事務取扱要綱には、「様式第2号（第3条関係）空家等管理活用支援法人指定書」が付されている。少々気になるのは、「6　指定にあたっての要件その他の事項」である。これが、新たな法的義務を課し、その不履行が改善命令要件に読み込まれるものであるとすれば、前記のように教示文を付さければならない。

　国土交通省事務取扱要綱には、不指定通知書は付されていない。京都市、座間市、防府市のように、独自に作成しておくべきであろう。教示文は当然必要になる。

　<u>空家等対策計画に方針を規定</u>　法7条2項各号が掲げる空家等対策計画の規定内容は、支援法人の業務とも関係している。そこで、計画を作成している市町村は、指定に関する市町村の方針をそのなかで規定することもできる。

156

第1章　空家法の逐条解説　■24条

■　支援法人の業務（24条）

> **第24条**　支援法人は、次に掲げる業務を行うものとする。
> 　一　空家等の所有者等その他空家等の管理又は活用を行おうとする者に対し、当該空家等の管理又は活用の方法に関する情報の提供又は相談その他の当該空家等の適切な管理又はその活用を図るために必要な援助を行うこと。
> 　二　委託に基づき、定期的な空家等の状態の確認、空家等の活用のために行う改修その他の空家等の管理又は活用のため必要な事業又は事務を行うこと。
> 　三　委託に基づき、空家等の所有者等の探索を行うこと。
> 　四　空家等の管理又は活用に関する調査研究を行うこと。
> 　五　空家等の管理又は活用に関する普及啓発を行うこと。
> 　六　前各号に掲げるもののほか、空家等の管理又は活用を図るために必要な事業又は事務を行うこと。

【改正対応】

新設。

(1)　「次に掲げる業務」

限定列挙　支援法人として行える業務は、本条1号～5号に限定列挙される。2号の「改修」以外は、ソフト事業である。

本条6号を踏まえ、市町村は追加が可能である。決定の方式は自由であるが、地域特性を踏まえて具体的な業務ニーズを把握しているのであれば、空き家条例に根拠を設け、その委任を受けて施行規則で規定すればよいだろう。

(2)　「情報の提供」「必要な援助」（1号）

本条1号は、広義の「相談業務」である。支援法人を指定した市町村のほとんどは、この業務に関する行政リソース不足を認識しており、支援法人の活動の中心となっている。

157

第1部　2023年改正空家法

(3)　「委託に基づき」（2号・3号）

委託が必要な場合　限定列挙されている本条1号～5号の業務のうち、2号・3号だけに「委託に基づき」という文言が付されている。それ以外の業務についても、委託により行えないわけではないが、2つについてのみとくにそのように規定されており、支援法人の場合は、業務の委託によらずには自主的に実施できない。いずれもプライバシーにかかわる業務である。

委託者　「委託に基づき」とはあるが、誰の委託なのかは規定されていない。考えられるのは、支援法人を指定した市町村、または、空家等の所有者等である。

　本条2号業務についてみておこう。「状態の確認」は、外観目視により行われる。対象は、市町村域全体についてか、特定の空家等についてかに分かれる。前者であれば、支援法人が独自の業務としてすることは考えにくい。市町村の委託によることになろう。一方、後者であれば、所有者等からの委託を受けての業務になりうる。改修などについては、所有者等に依頼されなければできないのは当然である。

　本条3号業務に関しては、市町村の委託によることが考えられる。従前からも、たとえば司法書士に業務委託しての所有者探索は行われていた。共有者のひとりから、残りの共有者の探索を委託されることがあるかもしれない。

(4)　「空家等の所有者等の探索」（3号）

必要となる場合　本条3号業務としての探索が必要になるのは、不動産登記簿、住民票、戸籍、固定資産税課税台帳などの調査によって市町村が得ることができる情報だけでは所有者等の特定には至らない場合である。兼務職員が多い空家法担当部署においては、同法を実施しようとしたときに直面するタフな場面である。この業務をアウトソーシングしたいニーズはそれなりにある。

　本号の業務を委託する際には、当然、空家等の所在地情報が支援法人に提供される。その情報は、当該支援法人のみが利用できる。かりにそれ以外の者に提供されたとすれば、それは適正な業務執行ではないため、法25条が規定する監督処分の対象となる。

158

⑸ 「前各号に掲げるもののほか」(6号)

追加的規定　本条1号〜5号に規定される業務は、基本的には、旧法のもとで市町村が実施してきた内容である。限定的に解されるものではないから、市町村は、地域ニーズを踏まえてこれ以外の業務内容を追加することは、何ら妨げられない。もっとも、国の補助対象にはならない。

決定方式　本条は、追加にあたっての決定方式を指定していない。空き家条例を制定している市町村は、そのなかに、「市長は、法第24条第6号に係る事務又は業務に関して、規則でこれを定めることができる。」という規定を設ければよいだろう。この部分の条例は、法律実施条例となる。

⑹　財政支援

国の補助制度　支援法人による空き家の活用等を図るために必要な事業に対しては、空き家対策総合支援事業のなかで、新たな支援対象とされた(令和6年度から)。国土交通省は、「「空家等管理活用支援法人による空家の活用等を図るために必要な事業」に対する支援」において、補助対象事業として、本条1号・3号・5号を指定している。すべての業務が対象になるのではない点に注意が必要である。また、「委託に基づき」とされる業務のうち、それを超えて補助対象となるのは3号のみである。

裏負担をする用意があるか　補助率は、国が2分の1、市町村が2分の1とされ、市町村が支援する場合にかぎり国もその同額を支援するとされている。指定するのは市町村であるが、自ら2分の1を負担する意思がある場合に国も対応するというのである。「裏負担」は必要である。支援法人に対する市町村からの支出形式は、補助金であっても委託費であってもよい。

　市町村が支援法人に対して業務を委託する場合には、①国の補助制度の範囲内で行う場合、②それを超えて市町村が超過分を単独で全額負担する場合、③国の補助制度を利用せず市町村が全額あるいは一部を単独で負担する場合、④すべて無償での対応をお願いする場合、の4つのパターンがある。業務委託をすれば必ず補助金が利用されるわけではない。

補助上限　国の補助上限額は、1法人あたり毎年度500万円とされ、最大3か年度まで可能となっている。さらに、指定数にかかわらず、この補助にかかる

第1部　2023年改正空家法

全体事業費は、各市町村に関する空き家対策総合実施計画の交付対象事業の全体事業費の2分の1未満とされている。支援法人の「立上げ期支援」という趣旨であるが、業務内容や法人規模を不問にしての一律上限に合理性はあるのだろうか。

■ 監督等（25条）

第25条　市町村長は、前条各号に掲げる業務の適正かつ確実な実施を確保するため必要があると認めるときは、支援法人に対し、その業務に関し報告をさせることができる。

2　市町村長は、支援法人が前条各号に掲げる業務を適正かつ確実に実施していないと認めるときは、支援法人に対し、その業務の運営の改善に関し必要な措置を講ずべきことを命ずることができる。

3　市町村長は、支援法人が前項の規定による命令に違反したときは、第23条第1項の規定による指定を取り消すことができる。

4　市町村長は、前項の規定により指定を取り消したときは、その旨を公示しなければならない。

【改正対応】
新設。

⑴　「報告させることができる」（1項）

報告命令の処分性　本条1項が規定する報告は、市町村長が個別に求める。その点では、法9条2項にもとづく空家等の所有者等に対する報告の求めと同じであるが、異なっている点がある。それは、拒否に対しての制裁である。同項の報告については、その拒否に対して20万円以下の過料が科される（法30条2項）。ところが、本条1項の報告については、そうした措置はない。法9条2項にもとづく報告の求めには処分性があったが、本条1項にもとづく報告の求め^{⇒58頁}には法的不利益措置が予定されていないことに鑑みれば、処分性はないと解さ

第1章 空家法の逐条解説 ■25条

れる。

　報告をしないことについて、「業務の運営の改善」として、本条2項にもとづき報告命令を出し、その履行確保を3項の指定取消しで担保するという整理もあるが、迂遠である。

報告の頻度・タイミング　報告を求められる支援法人の対応を考えれば、毎年どのタイミングに求めるのかをあらかじめ定めておくのが合理的である。もちろん、必要があれば、それ以外のタイミングでも求めることは可能である。

(2)　「業務を適正かつ確実に実施していないと認めるとき」（2項）

具体的場合　命令要件としてどのようなものがあるかは、一義的には定まらない。法26条2項が規定する個人情報の扱いが杜撰であることや、財務状況が悪化していることなどが考えられる。

(3)　「命ずることができる。」（2項）

改善命令の処分性　本条2項にもとづく措置命令は、その違反が指定の取消しに結びつくから、処分性があると解される。ところが、命令違反それ自体については、法30条1項のもとでの過料の対象にはなっていない。報告に関してもそうであるが、市町村長の裁量が広い指定処分を受けて指定されたにもかかわらず、監督措置が及び腰なのはなぜだろうか。

処分基準の作成　不利益処分であるから、行政手続法12条にもとづき、市町村長は、処分基準を作成することができる。同法5条と異なり、こちらは「定め、かつ、これを公にしておくよう努めなければならない。」と規定される。対応は任意である。

　しかし、何かの事態が発生してから作成をするのでは、まさに泥縄であり、適切な内容のものは期待できない。「業務を適正かつ確実に実施していない」という命令要件は、法23条1項の「適正かつ確実に行う」という要件の裏返しともいえるが、「命ずることができる」という効果裁量の判断基準は必要である。「どの程度」であれば、命令に至るのか。抽象的になるにしても、項目程度は用意しておきたい。

様式の作成　国土交通省事務取扱要綱には、改善命令に関するものはない。同

161

第1部　2023年改正空家法

要綱7条は、改善命令について述べるが、2項として、「市長は、前項の規定により命令をする場合は、改善命令書（様式第○号）により当該支援法人に通知するものとする。」という規定を設けていない。市町村は、独自に定めておくとよい。命令にあたっては、行政手続法13条1項2号にもとづき、弁明機会の付与をしなければならない。これについても、独自に様式を定めればよいだろう。

⑷　「取り消すことができる。」（3項）

処分基準の作成　指定取消しという不利益処分についても、処分基準を定めておくとよい。要件は命令違反であるので明確であるかもしれないが、効果裁量がある。悪質性に関する項目と程度を定めることになろう。

要注意の様式第6号　支援法人制度の運用にあたっては、手引きや国土交通省事務取扱要綱が有益な情報を提供してくれる。注意が必要なのは、「様式第6号（第8条関係）」として添付されている「指定取消書」をそのまま流用すれば違法になる点である。そこには、主文として、以下のように記されている。

　○○市空家等管理活用支援法人の指定等に関する事務取扱要綱第8条の規定により、空家等管理活用支援法人の指定を取消します。

　取消しの根拠は、国土交通省事務取扱要綱8条ではなく、法25条3項である。指定をした日付および文書番号は必要である。また、「取消します」ではなく、「取り消します」である。

　それにもまして問題なのは、様式第6号には、教示文が付されていない点である。この文書をそのままに用いれば、行政不服審査法82条1項および行政事件訴訟法46条1項に反して違法である。国土交通省は、本条2項の措置命令と3項の指定取消しを不利益処分ではないと考えているのではないだろう。

　空家法担当部署は、文書法務担当部署と相談し、適切な内容の様式を整備しなければならない。真意は不明であるが、手引きは、「適宜修正のうえ御活用ください。」と記している。

第1章　空家法の逐条解説　■26条

■　情報の提供等（26条）

> **第26条**　国及び地方公共団体は、支援法人に対し、その業務の実施に関し必要な情報の提供又は指導若しくは助言をするものとする。
> 2　市町村長は、支援法人からその業務の遂行のため空家等の所有者等を知る必要があるとして、空家等の所有者等に関する情報（以下この項及び次項において「所有者等関連情報」という。）の提供の求めがあったときは、当該空家等の所有者等の探索に必要な限度で、当該支援法人に対し、所有者等関連情報を提供するものとする。
> 3　前項の場合において、市町村長は、支援法人に対し所有者等関連情報を提供するときは、あらかじめ、当該所有者等関連情報を提供することについて本人（当該所有者等関連情報によって識別される特定の個人をいう。）の同意を得なければならない。
> 4　前項の同意は、その所在が判明している者に対して求めれば足りる。

【改正対応】
　新設。

(1)　「国」（1項）

国の直接関与　空家法のなかで、国が事業者に対して直接関与する唯一の規定が本条1項である。支援法人の指定および監督は市町村の事務である（法23条・25条）にもかかわらず、情報提供・指導・助言という形で国が関与するのは奇異にみえる。おそらくこれは、空き家対策総合支援事業のなかで、支援法人に対して、補助率2分の1、1法人あたり上限500万円／年度、1法人につき最大3か年度の国庫補助が制度化されたからであろう。

　もっとも、支援法人の業務遂行にあたって、必ず補助制度が利用されるというわけではない。利用されない場合において、国が市町村の頭越しに指導・助言するとはどのような場合だろうか。「指導若しくは助言」というように、法22条1項の「助言又は指導」と順序が逆になっているのはなぜだろうか。

163

第1部　2023年改正空家法

⑵　「当該空家等の所有者等の探索に必要な限度で、当該支援法人に対し、所有者等関連情報を提供するものとする。」（2項）

所有者等関連情報　「探索」は法24条3号業務であるが、たとえば1号業務であっても、所有者等の情報が必要になる場合もある。提供が予定されるのは、空家等の所有者等の氏名・（法人の場合）名称、住所、連絡先である。連絡をとるために必要な最小限の情報であるから、家族構成や所得などの情報はこれに該当しない。

支援法人側の努力　不動産登記簿情報のように、支援法人も取得が可能なものについては、まずはそれを行わせるべきである。それをしても不明であるが、固定資産税台帳情報により必要情報が把握できる場合も少なくない。そうしたときには、空家法担当は、固定資産税担当に対して、本条およびその前提としての法10条1項を踏まえて、情報の提供を求めることになる。

⑶　「同意を得なければならない。」（3項）

同意が求められる理由　支援法人は、空家等に関して、これが適切に管理・活用されるための業務を行う。特定空家等とは異なり、この状態の空家等は、地域的外部性を生じているわけではなく、所有者のプライバシーの保護が制約的になるものではない。したがって、その同意は不可欠である。

　本人同意があれば個人情報を第三者に提供できることは、個人情報保護法69条2項1号も認めている。本条3項は、支援法人制度との関係で、この点を確認的に規定したものといえる。

　結果的に不同意となったとしても、市町村から公式に提供を打診されることの事実上の影響は少なくないだろう。支援法人は介在させられないが、行政として、当該空家等を適正な管理・活用の方向に誘導するための行政指導は積極的にしてよい。

同意取得の方法　後日のトラブルを回避するためにも、同意の取得は、書面ないしメールのように記録に残る方法によるべきである。

同意の撤回　一旦は同意をしたけれども、それを踏まえた支援法人からのアプローチを受けたあとで、空家等の所有者等から同意を撤回したいという求めがされる可能性がある。その意思は、尊重されるべきである。もっとも、同意を

第1章　空家法の逐条解説　■27条

前提にしてすでに提供された情報を回収するのは困難である。したがって、市町村は、同意を取得する際に、支援法人との関係でどのようなことが生じうるのかを説明する注意義務があると解される。

ガイドライン　外部提供に関しては、国土交通省住宅局「空き家所有者情報の外部提供等に関するガイドライン」（令和5年12月）が有用である。空家法2023年改正を受けて改訂されたものであり、実例を踏まえた詳細な解説がされている。

■ 支援法人による空家等対策計画の作成等の提案 （27条）

> 第27条　支援法人は、その業務を行うために必要があると認めるときは、市町村に対し、国土交通省令・総務省令で定めるところにより、空家等対策計画の作成又は変更をすることを提案することができる。この場合においては、基本指針に即して、当該提案に係る空家等対策計画の素案を作成して、これを提示しなければならない。
>
> 2　前項の規定による提案を受けた市町村は、当該提案に基づき空家等対策計画の作成又は変更をするか否かについて、遅滞なく、当該提案をした支援法人に通知するものとする。この場合において、空家等対策計画の作成又は変更をしないこととするときは、その理由を明らかにしなければならない。

【改正対応】
　新設。

(1)　「空家等対策計画の作成又は変更をすることを提案することができる。」（1項）

指定法人の提案権　個別法にもとづき指定された法人が、行政庁に対して一定事項を提案できる制度は、複数の法律で導入されている。本条は、所有者不明土地法52条を直接の参考にしたものである。

　支援法人は、法24条に規定される業務に関して、それなりの専門性を有して

165

第1部　2023年改正空家法

いる。その知見を活用して空家等対策計画をバージョンアップするという発想それ自体は適切なものである。もっとも、たとえば年に何回も提案をするというようなことは、想定されていない。提案権を行使する支援法人は、あくまで行政をサポートする立場であることを十分に認識した対応が求められる。

国土交通省令・総務省令　本条1項の委任を受けて制定されている空家法施行規則3条は、「その名称又は商号及び主たる事務所の所在地を記載した提案書に当該提案に係る空家等対策計画の素案を添えて、市町村に提出しなければならない。」と規定する。

提案の内容　基本指針は、①素案と当該支援法人の業務との関係、②素案の通り計画を作成・変更した場合の効果、③素案の通り作成・変更しない場合の当該支援法人の業務への支障などを具体的に示す必要があるとする。

提案の時期　空家等対策計画の作成や改訂提案が随時されるのでは、市町村にとって不合理な対応コストが生じる。計画作成権限が市町村にあることに鑑みると、提案時期を限定して公募をする方法も認められよう。公募資格を支援法人に限定する必要もない。

提案同士の事前調整はない　たとえば、港湾法3条の4第1項は、港湾運営会社に港湾計画の提案権を与えている。ただ、同会社は、「国際戦略港湾ごとに一を限つて」指定されるから（同法43条の11）、矛盾する内容の提案がされる可能性はない。自然公園法16条の2の協議会については、明文規定はないが、その制度趣旨から複数は指定されない。

　これに対して、支援法人の場合は、市町村が複数を指定する可能性があり、前述のように、実績もある。空家等対策計画に関する提案にあたっての調整規定は設けられていないため、それぞれが勝手に内容を考えて提案をするとなると、無用の混乱が生じる。複数指定した自治体は、調整についての方針を固めているのだろうが、混乱を懸念する市町村は、法24条にもとづく指定を「一に限って」することになるだろう。前述のように、手引きでは、こうした対応も可能とされている。

提案それ自体は自由　本条は支援法人に関する手続を規定するが、空家等対策計画の作成・変更を提案することそれ自体は誰にでもできる。かりに、支援法人以外から提案があった場合、本条をタテに受け取りを拒否するといった硬直

的な対応はすべきではない。

「申請に対する処分」ではない　本条1項にもとづく支援法人による提案および2項にもとづく市町村長の通知は、行政手続法にいう「申請に対する処分」ではない。提案は、あくまで公益的なものであり、「自己に対し何らかの利益を付与する処分」を求めるものではないからである。

⑵ 「作成又は変更をするか否かについて、遅滞なく、当該提案をした支援法人に通知する」(2項)

「遅滞なく」　「直ちに」や「速やかに」と比べると時間的即時性はやや弱くなり、合理的な理由があれば、そのかぎりでの遅れは許されるという趣旨とされる（田島信威『最新 法令用語の基礎知識〔三訂版〕』（ぎょうせい、2005年）59頁）。

実体判断にまで及ぶ不合理　「遅滞なく」という用例は、多くの場合、手続に関するものである。たしかに、本条2項は通知である。しかし、本条の場合、その前提には、提案を受けた変更をするかどうかの実体判断がある。その検討には一定の時間を要するだろう。したがって、市町村において真摯な検討をしているかぎりは、たとえ結論を出すのに時間を要しても、この訓示規定に抵触するものではない。

　本条の提案に適用されるものではないが、行政手続法7条は、申請がされた場合には遅滞なく審査を開始すべきとする一方で、判断については、6条の標準処理期間を目安としてすればよいとしている。判断も早急にせよというように受け止められる本条2項の規定ぶりは、適切なものとはいえない。提案が棚ざらしにされるのを防止するための規定であろうが、提案を拙速に採用させるよう作用するおそれもある。法28条3項のように、「空家等対策計画の作成又は変更をするか否かについて判断したときは、遅滞なく」と規定すべきであった。

⑶ 「理由を明らかにしなければならない」(2項)

行政手続法の発想　行政手続法8条は、求められた許認可申請を行政庁が拒否する処分をする場合、理由の提示を義務づけている。その趣旨は、ひとつには行政庁の判断の慎重と公正・妥当を担保してその恣意を抑制することとされる（東京高判平成13年6月14日判時1757号51頁）。本条2項が規定する理由提示義務

第1部　2023年改正空家法

も、こうした趣旨によるものである。

求められる理由の程度　もっとも、本条にもとづく提案および採否の通知は、行政手続法にいう「申請に対する処分」ではない。申請した支援法人の権利を侵害したというわけではないため、それほど詳細な記載は求められない。計画の変更は市町村の空き家政策に大きく関係するが、計画に記載されている内容に一応の合理性がありその修正の必要性が認められないのであれば、その理由を簡単に記す程度で十分であろう。公募期間を設けた場合においてそれ以外の時期に提案されたときには、「公募期間外であるため」と記すことになる。

■　市町村長への要請（28条）

> **第28条**　支援法人は、空家等、管理不全空家等又は特定空家等につき、その適切な管理のため特に必要があると認めるときは、市町村長に対し、第14条各項の規定による請求をするよう要請することができる。
> 2　市町村長は、前項の規定による要請があった場合において、必要があると認めるときは、第14条各項の規定による請求をするものとする。
> 3　市町村長は、第1項の規定による要請があった場合において、第14条各項の規定による請求をする必要がないと判断したときは、遅滞なく、その旨及びその理由を、当該要請をした支援法人に通知するものとする。

【改正対応】
　新設。

(1)　「第14条各項の規定による請求をするよう要請」（1項）

民法の特例　法14条が定める民法の特例は、不在者財産管理人・相続財産清算人（1項）、所有者不明建物管理命令（2項）、管理不全土地管理命令・管理不全建物管理命令（3項）である。それぞれの請求権限は市町村長にあるが、支援法人に対して権限発動の要請権が与えられた。改正空家法以前には、所有者不明土地法51条にのみ前例があった。

168

第1章　空家法の逐条解説　■28条

期待される活用　民法の前記諸制度は、空き家問題解決のために活用が期待されている。支援法人には、弁護士や司法書士のように民法に詳しい専門家がいる場合もあり、個別事案に関して、行政では十分に理解できないような法的解決を提案してくれる可能性もある。

　これらの制度においては、行政の作業は、裁判所に対する請求までである。選任後は、選任された者が業務を行う。

「申請に対する処分」ではない　本条1項にもとづく支援法人による要請および3項にもとづく市町村長の通知は、行政手続法にいう「申請に対する処分」ではない。要請は、「自己に対し何らかの利益を付与する処分」を求めるものではないからである。法27条にもとづく提案と同様である。

⑵　「必要がないと判断したときは、遅滞なく、その旨及びその理由を、当該要請をした支援法人に通知するものとする。」（3項）

手続の義務づけ　法27条とは異なり、「遅滞なく」という文言は「判断」にかからないことが、条文構造上、明確になっている。要請制度が設けられている以上、判断をしないままいつまでもそれを棚ざらしにはできない。

行政の方針との関係　請求の対象となるのは、空家等、管理不全空家等または特定空家等である。市町村内には相当数があるだろう。行政は、法目的の実現の観点からこれらにアプローチするが、順番としては、「特定空家等＞管理不全空家等＞空家等」となるはずである。行政リソースの制約に鑑みれば自明である。

　ところが、支援法人の請求は、対応順位についての行政の方針とは無関係にされる。したがって、要請にかかる案件が現在の行政の対応対象ではない場合には、「当該管理不全空家等（あるいは、当該特定空家等）に関しては、建築物の状態に照らせばすぐに特例を用いる必要性は低い」という理由を付して要請を拒否することになろう。

169

第 1 部　2023年改正空家法

■ 雑　則（29条）

第29条　国及び都道府県は、市町村が行う空家等対策計画に基づく空家等に関する
　　対策の適切かつ円滑な実施に資するため、空家等に関する対策の実施に要する費
　　用に対する補助、地方交付税制度の拡充その他の必要な財政上の措置を講ずるも
　　のとする。
2　　国及び地方公共団体は、前項に定めるもののほか、市町村が行う空家等対策計
　　画に基づく空家等に関する対策の適切かつ円滑な実施に資するため、必要な税制
　　上の措置その他の措置を講ずるものとする。

【改正対応】

　条項ズレ（旧法15条）。

　旧法15条には、「財政上の措置及び税制上の措置」という見出しが付されてい
た。

⑴　「空家等に関する対策の実施に要する費用に対する補助、地方交付税制度の　拡充その他の必要な財政上の措置」（1 項）

財政措置の対象　　財政上の措置の対象に関して、基本指針は、「市町村が空家
等対策計画の作成のため空家等の実態調査を行う場合、空家等の所有者等に対
してその除却や活用に要する費用を補助する場合、代執行に要した費用の回収
が困難な場合、代執行等の措置の円滑化のための法務的手続等を行う場合等に
ついて、当該市町村を交付金制度や補助金制度により支援するほか、市町村が取
り組む空家等に関するデータベースの整備、空家等相談窓口の設置、空家等対
策計画に基づく空家等の活用・除却等に要する経費について特別交付税措置を
講ずる」とする（一 1 （2）③）。空家等対策計画に関しては、財政上の措置であ
る「住宅地区改良事業等計画基礎調査事業」としての計画の作成（改定を含む。）
にかかる調査および分析、計画案の作成に要する費用のすべてが対象となる。

　なお、交付税となれば、空家法実施のための予算の確保にあたっては、他の
行政分野との競争になるため、庁内における争奪戦に勝利しなければならない。

170

第1章　空家法の逐条解説　■29条

施策実施のために必要な額になるかは不確実である。

都道府県の実績　本条1項の規定にもかかわらず、都道府県が市町村に対して財政上の措置を講じている例は、それほど多くない。都道府県に対する国の措置が実際にされているとすれば、何らの対応もしないのは、本条1項に照らして適切ではない。

国の実績　国が提供する財政上の措置については、国土交通省のウェブサイトに、「空家等対策の推進に関する特別措置法関連情報」のひとつとして紹介されている。空き家対策総合支援事業、空き家再生等推進事業（社会資本整備総合交付金の基幹事業）などがある。

異例の規定ぶり　財政上の措置の内容として、「補助、地方交付税制度の拡充」と具体的に書き込む立法例はめずらしい。本条1項のほかには、「鳥獣による農林水産業等に係る被害の防止のための特別措置に関する法律」8条があるのみである。いずれも同一の国会議員が中心となった議員提案立法である。

財政的措置の「ありがたみ」　前述のように、国土交通省は、種々の「メニュー」を用意して、市町村の空き家施策をサポートしている。それは適切ではあるが、申請などの事務処理に要する市町村の負担は相当に大きいのが実情である。市町村にとって、真の意味での「使いやすい」制度とすることが求められる。

(2)　「講ずるものとする。」（1項）

措置の義務づけ　国および都道府県に関する前述の措置については、義務的とされている。本条2項においても同様である。都道府県に対して義務的事務とした以上、国は都道府県に対して必要な財政措置を講ずる法的義務がある。本条1項の規定ぶりからは、国のほか都道府県も地方交付税制度の拡充をすべきと読めるが、それはありえない。適切な規定ぶりとはいい難い。

(3)　「必要な税制上の措置」（2項）

住宅用地特例への対応　税制上の措置としては、住宅用地特例制度への対応がある。前述のように、現に住居用として使用されている家屋の敷地に関しては、地方税法上、その固定資産税の課税標準額を6分の1（敷地面積200㎡以下の場

171

第1部　2023年改正空家法

合）あるいは3分の1（同200㎡超の場合）とする特例措置が講じられている。同趣旨の措置は、都市計画税が適用される家屋についても講じられている。

　不適切な運用実態　これらの措置は、居住可能な家屋に対して適用されるべきである。ところが、空家等に関しては、居住の有無の判断が難しいために適用が継続されたり、明らかに居住の用に供されていない場合でも漫然と適用が継続されたりするという不適切な例が少なからずあった。

　空家等を除却して更地にすれば、この特例措置が適用されなくなる。そこで、所有者の側には、相当に劣悪な状態になっていたとしても、これを存置するインセンティブが発生すると指摘されていた。

　悪循環の遮断　そこで、2015年1月14日に閣議決定された「平成27年度税制改正の大綱」では、旧法14条2項にもとづく勧告の対象となった特定空家等にかかる土地について、「住宅用地に係る固定資産税及び都市計画税の課税標準の特例措置の対象から除外する措置を講ずる」旨が決定された。その内容は、同年3月に成立した「地方税法等の一部を改正する法律」に反映されている。改正法のもとでは、法13条2項および22条2項に継承されているのは、前述の通り
⇒83頁、118頁
である。この措置は、2016年度以降の年度分から適用されている。

■ 罰　則（30条）

第30条　①第22条第3項の規定による市町村長の命令に違反した者は、50万円以下の過料に処する。

2　第9条第2項の規定による②報告をせず、若しくは虚偽の報告をし、又は同項の規定による立入調査を拒み、妨げ、③若しくは忌避した者は、20万円以下の過料に処する。

【改正対応】

　条項ズレ（旧法16条）。

　下線部①：旧法では、「第14条」とされていた。

　下線部②：追加された。

第1章 空家法の逐条解説 ■30条

下線部③：旧法では、「又は」とされていた。

(1) 「過料」

秩序罰としての行政罰 空家法のもとでの義務履行確保措置としては、制裁機能を有する秩序罰である過料が規定されている。行政罰のうち、罰金のように刑事責任を問う行政刑罰ではなく秩序罰とされたのは、それを背景にして義務履行を受忍させる対象が事業活動に伴うものではなく一般住民の私的財産の管理に関するものであるため、違反行為の反社会性の程度がそれほど重大ではないと判断されたからである。もっとも、過料の上限額は、決して低くはない。なお、刑事罰ではないから、過料に処されても「前科」がつくわけではない。

追加的サンクション措置 空家法が規定する制裁は過料だけであるが、法律実施条例としての空き家条例のなかには、事前手続を経たうえで、勧告不服従事実ないし命令違反事実を公表できる旨を規定するものがある。このような条例対応を、空家法は否定していない。

(2) 「処する。」

裁判所への通知 条例に規定される過料の場合は、地方自治法231条の3にもとづき、行政処分により科される。一方、法律に規定される過料は、非訟事件手続法119条以下の手続による。行政だけで科しうる条例にもとづく過料とは異なり、普通裁判権の所在地を管轄する地方裁判所の裁判官の職権により科されるのである。決定権は裁判所にある。

　たしかに、それがタテマエである。しかし現実には、裁判所に独自の調査は期待できない。そこで、市町村は、義務違反者に対して過料を科す必要があると思料する場合には、裁判所の職権発動を促すべく、「過料事件通知書」に違反事実を証する資料を添付して、裁判所に対して過料事件を通知することになる。東京都特別区の場合、宛先は、「東京地方裁判所民事第8部非訟過料係」である。なお、「処する」とあるが、市町村による通知は任意である。告発に関して刑事訴訟法239条2項が規定するような義務が、公務員にあるわけではない。

　この通知書については、ガイドラインにも様式例はない。一例は、[図表1.7]の通りである。

第1部　2023年改正空家法

[図表1.7]　過料事件通知書の様式例

（文書番号）

令和○年○月○日

××市長　甲野花子

○○地方裁判所御中

過料事件通知書

　下記の者は、空家等対策の推進に関する特別措置法（平成26年法律第127号。以下「法」という。）第22条第3項に基づく××市長の命令を受けたところ、これに違反しており、同法第30条第1項にもとづき過料に処すべきものと思料されますので、関係書類を添えて通知します。

記

1．特定空家等の所在地

2．違反者の氏名・住所

3．根拠法令

　空家等対策の推進に関する特別措置法第22条第3項、第30条第1項

4．添付書類

(1)　指導書、勧告書、命令書及びそれぞれの送達記録の写し

(2)　違反者の住民票の写し

(3)　登記事項証明書（建物）

(4)　現場状況の写真

5．問い合わせ先

以上

〔出典〕葛飾区資料をもとに筆者作成。

市町村は「部外者」？　　過料事件においては、市町村は当事者ではない。このため、情報提供をした場合において、結果がどうなったのかは、裁判所のほかは、事件処理にあたって意見聴取が義務づけられる検察官、そして、違反者本人しか知りえない。実際、旧法14条3項の命令に違反した者に過料を科すべく裁判所に通知をした自治体がその後において裁判所に対して電話で結果照会を

第1章 空家法の逐条解説 ■附則

したところ、「関係者ではない」という理由で回答を拒否されている。一方、「そっと」教えてもらったという事例や公式的に文書照会をした場合には回答がされた事例も聞いている。

　命令をした市町村は、過料が科される本人でも意見聴取が求められる検察官でもない。しかし、法律実施の一環として過料を科すことを求めている点で重要な利害関係者なのであるから、結果を通知する運用がされるべきである。文書による請求を待たずに通知がされてよい。

■ **附　則**（平成26年11月27日法律第127号）（2014年法のもの）

（施行期日）

1　この法律は、公布の日から起算して3月を超えない範囲内において政令で定める日から施行する。ただし、第9条第2項から第5項まで、第14条及び第16条の規定は、公布の日から起算して6月を超えない範囲内において政令で定める日から施行する。

（検討）

2　政府は、この法律の施行後5年を経過した場合において、この法律の施行の状況を勘案し、必要があると認めるときは、この法律の規定について検討を加え、その結果に基づいて所要の措置を講ずるものとする。

---

(1)　「施行期日」（1項）

　2段階施行　2014年11月19日に可決成立した空家法は、公布日（2014年11月27日）から起算して3か月を超えない範囲で政令で定める日から施行される。その日は、平成27年政令第50号により、「平成27年2月26日」とされた。ただし、特定空家等に関する立入調査（法9条2項～5項）、行政措置（法14条）、罰則（法16条）の規定については、公布の日から起算して6か月を超えない範囲で政令で定める日から施行される。その日は、前記政令により、「平成27年5月26日」とされた。

175

第1部　2023年改正空家法

⑵ 「施行後5年を経過した場合において、この法律の施行の状況を勘案し、必要があると認めるときは、この法律の規定について検討を加え、その結果に基づいて所要の措置を講ずるものとする。」（2項）

施行5年後見直し　空家法の全面施行は2015年5月26日であったから、5年の経過日は、2020年5月25日となる。同法において「政府」とは、実際には、同法を所管する総務省および国土交通省である。

空家法施行後から、主として国土交通省には、同法の運用をめぐって多くの照会や要望が市町村から寄せられていた。また、両省は、市町村に対して、種々の調査を実施していた。それらを踏まえた検討作業は、主として国土交通省によって進められた。

基本指針とガイドラインの改正による対応　その結果、パブリックコメントを経たうえで、旧法5条にもとづく「空家等に関する施策を総合的かつ計画的に実施するための基本的な指針」が、2021年6月に改正された（令和3年6月30日付け総務省・国土交通省告示第1号）。旧法14条14項にもとづく「「特定空家等に対する措置」に関する適切な実施を図るために必要な指針（ガイドライン）」が、同じくパブリックコメントを経たうえで、2020年12月と2021年6月の2回に分けて改正された。

第1回目は、「「特定空家等に対する措置」に関する適切な実施を図るために必要な指針（ガイドライン）の一部改正について（令和元年地方分権改革提案事項）」（令和2年12月25日付け国住備第107号、総行地第1090号）である。第2回目は、「「特定空家等に対する措置」に関する適切な実施を図るために必要な指針（ガイドライン）の一部改正について」（令和3年6月30日付け国住備第62号、総行地第98号）である。結局、附則2項が命じた「所要の措置」としては、基本指針およびガイドラインの改正により対応された。

第1章　空家法の逐条解説　■附則

■　附　則（令和5年6月14日法律第50号）（2023年改正法のもの）

（施行期日）

第1条　この法律は、公布の日から起算して6月を超えない範囲内において政令で定める日から施行する。ただし、附則第3条の規定は、公布の日から施行する。

（経過措置）

第2条　地方自治法の一部を改正する法律（平成26年法律第42号）附則第2条に規定する施行時特例市に対するこの法律による改正後の空家等対策の推進に関する特別措置法（以下この条において「新法」という。）第7条第8項及び第18条第1項の規定の適用については、新法第7条第8項中「及び同法」とあるのは「、同法」と、「中核市」とあるのは「中核市及び地方自治法の一部を改正する法律（平成26年法律第42号）附則第2条に規定する施行時特例市」とする。

2　新法第22条第10項及び第12項（同条第10項に係る部分に限る。）の規定は、この法律の施行の日（以下この条及び附則第6条において「施行日」という。）以後に新法第22条第10項後段の規定による公告を行う場合について適用し、施行日前にこの法律による改正前の空家等対策の推進に関する特別措置法（次項において「旧法」という。）第14条第10項後段の規定による公告を行った場合については、なお従前の例による。

3　新法第22条第11項及び第12項（同条第11項に係る部分に限る。）の規定は、施行日以後に同条第2項の規定による勧告を行う場合について適用し、施行日前に旧法第14条第2項の規定による勧告を行った場合については、なお従前の例による。

（政令への委任）

第3条　前条に定めるもののほか、この法律の施行に関し必要な経過措置（罰則に関する経過措置を含む。）は、政令で定める。

（検討）

第4条　政府は、この法律の施行後5年を目途として、この法律による改正後の規定について、その施行の状況等を勘案して検討を加え、必要があると認めるときは、その結果に基づいて所要の措置を講ずるものとする。

第1部 2023年改正空家法

【改正対応】
　新設。

(1) 「公布の日から起算して6月を超えない範囲内において政令で定める日」
　　（1条)

公布日と施行日　改正法は、2023年6月14日に公布された。公布日に施行される附則3条の経過措置以外の部分の施行日は、同年11月17日制定の「空家等対策の推進に関する特別措置法の一部を改正する法律の施行期日を定める政令」により、期限の最終日である同年12月13日と定められた。

(2) 「施行時特例市」（2条1項)

規定の趣旨　2014年制定の「地方自治法の一部を改正する法律」の施行により特例市制度が廃止されたが、それ以前において、都市計画法のもとでは、特例市市長も開発許可者とされていた。廃止に伴って中核市に移行しない特例市は施行時特例市となり、従前の事務を引き続き処理できるようにするための経過措置が設けられた。都市計画法の開発許可に関する事務も含まれる。自らが開発許可権者であるため、都道府県知事との協議は不要になる。その趣旨を規定したものである。

(3) 「なお従前の例による」（2条2項)

規定の趣旨　改正法にもとづき特定空家等に対して略式代執行ができるのは、施行日である2023年12月13日以降にもとづき公告をした場合である。公告がされたのが同年12月12日以前であれば、当該特定空家等に対する略式代執行は、旧法14条10項にもとづき実施される。改正法の適用を、施行日ではなく公告日を基準に行うことが明確にされた。

(4) 「なお従前の例による」（2条3項)

規定の趣旨　法22条11項は、改正法により新たに規定された。同項にもとづく措置を講じうる前提としては、勧告までされている必要がある。そこで、この勧告が、旧法14条2項にもとづくものか法22条2項にもとづくものかが問題と

178

なる。

　本附則 2 条 3 項は、法22条11項が適用できるのは、2023年12月13日の施行日以降になされた勧告にかかる事案である点を明確にした。説明資料は、「旧法において勧告された場合は、命令（旧法第14条第 3 項）及び通常の行政代執行（同条第 9 項）を受ける予見可能性はあるものの、緊急代執行（新法第22条第11項）を受ける予見可能性はないことから、旧法で勧告された場合はなお従前の例によることとする」と説明する。旧法にもとづき勧告をした特定空家等に関して、これを撤回したうえで、新たに法22条 1 項にもとづく指導をし、2 項にもとづく勧告をすれば、11項にもとづく措置が可能な状態となる。

⑸　「政令」（3 条）
2025年 1 月末現在、未制定である。

⑹　「政府は、……その施行の状況等を勘案して検討を加え、必要があると認めるときは、その結果に基づいて所要の措置を講ずるものとする。」（4 条）
デフォルトの 5 年見直し規定　最近の法律の附則に含まれるのが通例の 5 年見直し規定である。施行日は2023年12月13日であるから、見直し作業が開始されるのは、2028年12月ということになる。
旧法の実績　旧法においても、同旨の規定はされていた。旧法の全面施行は2015年 5 月26日であり、その 5 年後は2020年 5 月25日となる。なされた具体的作業は、いきなりの法改正ではなく、旧法 5 条にもとづく基本指針の2021年 6 月改正、旧法14条14項にもとづくガイドラインの2021年12月改正および2022年 6 月改正であった。

　旧法と同様、改正法の運用を通じては、予期せぬ課題が多く認識されるだろう。とりあえずは運用で対応し、状況を見ながら改正法を検討するというパターンになるのではないだろうか。
附帯決議が課した多くの宿題　議員立法として成立した旧法と異なるのは、改正法案可決時に、衆参国土交通委員会において、多くの附帯決議が付けられた
⇒第 4 章
ことである。実務上、国土交通省をはじめとする関係省は、これらの要請を無視するわけにはいかない。

第 1 部　2023年改正空家法

　その内容は、多岐にわたる。衆議院についてこれをみると、意思能力に欠ける疑いが強いが成年後見人が選任されていない特定空家等の所有者等への対応のあり方（附帯決議 3）、多数者共有特定空家等への対応（同 4）、措置途中で死亡した特定空家等所有者の相続人への対応（同 5）、代執行対象の特定空家等における残置動産の扱い（同 9）、借地上の特定空家等が代執行により除却された場合の土地所有者等の受益調整（同10）、全部非居住、部分居住の長屋への対応（同17）など、とりわけ法務省との協議・調整を要する課題が多い。また、これらは空家法を超えて、縮小社会の法制度のあり方全般に通じる汎用性を持っている。検討には相当の時間を要すると予想されることから、 5 年を待って開始するのでは、遅きに失するだろう。

■　改正空家法の施行にあたって制定されている省令、発出されているガイドライン等

① 空家等対策の推進に関する特別措置法第 7 条第 6 項に規定する敷地特例適用要件に関する基準を定める省令（令和 5 年国土交通省令第94号）

② 空家等対策の推進に関する特別措置法施行規則（平成27年総務省・国土交通省令第 1 号（最終改正　令和 5 年総務省・国土交通省令第 1 号））

③ 空家等に関する施策を総合的かつ計画的に実施するための基本的な指針（平成27年総務省・国土交通省告示第 1 号（最終改正　令和 5 年総務省・国土交通省告示第 3 号））

④ 国土交通省住宅局「空き家所有者情報の外部提供等に関するガイドライン」（令和 5 年12月）

⑤ 管理不全空家等及び特定空家等に対する措置に関する適切な実施を図るために必要な指針（ガイドライン）（平成27年 5 月26日付け国住備第62号・総行地第76号国土交通省住宅局長・総務省大臣官房地域力創造審議官通知（最終改正　令和 5 年12月13日））

⑥ 国土交通省「空家等活用促進区域の設定に係るガイドライン」（令和 5 年12月）

⑦ 国土交通省「空家等管理活用法人の指定等の手引き」

第1章　空家法の逐条解説　■附則

⑧　国土交通省「空き家対策における財産管理制度の活用に関する参考資料」

⑨　「空家等の所有者等の把握を目的とした「空家等対策の推進に関する特別措置法」第10条第3項に基づく電気・ガス供給事業者への情報提供の求めについて」

⑩　「地域の実情の応じた、一定の空き家を除却した場合の固定資産税等に係る負担軽減措置について」

第2部

改正空家法の制定過程

第 2 部　改正空家法の制定過程

第2章　空家法改正法案確定に至る政府内部過程
―国土交通省と内閣法制局とのやりとりからみえるもの―

　改正法案の確定に至る過程における国土交通省と内閣法制局のやりとりを記録した政府文書からは、原案の修正の経緯が確認できる。法案が閣議決定されたのは2023年3月3日であったが、早くも前年の11月半ばには、改正法と同じく30か条の条文が作成されている。対外的には、2023年2月に出された「空き家対策小委員会の取りまとめを踏まえて法案を作成した」と説明されているが、事実はまったく異なっている。
　内閣法制局側から指摘がされれば、国土交通省は従うほかない。空家等活用促進区域における空家等所有者等への措置は要請のみにとどめ勧告は規定しない、特定空家等の定義から「著しく」をとっても勧告対象はその状態にあるものであるとすれば命令の予見性を欠くので改める、など原案が修正された事項がある。

1　情報開示請求

　内閣提出法案が、閣議決定前の作成過程においてどのようにして完成度を高めていくのかは、行政学的にも行政法学的にも、興味深い実証的研究の対象である。ところが、研究者として参与観察ができるわけではないし、作業途中の情報は外部には漏れないのが通例である。たとえ質問をしたとしても、現在進行形の状況について、中央政府職員が真実を語ってくれるはずもない。このため、実情を知るのはきわめて困難である。
　2014年に制定された空家法は、衆議院国土交通委員会委員長提案の議員立法であった。そのためなのかは不明であるが、自由民主党空き家対策推進議員連盟が中心となっての法案の取りまとめ過程においては、出所は定かではないものの、筆者が確認できただけで5つのバージョンが出回った*1。なぜ修正され

＊1　北村喜宣「空家法の立法過程と法案の確定」同『空き家問題解決のための政策法務』（第一法規、

184

第2章　空家法改正法案確定に至る政府内部過程―国土交通省と内閣法制局とのやりとりからみえるもの―

たかの理由は不明ながら、法案の変化の状況は把握できたのである。

　これに対して、2023年6月に成立した「空家等対策の推進に関する特別措置法の一部を改正する法律」は、内閣提出法案であった。成立後に国土交通省職員が解説記事を執筆しているが、あくまで法律の内容を平板に説明するだけであり、法案準備過程には触れてはいない*2。そうなると、こちらから関係資料にアクセスするほかない。具体的には、内閣提出法案については内閣法制局長官の決裁が必要であることから*3、国土交通省と内閣法制局とのやりとりを分析すれば法案の確定過程が少しはみえてくるのではないかと考えた。

　そこで、筆者は、情報公開法にもとづいて開示請求をした。本章では、それにより開示された文書（以下「開示文書」という。）から確認できる法的論点について、若干の検討をする。

② 誤解と理解

⑴ 内閣法制局による「保存」と国土交通省への「移送」

　検討作業の前に、請求に際しての「筆者の失敗」を自白しておきたい。実は、最初に情報公開法にもとづいて、筆者が2023年9月25日に開示請求をした相手方の行政機関の長は、内閣法制局長官であった。対象文書については、「内閣法

2018年）126頁以下参照。

*2　国土交通省担当者による解説として、城戸郁咲「空家等対策特別措置法の改正について」自治体法務研究75号（2023年）6頁以下、神谷将広「空き家の現状と対策・改正空家法について」土地総合研究31巻3号（2023年）74頁以下、国土交通省住宅局住宅総合整備課住環境整備室「空家対策の推進について」日本不動産学会誌37巻3号（2023年）（以下「推進について」として引用。）30頁以下、国土交通省住宅局住宅総合整備課「空家等対策の推進に関する特別措置法の一部を改正する法律」法令解説資料総覧510号（2024年）25頁以下参照。国立国会図書館職員による解説として、海老根琢也「空き家対策の総合的な強化：空家等対策の推進に関する特別措置法の一部を改正する法律」立法と調査456号（2023年）48頁以下参照。

*3　内閣法制局設置法3条1号は、その所掌事務として、「閣議に附される法律案、政令案及び条約案を審査し、これに意見を附し、及び所要の修正を加えて、内閣に上申すること。」と規定する。内閣提出法案作成過程における内閣法制局の活動については、小島和夫『法律ができるまで』（ぎょうせい、1979年）58〜98頁、関守「内閣提出法案の立案過程」ジュリスト805号（1984年）25頁以下、内閣法制局百年史編集委員会（編）『内閣法制局百年史』（大蔵省印刷局、1985年）（以下「百年史」として引用。）211〜233頁、遠藤文夫「内閣提出法案における法文作成の過程」法学教室173号（1995年）23頁以下、平岡秀夫「政府における内閣法制局の役割」中村睦男＋前田英昭（編）『立法過程の研究：立法における政府の役割』（信山社出版、1997年）282頁以下、西川伸一『知られざる官庁・内閣法制局：立法の中枢』（五月書房、2000年）96〜132頁参照。

185

第2部　改正空家法の制定過程

制局における空家法2023年改正案についての審査事務（予備審査を含む）についての文書一式」と特定した。

　そうしたところ、同年10月2日付けで、「開示請求に係る事案の移送について（通知）」と題する内閣法制局長官発出の文書が、特定記録郵便で送付されてきた。そこでは、開示請求にかかる行政文書名が、「法律案審議録「空家等対策の推進に関する特別措置法の一部を改正する法律案（令5法律50）」のうち、国土交通省から内閣法制局に提出されたもの」と修正されていた。「移送」というのであるが、理由は、「請求に係る行政文書が国土交通省において作成されたものであるため。」とされていた。情報公開法12条にもとづく措置である。

　このように処理された理由を内閣法制局第二部参事官付け（以下「第二部参事官付け」という。）に電話照会したところ、次のような事情が判明した。たしかに当該文書は内閣法制局に保存されているけれども、それはそもそも国土交通省が作成したものであるためそれを同省に戻すので、同省の行政文書として開示するというのである。前記通知には、「お手数ですが国土交通省とご調整をお願いいたします。（国土交通省へ伝達済みです。）」と記されていた。そこで、同省の大臣官房総務課公文書監理・情報公開室と調整をした。9月25日の開示請求は維持されており、筆者が了解して、請求先を変更したことになる。

　手続の続行をお願いした。すると、同年10月20日付けで、国土交通大臣から、「開示決定等の期限の特例規定の適用について（通知）」が送付されてきた。情報公開法11条は、「開示請求に係る行政文書が著しく大量であるため、開示請求があった日から60日以内にそのすべてについて開示決定等をすることにより事務の遂行に著しい支障が生ずるおそれがある場合には、前条の規定にかかわらず、行政機関の長は、開示請求に係る行政文書のうちの相当の部分につき当該期間内に開示決定等をし、残りの行政文書については相当の期間内に開示決定等をすれば足りる。……」と特例を規定する。知らなかったとはいえ、事務遂行に著しい支障を与えてしまうとは、恐縮至極である。

　2003年11月27日および2024年1月30日の2回に分けて、（筆者の希望により、CD-Rで）当該文書が送付されてきた。それぞれに1つと2つ、合計3つのPDFファイルが含まれていた。開示実施手数料は、4,390円と8,940円であった。非開示部分は、「個人の家が特定できる写真」「特定の地域が分かる写真及び情報」

「本法で新たに設けた「空家等管理活用支援法人」として想定される法人を記載している〔法人情報〕」であった*4。

　開示文書は、合計1,343頁（プリントアウトすると、両面コピーで厚さ約6㎝）になる。全体の約70％は、新旧対照表や用例条文であった。第二部参事官付けに確認したところ、「内閣法制局に関しては、これがすべて」という。にわかには信じ難いが、この説明を受け入れて、これ以外には組織供用文書となる文書も不存在という事実を確認しておきたい*5。なお、国土交通省の内部における検討資料は、別に存在するはずである。その入手・解析に関しては、今後の課題としたい。

(2)　メモ書きの主

　今回の情報公開請求をめぐる過程における第二部参事官付けとのやりとりを通じて、筆者にとっては興味深い審査実務が判明した。それは、次のようなものである。

　国土交通省から提出された文書は、同省を担当する第二部長に届けられる。同部長がこれを精査し、指摘すべき内容を担当参事官に口頭でコメントする（第二部には、全部で6名の参事官がいる）。同参事官は、そのコメントをその文書に直接手書きでメモをする。参事官は、そのメモをみながら、自らの考えを踏ま

＊4　筆者が空家法の研究をしているのをご存じだったある弁護士が、改正法の成立後ほどない時点で関係資料の情報公開請求をされた。それを通じて、後掲の内閣法制局説明資料の2月バージョンを入手され、ご厚意で筆者にご送付いただいた。そこでは、ガイドラインの予定事項などが不開示となっていた。筆者の情報公開請求はそれらが公表された後であったため、その部分は黒塗りされていなかった。たまたま同一文書に関する開示請求となったが、情報公開への対応は、その時々の状況を踏まえてされるものであることを確認できた。

＊5　百年史・前註（3）書227頁は、永久保存される資料について、法律案原案のほか、「主務省庁が作成した原案、各読会ごとの修正案、その修正に当たっての主務省庁の意見、審査担当参事官の意見、審査を行うに当たって参考とされた関係資料がすべて収録されており、その立案の経緯を知る上で貴重な資料」とする。内閣法制局にある「原本」がコピーされて国土交通省に移送され、それが2枚のCD-Rに転写されて筆者に送られたのであろう。

　　なお、各省と内閣法制局とのやりとりは、閣議決定にかける法案を作成するにあたっての内部過程であり、その内容が外部に出されるとそれが「一人歩き」するから適切ではないという整理もあろう。政府関係者なら、そのように考えても無理はない。実際、情報公開法5条5号は、「国の機関……に関する情報であって、公にすることにより、率直な意見の交換若しくは意思決定の中立性が不当に損なわれるおそれ、不当に国民の間に混乱を生じさせるおそれ又は特定の者に利益を与え若しくは不利益を及ぼすおそれがあるもの」を非開示情報と規定している。筆者に提供された情報は、個人が特定されるとして黒塗りされた部分以外、これには該当しなかったのである。

187

第 2 部　改正空家法の制定過程

えつつ、国土交通省に対して指摘をするというのである＊6。国土交通省から開示された文書であったため、手書きは国土交通省職員によるものと考えていたのであるが、実は、内閣法制局参事官のそれであった＊7。

　ところで、このメモ書きであるが、開示を想定していないため、正直言って、解読がきわめて難しく、「殴り書き」というほかない。第二部長が相当に早口でコメントしたことが推測される。書いた本人以外には解読できないであろう。あるいは、時間が経過している現在では、本人でも無理かもしれない。なお、筆者の情報公開請求があったために、国土交通省は、移送を通じてメモ書きを初めて見ることができたのではないだろうか。

3　開示文書の始期と終期、そして、その間

(1)　10月から2月にかけての審査

　開示文書にあるもっとも古い日付は、手書きで読み取れる「10/21」である。おそらく、2022年10月21日（金）であろう。国土交通省住宅局「空家等対策の推進に関する特別措置法の一部を改正する法律案（仮称）：内閣法制局説明資料」（令和4年10月）、国土交通省住宅局「空家等対策の推進に関する特別措置法の一部を改正する法律案（仮称）【用例集（用旨関係）】出典：ぎょうせい「Super法令web等」（令和4年10月）、および、後述の文書①に付されていた。第二部参事官付けによれば、これが法制局との関係での「キックオフ」ということである。もっとも、文書①は、「10/21 法制局第二部長御指摘事項とその対応について」とされており、部長の指摘はその日以前にあったことをうかがわせる。指摘の前には原案を含む資料の提出があったはずであるから、10月早々にやりとりが開始されたとみてよいだろう＊8。

＊6　小島・前註（3）書88頁には、内閣法制局の法案審査においては自ら修正をするのではなく指摘にとどめ、修正は省の側にやらせるという慣行が紹介されている。これに対して、百年史・前註（3）書225頁は、それは原則としつつも、「時間的制約もあって、なかなかそのようにはいかないのが現実」とする。実際、開示文書においても、具体的な提案がされていた。

＊7　遠藤・前註（3）論文25頁は、「下審査は、担当参事官の責任において、各省庁担当職員の原案の説明、これに対する質疑及び応答、討議、各省庁他党職員による再検討、原案の修正という形で進む。」とする。この記述からは、参事官のイニシアティブが大きいようにみえるが、実際には、部長の大きな影響力のもとにあるのだろうか。

＊8　小島・前註（3）書58〜59頁は、閣議請議の前の過程においてなされる下審査（予備審査）に関

第2章　空家法改正法案確定に至る政府内部過程—国土交通省と内閣法制局とのやりとりからみえるもの—

　一方、もっとも新しい日付は、スタンプによる「5.2.14」、手書きによる「2/14」である。「空家等対策の推進に関する特別措置法の一部を改正する法律案について（長官・次長御指摘事項への対応）」という文書に付されている。第二部参事官付けに確認したところ、2023年2月14日（火）に、内閣法制局長官に渡され、長官が了解したという意味であった。読みにくいのであるが、手書きで「長Ⓨ」と記されている。同じ文書について、「次長5.2.14」「2/14 次Ⓨ」と記されたものもある。内閣法制次長の了解である。前述の新旧対照表の2023年2月13日バージョンには、「部長Ⓨ」というメモ書きがある。

　前述のように、審査は2022年10月21日に開始され、最終的には2023年2月14日に終了したと考えてよいとのことであった。この後、与党調整を経て、国土交通省から内閣官房に対し、法案が閣議請議されたのである。

(2)　閣議決定約4か月前に全文30か条を作成

　「11/18」の日付のある「空家法の規定順」という文書には、8章構成の30か条の見出しが記載され、「条文イメージ」と朱書きされた文書には「空家等対策の推進に関する特別措置法（平成二十六年法律第百二十七号）（本則関係）」として新旧対照表方式で全文が収録されている。「条文イメージ」どころか、ほぼ完成形にみえる。改正法案の閣議決定は、2023年3月3日であったが、国土交通省は、約4か月前のこの時期に、一応の法案を固めていたのである。この改正との関係では、2022年10月、同省の社会資本整備審議会住宅宅地分科会に「空き家対策小委員会」が設置され、2023年2月に、小委員会としての取りまとめがされた。同省は、この取りまとめを踏まえて改正法を作成したという整理をしているが＊9、事実はこれとは大きく異なっている。まさに真逆であって、改正法案の内容に沿った形になるように取りまとめの内容がつくられたというのが真実である。内閣提出法案の立法過程における「お役所の常識」であるが、「学界の非常識」であるのかもしれず、ここに記しておく。

　して、「「予算関連法案」以外のものについては、10月中に始められ〔る〕」とする。平岡・前註（3）論文88頁は、「9月20日までに次の通常国会に提出する法律の件名と要旨を内閣参事官室に提出する。このとき内閣参事官室に提出されたものが内閣法制局に送付されることになる。」とする。10月中に下審査（予備審査）を開始できるようにせよという1961年の内閣官房長官通達があるそうである。百年史・前註（3）書221頁参照。

＊9　神谷・前註（2）解説78頁、推進について・前註（2）解説33頁参照。

第2部　改正空家法の制定過程

　前記以外にも、新旧対照方式の「原案」には、いくつものバージョンがある。メモ書きで付された日付でみると、2022年11月29日、12月13日、12月20日、2023年1月23日、1月16日、2月13日の合計7つである。原案作成時とは必ずしも同一ではないと思われるが、正確な日付がわからないため、さしあたりこの日付で整理する。2022年11月18日バージョン以前の原案は、開示文書には含まれていなかった。しかし、前述のように、それは存在すると推察される。

　ところで、筆者の記憶によれば、2023年1月下旬になるまで、国土交通省は、「法改正をする」ことを明言していなかった。2023年1月中旬に新聞各紙がそうした報道をした際にも、法制化についてはノーコメントを貫いていた。おそらくは、自由民主党内での動きに配慮したものであったと思われるが＊10、そうしたなかでも、粛々と作業が進行していた事実が確認できる。同党内の動きが一段落した同年1月末になってようやく、「基本的には法改正を視野に入れながら、我々としてこのとりまとめを踏まえて検討していく」とされたのであった＊11。「よくいうわ」である。

４　用例集

　開示文書には、国土交通省住宅局「空家等対策の推進に関する特別措置法の一部を改正する法律案【用例集】出典：ぎょうせい「Super法令Web」官報」が含まれていた。令和5年1月バージョンと2月バージョンである。2014年法の条文を改正する、あるいは、新規に規定する内容について、既存の用例を整理したものである。

　これらは、そのときどきにおける内閣法制局との協議に用いられたと推測される。何事も前例主義にもとづく審査であるから、主張に説得力を付けるためには不可欠の作業である＊12。依拠したデータソースが明示されていて興味深い。

＊10　その当時の状況については、北村喜宣「空家法2023年改正法案の準備、内容、そして、審議」本書第3章98頁および202頁註20参照。
＊11　社会資本整備審議会住宅宅地分科会空き家対策小委員会（第4回）（2023年1月31日）会議録25頁［事務局］。
＊12　宇賀克也「空家等対策の推進に関する特別措置法の改正」行政法研究50号（2023年）3頁以下は、改正法が参考にした前例用例についても詳しく解説する。

190

第2章　空家法改正法案確定に至る政府内部過程―国土交通省と内閣法制局とのやりとりからみえるもの―

5　内閣法制局説明資料

　国土交通省住宅局「空家等対策の推進に関する特別措置法の一部を改正する法律案（仮称）：内閣法制局説明資料」という文書としては、「令和4年10月」「令和4年12月」の2つのバージョンがある。11月バージョンは含まれていなかった。「令和5年1月」のバージョンでは、「仮称」が外されている＊13。「令和5年2月」バージョンもある。それぞれ、[図表2.1]のように、審査した者が手書きされている。表紙にメモされたコメントの有無と一緒に整理しておこう。表記されている日付は第二部長コメントがされた日である。令和4年10月バージョン以外には、目立ったメモがないが、内閣法制局による指摘はされているはずである。しかし、開示文書には含まれていなかった。

[図表2.1]　内閣法制局説明資料

バージョン	表記されている日付	表記されている役職者	手書きコメントの状況
令和4年10月	2022年10月21日	第二部長	多く付されている
令和4年12月＊	2022年12月13日	第二部長	なし
令和4年12月	2022年12月15日	第二部長、第二部次長	なし
令和5年1月	2022年1月16日	第二部長	なし
令和5年2月	2022年2月2日	第二部長、第二部次長	なし

＊ このバージョンの作成者は、「国土交通省住宅局・国土交通省都市局」となっており、「修正事項について」という副題が付されている。
〔出典〕筆者作成。

6　内閣法制局指摘事項と国土交通省の対応

(1)　6つの対応

　開示文書のなかで行政法学的に興味深いのは、内閣法制局の指摘事項に対する国土交通省の対応を記したものである。その趣旨が明確なのは、[図表2.2]

＊13　「空家対策の推進に関する特別措置法の一部を改正する法律案」以外の名称は考えられないが、なぜ「仮称」とするのだろうか。そして、どのような理由でそれがとれるのだろうか。

191

第2部　改正空家法の制定過程

に示す9つの文書である。内閣法制局側について、職名とその判断内容が含まれているものは、それを記している。原案のバージョンについてもそうであったが、「日付」とは、メモ書きされているそれであり、実際に文書が作成された日付とは異なると思われる。なお、同省の担当は、住宅局住宅総合整備課住環境整備室である。

[図表 2.2] 国土交通省の対応説明文書

	文書名	職名／判断内容	日付
①	10/21　法制局第二部長御指摘事項とその対応について	部長／（なし）	2022年11月18日
②	11/29　法制局第二部長御指摘事項とその対応について	部長／了	2022年11月29日
③	空家等対策の推進に関する特別措置法の一部を改正する法律案（仮称）について（12/13御指摘事項への対応）	部長／了	2022年12月14日
④	空家等対策の推進に関する特別措置法の一部を改正する法律案（仮称）について（下三分の一関係：長官御指摘事項への対応）	次長／了	2022年12月20日
⑤	1/16　法制局第二部長御指摘事項とその対応について	部長／（なし）	2023年1月25日
⑥	1/25法制局第二部長御指摘事項とその対応について	部長／了	2023年1月27日
⑦	空家等対策の推進に関する特別措置法の一部を改正する法律案について（長官・次長御指摘事項への対応）	部長／了	2023年2月13日
⑧	空家等対策の推進に関する特別措置法の一部を改正する法律案について（長官・次長御指摘事項への対応）	次長／了	2023年2月14日
⑨	空家等対策の推進に関する特別措置法の一部を改正する法律案について（長官・次長御指摘事項への対応）	長官／了	2023年2月14日

〔出典〕筆者作成。

　そのほかにも、⑩「前回審査資料（12/14）からの変更点について」（「1/16部長」と手書きあり）、⑪「条文イメージ（12/20審査資料）からの変更点について」

第2章 空家法改正法案確定に至る政府内部過程―国土交通省と内閣法制局とのやりとりからみえるもの―

（「2／2長、次」と手書きあり）が含まれている。国土交通省から提出された資料である。これら以外の文書によるやりとりがあったのかは不明である。以下では、実質的内容のある論点を含む文書に絞って、時系列的に整理し、コメントをしよう。

(2)　文書①

(a)　空家等活用促進区域

国土交通省の対応状況を示す開示文書のなかでもっとも日付の古いものが、文書①である。内閣法制局第二部長の指摘事項に対応したものである。

内閣法制局の指摘	国土交通省の対応
【空家等活用促進区域（仮称）関係】 1．空家等活用促進区域（仮称）は規制緩和等や誘導を行うことにより、空家等の活用を図る区域であり、当該区域に係る措置として要請に加えて勧告までを定める必要はないのではないか。	御指摘を踏まえて勧告に関する規定は定めないこととした。

これは、法16条が規定する「空家等の活用に関する計画作成市町村の要請等」に関するやりとりである。同条1項は、「当該空家等活用促進区域内の経済的社会的活動の促進のために必要があると認めるときは、当該空家等の所有者等に対し、当該空家等について空家等活用促進指針に定められた誘導用途に供するために必要な措置を講ずることを要請することができる。」とされているが、要請されても所有者等が動かなかった場合に市町村長は勧告することができるとされていたようである。勧告は行政指導であるにしても、特定空家等への対応のような状況ではないから、そこまでするのは比例原則に反すると判断されたのだろう。

(b)　管理不全空家等への対応

11月18日バージョンの原案では、決着がついていたのであるが、それ以前に存在したと推測される原案（国土交通省は「現行案」と表記する。）をめぐっては、以下のようなやりとりがされていた。

193

第2部　改正空家法の制定過程

内閣法制局の指摘	国土交通省の対応
【管理が不適切な空家等の所有者等に対する指導、特定空家等の定義の拡大関係】 2．指針に基づく指導では、対象が曖昧で広範すぎる。そもそも空家等は個人財産であり、行政の働きかけは抑制的なものとすべきであることから、指導の対象は、特定空家等になる直前の空家等に限定し、特定空家等になることを防ぐための必要最低限の措置にすべきではないか。	御指摘を踏まえて勧告に関する規定は定めないこととした。現行案の「管理が管理指針に照らして不適切」な空家等では対象が曖昧であることから、特定空家等になる直前の空家等であることを明確にするための修正をすることとしたい。 当該空家等については、特定空家等に該当することとなることを防止するために必要な措置をとるよう指導することができることとするところ、指導のみの場合、一般的な方向性を示すものにとどまり、対応として不十分であることが懸念されることから、指導をした場合において、なお当該空家等の状態が改善されず、そのまま放置すれば特定空家等に該当することとなるおそれが大きいと認めるときは、当該指導を受けた者に対し、相当の猶予期限を付けて、修繕、立木竹の伐採その他の当該空家等が特定空家等に該当することとなることを防止するために必要な具体的な措置について勧告することができることとしたい……。

　法13条は、1項が指導を、2項が勧告を規定する。この点、内閣法制局と国土交通省のやりとりを踏まえると、「現行案」においては、勧告は規定されていなかったのではないかと推測される。あるいは、1項が助言、2項が指導であったのかもしれない。

　内閣法制局は、空家等も個人の財産権の対象であることを重視している。ここで問題となっているのは、管理不全空家等の状態にあるものであるが、特定空家等との「距離」が遠いものについては、指導の対象にすらするのは適切ではないというのである。このような整理を踏まえて法13条をみると、2項の勧告が「指導をした場合において、なお当該管理不全空家等の状態が改善されず、そのまま放置すれば特定空家等に該当することとなるおそれが大きいと認めるとき」という要件も理解できる。1項にもとづく指導は「空家等が適切な管理が行われていないことによりそのまま放置すれば特定空家等に該当することとなるおそれのある状態にあると認めるとき」になしうるが、この要件とはそれなりの「距離」があると理解できよう。これに対して、「そのまま放置すれば特

定空家等に該当することとなるおそれが大きいと認めるとき」という2項の要件は、内閣法制局のいう「特定空家等になる直前」という表現を意味していると確認できる。

(c) 特定空家等の定義

法2条2項は、特定空家等を、「そのまま放置すれば倒壊等著しく保安上危険となるおそれのある状態又は著しく衛生上有害となるおそれのある状態、適切な管理が行われていないことにより著しく景観を損なっている状態その他周辺の生活環境の保全を図るために放置することが不適切である状態にあると認められる空家等」と定義する。建築基準法10条3項を参考にしつつも、より早期に対応できるようにするための規定ぶりである[14]。

国土交通省は、この規定を改正することにより、その射程の拡大を企図していたことがわかる。その内容については、（どのバージョンの原案にも確認できなかったのであるが、）内閣法制局の指摘にあるように、「「著しく」をとる」案が示されていたようである。

内閣法制局の指摘	国土交通省の対応
3．特定空家等の定義は、以下の理由から拡大すべきではなく、むしろ、2．の指導の対象と考えるべきではないか。 ①既に、特定空家等は、「著しく保安上危険となるおそれのある状態」、「著しく衛生上有害となる状態」、「著しく景観を損なっている状態」等であり、「著しく」と「おそれ」という用語で対象を書き分けており、「著しく」をとると、特定空家等の対象範囲のバランスが確保されなくなる。 ②特定空家等の定義を広げた場合、命令の対象は現行の特定空家等に当たるものに限るとすれば、勧告をした場合における命令の予見性がないこととなる。	以上の措置により、現行案で、特定空家等の定義を改正することにより実現を図ろうとした施策内容を達成することができるため、特定空家等については、御指摘のとおり修正（特定空家等の定義は改正しない）。

旧法14条は、特定空家等の所有者等に対して、助言・指導、勧告、命令ができると規定していた。前提となる状況は、法2条2項が規定する「特定空家等」の状態にあることのみである。ところが、「著しく」を削除すると、助言・指導

---

*14　北村喜宣「空家法の逐条解説」同・前註（1）書152頁以下・159頁参照。

第2部　改正空家法の制定過程

や勧告までは「それほど著しくない」状態の特定空家等を対象にするけれども、命令は「著しい」状態の特定空家等にするとすれば、勧告を受けた所有者等において、自分が命令対象になるかどうかがはっきりしないと内閣法制局はいうのである。

　ひとつの定義を厳格に考える整理ではあるが、市町村の空家法実施現場の実情に鑑みれば、国土交通省の提案も十分に可能である。内閣法制局の指摘が引用する特定空家等の定義については、それはそれとしつつも広く認定をしている市町村がある。これは、そうしなければ空家法にもとづく措置が講じられないからである。すなわち、助言・指導の重ね打ちを通じて除却に誘導しようとするのである。一方、住宅用地特例適用除外につながる勧告や緩和代執行につながる命令には慎重である。対応すべき状況の違いを「……することができる」という効果裁量の認定に吸収している。逆に、「著しい」要件があるために、認定に踏み切れないという市町村の声もあった。同省の提案は、こうした実務状況を前提にしたものではないだろうか。

　あるいは、こうかもしれない。同省は、旧法14条14項にもとづき同法施行日（2015年5月26日）付けで作成された「「特定空家等に関する措置」に関する適切な実施を図るために必要な指針（ガイドライン）」を2021年6月に改正したなかで、「法に定義される空家等及び特定空家等」（第1章1.）[⇒351頁]について、以下のような記述をしている*15。

　現に著しく保安上危険又は著しく衛生上有害な状態の空家等のみならず、将来著しく保安上危険又は著しく衛生上有害な状態になることが予見される空家等も含めて、幅広く対象と判断することのできるものであることに留意が必要である。

　この解釈は、「現に著しい」だけでなく、「将来著しくなる」空家等も「著しく……となるおそれ」があるとして特定空家等に含めようとするものである。

＊15　北村喜宣「空家法ガイドライン改正と実務的課題」同『空き家問題解決を進める政策法務』（第一法規、2022年）317頁以下・333～335頁参照。

第2章　空家法改正法案確定に至る政府内部過程―国土交通省と内閣法制局とのやりとりからみえるもの―

解釈論としては限界を超えており、立法論に踏み込んでいるように感じる。これは、前記の市町村事情を踏まえたものといえようが、この解釈を正面から法律に規定しようとしたようにも思われる。

　もっともそうなると、管理不全空家等の「特定空家等に近い部分」との関係が曖昧になる。しかし、最終的には判断の問題であるし、概念としては異なるのであるから、管理不全空家等との「連続線」の上にある特定空家等については、国土交通省の提案のように、「著しく」の削除もありえたと感じる。

⑶　**文書④**

　「下三分の一関係」の意味は不明であるが、「次長Ⓙ」のメモ書きがある文書④における内閣法制局の指摘と対応内容は、以下の通りである。

内閣法制局の指摘	国土交通省の対応
新旧イメージの第5条（空家等の所有者の施策協力義務）について、空家法は空き家等の活用に関する措置を含んでおり、警察規制的な措置に限られるものではないことから、説明資料に掲載していたマンション管理法等を参考に努力義務として規定すべきではないか。	御指摘を踏まえ、「空家等の所有者等は、国及び地方公共団体が講ずる空家等に関する施策に協力【するよう努め】なければならないこととする。」と努力義務として規定することとしたい。

　12月13日バージョンまでの法5条には、「協力しなければならない。」と表記されていた。「警察規制的な措置に限られるものではない」という指摘からは、より緩和的な規定ぶりが適切と考えられたのである。

　原案のような規定ぶりは、空き家条例に散見される。たとえば、「飯豊町空き家等の適正管理に関する条例」4条2項は、「所有者等は、前条に規定する空き家施策〔註：町の施策のこと〕に協力しなければならない。」とする。「亀岡市空家等対策の推進に関する条例」4条2項は、「空家等の所有者等は、空家等対策に関する取組に協力するものとする。」とする。これらの条例は、所有者等の空き家活用等については、規定していない。しかし、内閣法制局の審査方針によれば、活用措置が規定されれば努力義務に薄めるべきというのだろう[16]。2023

---

*16　「義務の強度」の規定ぶりとしては「ねばならない」＞「ものとする」＞「努めなければならない」＞「努めるものとする」の順になる。北村喜宣「訓示規定の法構造」自治総研534号（2023年）47頁以下・50頁参照。

第2部　改正空家法の制定過程

年12月に改正される以前の「京都市空き家等の活用、適正管理等に関する条例」は、管理に関しては「しなければならない。」とするが（5条）、活用に関する市の施策への協力に関しては、「努めなければならない。」としていた（6条）。12月20日バージョンの原案からは、「努めなければならない。」と修正された。

(4)　**文書⑥**

　文書⑥は、法22条11項に規定された緊急代執行に関する部分を含む*17。指摘を踏まえて対応したものが不適切と評価されたようである。

内閣法制局の指摘	国土交通省の対応
【第22条第11項関係（特定空家等に対する措置）】 勧告に至るまでの期間や公益性について説明をしているが、助言・指導は相手方に義務が生じるものではなく、相手方の負担で義務の履行を自ら行う代執行の仕組みに整合していない。用例とする農業用ため池法の緊急代執行については、ため池の崩壊がもたらす直接的な被害を踏まえ防災そのものを目的とする点において、特定空家等とは異なるものと考えられる。このため、特定空家等についての緊急代執行については、税法特定の適用除外措置があり、また、命令を受ける予見可能性が具体化する勧告段階において措置する必要があると考えられることから、前回審査時（1/16）における規定をベースに検討すること。	御指摘を踏まえ、第22条第11項については、前回審査時（1/16）の規定に戻すこととし、当該規定についての御指摘を踏まえ、同条第10項の「命令対象者」を同条第11条においても用いる形で規定することとしたい。

　内閣法制局の指摘の冒頭部分「勧告に至るまでの期間や公益性について説明をしているが」とは、文書⑤において示された以下の内容を指すものと思われ

---

*17　筆者は、「緊急代執行」という用語は行政代執行法3条3項「非常の場合又は危険切迫の場合において、当該行為の急速な実施について緊急の必要があり、前2項〔註：文書戒告および代執行令書通知〕に規定する手続をとる暇がないときは、その手続を経ないで代執行をすることができる。」にもとづく措置を指すのが一般であることから、混乱を避けるために「特別緊急代執行」と称している。命令はされている点で、それを不要とする法22条11項の前提とは大きく異なる。北村・前註（10）論文213頁註52参照。改正空家法においては、命令は不要であるが助言・指導および勧告はされていなければならないから、（「代執行」という用語を使うならば、）「準特別緊急代執行」と称すべきかもしれない。

第 2 章　空家法改正法案確定に至る政府内部過程─国土交通省と内閣法制局とのやりとりからみえるもの─

る（下線原文）。この規定ぶりは、2022年に示された原案にはなかったのである
が、2023年 1 月27日原案に突如として登場した。背景事情は不明である。

> 　勧告（第22条第 2 項）を行っていない場合についても、第22条第11項の緊急代執
> 行（代執行に伴う同条第12項の費用徴収規定を含む。）の適用対象とするため、「第
> 三項から第八項までの規定により当該措置をとることを命ずるいとまがないとき
> は、これらの規定にかかわらず」を「当該措置をとることについて<u>第二項の規定に
> よる勧告又は</u>第三項から第八項までの規定<u>による命令をする</u>いとまがないときは、
> これらの規定にかかわらず」に修正することにしたい。」

　文書⑤においては、この記述とともに、「※修正の趣旨について、「 1 ．緊急
代執行の適用対象について」（P.5）において整理。」として、説明資料が添付さ
れている。そこで主張される内容は、大要次の通りである。

　相手方が確知できない場合になされる改正法22条10項の略式代執行に際して
は、当然ではあるが、助言・指導および勧告は前置されない。勧告を前置する
農業用ため池法においては、特定農業用ため池に対して緊急防災工事が必要な
場合に勧告をするいとまがないときも含めて緊急代執行の適用対象としてい
る*18。そこで、助言・指導のあとに勧告を必要としていては緊急事態への迅速
な対応が困難になるため、特定空家等に対する措置を効果あるものにする観点
からは、「命ずるいとまがないとき」に加え、勧告をするいとまがないときにつ
いても適用対象にするのが適当である。特定空家等の常況に鑑みればこうした
措置には公益性があり、助言・指導はされていることからも、一定の予見可能
性は確保されている。

　空家法のもとでの特定空家等の急激な状況の変化に対応できる規定が旧法に
はないこと、空き家条例のなかには即時執行を規定するものがあるが必要最小
限の措置しかできず費用徴収手続も不明確であることから、筆者は、「特別緊急

---

*18　農業用ため池法11条は代執行を規定するが、それが可能な場合として、「緊急に防災工事を施行
　する必要がある場合において、第 6 条の勧告又は前条の規定による命令をするいとまがないとき。」
　（ 1 項 3 号）を規定する。

第2部　改正空家法の制定過程

代執行」として、指導、勧告、命令を経ずとも代執行ができる規定を導入すべきと主張していた*19。実現はしなかったものの、国土交通省が法目的の的確な実現の観点からそうした方向での検討をしていた点を確認しておきたい*20。

　このやりとりを通じても、内閣法制局は、空家法がその目的にあるように「活用と保安の二刀流」となっている点を重視している点が確認できる。農業用ため池法は、「農業用ため池の決壊による水害その他の災害から国民の生命及び財産を保護」（1条）が目的となっているため、財産権制約の程度も強くなるが、空家法はそこまでではないというのであろう*21。そうであるとすれば、空家法においては、「活用」がブレーキとして作用している面がある。

⑸　**文書⑦**

　（a）　**空家等活用促進区域**

　文書⑦は、空家等対策計画を規定する法7条（旧法6条）に新設された空家等活用促進区域に関するもの、および、法9条の報告徴収に関するものである。形式的指摘事項以外について、順次みていこう。

---

*19　北村喜宣「空家法改正にあたっての検討項目」同・前註（15）書340頁以下・348〜350頁参照。特定空家等に認定した以上、旧法14条1項の助言・指導はすみやかにしているとすれば、勧告および命令を不要とするという国土交通省の整理も十分ありえよう。ただ、筆者は、代執行というよりも、即時執行の拡充という視点からの議論をしていた。

*20　もっとも、そのように決裁した以上、「勧告が行われていなければ、所有者は義務の履行が強制されることを具体的に予見できず、不意打ちになることは適当でないという判断に基づくもの」と説明するほかない。第211回国会衆議院国土交通委員会議録12号（2023年5月10日）16頁［国土交通大臣・斉藤鉄夫］。「判断」とは、（やや皮肉っぽく聞こえるが、）内閣法制局のそれであろう。

*21　この点の認識は興味深い。たしかに、農業用ため池法は「シングルミッション法」であり、空家法はそうではない。しかし、これを実施する市町村の多くにおいては、特定空家等がそれなりに存在し、それへの対応が活用よりも優先されることから、市町村行政担当者は「シングルミッション法」という認識を持っているのではないかと考えている。筆者はそれを、空家法のもとでの代執行が際立って多い原因のひとつと整理している。北村喜宣「空家法の実施における行政代執行の積極的実施の背景と要因」行政法研究53号（2023年）253頁以下・273〜274頁参照。

第2章　空家法改正法案確定に至る政府内部過程—国土交通省と内閣法制局とのやりとりからみえるもの—

内閣法制局の指摘	国土交通省の対応
「（経済的社会的活動の）拠点となるべき区域」について、「拠点となるべき」の用例としている地方拠点法第2条第1項……では、拠点にならなければならない、といった価値判断があるように見え、また、拠点がないところに新たに拠点を設けるというニュアンスがあるため、既に空家等がある区域を対象とする空家等活用促進区域の趣旨を踏まえた規定振りについて検討すること。【長官御指摘事項】	「経済社会的活動の拠点となるべき区域」の規定振りについて改めて検討したところ、空家等活用促進区域は、「空家等の数及びその分布の状況、その活用の状況その他の状況」を踏まえて定めるものであり、既にある程度の空家等が集積していることが前提となっている。このため、これから新たに開発等を行って拠点を設けることを想定するものではなく、既に拠点となっており、今後も空家等の活用を通して拠点としての機能を確保していく必要がある区域を対象とするものであることから、他法令における用例……も参考にして、「経済社会的活動の拠点としての機能を有する区域」と規定することとしたい。

　この指摘は、地方拠点法と空家法の目的の違いを反映していて興味深い。地方拠点法は「新たに攻めていく」という施策戦略を持っているが、空家法はストック対応の側面が大きいため、新たに導入される空家等活用促進区域に関しては、中立的な表現に押し戻されたのであった。もっとも、実際に規定された文言は異なっている。国土交通省が示した前記の文言ではなく、「経済的社会的活動の促進のために当該区域内の空家等及び空家等の跡地の活用が必要となると認められる区域」（7条3項柱書）であった。また、不思議なことに、同省の対応を反映した条文は、11月18日から2月13日にかけてのいずれのバージョンにも確認することができない。

⒝　**報告徴収**

　次に、報告徴収について、みておこう。

第2部　改正空家法の制定過程

内閣法制局の指摘	国土交通省の対応
第9条第2項の報告徴収について、「第22条第1項から第3項の規定の施行に必要な限度」としているところ、これらは特定空家等に対する規定のため、報告徴収の対象も「空家等」ではなく「特定空家等」の所有者等とする必要はあるか。現行規定が「空家等」であり、制定時の考え方があるようにも思うが、規定振りの考え方を整理すること。【次長御指摘事項】	空家法制定時の立法趣旨……を踏まえ、原案どおりとしたい。……

　国土交通省は、法9条2項の報告徴収の対象について、「特定空家等」という案を提示したようである。結局は元に戻したのであるが、その際に「立法趣旨」として国土交通省が提示したのは、「特定空家等に対する規定（改正前の空家法第14条第1項〜第3項）の施行のために立入調査を行う時点では特定空家等に該当するか否かがわからないため、「空家等」としている。」という説明である*22。

　「第22条第1項から第3項の規定の施行に必要な限度」というように、特定空家等に対する措置を行うかぎりにおいてであれば、「特定空家等」と限定する原案でもよいようにみえるが、法22条1項〜3項の前提は特定空家等であり、それを認定するためには、空家等の段階での立入調査が不可欠である。論理的には、内閣法制局の指摘の通りであろう。

　なお、この提案であるが、どのバージョンの原案においても「空家等の所有者等」とされており、「特定空家等の所有者等」という表記は確認できなかった。重要事項であるが、口頭での照会だったのだろうか。

(6)　文書⑧、文書⑨

　文書⑧および文書⑨は、同じ内容である。メモ書きはない。内閣法制局長官と内閣法制次長の揃い踏みであり、これをもって内閣法制局としては「了」としたことを示すものである。含まれている内容のなかで実質的なのは、文書⑦

---

*22　文書⑦は、こうした趣旨の解説をした北村喜宣「空家法の逐条解説」北村・前註（1）書152頁以下・174頁を参照する。同書については、「空家法制定に関わった学識有識者による解説書」と紹介されていた。北村・前註（1）論文128〜129頁にあるように、自由民主党空き家対策推進議員連盟や公明党空き家対策プロジェクトチームのヒアリングの場に出向いたり、衆議院法制局第四部第二課の職員と意見交換したりはしたけれども、「関わった」というほどの積極的コミットメントではないと自認している。

について指摘した論点である。この点に関しては、文書⑦の回答が再掲されている。

　前述のように、用例として示した地方拠点法についてダメ出しされ、ほかの法令を見つける宿題を出されていた。新たに示したのは、防災拠点自動車駐車場の指定にかかる道路法48条の29の2の規定であった。「経済的社会的活動の拠点としての機能を有する区域」というフレーズであり、これで「合格」というわけである。前例の威力が実感できる。

　ところが、閣議決定された法案においては、このフレーズは見当たらない。法7条3項では、「当該区域内の空家等の数及びその分布の状況、その活用の状況その他の状況からみて当該区域における経済的社会的活動の促進のために当該区域内の空家等及び空家等の跡地の活用が必要となると認められる区域（以下「空家等活用促進区域」という。)」と規定されている。その後にどのような調整があったのかは不明である。

⑺　文書⑩

　1月16日の日付のある文書⑩は、空家等対策計画を規定する法7条に新設された空家等活用促進区域に関するものである。これまでみた文書とは異なり、国土交通省が修正提案とその理由を整理するもので、内閣法制局側の意見は付されていない。

　文書⑩で法10条3項の解釈にあたり参考になるのは、次の部分である。12月20日バージョンまでの原案には、「空家等に電気工作物、ガス工作物その他の工作物を設置している者」とあったが、1月27日バージョンでは、「空家等に工作物を設置している者」というように修正された。内閣法制局の指摘を受けたのではなく、自主的な対応であろう。その理由は、以下のように説明されている。

　空家等に設置されている工作物としては、電気工作物やガス工作物以外にも水道や通信等多様なものが想定されるところ、「電気工作物、ガス工作物」という例示をした場合、対象がそれに限定されるという誤解を与える懸念があるため。また、同様の規定を置いている所有者不明土地の利用の円滑化等に関する特別措置法……においても、単に「当該土地に工作物を設置している者」（同法第43条第5項）と

203

第 2 部　改正空家法の制定過程

> 規定しているため。

　例示はあくまで例示であり、なぜそれに限定されると解するのかは不明である。法律本則中に具体的に記されてしまうとそれ以外の「その他の」については、よほどでないと追加できないという実務運用があるということなのだろうか。原案作成にあたっては、所有者不明土地法を多く参照したはずであるが、この時期になって修正するのは、たんなる見落としであろうか。

(8)　文書⑪

　法案の閣議決定予定日を 1 か月後に控えた 2 月 2 日の日付のある文書⑪では、法 7 条 1 項にもとづく空家等対策計画のなかに同条 3 項が規定する空家等活用促進区域および空家等活用促進指針に関する事項を定めるにあたって、調和を保つべき関係計画の対象に関する記述がある。同条11項は、「都市計画法第 6 条の 2 の都市計画区域の整備、開発及び保全の方針及び同法第18条の 2 の市町村の都市計画に関する基本的な方針との調和が保たれたものでなければならない。」と規定するが、12月20日までの原案では、「農業振興地域の整備に関する法律……第 8 条の農業振興地域整備計画その他法律の規定による地域振興に関する計画」も対象とされていた。

　ところが、農業振興地域整備計画との調和が保たれるべきとされる計画とは、①農振法の特例を設けている計画、②農業振興を主目的とした計画、③産業誘致等により土地利用調整を伴う計画であるが、「空家等対策計画はこれらに該当しないため、調和規定を設ける理由がないことが農林水産省との調整過程の中で明らかとなったため。」とされている。

　前記原案は、もっとも古い2022年11月19日の日付のある新旧対照表 7 条10項において確認できる。他省所管の法律を一方的に組み込んだのだろうか。法案作成過程も終盤にさしかかった時点で判明したというのは、少々不思議である*23。

---

*23　遠藤・前註（ 3 ）論文23頁は、「関係省庁との意見調整は、内閣法制局の審査前に終わるのが建前ではあるが、実際は並行して行われることも少なくない。」とする。その具体例であった。

第2章　空家法改正法案確定に至る政府内部過程―国土交通省と内閣法制局とのやりとりからみえるもの―

７　開示文書の検討を通じての雑感

　改めて感じるのは、内閣提出法案作成過程における内閣法制局の「絶対的権力」である。中央政府職員からは、「法制局とケンカしても仕方がない。指摘に従うほかの選択肢はない。」という趣旨の発言をよく耳にしていたが、それが文書で確認できた*24。「鬼門」*25とまで称されるゆえんである。もっとも、指摘事項だけが論点になったとすれば、国土交通省が欲する改正内容が全否定されたというのではないのも確かである。内閣法制局は、「政策の内容自体の当否には関与しない」*26。

　2014年に制定された空家法附則２項には、施行後５年見直し規定が設けられていた。筆者が2019年ごろに国土交通省の職員と意見交換をした際には、内閣提出法案での改正となると、議員立法として成立した16か条について相当に突っ込みが入るだろうから気が重いという趣旨の発言を聞いた覚えがある。改正に関係しない部分についてもそうなのかは定かではないが、結果としてみれば、それはされなかったようである。そうであるとすれば、国土交通省にとっては、今回の改正については、「この程度ですませることができた。」という印象であろうか。

　内閣提出法案の立法過程については、かつて筆者も研究をしたことがある*27。その際の主たるデータソースは、国会会議録、審議会等関係資料、新聞・雑誌情報のほか、中央政府職員や国会議員など立案関係者に対するヒアリング調査であった。情報公開法の制定以前であったこともあり、内閣法制局とのやりとりや数次の原案のような内部情報は参照していなかった。文書特定や交渉の方法の稚拙さゆえに入手できていない資料があるのかもしれないが、本章では、

---

*24　草柳大蔵『官僚王国論』（角川書店、1982年）44頁は、「無駄な抵抗は、かえって法案の成立をおくらせることになる」と述べる。

*25　草柳・前註（24）書43頁。新村出（編）『広辞苑〔第７版〕』（岩波書店、2018年）736頁は、鬼門について、「ろくなことがなくて行くのがいやな場所。また、苦手とする相手・事柄。」と説明する。

*26　遠藤・前註（3）論文26頁。

*27　阿部泰隆＋北村喜宣「湖沼水質保全特別措置法：その立法過程と評価（1）～（3・完）」自治研究61巻２号21頁以下、同４号16頁以下、同６号34頁以下（1985年）、北村喜宣「社会福祉士及び介護福祉士法の立法過程」季刊社会保障研究25巻（1989年）177頁以下参照。

205

第2部　改正空家法の制定過程

一般には知られていない資料を踏まえた検討を少しはなしえたのではないかと思う。これは、法政策研究にとっては重要な作業である。これまで気づかなかったのは恥ずかしいかぎりであるが、筆者自身の今後の研究方法について、貴重な認識ができたのは幸いであった＊28。

＊28　審査過程の情報としては、内閣法制局側に残された資料もあるはずと考え、空家法改正にあたって作成した行政文書を内閣法制局長官宛て情報公開請求したところ、「文書不存在」という回答であった。第二部参事官付けに確認すると、そもそもメモはないという。国土交通省から資料が提出されるごとに法制次長や第二部長とやりとりをして国土交通省との会議に臨んでいるのである。「短期決戦」を繰り返すのが、法令審査の実態であるらしい。これらの専門職員はいくつもの法律案を同時並行して審査しているのに、よく混線しないものである。

第3章 空家法2023年改正法案の準備、内容、そして、審議

　改正空家法は、旧法の施行を通じて認識されていた課題のいくつかに対応した。著しく保安上危険な状態にある特定空家等への対応を中心にしていた旧法に対し、改正法は、特定空家等化を未然防止するため、管理不全空家等制度を導入したほか、建築基準法の特例措置を講じることで活用の隘路になっている接道規制の適用除外の利用を一定の条件付きで円滑化している。特定空家等に対する措置の円滑化も実現した。

　法案審議を通して、空家等活用促進区域制度の意義、市町村の行政体制の違いを踏まえた施行日の柔軟化、意思能力に欠けるが成年後見人が選任されていない所有者等への対応、借地上の特定空家等の除却により土地所有者に発生するとされる利益の調整方法などの論点が明確になった。

1　2014年法の宿題

　空家法は、衆議院国土交通委員会委員長提出の議員立法として、2014年11月に成立した*1。その附則2項は、「検討」という見出しのもとに、「政府は、この法律の施行後5年を経過した場合において、この法律の施行の状況を勘案し、必要があると認めるときは、この法律の規定について検討を加え、その結果に基づいて所要の措置を講ずるものとする。」と規定していた。

　空家法の実施を通じて、様々な課題が確認されてきた。それらに対応すべく講じられた「所要の措置」としては、空家法5条（現6条）にもとづく基本指針の2021年6月改正、同法14条14項（現22条14項）にもとづく「「特定空家等に対する措置」に関する適切な実施を図るために必要な指針（ガイドライン）」の2020年12月改正および2021年6月改正があった。これらの改正によって、政府

＊1　立法化を推進した国会議員による空家法の解説として、自由民主党空き家対策推進議員連盟（編著）『空家等対策特別措置法の解説』（大成出版社、2015年）参照。

は、2014年法の宿題にとりあえず対応した[2]。しかし、まだ不十分であった。また、そのなかには、本来は法改正対応を要するものもあった。そこで、筆者は、ガイドライン改正に寄せて、「今回の対応をもって附則の命令に応えたと整理すべきではない。」と述べ[3]、法改正の必要項目を具体的に指摘していた[4]。

その空家法は、2023年6月に、内閣提出法案によって一部改正された。今回の改正は、保安上危険な対象物への対応をより円滑にできるようにすることに加えて、増加の一途をたどっている空き家の質を劣化させないように、あるいは、より積極的に利活用が図れるように、所定の措置を講じたものである。踏み込んだ措置が規定される一方で、法案審議を通じて、引き続き検討を要する重要課題も認識されている。

本章では、行政資料[5]および関係者へのヒアリング調査を踏まえ、改正法成立に至る経緯、改正法の内容、そして、国会審議の状況を整理・紹介する[6]。

2 改正に至る経緯

(1) 基本指針およびガイドラインの改正後の状況

空家法の制定に至るまでの約3年の間に、「空き家条例」として把握される条例の約80%が集中的に制定されていた。そうした流れのなかで、市町村からは、法律による対応を求める声があがっていたところ、空き家対策を所掌する国土

---

[2] この対応に関する中央政府による解説として、国土交通省住宅局住宅総合整備課「空家法基本指針及び特定空家等ガイドラインの改正：空き家対策に係る地方公共団体からの主な要望への対応」都市計画72巻2号（2023年）40頁以下参照。後述のように、改正によって条項ズレが発生しているが、この部分については旧法のそれで表記している。

[3] 北村喜宣「空家法ガイドライン改正と実務的課題」同『空き家問題解決を進める政策法務』（第一法規、2022年）317頁以下・339頁。

[4] 北村喜宣「空家法改正にあたっての検討項目」同・前註（3）書340頁以下参照。

[5] 主として参照したのは、国土交通省住宅局『空家等対策の推進に関する特別措置法の一部を改正する法律案：内閣法制局説明資料』（令和5年2月）（以下「内閣法制局説明資料」として引用。）である。

[6] 改正法については、宇賀克也「空家等対策の推進に関する特別措置法の改正」行政法研究50号（2023年）3頁以下、城戸郁咲「空家等対策特別措置法の改正について」自治体法務研究75号（2023年）6頁以下、国土交通省住宅局住宅総合整備課住環境整備室「空家対策の推進について」日本不動産学会誌37巻3号（2023年）30頁以下、海老根琢也「空き家対策の総合的な強化：空家等対策の推進に関する特別措置法の一部を改正する法律」立法と調査456号（2023年）48頁以下参照。

交通省は、建築基準法による対応で十分として、これに否定的であった＊7。

　しかし、空家法が成立し、所管省庁として責任を負わされた以上、立法者意思に忠実に同法を実施しなければならない。このため、施行の瞬間から、「5年見直し」にどのように応えるのかを、同省住宅局住宅総合整備課住環境整備室は考え続けてきた。後述のように、実施を担う自治体側からの要望もあった。

　そうしたなかで、レベルの異なる課題がいくつも確認されていたはずである。施行後5年目の2019年夏から本格的検討が開始され、その結果として2020年および2021年の時点で現実に可能であった対応が、基本指針およびガイドラインの改正であった。

　国土交通省において、この時点で法改正が検討されていたかは定かではない。筆者が同省の当時の担当者と意見交換をしていた際には、内閣提出法案による一部改正には消極的であるように感じていた。

(2)　市町村および関係団体からの法改正要望

　国土交通省には、空家法の運用や改正に関する要望が、相当に寄せられていたようである。同省によれば、「令和3年度には国土交通省に対する空家等に関する要望が45団体から寄せられており、全国市長会からも、「空家等対策の推進」に係る意見として、空家法の見直しの要望が行われている。」とする＊8。令和4年度においても、様々な団体からそれなりの数の要望があっただろう。

　全国空き家対策推進協議会（以下「全空協」という。）は、2020年7月に、『空家等対策の推進に関する特別措置法等に関する提言書』を出している。「空家等に関する提言」としては、[**図表3.1**]に示す8項目がある＊9。

＊7　北村喜宣「空家法の立法過程と法案の確定」同『空き家問題解決のための政策法務』（第一法規、2018年）126頁以下・126～127頁参照。
＊8　内閣法制局説明資料・前註（5）5頁参照。
＊9　この提言には、8項目に関して「会員自治体より提案された具体の提言」が添付されている。その妥当性は別にして、現場で対応に苦慮する行政の実情が垣間見える。全空協は、空家法実施に際して、国土交通省が創設した団体である。空家法モデル事業に毎年採択され、同省はこの団体を通じて情報提供をしたり意見聴取をしたりするなど、同省の影響力が極めて強い。同省は、全空協への意見照会をもって「市町村の意見を聴きながら」と整理している面もある。同省と全空協に対するコンサルティングサービスは、同一のコンサルタント（三菱UFJリサーチ＆コンサルティング）が担当しているようにもみえる。

第2部　改正空家法の制定過程

[図表3.1]　全国空き家対策推進協議会の提言書内容

① 緊急時に迅速な代執行を可能にするなど、特定空家等に対する措置をさらに円滑に行えるようにする必要がある。

② 行政等が保有する各種情報を一層活用するなど、空き家所有者の特定や所有者特定後の連絡・交渉をさらに効率的に行えるようにする必要がある。

③ 特定空家等となる前の段階での所有者等への対応や、固定資産税の住宅用地特例の解除など、特定空家等の発生を予防することが必要である。

④ 特定空家等や市区町村が債権を有している空き家でなくとも、市区町村による財産管理人の選任の申立てを認めるなど、所有者不明の場合の措置を円滑に行えるようにする必要がある。

⑤ 空家法における「空家等」は、建築物すべてが不使用の場合と解釈されているが、長屋等の一部の住戸が不使用の場合にも、部分的に空家法が適用されるようにする必要がある。

⑥ 空き家の所有者が多数存在する場合に、所有差の探索や所有者間の調整に多大な労力がかかっていることから、円滑に対応できるようにする必要がある。

⑦ 借地上の特定空家等に代執行を行った場合、土地売却による費用回収が見込めないこと、土地所有者が負担なく更地を得ることなどから、借地上の空家等の場合の仕組みや対応が必要である。

⑧ 空き家対策の一層の推進に資するよう、除却跡地の隣地間取引等による敷地整序、相続人間の合意の促進など、空き家対策に関連する幅広い分野を視野に入れた仕組みや対応が必要である。

〔出典〕筆者作成。

(3)　自由民主党内の動き

　議員提案として成立した法律の一部改正は、同じく議員提案でされなければならない……。このように規定する法律はないが、実際、そうした慣行は観察でき、むしろそれが一般的といってもよい*10。そうしたなかで、2023年の改正

────────────

＊10　中島誠『立法学：序論・立法過程論〔第4版〕』（法律文化社、2020年）283頁は、「議員立法として成立した法律については、……議員立法で行われることが通例」と指摘する。

が内閣提出法案によってなされたのはなぜだろうか。

　もっとも大きな理由は、空家法制定に大きな役割を果たした自由民主党空き家対策推進議員連盟（以下「自民党空き家議連」という。）が、議員提案による改正に強い意思を持っていなかったようにみえることである。そうしたなかで、国土交通省が内閣提出法案による改正を決めたのは、2022年半ば頃であったように思われる。自民党空き家議連との関係は不明であるが、自由民主党住宅土地・都市政策調査会には、空き家対策小委員会（委員長・井上信治衆議院議員）が設置されている。同省職員は、この小委員会にオブザーバー参加している。この頃には、同小委員会も、一部改正は議員提案ではなく内閣提出法案としてすることを了解していたであろう。かりに同党の関係議員側に「その気」があったなら、国土交通省はサポートこそすれ、それを払いのけて閣法による改正に進むことはなかったはずである。

　後述のように、法案の概要は、2022年末には確定していた。内閣法制局との調整を経ての条文案のとりあえずの確定（いわゆる「一読」の終了）は、2023年1月中下旬頃であろう。しかし、1月中にその内容が公になっていなかったのは、同小委員会による「空き家対策の強化に関する中間提言」がされるのを待っていたからである。同党のウェブサイトによれば、「空き家対策小委員会……が1月に提言した「空き家対策の強化に関する中間提言」の内容が、同改正案に色濃く反映されています。」とされている[11]。そうであるとすれば、この中間提言は、どれほどの積極さを持って、どのような過程を経て作成され、どのような内容となったのかに関心が持たれる[12]。

(4)　社会資本整備審議会住宅宅地分科会空き家対策小委員会

(a)　「とりまとめ」の取りまとめ

　2022年10月、国土交通省は、社会資本整備審議会住宅宅地分科会のなかに、新たに10名の委員から構成される「空き家対策小委員会」（委員長は、中川雅之・

---

*11　自由民主党ウェブサイト参照（https://www.jimin.jp/news/information/205436.html）（2025年1月10日最終閲覧）。なお、本章において参照するウェブサイトの最終閲覧日は、いずれも前記の通りである。

*12　このため、筆者は自由民主党に照会したところ、理由は不明であるが公開はされていなかった。残念ながら、情報提供の要請にも応じていただけなかった。公にはできない内容なのだろう。

第2部　改正空家法の制定過程

日本大学経済学部教授）（以下「空き家対策小委員会」として引用。）を設置し、2023年1月に意見を取りまとめるべく作業を開始した*13。設置の趣旨は、「空き家の発生抑制や空き家の利活用・適切な管理・除却に向けた取組の強化等、空き家政策のあり方を検討」することである。

　同小委員会は、4回開催された*14。3回目の会議（12月22日）では「とりまとめの方向性（案）」が合意され、年末年始にかけて、任意の意見公募手続（パブリックコメント）に付された*15。その結果を踏まえた「とりまとめ（案）」が4回目の会議（1月31日）で概ね了承され、『社会資本整備審議会住宅宅地分科会空き家対策小委員会とりまとめ：今後の空き家対策のあり方について（2023年2月）』（以下「とりまとめ」という。）として公表された*16。

　第1回目の会議（10月25日）の資料として用意された「空き家対策小委員会の設置について」には、「法改正」という文言は記されていない。実際、国土交通省は、最終回の第4回が開催されるまで、一貫して「法改正」という文言を封印していた。

　しかし、それが前提となっていることは、議論に参加しようとする同委員会メンバーの多くの認識であったかと思われる。そこで、委員の1人であった筆者は、第1回の会議において、「空家法のこれから」という一枚のメモにもとづき、法改正にあたっての検討項目についてのプレゼンテーションを行った*17。次頁の［図表3.2］がそれである。その当時の認識は、「下に行くほど実現が困難な課題」であった。後にみるように、このうち、「所有者等に対する質問権」

---

*13　筆者は空き家対策小委員会のメンバーであったが、本章の記述は、この組織としての見解を示すものではない。

*14　小委員会の会議録等は、国土交通省ウェブサイトで閲覧可能である（https://www.mlit.go.jp/policy/shingikai/s204_akiyataisaku.html）。

*15　42の個人・団体から、合計115件（23自治体から69件）のコメントが寄せられた。コメントを踏まえての内容の実質的修正はなかった。なお、「とりまとめ（案）」は、行政手続法2条8号にいう「命令等」には該当しないため、同法38条以下が義務づける法定の意見公募手続としてされたものではない。「行政手続法に基づく手続」ではなく「任意の意見募集」であり、そうであるからこそ、30日間ではなく「16日間」でもかまわなかった。なお、基本指針やガイドラインについても、「命令等」には該当しないため、改正にあたっては、「任意の意見募集」であった。

*16　「とりまとめ」は、国土交通省ウェブサイトで閲覧可能である（https://www.mlit.go.jp/policy/shingikai/content/001584860.pdf）。

*17　このメモは、北村喜宣「空家法改正にあたっての検討項目」同・前註（3）書340頁以下を踏まえたものである。

212

「略式代執行手続の改善」「財産管理人制度のカスタマイズ」「状況が急変した特定空家等への対応」については、閣議決定された改正法案により措置がされた。また、「多数共有事案への対応」「意思能力に欠ける所有者等への対応」「特定空家内の残置動産への対応」「借地上の建築物除却により発生する土地所有者の便益の調整」「14条措置を受けた所有者等の死亡時（相続発生時）の対応」「特定空家等の要件を充たす全部非居住・部分居住の長屋への対応」については、衆議院国土交通委員会の附帯決議に盛り込まれた。⇒第4章

[図表 3.2] 北村喜宣委員「空家法のこれから」

2020年土地基本法改正は、土地の適正な管理（＝その上にある建築物の管理）の実現のための権利制約に大きな法政策的サポートを与える

事項	課題
所有者情報の把握方法	「どこまででやればいいか」の明記
協議会の法定メンバーとしての市町村長	並列を削除
所有者等に対する質問権	質問権の根拠を明記
略式代執行手続の改善	費用徴収の根拠明記
財産管理人制度のカスタマイズ	市町村長に申立権付与
状況が急変した特定空家等への対応	特別緊急代執行の創設
一定の建築物に関する実施権限の特定行政庁への移管	都道府県の補完事務としての整理
多数共有事案への対応	共有関係の整理
意思能力に欠ける所有者等への対応	行政手続法の特例措置
特定空家内の残置動産への対応	所有権の整理
借地上の建築物除却により発生する土地所有者の便益の調整	便益の範囲の確定と徴収方法
14条措置を受けた所有者等の死亡時（相続発生時）の対応	承継効の考え方
特定空家等の要件を充たす全部非居住・部分居住の長屋への対応	区分所有関係の整理

〔出典〕国土交通省資料（https://www.mlit.go.jp/policy/shingikai/content/001518777.pdf）。

第 2 部　改正空家法の制定過程

⒝　「とりまとめ」の概要

「とりまとめ」は、三本柱で構成されている。すなわち、①適切な管理・除却の促進、②発生抑制、③活用促進である。①については、所有者の管理意識を醸成して適切な管理を促進すること、特定空家等になる前段階での措置を促すとともに特定空家等の除却をさらに円滑化することが求められた。②については、所有者の死後になるべく空き家にしないため、自宅の取扱いを検討して認識や方針を家族と共有する重要性についての意識啓発を図ることが求められた。③については、空き家期間を短縮するため、所有者に寄り添って早期活用意識を醸成すること、周囲に悪影響を及ぼしていない空き家についても施策対象にすること、所有者・活用希望者双方の早期の決断を促し活用を支援する取組みを推進することが求められた。それらに共通する基盤として、NPO 等の民間団体やコミュニティの活動を促進していく必要性も指摘されている。なお、重要な改正点である空家等活用促進区域制度および空家等管理活用支援法人制度については、それぞれ、たんに「接道・用途規制の合理化」「公的位置づけの付与」とのみ記されており、これをめぐっての議論はほとんどされていない。もちろん、意図的に「させなかった」のであるが、不可解な小委員会運営である。

旧法の重要な使命は、特定空家等による保安上の危険をいかに制御するかであった。2015 年 5 月の施行から約 8 年間で市町村が595件もの除却代執行を積極的に実施している現状は、立法者の要請にそれなりに応えたものと評しうる*18。

しかし、空き家対策の今後を展望したときには、特定空家等予備軍、さらには、空家等予備軍をいかに少なくするかが重要なのは論をまたない。「とりまとめ」は、より上流にさかのぼっての対応を求めるものである。政策の方向性としては、合理的と評しうる。国の空き家対策は、セカンドステージに入ったのである。

---

*18　2023年 3 月31日現在の空家法施行状況は、国土交通省ウェブサイトで閲覧可能である（https://www.mlit.go.jp/jutakukentiku/house/content/001519053.pdf）。実施状況の分析として、北村喜宣「2 年を経過した空家法実施の定点観測：『空き家対策に関する実態調査結果報告書』を読む」同・前註（3）書139頁以下、同「空家法の実施における行政代執行の積極的実施の背景と要因」行政法研究53号（2023年）253頁以下参照。

(c) 「とりまとめ」の役割

最終回となる空き家対策小委員会の4回目会議が開始される午前10時の直前、斉藤鉄夫・国土交通大臣は、記者会見の場で、「この小委員会のとりまとめを踏まえ、空家法の改正を含め、政策ツールを総動員し、施策の具体化に努めていきたい」と発言している*19。しかし、実際には、「とりまとめを踏まえて」改正法案が作成されたわけではない。次にみるように、4回目の会議の翌日には、いわゆる「五点セット」（概要、要綱、案文・理由、新旧対照表、参照条文）が自治体に向けて発信されている。

一夜城ではあるまいし、「踏まえてつくる」など時間的にありえない。現実には、2022年10月以降に作業が進んだ条文化の内容をなぞるように「とりまとめ（案）」の内容が用意されていった。そうであるとすれば、「とりまとめ（案）」に対してパブリックコメントがされる2022年12月には、条文化はされていないにしても、法案の内容はおおむね確定していたとみてよいだろう*20。小委員会もパブリックコメントも、改正法案に正当性・正統性を付与する役割を演じたことになる。為政者にコントロールされる通常の立法過程の一断面である。

(5) 地方六団体の意見申出制度

(a) 制度の概要

地方自治法263条の3第5項は、「各大臣は、その担任する事務に関し地方公共団体に対し新たに事務又は負担を義務付けると認められる施策の立案をしようとする場合には、第2項の連合組織が同項の規定により内閣に対して意見を申し出ることができるよう、当該連合組織に当該施策の内容となるべき事項を知らせるために適切な措置を講ずるものとする。」と規定する。「連合組織」とは、いわゆる地方六団体（全国知事会、全国都道府県議会議長会、全国市長会、全

---

*19　国土交通大臣の発言は、同省ウェブサイトで閲覧可能である（https://www.mlit.go.jp/report/interview/daijin230131.html）。

*20　2023年1月、新聞各紙は、国土交通省が通常国会に空家法などの改正法案を提出する予定と報じた。「空き家の管理不全是正 改正法案提出へ 税優遇を解除 国交省が新規定」読売新聞2023年1月16日、「実家の終活3カ月300万円「思い出」処分に罪悪感 ふるさと納税で「管理代行」広がる 空き家放置対策税優遇見直しへ」朝日新聞2023年1月16日参照。自治体にとっては、この報道は「寝耳に水」であり、慌てて国土交通省に照会をしたけれども、同省からは、法改正をするかどうかを含め、詳しい内容は知らされなかったようである。どのルートでマスコミに伝わったのかは、興味深い。同省のリークでなければ、自由民主党筋であろう。

第2部　改正空家法の制定過程

国市議会議長会、全国町村会、全国町村議会議長会）である*21。

(b)　実施

　今回の改正にあたっても、地方六団体の意見申出制度にもとづく措置が講じられた。具体的には、2023年2月1日付けで、国土交通省住宅局住宅総合整備課名で「空家等対策の推進に関する特別措置法の一部を改正する法律案について（通知）」が送付されたのである*22。そこには、「(参考) 今後の予定」として、「閣議 3月3日（金）」と記されていた*23。資料として添付されたのは、前述の「五点セット」である。なお、本件に関しては、空き家対策小委員会の最終回（2023年1月31日）開催の前に、地方六団体の窓口担当者に対して説明はされ、さらに、2月3日には、全空協の3部会長・6分科会長に対して、国土交通省より説明がされている。いずれも簡単な資料を用いてのものであったようである。

(c)　実情

　3月3日と閣議決定日が明示されている以上、かりに国土交通省が意見を受け入れて修正を行うとすれば、相当の調整が必要になる。「閣議請議を行う前に相当の期間を置いて情報の提供を行うべき」*24とされるが、筆者の調査によれば、通知から閣議決定予定日までの期間は、最近では1か月程度が相場となっているようである。この時間は、どのように使われるのだろうか。

　空家法改正法案の場合、中心になって対応が期待されるのは、全国知事会、全国市長会および全国町村会の「執行三団体」である。これら団体の事務方だけで検討をするのではなく、もちろん構成団体にも協力を求めることも可能である。現場行政にはそれなりに専門性があるため、むしろそうするべきであろう。制度は構築されているのであるから、それを積極的に活用する取組みが執

＊21　地方自治法263条の3については、松本英昭『新版逐条地方自治法〔第9次改訂版〕』（学陽書房、2017年）1577頁以下、彌栄定美＋佐久間寛道「地方自治法の一部を改正する法律について（中）」地方自治705号（2006年）15頁以下・23〜32頁参照。

＊22　そのなかで、自治体に対して新たに事務や負担を義務づける内容を含むとされたのは、改正法案の7条7項〜9項・11項・18項、23条2項・4項、25条4項、26条1項〜3項、27条2項、28条2項〜3項である。

＊23　予算関連法案であれば、もっと早い時期での閣議決定が必要であるが、本法案はそうではなかったために、この時期になったものと思われる。

＊24　松本・前註（21）書1582頁。

第3章 空家法2023年改正法案の準備、内容、そして、審議

行三団体には求められるところである＊25。

　ところが、今回、理由は不明ながら、全国町村会は、特段の周知をしていない。全国市長会は、構成団体への一般的なメールを流しただけであった＊26。もっとも的確な対応をしたのがこの改正の影響が最も薄いと考えられる全国知事会であったのは、何とも皮肉である。都道府県の空家法担当課には、国土交通省から発出された文書の翌日に、確実に五点セットが行き渡った＊27。都道府県の担当から、市町村の担当に情報提供された事例もあっただろう。

　全国知事会の資料を参照すると、回答期限は「令和5年2月9日（木）17時まで」であり、「条文修正に関する特段の意見がある場合は、6日（月）正午までにご提出ください。」とある。いきなり五点セットを送りつけ、実質的に、木曜日および金曜日の終日と月曜日午前だけの時間で条文修正意見を出せというのは無茶苦茶である＊28。これは都道府県についてであり、市町村については、そもそもそうした対応を全国町村会側も全国市長会側も考えていなかったようにみえる。

　筆者の調査によると、執行三団体からは、意見は出されていない＊29。この沈

＊25　松本・前註（21）書1583頁は、「全国的連合組織は、この情報提供の制度を踏まえて、意見集約のための体制、手続等を整える必要がある」と指摘する。西尾勝『国会の立法権と地方自治：憲法・地方自治法・自治基本条例』（公人の友社、2018年）26〜27頁は、「これは地方六団体の怠慢とも言い切れないように思われます。全国知事会にしろ、全国市長会にしろ、全国町村会にしろ、その職員機構の陣容は決して十分には整っておりません。地方六団体にこれまで以上のクリアリング・ハウス機能やシンク・タンク機能の充実を期待するのであれば、これらの全国連合組織に加盟している都道府県、市、町村がこれまで以上の分担金を拠出しなければならない」と指摘する。
＊26　全国市長会は、そのウェブサイトの「メンバーズページTOP＞注目のトピックス＞地方自治法第263条の3第5項」「空家等対策の推進に関する特別措置法の一部を改正する法律案」について―国土交通省（令和5年2月1日）」を通知し、そこに五点セットを添付している。ところが、「情報提供」とされているだけで意見を提出するようには指示されていない。また、この通知を受けた部署に対して空家法一部改正法関係担当（空家法担当、固定資産税担当、建築基準法担当等）に確実に伝達する指示もない。実際、筆者が2023年2月末に40市町村の空家法担当者に対して研修をした際、五点セットの存在を知っていた受講生は皆無であった。
＊27　全国知事会については、国土交通・観光常任委員会委員長県である大分県から常任委員県に情報提供がされ、単位都道府県の担当者に連絡されている。
＊28　全国知事会が条文修正意見を取りまとめて国土交通省に送るのは、2月6日中が予定されていたのだろう。同省が3月3日の閣議決定までに調整作業をするためには、4週間必要という同会国土交通・観光常任委員会事務局側の配慮なのだろうか。
＊29　一般に、この意見申出制度の運用は、相当に形骸化しているようである。北村喜宣「そんなのあったの？：トホホの自治法263条の3」同『自治力の闘魂：縮小社会を迎え撃つ政策法務』（公職研、2022年）44頁以下参照。おそらく、全空協にも情報提供されたはずであるが、「全空協ルート」

217

第 2 部　改正空家法の制定過程

黙は、組織としてまったく問題がないと考えているからなのか、短期間では意見の出しようがないと考えているからなのか、あるいは、そもそも関心がないからなのか、その意味は不明である。それはさておき、これが地方自治法263条の3第5項の運用の実情であり、何とも暗澹とした気分になる*30。なお、この点に関する非公式な意見聴取の実情については、後述する。

3　改正法の概要

(1)　閣議決定と国会提出

　当初の予定通り、「空家等対策に関する特別措置法の一部を改正する法律案」は、2023年3月3日に閣議決定され*31、即日、開会中の第211回通常国会に提出された。同年2月1日に地方六団体に対して送付された内容と、ほぼ同一である。16か条の2014年法を、30か条にする大改正である。

(2)　「とりまとめ」と改正法案

　「とりまとめ」は、4つの具体的方向性を示していた。①発生抑制を図る取組み、②活用促進に向けた取組み、③適切な管理の確保・除却の促進に向けた取組み、④NPO等の民間主体や地域コミュニティの活動を促進する取組みである。国土交通省は、「活用拡大」のもとに①②④、「管理の確保」のもとに②③、「特定空家の除却」のもとに③を位置づけて再整理した。国土交通省は、「空家」が「特定空家」に進化する過程を3つに分けて対応のポイントを示すわかりやすい図をつくっている（[図表3.3]）*32。

　　で修正要望がされたのかどうかは、確認できていない。

*30　意見が出されなければ、中央政府の側もこの制度を軽く扱うようになり、ますます形式的なものになってしまう。とりわけ執行三団体側には、「歯を食いしばって」対応する必要性を強く感じる。自らのスタッフ強化は無理であるとしても、シンク・タンクや研究者に「外注」して意見書案を取りまとめてもらうなど、工夫の余地はありそうである。

*31　かつて、筆者は、国土交通省職員から、「空家法は議法ゆえに内閣法制局からみると不十分なところもあるだろうし、これを閣法で改正するとなると、そうした部分にも対応しなければならない」という趣旨のコメントを聞いていた。改正法案は、2014年法を「オーバーホール」したものにはなっていないが、同局がどのような審査をしたのかは興味深い。

*32　空家法には、「空家」「特定空家」を独立して定義する規定はない。いずれも敷地を除外した「建築物だけ」の意味である。北村喜宣「空家法の逐条解説」第1章10頁参照。

[図表3.3] 空家の進化過程と対応のポイント

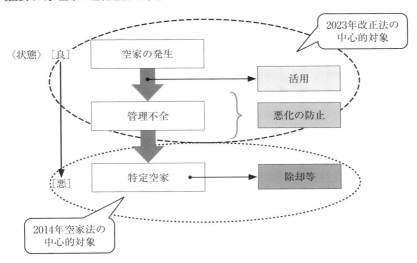

〔出典〕国土交通省資料を踏まえて筆者作成。

[図表3.3] を用いて説明すれば、改正法の立法意図は、下流に行く空き家の数を極小化することにある。何よりも重要なのは、上流にある「たんなる空き家」の活用である。

法政策としては、そもそも空家にしない方策が必要なのはいうまでもない。この点、空家法は、「適切な管理が行われていない空家等」（1条）を措置対象とするものであるため、スタートとしては空家等となっている。しかし、将来的には、さらに上流に遡る必要はある。今後の課題である。それが、サードステージの空家法になるだろう。

(3) 活用拡大

(a) 空家等活用促進区域制度

促進区域は、法7条にもとづく空家等対策計画のなかに定められる[*33]。2014年法のもとでの計画（旧法6条）は、同法に完結的なものであって、ほかの法律

---

*33 空家等活用促進区域制度の新設の背景については、宇賀・前註（6）論文8〜9頁参照。

第2部　改正空家法の制定過程

にリンクが張られてはいなかった。また、項目として、「空家等及び空家等の跡地……の活用の促進に関する事項」（同条2項5号）はあげられていたが、具体的内容は規定されていなかった。

この点、改正法は、活用促進施策を講ずる地区を具体化し、当該区域内の措置について、空家等対策計画を通じて関係法とのリンクを張り、それらの仕組みを利用して空き家の活用を拡大しようとしている。このリンケージには、2段階ある。第1は地域であり、第2は措置である。すなわち、空家法のもとでの空家等やその跡地活用を進めたいと思う地域を計画のなかで特定すれば、後述のように、そこにおいて建築基準法のもとでの措置が特別法的に可能になる（17条～18条）。なお、同区域の設定は任意である。

リンクが認められるものとして限定列挙されている地域は、①「中心市街地の活性化に関する法律」2条が規定する中心市街地、②地域再生法5条4項8号が規定する地域再生拠点、③地域再生法5条4項11号が規定する地域住宅団地再生区域、④歴史まちづくり法2条2項が規定する重点区域である。

これらの区域のなかで、「空家等の数及びその分布の状況、その活用の状況その他の状況からみて当該区域における経済的社会的活動の推進のために当該区域内の空家等及び空家等の跡地の活用が必要となると認められる区域」が促進区域（以下「促進区域」という。）として定められるとともに、同区域における空家やその跡地の活用のための促進指針が定められる（法7条3項）。促進区域および促進指針は、法7条2項が必須項目としているもののひとつである同項5号「空家等及び除却した空家等に係る跡地……の活用の促進に関する事項」の内容として定められる。活用促進のために推奨したい用途（以下「誘導用途」という。）も定められる（同条4項2号）。

空家法の実施をする市町村が空家の利活用を進めたいと思って所有者等に働きかけようとしても、建築基準法にそうした方向での対応が可能な明文規定がないため、実現は不透明であった。前記諸地域内に空家等がある場合において所有者等に利活用の希望があるときには、法制度上の障害がひとつクリアされるのである。その結果、①〔敷地特例適用要件の例として〕安全確保等を前提に接道に関する前面道路の幅員規制（建築基準法43条2項1号にもとづき特定行政

第3章　空家法2023年改正法案の準備、内容、そして、審議

庁が行う特例認定）の合理化*34、②〔用途特例適用要件の例として〕指針に定めた用途に用途変更等する場合の用途規制等（建築基準法43条2項2号にもとづき特定行政庁が建築審査会の同意を得て行う特例許可）の合理化*35といった対応が可能になった。接道規制が例外的に課されない場合の拡大である。

　指針に規定する際、①については特定行政庁との（認定ではなく）協議、②については特定行政庁の（許可ではなく）同意が必要になる。これらは、創設的制度である*36。地域再生法の地域住宅団地再生事業改革制度が参考にされた*37。市町村が空家等対策計画のもとでいわば「下ごしらえ」をしっかりしておくことによって、個別案件の処理が楽になるのである。

　なお、国土交通省はこれらの措置を「合理化」と表記するが、内閣法制局への説明の際には、「建築物の敷地の接道規制に係る建築基準法の特例許可要件を緩和〔する〕」と記している*38。同局への説明は「正直」でなければならないとしても、「緩和」という文言を不用意に用いると、法案審議において無用の反発なり混乱が生ずるのを懸念して「合理化」と表現していたのだろう。

　一方、住居使用されていた空家の用途を変更しようとすれば、建築基準法48条にもとづき特定行政庁の許可が必要である。ところが、この許可を得るのは必ずしも容易ではないとされる。そこで、空家等対策計画の作成段階で、市街化調整区域に設定される促進区域については特定行政庁との協議をあらかじめすることで、円滑な許可運用をしようとするものである。内閣法制局には、「〔建

---

*34　たとえば、交通上、安全上、防火上、衛生上支障がないことが前提になるが、幅員1.8m以上4m未満の道路に2m以上接する敷地に建築されている空家等でも建替えが可能になる。従来は、こうした道路に面する敷地に（おそらくは建築確認なしに）建築された家屋は、建築基準法43条1項の制限があるために、建替えや改築ができなかった。自業自得なのであるが、それを言っていたのでは何も進まないため、思い切った政策的割り切りをしたといえる。なお、より本質的には、特例適用建築物の空家等でなくてもこうした対応が可能になるような規制緩和が望ましい。

*35　たとえば、促進区域内の第2種中高層住居専用地域にある観光振興を図る区域において、住宅を宿泊施設に転用できる。従来、建築基準法48条および別表第2（に）により、同地域では、「ホテル又は旅館」という用途は認められていなかった。これを可能にするには、建築審査会の同意が必要であるところ、審査基準が不明確なために予見可能性が低かったことから利用しづらかった。特定行政庁が審査基準を工夫して作成すればよいともいえるが、現実には困難なようである。

*36　特例措置の背景や制度解説については、宇賀・前註（6）論文17～25頁、城戸・前註（6）解説6～8頁、説明資料・前註（5）11～42頁参照。

*37　宇賀・前註（6）論文22頁参照。

*38　説明資料・前註（5）6頁参照。

第2部　改正空家法の制定過程

築基準〕法の用途制限に係る特例許可の対象とする」と説明されている＊39。バイパスの創設といえる。

　空家法の実施を担当する市町村の多くにとって、特定行政庁とは、都道府県知事である。通常であれば、市町村の空き家対策のために都道府県が協力的であるとは必ずしもいえない。前記制度は、空家法の目的の実現のために、建築基準法の特別法として規定されたのである。

（b）　空家等の活用促進についての配慮

　都市計画法や農地法などに関する運用の方針を明記することにより、空家等の活用を促進する施策も規定された。第1は、市街化調整区域に設定された促進区域内に存在する空家等を誘導用途に供するために、都道府県知事が都市計画法42条1項但書ないし43条1項の許可に関する用途変更の許可を求められたときには、「適切な配慮」をするものである（法18条1項）。第2は、農地法などの許可を要する誘導用途実現のための行為に関して、都道府県知事は、「適切な配慮」をするものである（法18条2項）。第1の対応は地域再生法17条の55第4項に先例があり、第2の対応は「地域資源を活用した農林漁業者等による新事業の創出等及び地域の農林水産物の利用促進に関する法律」42条2項に先例があるとされる＊40。

（c）　市町村長の請求権の明記

　民法25条1項の規定による不在者財産管理人の設置請求、または、民法952条1項の規定による相続財産清算人の選任請求は、「利害関係人又は検察官」のみがなしうるとされている。民法264条の8第1項による所有者不明建物管理命令の請求は、「利害関係人」にかぎられる。空家法は、これらに関して、市町村長に請求権を認めた（14条）。「民法の特例」という見出しが付されている。これらは、空家等の修繕管理や除却処分の局面において活用できる。

　旧ガイドラインでは、「〔空家〕法に基づく措置の主体である市町村における申立てが認められる場合がある。」とされていた。これを前提にすると、改正法は確認規定になるが、「民法の特例」という表現からは、創設規定であるように

＊39　説明資料・前註（5）6頁参照。
＊40　宇賀・前註（6）論文23〜24頁参照。

222

もみえる*41。こうした規定は、所有者不明土地法42条などに先例がある*42。なお、空家法は、前記の規制緩和措置や次にみる空家等管理活用支援法人制度など、所有者不明土地法の仕組みや考え方を相当に参照している。

(d) 空家等管理活用支援法人制度

改正法は、新たに空家等管理活用支援法人制度を創設した。同法人（以下「支援法人」という。）は、空家等の所有者等に対して管理・活用の方法に関する情報提供・相談・援助、（委託による）空家等の状況の定期的確認や改修、（委託による）空家等の所有者等の探索、空家等の管理・活用に関する調査研究・普及啓発などをその業務とする（法24条）。申請にもとづき市町村長が指定をするが、対象となるのは、特定非営利活動促進法2条2項に規定する特定非営利活動法人（以下「NPO法人」という。）、一般社団法人、一般財団法人、会社である。個人は含まれない。指定要件は、「〔上記の〕業務を適正かつ確実に行うことができると認められる」ことである（法23条1項）。

支援法人は、ビジネスとして業務を遂行する。市町村はその業務実施に関して必要な情報提供をするほか（法26条1項）、求めに応じて所有者等関連情報を（所有者等本人の同意を得たうえで）提供する（同条2項～4項）。

特徴的なのは、この法人に関して、市町村に対する（やや押しかけ的な）コンサルティングを制度化している点である。すなわち、「その業務を行うため必要があると認めるときは、市町村に対し、国土交通省令・総務省令で定めるところにより、空家等対策計画の作成又は変更をすることを提案することができる。」のである。素案の提示が求められている（法27条1項）。提案された場合、市町村は、それをどのように扱うのかを当該支援法人に通知する。「空家等対策計画の作成又は変更をしないこととするときは、その理由を明らかにしなければならない。」とまで規定されている（同条2項）。

さらに、支援法人は、市町村長に対して、前述の民法の特例措置を講ずるよう要請できる（法28条1項）。市町村長がその必要がないと判断する場合には、

---

*41　［図表3.2］のほか、北村・前註（3）書350～351頁参照。
*42　所有者不明土地法は、2022年に改正されて条項ズレが発生している。現42条は旧38条であるが、同条の解説として、所有者不明土地法制研究会（編著）『所有者不明土地の利用の円滑化等に関する特別措置法解説』（大成出版社、2020年）155～158頁参照。

第2部　改正空家法の制定過程

理由とともにその旨を当該支援法人に通知する（同条3項）。前述のように、「とりまとめ」においては、何気なく「公的位置づけの付与」と記されているにすぎなかった制度である。

　同様の仕組みとしては、所有者不明土地法6章（47条〜52条）が規定する所有者不明土地利用円滑化等推進法人（以下「推進法人」という。）がある。手近なものとしては、これにならったのであろうか。一定の業務を列記して、これを指定法人に期待するという仕組みは、多くの法律に例がある*43。なお、後述のように、この制度には、重大な法的論点がある*44。

(4)　管理の確保

(a)　特定空家化を未然防止する管理

　2014年法のもとでは、所有者等に対して具体的な措置を講じうるのは、空家等が特定空家等に「進化」した時点以降であった。しかし、そうまでにはなっていない状態であっても、適正な管理がされていない空家等は多くあった。特定空家等候補あるいは予備軍である。改正法は、こうした空家等を「管理不全空家等」と把握し、市町村長は必要な指導・勧告ができるとした（法13条）*45。

　改正法以前に制定されていたいくつかの空き家条例は、まさにこの点に関する2014年法の不備に対応すべく、たとえば「準特定空家等」というカテゴリーを設けて、行政指導ができる旨を規定していた*46。改正法は、こうした条例に学んだものである。この点に関しては、[**図表3.1**]にみられるように、全空協からの要望もあった*47。

---

*43　たとえば、国土交通省所管の制度として、都市計画法のもとでの都市計画協力団体（75条の5以下）、都市緑地法のもとでの緑地保全・緑化推進法人（81条以下）、「民間都市開発の推進に関する特別措置法」のもとでの民間都市開発推進機構がある。

*44　支援法人制度の検討として、北村喜宣「指定の判断基準：空家等管理活用支援法人の法的位置づけ」本書第5章以下、同「支援法人指定申請の取扱い」本書第6章以下参照。

*45　その背景には、空家等の所有者等の責務に関して、「努めるものとする」を「努めなければならない」というように、少しだけ強化したことがあるのだろう。土地基本法2020年改正によって、土地所有者の管理責任が明記されたことも影響しているように思われる。北村喜宣「土地基本法の改正と今後の空き家法政策」同・前註（3）書304頁以下参照。言葉のニュアンスの違いについては、吉田利宏『新法令用語の常識〔第2版〕』（日本評論社、2022年）49〜53頁、田島信威『最新法令用語の基礎知識〔三訂版〕』（ぎょうせい、2005年）97〜101頁・105〜108頁参照。

*46　たとえば、「飯田市空家等の適正な管理及び活用に関する条例」2条3号、「南木曽町空家の適正管理に関する条例」2条3号、「美浦村空家等対策の推進に関する条例」2条3号参照。

*47　説明資料・前註（5）5頁は、「政令市の建築・住宅部局により構成される大都市建築・住宅主

224

第3章　空家法2023年改正法案の準備、内容、そして、審議

改正法の対応の特徴は、勧告を受けた管理不全空家等に関しては、固定資産税の住宅用地特例が解除されることである。地方税法も一部改正され（349条の3の2）、従来の空家法22条2項（旧法14条2項）の勧告を受けた特定空家等の敷地に供されている土地に加えて、13条2項の勧告がされた管理不全空家等の敷地に供されている土地についても、同様の対応となったのである*48。また、勧告においては「具体的な措置」が求められる点で、「必要な措置」で足りる指導とは異なっている。

（b）　所有者把握の円滑化

空家等の所有者等の情報把握について、2014年法は、「関係する地方公共団体の長その他の者」と規定していた。改正法は、これを「関係する地方公共団体の長、空家等に工作物を設置している者その他の者」とした。想定されているのは、電力やガスといったライフライン事業者である。

これらについては、「「その他の者」に含まれる」とガイドラインに記述すればよいようにも思われるところ、とくに「空家等に工作物を設置している者」を追記したのは、法律上明示されていないために当該事業者に対する情報提供依頼が十分にされていないという事情があるからである。こうした規定ぶりの先例として、所有者不明土地法43条5項がある。

(5)　特定空家の除却等

（a）　状態の把握

空家等や特定空家等の状況の把握のために、2014年法は立入調査を規定していた。これは、現場の状況を行政職員が「それのみから」把握するものである。所有者等が判明している場合において、質問ができるとは規定されていなかった。

この点で、改正法は、「空家等の所有者等に対し、当該空家等に関する事項に関して報告させ」と明記し、市町村長に報告徴収権を付与した（法9条2項）。

管者会議からは、「特定空家等に至らないものの適正な管理がなされていない不良な空家」について、「特定空家等に準じた対策が可能となるよう法整備を行うこと。」（令和5年度国の施策及び予算にかかわる住宅・建築施策の要望書〜詳細要望〜）（令和4年7月大都市建築・住宅主管者会議）が要望されている。」とする。

*48　旧法のもとでの運用については、坂口健太「空家と住宅用地特例」自治実務セミナー2023年7月号29頁以下参照。

第2部　改正空家法の制定過程

適切に管理をしているとかするつもりであるとか主張される場合もあることから、その根拠を示させるためにも必要な権限である＊49。「建築物の耐震改修の促進に関する法律」15条4項などに先例があり、本来は、空家法制定時に規定されるべき内容であった。

(b)　代執行の円滑化

2014年法は、特定空家等に対する措置として、所有者等が判明している場合には、「助言・指導→勧告→命令」の順番通りに対応することを命じていた。現場状況に対する理解が不十分なままに立法されたのである。状況を問わずに求められる硬直的な対応は現実性に欠けるため、空き家条例においては、実質的に、「いきなり命令」を可能にする措置を規定するものもあった＊50。

改正法は、特定空家等に対する代執行について、2点の対応をした。第1は、緊急に除却等の措置を講ずる必要がある場合において＊51、「当該措置をとることを命ずるいとまがないとき」には、それを経ずに市町村長は除却等ができるとした（法22条11項）。廃棄物処理法19条の8第1項4号などに規定例のある特別緊急代執行である＊52。

＊49　[図表3.1] において、筆者も提案していた。これは、筆者も参加している世田谷区空家等対策審査会における具体的事案を通して得た知見をもとにしている。

＊50　「京都市空き家等の活用、適正管理等に関する条例」17条参照。この法政策の解説として、北村喜宣＋米山秀隆＋岡田博史（編）『空き家対策の実務』（有斐閣、2016年）80〜81頁 [春名雅史] 参照。

＊51　緊急時の例として、説明資料・前註（5）68頁は、「①災害が発生しようとしているとき、災害により特定空家等の屋根、外壁材が飛散するおそれがあり、緊急に補強する必要があるとき」「②災害の発生により、特定空家等の外壁材が隣家に接し、緊急に撤去する必要があるとき」「③特定空家等の倒壊等が著しく、暫定的に安全を確保する必要があるとき」をあげる。

＊52　国土交通省住宅局住宅総合整備課住環境整備室は、なぜかこれを「緊急代執行」と称している。城戸・前註（6）解説9頁参照。しかし、その用語は、行政代執行法3条3項にもとづく措置を指すのが通例である。これは、代替的作為義務を課す命令は発出され、その不履行はあるが、戒告などの手続をする時間的余裕がない場合にされるものである（これを「簡易代執行」と呼ぶ研究者もいるが（藤田宙靖『新版 行政法総論（上）』（青林書院、2020年）284頁、人権侵害の重大性に鑑みれば「簡易」ではなく「緊急」を強調するのが適切である）。22条11項の代執行は、命令を不要とするのであるから、混乱を招く表現をするのは適切ではない。筆者が「特別緊急代執行」と称しているのは、このためである。なお、改正空家法より先に制定された「宅地造成及び特定盛土等規制法」20条5項3号および39条5項3号が規定する同様の措置について、国土交通省都市局都市安全課は、「不法・危険盛土等への対処方策ガイドライン」において、「特別緊急代執行」と適切に表記している。空家法担当の住宅局とでは、同じ対象であっても、呼称が異なるのだろうか。「局あって省なし」というほどのことでもないが。

第3章　空家法2023年改正法案の準備、内容、そして、審議

第2は、費用に関してである。略式代執行の費用について、2014年法は、「その者の負担において」というのみであった。国土交通省・総務省は、徴収方法につき、ガイドラインにおいて、「市町村は民事訴訟を提起し、裁判所による給付判決を債務名義として民事執行法……に基づく強制執行に訴えることとなる（地方自治法施行令……第171条の2第3号）」としていた。この点について、改正法は、行政代執行法5条・6条の準用を明記した（法22条12項）。実質的に、「改説」したのであろう*53。

4　国会審議

⑴　全体の流れ

第211回国会においては、4月20日に衆議院国土交通委員会に付託され、審議が開始された。なお、衆議院においては、同委員会における審議に先だって、付託当日に、本会議の場で質問・答弁がなされている。

衆議院では、5月10日に国土交通委員会で可決（全会一致）、5月12日に本会議で可決（全会一致）され、同日に参議院に送付された。参議院では、6月6日に国土交通委員会で可決（全会一致）、翌7日に本会議で可決（全会一致）され、成立した。そして、6月14日に、「法律第50号」として公布された。委員会審議はそれぞれ、衆議院が207分、参議院が189分であった*54。いわゆる「対決法案」ではないため、会議録を閲覧しても、全体としては、審議それ自体は淡々と進められたという印象を持つ。衆議院においては、空き家発生の一因となっている新規住宅供給の制限について理念的に規定する議院修正の動きがあったようであるが、諸調整の結果、修正案提出には至らなかった。

改正法の施行日については、附則1条が「この法律は、公布の日から起算して6月を超えない範囲内において政令で定める日から施行する。ただし、附則

＊53　第1の点も第2の点も、筆者が提案していた方向での対応である。[**図表3.1**] のほか、北村・前註（3）論文348〜350頁・353〜357頁参照。宇賀・前註（6）論文33頁は、筆者の指摘（引用するのは、北村喜宣『空き家問題解決のための政策法務：法施行後の現状と対策』（第一法規、2018年）198頁・237頁）に寄せて、「改正法では、こうした提言を踏まえて、簡易（略式）代執行に要した費用の徴収方法について明文の規定を設けた。」とする。

＊54　衆参両院における委員会審議のそれなりの時間は、国土交通省元事務次官による東京メトロ人事介入問題をめぐる同省の対処に費やされた。

第2部　改正空家法の制定過程

第3条の規定は、公布の日から施行する。」と定めた。「附則第3条」とは、経過措置に関する政令委任規定である。

(2) 附帯決議

両院とも、国土交通委員会での可決の際に、附帯決議がつけられている。内容を列記すれば、以下の通りである＊55。

【衆議院国土交通委員会附帯決議】

1　市町村による空家等活用促進区域の設定に当たっては、条件として中心市街地等の他に地域の実情に応じて幅広く柔軟に指定できることを明確にし、指定の基準や手順を明示するなど、必要な支援を行うこと。

2　市町村長による管理不全空家等に対する指導及び勧告が円滑に行えるよう、どのような空家等が管理不全空家等に該当するか、具体的な状態を示すこと。

3　意思能力に欠ける疑いが強いが成年後見人が選任されていない、特定空家等の所有者等への助言又は指導、勧告、命令及び代執行の手続並びに管理不全空家等の所有者への指導及び勧告の手続の在り方について、その者の自己決定権などへの配慮をしつつ、検討を進めること。

4　多数者が共有する特定空家等に対する措置に関する手続について、市町村の行政負担が不合理なまでに過酷にならないよう検討を進めること。

5　本法に基づく特定空家等に対する措置を受けた所有者が死亡した場合の新たな所有者に対して、その者の手続面での保障に配慮しつつ、同措置の効果を早期に発現させることについて検討を進めること。

6　管理不全空家等に係る勧告等の対象となる者のうち、意思能力が不十分または意思能力を欠く者については、その財産を管理する各種制度を積極的に活用できるよう検討すること。

7　管理不全建物管理人制度等の周知に努めるなど、財産管理人による空家等の管理などが進みやすい環境を整備すること。

＊55　附帯決議は、筆頭野党が事務方となって野党の提案をとりまとめ、与党と調整して確定させるという運用のようである。空家法案成立にあたっての附帯決議については、北村喜宣「空家法2023年改正における附帯決議を読む」本書第4章参照。

第3章　空家法2023年改正法案の準備、内容、そして、審議

8　命令等の事前手続を経るいとまがない緊急時の代執行制度について、過度な財産権の制限とならないよう、また、制度の円滑な活用が進むようにするため、どのような場合に緊急時の代執行ができるかについて具体的に示すこと。

9　代執行の対象となる特定空家等に残された動産の取扱いについて、本法の円滑な実施の観点からの検討を進めること。

10　借地上の特定空家等が代執行により除却された場合において、土地の利用価値が増加し土地所有者等に受益が生じるとして負担を求め得るかの検討を進めること。

11　市町村長による空家等管理活用支援法人の指定が円滑に進むよう、先進事例を紹介しつつ、指定に当たっての考え方を示すなど、市町村長が指定しやすい環境を整備すること。また、市町村が空家等管理活用支援法人を積極的に利用できるよう、十分な支援措置と予算措置とを講ずることについて、検討を進めること。

12　本法の円滑な施行に当たっては、地方公共団体の空き家担当職員の確保及び地方公共団体の空き家対策予算の充実が重要であることに鑑み、地方公共団体の担当職員の増員を促し、地方交付税制度等による財政の支援に努めること。

13　空家等の発生及び増加の抑制のための対策を講じ、地方公共団体にその対策を促すこと。また、空家等の活用を促進するため、筆界又は境界の確定に関する所有者及び市町村への支援を行うこと。

14　本法の第18条に定める空家等の活用の促進についての配慮が円滑に進むよう、都道府県や関係府省にその運用について十分に周知徹底すること。

15　本法の特例により、狭あい道路が更に狭あいになることがないようにすること。また、空家等に関する除却を行う際に狭あい道路を拡幅するなどの災害対策と空き家対策の連携方策について、検討を進めること。

16　国土交通省の空き家対策モデル事業においては、その趣旨及び目的に鑑み、地方公共団体と法務、不動産、福祉等の資格を有する専門家との積極的な連携を図り、地域の活性化に資する優良な取組を支援すること。

17　部分居住の長屋の非居住住戸が著しく保安上危険等の状態になっている場合に本法の適用対象とすることについて検討を進めるとともに、全部非居住の長屋も含めて、建物の区分所有に関する法律を踏まえた本法の措置の在り方について、検討を進めること。

第2部　改正空家法の制定過程

【参議院国土交通委員会附帯決議】

1　市町村による空家等活用促進区域の指定に当たっては、地域の実情に応じて幅広く柔軟に指定できることを明確にし、指定の基準や手順を明示するなど、必要な支援を行うこと。

2　市町村長による管理不全空家等の所有者等に対する指導及び勧告が円滑に行えるよう、どのような空家等が管理不全空家等に該当するか、具体的な状態を示すこと。

3　特定空家等又は管理不全空家等の所有者等で意思能力に欠ける疑いが強いが成年後見人が選任されていない者への勧告等の手続の在り方について、その者の自己決定権などへの配慮をしつつ、検討を進めること。また、管理不全空家等に係る勧告等の対象となる者のうち、意思能力が不十分な者又は意思能力を欠く者については、その財産を管理する各種制度を積極的に活用できるよう検討すること。

4　多数者が共有する特定空家等に対する措置に関する手続について、市町村に過度な行政負担がかからないよう検討を進めること。

5　本法に基づく特定空家等に対する措置を受けた所有者が死亡した場合、新たな所有者に対する手続面での保障に配慮しつつ、同措置の効果を早期に発現させることについて検討を進めること。

6　管理不全建物管理人制度等の周知に努めるなど、財産管理人による空家等の管理などが進みやすい環境を整備すること。

7　命令等の事前手続を経るいとまがない緊急時の代執行制度について、過度な財産権の制限とならないよう、また、制度の円滑な活用が進むようにするため、緊急時の代執行が可能な場合を具体的に示すこと。

8　本法の円滑な実施の観点から、代執行の対象となる特定空家等に残された動産の取扱いについて検討を進めること。

9　借地上の特定空家等が代執行により除却された場合において、土地の利用価値が増加することにより土地所有者等が利益を得るとして費用負担を求め得るかについて検討を進めること。

10　市町村長による空家等管理活用支援法人の指定が円滑に進むよう、先進事例や指定に当たっての考え方を示すなど、市町村長が指定しやすい環境を整備するこ

第3章　空家法2023年改正法案の準備、内容、そして、審議

と。また、市町村が空家等管理活用支援法人を積極的に利用できるよう、十分な支援措置及び予算措置を講ずることについて、検討を進めること。

11　本法の円滑な施行に当たっては、地方公共団体の空き家担当職員の確保及び地方公共団体の空き家対策予算の充実が重要であることに鑑み、地方公共団体の担当職員の増員を促し、地方交付税制度等による財政の支援に努めること。

12　空家等の発生及び増加の抑制のための対策を講じ、地方公共団体にその対策を促すこと。また、空家等の活用等を促進するため、筆界又は境界の確定に関する所有者及び市町村への支援を行うこと。

13　本法に定める空家等の活用の促進についての都道府県知事等の配慮が円滑に行われるよう、関係機関にその運用について十分に周知徹底すること。また、本法施行後においても、空家等の活用促進などの空き家対策に関する地方公共団体からの要望や意見を確認し、今後の対策につなげるよう努めること。

14　本法に定める接道規制の特例により、狭あい道路が更に狭あいになることがないようにすること。また、空家等を除却する際に狭あい道路を拡幅するなど、災害対策と空き家対策の連携方策について検討を進めること。

15　国土交通省の空き家対策モデル事業においては、その趣旨及び目的に鑑み、地方公共団体と法務、不動産、福祉等の資格を有する専門家との積極的な連携を図り、地域の活性化に資する優良な取組を支援すること。

16　部分居住の長屋の非居住住戸が著しく保安上危険等の状態になっている場合に本法の適用対象とすることについて検討を進めるとともに、全部非居住の長屋も含めて、建物の区分所有等に関する法律を踏まえた本法の措置の在り方について、検討を進めること。

　両院の国土交通委員会における審議がそれぞれわずか半日間であった割には附帯決議の本数が多いように感じるが、数としては突出しているわけではない＊56。

＊56　改正空家法を含め、第211回国会の参議院における附帯決議については、同院のウェブサイト参照（https://www.sangiin.go.jp/japanese/gianjoho/ketsugi/211/futai_ind.html）。なお、衆議院のウェブサイトでは、同様の情報提供はされていない。実態調査として、石井和孝「附帯決議に関する国会議員への意識調査」千葉大学人文公共学研究論集38号（2019年）48頁以下参照。

231

第2部　改正空家法の制定過程

　参議院国土交通委員会の附帯決議は、先に決議された衆議院国土交通委員会のそれを参考にしたのであろう。しかし、ほとんどカーボンコピーである。たとえば、「3」のように、衆議院では議論があったものの参議院においてはまったく質疑もされていない内容が入っているのには、あきれてしまう。自分の頭で真剣に考えたのだろうか。揶揄される呼称の通りなのが印象的である。

(3)　審議における主要論点

(a)　質疑の意義

　きわめて限定された時間であったが、法案審議においては、改正法案に対するものに加えて、旧法の実施にも共通する質問がされた。それに対する答弁を通じて、市町村現場での空家法実施にとって有益な情報が提供されたといえる。内容としては、ガイドラインにおいて記されていてよかったものもある。

(b)　空家等活用促進区域

　改正法の目玉のひとつである促進区域の制度趣旨は、以下のように説明されている。「現行の仕組みでは、許可要件が明らかでなく、個別に審査を受ける必要がありますために、事前には、許可を受けられるかどうかということの予見可能性が低いという問題がございます。また、建築審査会の同意が必要ということで、数か月の期間を要する、こういう課題も現行の仕組みにはございます。〔改行〕そこで、今回の法案で創設いたします空家等活用促進区域におきましては、市町村がその区域を設定いたします際に、特例を受けられるか否かの見通しを持てるようにする、こういう考え方に立ちまして、あらかじめ安全確保のための要件を明示し、この要件に適合すれば建築審査会の同意を要せずに特例を受けられる、こういう仕組みにしている」*57というのである。

　前述のように、筆者には唐突感のある内容であった*58。しかし、「接道規制の

＊57　本章において、改正法案の審議に関する会議録の引用方法は、以下のようにする。たとえば、「第211回国会衆議院会議録21号（2023年4月20日）1頁［委員・小熊慎司］」は「衆本21号1頁（4月20日）［委員・小熊慎司］」、「第211回国会衆議院国土交通委員会議録12号（2023年5月10日）2頁［国土交通大臣・斉藤鉄夫］」は、「衆国交12号（5月10日）2頁［国土交通大臣・斉藤鉄夫］」のようである。本文の指摘については、衆国交委12号（5月10日）19頁［国土交通省住宅局長・塩見英之］。

＊58　国会審議においても、「前のめり」と批判されている。衆国交委12号（5月10日）19頁［委員・高橋千鶴子］参照。

合理化に関する御議論は、先ほども御答弁申し上げましたとおり、地方公共団体の空き家対策の現場において非常にネックになっているというお声が以前からあったところでございます。その現場からのお声は、空き家対策に取り組んでおられる市町村の団体である協議会などを通じまして、私どもとしては承ってきた」*59という。ところが、筆者のヒアリングのかぎり、市町村の担当者からは、その必要性を疑問視する声を多く聞いている。

(c) **管理不全空家等に対する措置**

時間軸のうえでは特定空家等の「手前」の時点にある管理不全空家等に対しては、特定空家等とは異なる対応が必要になる。具体的には、ガイドライン等を通じて明らかにされるだろうが、以下のような答弁がされた。「同じ指導、勧告と申しましても、管理不全空き家に求める措置の内容と、特定空き[ママ]家に求める措置の内容とでは、内容が大きく異なることが想定されております。具体的には、管理不全空き[ママ]家、まだ状態がそれほど悪くないという状態の管理不全空き家であれば、修繕などの比較的軽い措置を求めることになります。特定空き[ママ]家につきましては、除却を含めて重い措置を求めるということが想定されるということで、求める内容が異なる可能性がございます」、「命令や代執行の前に所有者に付与する猶予期間、これを短縮することを促す」*60という具合である。

空家等と特定空家等とでは、周辺に対するリスクが大きく異なるから、措置内容に違いがあるのは当然である。また、空家等の所有者等に対する働きかけが奏功せず特定空家等の認定に至ってしまった場合、それまでの経緯に鑑みれば、たしかに期間の点で配慮する必要はあるだろう。

ところで、法13条1項の指導と2項の勧告とでは、「必要な措置」と「必要な具体的な措置」というように措置の程度に書き分けがある。この点に関しては、質疑はされなかった。

(d) **空家等管理活用支援法人の申請取扱い事務**

支援法人の申請の取扱い事務に関しては、改正法施行日からの申請が可能で

---

*59 衆国交委12号（5月10日）19頁［国土交通省住宅局長・塩見英之］。
*60 衆国交委12号（5月10日）3頁［国土交通省住宅局長・塩見英之］。

第2部　改正空家法の制定過程

ある。ところが、大臣答弁においては、「実施体制の整った市町村から本法案の新たな措置を速やかに活用できるよう」*61という発言があった。さらに、委員会審議の場でも、「支援法人を指定できるという規定である以上、事務体制が整ってから申請を受け付けることも可能」*62と述べられた。

その通りであるとすれば、施行日が到来しても体制が整わない市町村においては、「当分の間、申請は受け付けない」という運用をしても違法ではないことになる。あるいは、「改正法第6章については、当分の間、これを適用しない。」と条例で定めてよいということのようである。それはそれで画期的な判断であるが、申請および指定は行政手続法2章にいう「申請に対する処分」であるのだから、少なくとも伝統的な行政法の常識では考えにくい整理である。国土交通省の意図はさておき、そうした運用を適法とする根拠規定を改正法は用意していないため、市町村は、とりあえず審査基準を通じて対応するほかない*63。

前述のように、この制度は、所有者不明土地法のもとでの推進法人を参考にしている。そうする以上に、改正法案準備者は、行政手続法を独立して考えなかったのかもしれない。存在に気がつかなかったわけではないだろうが、答弁の発言は不用意である。

(e)　**緊急代執行が可能な場合**

法22条11項は、「第3項から第8項までの規定により当該措置をとることを命ずるいとまがないとき」に行政が自ら当該措置をなしうると規定する。この点に関しては、同条1項の助言・指導や2項の勧告はされている必要があるのかという疑問も呈されていた。

これに対しては、「手続を省略できるのは、勧告の後、命令の発出に伴い必要な手続であり、第1項の助言・指導や、第2項の勧告は適用除外としていない

＊61　衆本21号（4月20日）5頁［国土交通大臣・斉藤鉄夫］。

＊62　衆国交委12号（5月10日）15頁［国土交通大臣・斉藤鉄夫］。

＊63　支援法人の指定に関しては、北村・前註（44）の2本の論文参照。説明資料74頁以下には、指定の法的性質をめぐる説明はない。国土交通省と内閣法制局の間で、この点に関するやりとりがされたのかは不明である。法23条1項の規定ぶりから、法制局は当然にこれを「申請に対する処分」と受けとめ、「どのような審査基準が予定されているか」を確認したのではないかと推測する。その際、国土交通省は、参考にしたはずの所有者不明土地法のもとでの推進法人制度に関して作成しているガイドラインを提示したのではないだろうか。審査はそこで終わり、「体制が整ってから受け付ける」というような運用についてはスルーされたのではないだろうか。

ことから、勧告等が行われていない場合は、緊急代執行の対象とはなりません。」*64と明確に答弁された。そうなると、特定空家等に認定した直後に状況が急変して除却が必要な場合への対応ができない。対応期間を短くするにしても法22条1項の助言・指導や2項の勧告を経なければならないとする合理性はない。国土交通省は「不意打ちになる」からと説明する*65。しかし、限界的状況のもとでは、そうした手続的権利の保障を抑えてでも保安という保護法益を優先するべきと考えるのが合理的なバランス感覚であろう。

これは、空家法が命令との関係で「法定行政指導前置主義」をとっているために構造的に発生する問題である。廃棄物処理法19条の8第1項4号にも同様の規定ぶりがあるが、同法は「いきなり命令」ができる仕組みであるため、行政指導がされているかは、実質的に要件には含まれない。

空家法においては、状況次第で、これらの行政指導を経ずに命令を出せると規定しておけば、その命令のいとまがないということで、いきなりの権限行使も可能になる。附帯決議においても指摘されているが、次の改正候補だろう。この点については、名あて人の意思能力との関係で後述する。

なお、国土交通省は、勧告を不要とする原案を作成し、内閣法制局と調整していた。しかし、同局の反対により実現しなかった。^{⇒199頁}

（f）借地上の特定空家等が略式代執行により除却された場合の調整措置

特定空家等が借地上に建っている場合、少なくとも現在においては賃料が払われているのでもないし、現在の土地所有者等は現在の賃借人を把握していないのが通例であろう。土地利用をしたいけれども、訴訟を提起する相手さえ不明で、まったくのお手上げ状態である。そうした状態にある特定空家等に関して略式代執行がされれば、「更地が手に入る」ために土地所有者等に便益が発生するとすれば、利用価値の増加を受益とみなしてそれを回収する仕組みを検討すべきではないかと指摘された*66。受益調整の問題である。

この点については、「借地上の建物が滅失した場合においても、借地権自体が消滅するものではないことから、土地所有者は、建物が滅失した後の土地を自

---

*64　衆国交委12号（5月10日）16頁［国土交通大臣・斉藤鉄夫］。
*65　衆国交委12号（5月10日）16頁［国土交通大臣・斉藤鉄夫］。
*66　衆本21号（4月20日）5頁［委員・赤木正幸］参照。

第2部　改正空家法の制定過程

由使用できるようにはならない」と答弁された*67。したがって、受益は発生しえないというのである。不動産登記法のもとでの滅失登記に関しては、登記官が職権で行うものであり、土地所有者に請求権はないから、このような見解が示された意義は大きい。しかし、そのように解するのが妥当なのかどうかは検討の余地がある。受益の調整は難題であり、その検討をとりあえず回避するためにこうした見解を出したのではないかとも推測される。

　2つのケースを考えてみよう。第1は、基礎を残して建築物のみが除却・撤去された場合である。第2は、基礎を含めてすべてが撤去された場合である。借地権は、賃料を支払って土地を借りる権利である。「何となく借りる」ことはない。居住のためとすれば、そこに建築物が建っていることがその権利の中核的部分である。このため、それが滅失すれば権利の前提がなくなるのであるから、借地権は消滅し、滅失登記もされるという解釈もあるだろう。基礎だけ残っている場合については、それは動産であるから土地と付合するため、それは土地所有者の所有物となる（民法242条）。こうした整理によれば、受益は発生することになる。

(g)　意思能力に欠ける特定空家等所有者への対応

(ア)　民法の特例

　意思能力に欠ける所有者等に成年後見人が選任されていない場合には、不利益処分の受領能力がないから、略式代執行に準じた手続が必要ではないかという指摘がされた*68。これに対しては、「本年4月に民法で創設された管理不全建物管理制度等の特例を設け、市町村長が財産管理人の選任を請求できる」ことから、「意思能力に欠ける疑いが強い所有者に代わって空き家を管理する財産管理人が選任され、空き[ママ]家法による手続を取らなくても、この管理人により適切な管理が図られる」*69と答弁されている。新たに民法264条の14が規定する管理不全建物管理命令制度を活用すれば対応できるというのである*70。

---

*67　衆本21号（4月20日）6頁［国土交通大臣・斉藤鉄夫］。
*68　衆本21号（4月20日）5頁［委員・赤木正幸］参照。
*69　衆本21号（4月20日）6頁［国土交通大臣・斉藤鉄夫］。
*70　引用中、「財産管理人」とあるのは、発言のコンテキストに鑑みれば「管理不全建物管理人」の意味だと思われる。大臣が原稿を読み間違えたのか、そもそも原稿が間違っていたのかは不明である。

236

第 3 章　空家法2023年改正法案の準備、内容、そして、審議

　この質問は、やや明確さを欠いていた。所有者等に求められるのが、除却の
ような「処分」なのかそこまで至らない行為なのかが特定されていなかったの
である。答弁は「管理」といっているから、後者を念頭に置いていたのかもし
れない。しかし、そうだとしても、特定空家等の所有者等が意思能力に欠ける
状態であったときに、管理不全建物管理人の選任ができるのだろうか。

　裁判所が管理不全土地管理命令についての裁判をする場合には、非訟事件手
続法91条3項1号、10項にもとづき、建物所有者の陳述を聞かなければならな
い*71。しかし、現実には、それは難しい。成年後見人が選任されていれば別で
あるが、これらの関係規定を踏まえるならば、国土交通大臣答弁のような対応
は、果たして可能なのだろうか*72。また、非訟事件においては、同法17条に規
定される特別代理人を選任しての手続遂行もありうるが、同条1項は、「未成年
又は成年被後見人について」としているから、成年後見人が選任されていない
事案には適用できないようにもみえる*73。

　この点はさておくとして、かりに法14条3項にもとづき、市町村長が、地方
裁判所に対して、民法264条の14が規定する管理不全建物管理命令を請求し、同
裁判所が命令のなかで同管理人を選任したとすれば、期待されるのは、当該特
定空家等にかかる建築物の除却である。しかし、同管理人は、当然にそれをな
しうるわけではない。その権限行使については、同条4項によって、管理不全

---

*71　西口元＋金光寛之＋中尾美智子＋平林敬語＋霜垣慎治『改正民法による相隣関係の実務』（学陽
　　書房、2022年）157頁［平林敬語］参照。かりに、地方裁判所が陳述の通知を出したことをもって
　　「聞いたことにする」という運用をすれば、手続的権利の故意的侵害であり、違法である。法務省
　　担当者の執筆である、金子修（編著）『逐条解説 非訟事件手続法』（商事法務、2015年）の陳述手
　　続に関する解説においても、通知のみをもって足りるというような記述はされていない（268～269
　　頁、343～344頁参照）。
*72　前註（70）で指摘したように、答弁には、管理不全建物管理人と不在者財産管理人との混線があ
　　る。不在者財産管理人であれば、同意を求める対象がそもそもいないのであるから、同意不要には
　　なる。この混線のままに答弁原稿が作成されたようにも推測される。質問が渡されたのは本会議日
　　直前だろうから、検討の時間的余裕が十分になく、複数の眼でのチェックができなかったのかもし
　　れない。
*73　この点については、成年被後見人について選任できるのであるから、それと同様の状態にある者
　　についても当然に選任できるというのが、実務の整理のようである。金子（編著）・前註（71）書
　　60～61頁は、「民事訴訟では、成年被後見人でない者であっても、事理弁識能力を欠く常況にあっ
　　てまだ後見開始の審判を受けていない者や相続人不明の相続財産について相続財産管理人が選任さ
　　れていない場合にも、特別代理人を選任し得ると解されているが、この点は、非訟事件の手続にお
　　いても同様であると解される。」と解説する。

237

土地管理命令の関係規定が準用されている。そのひとつである民法264条の10第3項は、「管理不全土地管理命令の対象とされた土地の処分についての前項の許可をするには、その所有者の同意がなければならない。」と規定する。許可を要さずできるのは、同条2項が規定する「保存行為」（1号）と「管理不全土地等の性質を変えない範囲内において、その利用又は改良を目的とする行為」（2号）である。管理はこれらに該当するとしても、特定空家等の除却はこれに該当しないから、やはり所有者の同意が必要なのである*74。この点は、法務省担当者によって、「建物所有者について成年後見人が付されていないときや成年後見人の同意が得られないときは、建物を取り壊すことは困難」と確認されている*75。したがって、何とか成年後見人選任を進めるほかない。

　ところで、改正空家法案の審議においては、「意思能力」という用語が多用された点で印象的であった*76。附帯決議のなかでも記載されたように、意思能力に欠ける者への不利益的措置のあり方が政治課題として認知され、空家法のかぎりではあるものの、行政に検討が命じられたという点で、意味ある議論がされたと感じる。

　　(イ)　代執行

　代執行についても、前提となる命令ができないとすればお手上げになる。この点は、「不利益処分の受領能力がない意思能力に欠ける者が所有者である場合、命令自体ができないということになりますので、本規定を用いての代執行

---

*74　西口ほか・前註（71）書178頁［平林敬語］、佐久間毅＋今川嘉典＋大谷太＋中村晶子＋松尾弘＋村松秀樹「〔座談会〕改正の意義と今後の展望」ジュリスト1562号（2021年）14頁以下・21頁［大谷太］参照。

*75　衆国交委12号（5月10日）16頁［法務省大臣官房審議官・松井信憲］参照。この点は、本会議において除却を前提とする質問がされたのに対し、「意思能力に欠ける疑いが強い所有者に代わって空き家を管理する財産管理人が選任され、空き家法による手続を取らなくても、この管理人により適切な管理が図られる」と答弁されたことを受けたものである。管理ではなく変更（＝処分）ならどうなのかという突っ込んだ委員会質問（衆国交委12号15～16頁［委員・赤木正幸］）に対する答弁であった。課題の明確化に資するやりとりであった。

*76　衆議院では22回（本会議4（質問2、答弁2）、委員会15（質問7、答弁8）、附帯決議3）、参議院では3回（附帯決議3）であった。国会会議録検索システムを用いて調べると、第211国会までに527回の使用が確認できるが、25回（4.7%）が今回の改正空家法案の審議においてであった。「意思能力に欠ける」というフレーズについては、衆議院11回（本会議3（質問1、答弁2）、委員会7（質問4、答弁3）、附帯決議1）、参議院では1回（附帯決議1）の12回である。過去の国会審議における15回の使用のうちの何と12回（80.0%）なのである。

はできない」＊77として、確認されている。これも、附帯決議において検討が求められている項目である。

「命ずるいとま」という要件があるために、やろうと思えば命令できる状態である必要がある。そのため、不利益処分の受領能力を論ずる以前に、手続としての弁明機会の付与通知の受領能力がない者については、不利益処分を発出できないのである。この点に関する改正法の限界が明確になったのはよかった。

特定空家等の所有者等がそうした状態にあるかを個別に確認するのは、現実には困難である。したがって、制度設計の方向性としては、もっぱら特定空家等の客観的状態に着目した要件を設けるほかないだろう。どう規定するかは別にして、「著しく保安上危険」な状態が「著しい」という内容だろうか＊78。

（h） 共有案件への対応

特定空家等が多数者共有になっている場合には、指導、勧告、命令の手続を合理化できないかという質問がされた＊79。これに対しては、前述の管理不全土地管理命令制度を活用すれば市町村の事務負担は軽減されると答弁された＊80。

同制度は2023年4月に施行されたばかりであるため、運用実績の蓄積はないが、気になる点がある。第1に、民法264条の14第4項により準用される264条の13によれば、選任された管理人の報酬は、多数の共有者が負担することになる。共有者により負担が拒否された場合にはどうなるのだろうか。第2に、除却となると、先にみた同意問題が発生する。民法252条の2第1項を踏まえれば、全員同意が求められるだろうが（これを軽減する特別規定はない）、その労力は相当なものとなる。そして、その報酬は、ほかならぬ所有者が負担するのである。とても現実的とは思えない。

（i） 所有者等死亡時の新たな相続人への対応

空家法にもとづく措置をされた土地所有者等が死亡した場合、新たな相続が

＊77　衆国交委12号（5月10日）16頁［国土交通省住宅局長・塩見英之］。
＊78　前註（50）で紹介した京都市条例は、この論点に関して同様の限界を持っているが、助言・指導および勧告を介さずに命令を発出できる要件について、実質的に、空家法2条2項の要件を「管理不全状態」と定義し（2条2項）、「著しい管理不全状態」となったときにそれを可能としている（17条）。
＊79　衆本21号（4月20日）5頁［委員・赤木正幸］参照。
＊80　衆本21号（4月20日）6頁［国土交通大臣・斉藤鉄夫］。

第2部　改正空家法の制定過程

発生する。市町村は、新たな相続人に対して、死亡時にしていた措置を再度行えばよいのか、それとも最初からすべきなのかが質問された[81]。

これに対しては、「特定空き家に対する措置は、所有者の財産権を制約する側面もあるため、死亡した所有者に助言、指導、勧告、命令等の手続を行っている場合であっても、新たに所有者となった相続人に対し、改めて同様の手続を経る必要がある」と答弁された[82]。高齢者の共有状態にある特定空家等に関してこうした事態が発生すれば、「永久にあがらない双六ゲーム」になりかねない[83]。国交省においても、問題点としては認識はされているのだろうが、今回の改正で対応できなかった点であろう。

(j)　改正法の施行日

(ア)　「義務」の意味

「小規模市町村の空き家法担当者がこれを理解し適用できるようになるには、6か月の猶予期間では不十分」[84]という質問がされた。これに対しては、前述のように、「本法案は市町村に義務を課すものではないことから、実施体制の整った市町村から本法案の新たな措置を速やかに活用できるよう、施行準備に最低限要する期間を考慮して、公布から6か月以内の施行としています。」[85]という。

市町村に義務を課さないという表現は興味深い。筆者は、伝聞ではあったが、これと同じ発言を、2014年法の立法過程で聞いたことがある。それは、自民党空き家議連の議員がしたものであった。当時、筆者は、空き家条例が先行している実態があったことや法律による事務の義務づけは極小化すべきという考えから、屋外広告物法を念頭に置いて、空家法にはメニューを規定するにとどめ、その採択については、「市町村は、条例で定めるところにより、……することができる。」と規定すべきと主張していた[86]。この点に関して、自民党空き家議連

---

*81　衆本21号（4月20日）5頁［委員・赤木正幸］参照。

*82　衆本21号（4月20日）6頁［国土交通大臣・斉藤鉄夫］参照。

*83　北村喜宣「上がり間際の振出し戻り：共有物件の部分相続事案」自治実務セミナー2022年12月号38頁参照。

*84　衆本21号（4月20日）4頁［委員・赤木正幸］参照。

*85　衆本21号（4月20日）5頁［国土交通大臣・斉藤鉄夫］。

*86　北村喜宣「空き家対策における法的諸課題」日本弁護士連合会法律サービス展開本部自治体等連

は市町村長に権限行使の裁量権を与えているから問題はないと考えていたと説明したようなのである。

　これは、権限とそのもとでの裁量権を区別しない誤った認識である。個別場面における権限行使については、「……のときは、……を命ずることができる。」というように要件および効果の認定についての裁量がそれぞれあるけれども、的確な権限行使それ自体は市町村に義務づけられている。たとえば、支援法人になりたいとして指定を申し出たNPO法人の申請を放置すれば違法である。特別緊急代執行すべき場合にそれをしなければ違法である。損害が発生すれば、国家賠償法上、不作為責任を問われるのである。義務を課さないなら6か月で十分という整理は誤りである。

　㈣　市町村が施行日を条例で決定する方法

　より根本的には、全国一律の施行日であるべきかという問題がある＊87。体制整備がされた市町村から対応できるようにするためには、当該市町村との関係での改正法施行日を、条例に任せればよいだけである。事務を命じられ権限行使を義務づけられている市町村が、自らの状況に鑑みて、施行のボタンを押せばよい。そうすることにどのような不合理があるというのだろうか。「一部自治体の理解が進むまで全体の施行を遅らせることは、積極的な自治体の取組を妨げることにもなるため、施行期日の延期は考えておりません。」＊88という。一律主義ゆえにそう整理するほかないのであろう。この点については、たとえば、遅くとも2年以内の市町村が条例で定める日までに施行するとして、市町村の決定に委ねる。条例が制定されなければ附則が定める日から施行するとすればよい。

　さらに、施行準備に最低限要する期間とは、誰にとっての話だろうか。これは、国土交通省ではないのか。省令を制定したり、基本指針やガイドラインを改正したりするための時間が6か月必要というのであろう。自分たちはよいと

　携センター＋日本弁護士連合会公害対策・環境保全委員会（編）『深刻化する「空き家」問題：全国実態調査からみた現状と対策』（明石書店、2018年）9頁以下・12頁参照。
＊87　この論点については、北村喜宣「「用意ドン！」への疑問符：法律施行日と事務実施の自己決定」自治総研540号（2023年）巻頭言参照。
＊88　衆本21号（4月20日）5頁〔国土交通大臣・斉藤鉄夫〕。

第2部　改正空家法の制定過程

しても、同省が市町村の行政リソースに違いがあることを認識しているのであれば、なぜ全国一律の施行日にしなければならないのだろうか。積極的実施が可能な市町村はよいとしても、それが難しい市町村を巻き添えにする合理性はない。「平等」とか「混乱」という言葉を使った反論が考えられるが、説得力を持つものではない。足並みがそろっていないのは、たしかに「美しくない」けれども、それほどの実害はない。もっとも、先にみたように、支援法人に関する大臣の国会答弁にみられるように、体制が整わなければ施行日に制度をスタートさせない自由はあると認識しているようでもある。

(k)　改正法案の策定手続

(ア)　実質的聴取？

改正法案策定手続について、前述の地方六団体への意見照会期間が短かった点が指摘された[*89]。これに対しては、「空き家対策を検討した社会資本整備審議会の委員として、空き家対策に取り組む自治体の協議会の会長、副会長に参画いただき、この協議会からいただいた提言を出発点として複数の自治体ヒアリングも行いながら議論を行いました。取りまとめ案へのパブリックコメントでも、多くの自治体から意見をいただいたところ」[*90]という大臣答弁があった。多くの事実を巧妙に組み合わせて一文にしたという印象である。

ここにいう「協議会」とは、前述の全空協である。また、そのウェブサイトには、2022年3月25日付けで、「福祉関連情報の内部利用促進・借地上の管理不全空き家解消・財産管理制度の活用促進に向けた政策提言・制度改正要望（案）」をした旨の記事があった。とりわけ2020年の提言書が「出発点」だったのだろうか[*91]。さらに、複数の自治体ヒアリングに「選ばれた市町村」はどこで、それを通じてどのような知見が得られたのだろうか。パブリックコメントに意見を出した自治体数は、「23」である。都道府県も入れると分母は1,788であるから割合は1.29%である。政府答弁の常識では、これくらいでも「多く」という

＊89　衆本21号（4月20日）4頁［委員・赤木正幸］参照。

＊90　衆本21号（4月20日）5頁［国土交通大臣・斎藤鉄夫］。

＊91　説明資料・前註（5）55頁には、法13条が規定する管理不全空家制度の必要性を述べる箇所において、「特定空家等となる前の段階での所有者等への対応を通じて、特定空家等の発生を防止することが必要であるとの提言があった。」として、協議会提言書を引用する。

のであろうが、国民の常識との乖離は明白である。

　たしかに、全空協の会長（千葉県市原市長）、副会長（京都府井出町長）の自治体からは、社会資本整備審議会の下部組織であった空き家対策小委員会に、職員が委員として参加していた。しかし、公開されている会議録をみても、これら委員が法改正に向けた具体的方策を積極的に発言したというわけではない。メンバーであったことをもって「意見聴取をした」と認識しているのだろうか。非公式にじっくりと聴取していたのかもしれない。

　㈠　形骸化する公式ルート

　いずれにしても、地方六団体への意見照会のやり方に問題があったという指摘に対して、政府答弁では何の回答もできていない。地方自治法263条の３第５項のルートは公式ルートであり、全空協提言や個別ヒアリングは非公式ルートである。とりわけ全空協提言の多くは、ガイドライン改定と今回の法改正により実現していることから、国土交通省は、後者できっちりやったので前者は形式的でも構わないと理解しているようにもみえる。これは、同省のみというよりも、中央政府全体の認識なのであろう。地方自治法のこの制度には、国と自治体の関係を「透明化」するという意味があるが、それがまったく忘れ去られている。地方六団体側は、こうした運用に抗議すべきであるのに、そうした様子でもない。声を出す気力・体力が失せているのだろうか。残念ながら、地方分権の現状の一風景である。分権改革の「揺り戻し」のひとつの現象が観察できるが、その責任の一端は、地方六団体側にある。

　促進区域制度については、2023年５月10日付けで、「空家等対策の推進に関する特別措置法の一部を改正する法律案についての会長声明」が日本弁護士連合会から出されている＊92。内容に対する批判的コメントのほか、「今回の緩和措置は、事前に空き家対策を検討してきた社会資本整備審議会住宅宅地分科会空き家対策小委員会でも議論されていなかったにもかかわらず、法案策定段階で突然に加えられたものであり、政策形成の健全性及び透明性の観点からも問題がある」とする。制度内容の評価についてはさておき、経緯についてはその通り

＊92　日本弁護士連合会のウェブサイト参照（https://www.nichibenren.or.jp/document/statement/year/2023/230510_2.html）。

第2部　改正空家法の制定過程

である。前述のように、「とりまとめ」においても軽く記述されている程度であった。都市計画や自治体行政の専門家が参加している空き家対策小委員会であるから、これを審議の俎上に載せれば、その妥当性をめぐって相当に議論がされたものと推測されるが、この論点については「スルーされた」に近い。そうであっても、審議会のお墨付きをもらったことになっている。

5 改正法の施行と今後

改正法は、2023年12月13日に施行された。市町村の担当者は、どのような想いで（少し早めの）クリスマスプレゼントを受け取ったのだろうか。支援法人制度への対応など、相当の重さを感じているように思われる。

附則4条は、「政府は、この法律の施行後5年を目途として、この法律による改正後の規定について、その施行の状況等を勘案して検討を加え、必要があると認めるときは、その結果に基づいて所要の措置を講ずるものとする。」とある。附帯決議は「改正後の規定」ではないから、直接にはこの作業の対象にならない。しかし、そこにおいてはかなり具体的な形で検討の方向性が示されていることから、無視するわけにはいかない。国土交通省は、旧法時代のように全空協を活用し、あるいは、新たな組織を立ち上げて、情報収集をするとともに、来るべき法改正に向けての準備を始めるのだろう。

附帯決議で指摘されているのは、成年後見人がいない意思能力に欠ける者への対応、代執行により発生した土地所有者の「受益」への対応、共有者多数事案における不利益処分のあり方、名あて人死亡時の不利益処分の効力など、行政法総論とも大きく関わる課題ばかりである。またこれらは、空家法にとどまらず、縮小社会における共通行政課題でもある[93]。行政法研究者も参画し、「より佳き空家法」にするべく、議論を重ねたいものである。

＊93　北村喜宣「縮小社会における地域空間管理法制と自治体」上智法学論集64巻1・2号（2020年）33頁以下参照。

第4章 空家法2023年改正における附帯決議を読む

　空家法一部改正法案の衆参国土交通委員会における可決時には、それぞれ17項目・16項目の附帯決議が付けられた。注目される内容は、管理不全空家等の判定の円滑化支援、成年後見人未選任の意思能力に欠ける疑いが強い特定空家等所有者への対応、多数者共有特定空家等への対応、措置途中で死亡した特定空家等所有者の相続人への対応、代執行対象の特定空家等における残置動産の扱い、借地上の特定空家等が代執行により除却された場合の土地所有者等の受益調整、全部非居住・部分居住の長屋への対応である。
　管理不全空家等に関するもの以外は、すべて旧法の実施を通して市町村が認識していたものである。それにもかかわらず、改正法のなかで対応策が規定されなかったのは、それぞれの課題がそれだけ深く・重たいために、調整や検討のための時間が不足していたことを示している。

1　空家法の未来像？

　「附帯決議」は、「法律案・予算案・決算等の付託案件の採決の際に行う当該法律案等についての所管行政機関に対する要望、運用上の注意等を内容とする決議」と説明される[*1]。内閣提出法案が付託された委員会において、同委員会で法案等が可決された後、これを付すべしとする動議が提出されるのが通例である。
　状況は、第211回国会において可決成立した「空家等対策の推進に関する特別措置法の一部を改正する法律案」においても同様であった。衆参両院の国土交通委員会がそれぞれ法案を可決した後に、衆議院では17項目、参議院では16項目の附帯決議が付された。いずれも、起立総員による決定である。

[*1]　浅野一郎＋河野久（編著）『新・国会事典：用語による国会法解説〔第3版〕』（有斐閣、2014年）148頁。

第2部　改正空家法の制定過程

　動議にあたり、衆議院における提案者は、「政府は、本法の施行に当たって
は、次の諸点に留意し、その運用について遺漏なきを期すべきである。」と述べ
ている＊2。参議院においても同様である。両院の委員会は、とりわけ国土交通
省に対し、多くの事項の検討を命じた。

　改正法附則4条は、政府に対して改正法の施行後5年時点での施行状況の検
討およびその結果を踏まえた措置を求めている。附帯決議の項目のなかには、
「次の法改正のタマ」になるものもあるだろうし、空家法を超えて通則法的対応
が適切なものもあるだろう。

　衆参両院の附帯決議を比較すると、参議院国土交通委員会のそれは、先議を
した衆議院国土交通委員会のものをほとんどコピーしているようにみえる＊3。
本章では、衆議院国土交通委員会の附帯決議を素材にして、そこで述べられて
いる項目を検討する。なお、すべてについてその作業をするのは冗長になるた
め、筆者の問題関心にもとづき7つに絞る＊4。

2 管理不全空家等の判定の円滑化支援

> 附帯決議2　市町村長による管理不全空家等に対する指導及び勧告が円滑に行える
> よう、どのような空家等が管理不全空家等に該当するか、具体的な状態を示すこと。

　「管理不全空家等」とは、改正法により導入された「新たな空家等カテゴリ
ー」である。従来は、「空家等」（2条1項）および「特定空家等」（同条2項）
しかなかった。特定空家等に対しては、助言・指導（旧法14条1項）および勧告

＊2　衆議院について、第211回国会衆議院国土交通委員会議録12号（2023年5月10日）23頁［衆議院
　　議員・谷田川元］。

＊3　参議院に関しては、独自の機能を認める研究がある一方で、それ自体が衆議院の「カーボンコピ
　　ー」と揶揄されることが多いのは、周知の事実である。竹中治堅「首相と参議院の独自性：参議院
　　封じ込め」選挙研究23号（2008年）5頁以下、水戸克典「議会類型論とわが国の参議院：過程仮説
　　の再検証」尚美学園大学総合政策研究紀要19号（2010年）15頁以下参照。「お笑い」というのは失
　　礼であるが、参議院国土交通委員会の質疑において「意思能力」という言葉は一度も使われていな
　　いにもかかわらず、意思能力に欠ける者への対応との関係で、附帯決議に3か所も登場している。
　　少なくともこの部分について、参議院は、囁かれる陰口を地で行くような対応であった。

＊4　本章における空家法の条文番号は、改正後のそれである。改正によって条項ズレが発生した場合
　　の改正前の条文番号を示す場合には、「旧法○条」のように表記する。

246

（同条2項）をする権限が市区町村長（以下「市町村長」という。）に与えられていたが、特定空家等の要件、すなわち、「そのまま放置すれば倒壊等著しく保安上危険となるおそれのある状態……その他周辺の生活環境の保全を図るために放置することが不適切な状態にあると認められる空家等」を充たさない空家等には、特段の措置は規定されていなかった。

　空家等とは、「居住その他の使用がされていないことが常態である」建築物・工作物およびその敷地であるが、特定空家等の状態になるまで、「座して待つ」ほかなかった。旧法は、とにかく著しく保安上危険な状態にある「ストック」に対応する武器を市町村に与えるものであった。安全性を考慮すれば、それが最優先順位となるのは当然である。しかし、それだけでは、蛇口を絞らずに風呂の水を掻きだすようなものである。

　改正法は、「適切な管理が行われていないことによりそのまま放置すれば特定空家等に該当することとなるおそれのある状態」の空家等を「管理不全空家等」として把握した。「空家以上・特定空家等未満」の状態にあるものである。そして、これに対して、指導（法13条1項）、勧告（同条2項）の権限を市町村長に与えたのである。特定空家等化を未然防止するための措置である。空き家条例のなかには、2015年制定時の「飯田市空家等の適正な管理及び活用に関する条例」（2015年制定）のように、実質的に同種のものを「準特定空家等」と定義して、これに助言・指導できる旨を規定するものがあった。改正法は、こうした事例に学んでいる。

　ほかの改正部分についても妥当するが、改正法は、その内容の実施をすべての市町村に義務づける。筆者には賛成できない法政策であるが、旧法がそうであったのと同様、改正法についても、市町村にはそれを実施しない自由はない。

　空家法の実施義務がある市町村の数は、1,741である。建築基準法2条35号にいう特定行政庁を置く市もあれば、建築職が不在の市町村もある。そうした市町村に対しても管理不全空家等への対応を義務づけるのであるから、判断基準や対応方法についてのガイドラインを作成するのは中央政府の法的義務というべきである。地方自治法1条の2第2項にいう「国が本来果たすべき役割」であろう。このガイドラインの法的性格が同法245条の4第1項にいう「技術的な助言」であるのは、いうまでもない。

第2部　改正空家法の制定過程

　管理不全で劣化が進行した特定空家等については、「見ればわかる状態」である場合も多いため、認定にそれほどの専門性を要しなかった＊5。しかし、管理不全空家等の場合はそうではなく、認定には困難を伴うだろう。それへの対応を国が義務的事務とした以上、参考となる資料の提供は不可欠である。2023年10月から11月にかけて、「「特定空家等に対する措置」に関する適切な実施を図るために必要な指針の一部改正案」についてのパブリックコメントがされ、12月に「管理不全空家等及び特定空家等に対する措置に関する適切な実施を図るために必要な指針（ガイドライン）」が公表された。市町村は、それをそのまま受け入れてもよいし、修正してもよい。いずれにしても「自分のもの」として利用する必要がある。

3　成年後見人未選任の意思能力に欠ける疑いが強い特定空家等所有者への対応

> 附帯決議3　意思能力に欠ける疑いが強いが成年後見人が選任されていない、特定空家等の所有者等への助言又は指導、勧告、命令及び代執行の手続並びに管理不全空家等の所有者等への指導及び勧告の手続の在り方について、その者の自己決定権などへの配慮をしつつ、検討を進めること。

　改正法案審議過程の特徴のひとつは、質疑応答のなかで、「意思能力」「意思能力に欠ける」というフレーズが多用されたことである。国会会議録検索システムを利用して第1回国会（1947年5月）以降の調査をした結果、その使用状況は［図表4.1］のようであった。前者は第211回国会における全体527回の使用のうちの25回（4.7%）、後者は全体15回のうちの12回（80.0%）である。有意に多かったというほかない。

＊5　旧法のもとで特定空家等の除却代執行を初めて実施したのは、人口約2万人の長崎県新上五島町である（2015年7月）。対象は、突如として公道上に部分的に崩落した家屋であった。

第4章　空家法2023年改正における附帯決議を読む

[図表 4.1] 国会審議で用いられた「意思能力」「意思能力に欠ける」

■「意思能力」の使用回数

衆議院	本会議	質問	2
		答弁	2
	委員会	質問	7
		答弁	8
		附帯決議	3
参議院	委員会		0
		附帯決議	3
合計			25

■「意思能力に欠ける」の使用回数

衆議院	本会議	質問	1
		答弁	2
	委員会	質問	4
		答弁	3
		附帯決議	1
参議院	委員会		0
		附帯決議	1
合計			12

〔出典〕筆者作成。

　成年後見人未選任状態にある意思能力に欠ける者が特定空家等の所有者等になっている場合、当該特定空家の除却をしてもらいたくても、空家法のもとでの文書の受領能力が本人にないために、手続を前に進めることができない。現状では、市町村長申立てにより成年後見審判を求めるほかないが、それをしても、空家法上、後見登記がされるまでは対応ができない。本人が確知されている以上、空き家条例にもとづき必要最小限の措置を即時執行（緊急安全措置）としてすることはできるが、除却までをする略式代執行にならないのは当然である[6]。

　行政の相手方としてのこうした常況にある者は、行政法のもとでは、「想定外」の対象である。空家法に関してではあるが、このような障がい者への対応のあり方が国会の場において政治的に認知された意義は大きい。附帯決議6においても、「管理不全空家等に係る勧告等の対象となる者のうち、意思能力が不十分又は意思能力を欠く者については、その財産を管理する各種制度を積極的に活用できるよう検討すること。」とされている。

　意思能力に欠ける者については、自己決定の重要性が強調されるようになっ

---

[6]　北村喜宣「空家法改正にあたっての検討項目」同『空き家問題解決を進める政策法務』（第一法規、2022年）340頁以下・352～353頁参照。

第2部　改正空家法の制定過程

ている。一方、その者の不作為が原因となって深刻な外部性が発生し、それが
行政法のもとでの不利益処分要件を充たしているような三極関係において、本
人の意思をどの程度まで尊重すべきなのか。これらの附帯決議は、空家法の実
施にとどまらない問題を提起している＊7。

4　多数者共有特定空家等への対応

附帯決議4　多数者が共有する特定空家等に対する措置に関する手続について、市
町村の行政負担が不合理なまでに過酷にならないよう検討を進めること。

　ある市町村において筆者が知りえたケースを紹介しよう。明治32年生まれ・
昭和60年死亡の被相続人の土地・建物についてである。空家状態である建物は、
「屋根・外壁等の崩落がみられ、そのまま放置すれば倒壊等著しく保安上危険と
なるおそれのある状態」と認識されている。登記名義の変更はされていない。
ある公共嘱託登記司法書士協会に行政が委託して調査をしたところ、土地建物
は78名の共有になっており、最も多い持分は「11,289,600分の1,209,600」（10.71%）、
最も少ない持分は「11,289,600分の1,309」（0.01%）と判明した。
　空家法にもとづき所有者等に対して行われる措置は、全員に対して平等にな
されるのが原則である。共有案件において持分が1％未満の所有者等について
は「スソ切り」として対象としないというような運用をするわけにはいかない。
　たしかに、現在の共有者については、積極的な行為をして所有権を取得して
いないために、特定空家等に関する管理責任を追及するのは気の毒な面はある。
しかし、空家法は、あくまで「ヒト」ではなく「モノ」をみて対応するよう市
町村長に求めている。そうなると、市町村長は、持分割合にかかわらず、判明
しているすべての共有者に対して、措置をしなければならないのである。前記
自治体は、当該案件に対して空家法を適用せず空き家条例にもとづいた対応を
しているのであるが、その背景には、そうした事情もある。

＊7　北村喜宣「不利益処分の名あて人としての「意思能力に欠ける者」（1）（2・完）」自治研究99
　　巻6号17頁以下、同7号41頁以下（2023年）参照。

第4章　空家法2023年改正における附帯決議を読む

空家法にもとづく対応をするとなると、不合理なまでに大きな行政リソースの投入が不可避となる。このため、対象となる特定空家等の財産的価値との関係でそれが合理的なのかが問われる。行政法の一般原則である比例原則は、事実と処分の均衡を要求し、過大な行政権限の行使を禁止するが、このような状況への適用においては、それほどの尊重に値しない財産権の保障との関係で、前記の対応は「やりすぎ」と評価できないだろうか。

この点については、法政策的割切りをするほかない。空家法上、（助言・）指導、勧告、命令の対象とすべき共有者の範囲を一定の持分割合以上の者とするような措置の検討が必要になるのではないか。除却のような変更行為については、共有者全員の同意を要するのが民法251条の原則であるが＊8、空家法にもとづきなされる措置への対応のかぎりにおいて、これを特別法的に修正する必要も出てこよう。いずれにせよ、立法的手当てが求められる。

法案審議においては、「本法案では、市町村長が管理不全建物管理人の選任を請求できることとしており、この管理人によって、全ての共有者に代わって、民法に基づき、特定空き［ママ］家の適切な管理が図られる」と答弁された＊9。共有者の同意があり底地の売却までが十分に見込めるような事案であればそれは機能するかもしれないが、すべてではない＊10。50人超のメガ共有事案においては、そうはいかないのが通例ではないだろうか。

5　措置途中で死亡した特定空家等所有者の相続人への対応

附帯決議5　本法に基づく特定空家等に対する措置を受けた所有者が死亡した場合の新たな所有者に対して、その者の手続面での保障に配慮しつつ、同措置の効果を早期に発現させることについて検討を進めること。

特定空家等の所有形態は、共有となっている場合が少なくない。前述のよう

＊8　小粥太郎（編）『新注釈民法（5）物権（2）』（有斐閣、2020年）568頁以下［小粥太郎］参照。
＊9　第211回国会衆議院会議録21号（2023年4月20日）6頁［国土交通大臣・斉藤鉄夫］。
＊10　潮見佳男＋千葉恵美子＋松尾弘＋山野目章夫（編）『詳解 改正民法・改正不登法・相続土地国庫帰属法』（商事法務、2023年）170頁以下［松尾弘］参照。

251

第2部　改正空家法の制定過程

な極端な共有者多数事案は稀であるとしても、市町村は、複数の所有者等に対してアプローチしなければならないのが通例である。

その共有者は、往々にして高齢者である。そのため、旧法14条1項の助言・指導、2項の勧告、3項の命令という手続を進めている途中で、死亡する者が出てくる可能性がある。同人に相続人がいなければ、持分状況は変わるものの、対象者は「1名純減」するだけである。ところが、相続人が複数いれば、「数名純増」という事態になる場合もある。問題は、新たな所有者に対して、それまでになされてきた措置を最初からしなければならないのかである。

かりにそうであるとすると、2つの問題が発生する。第1は、勧告や命令の場合、ほかの所有者に対して示していた履行期限との関係をどう考えるかである。第2は、最初からしているうちに別の共有者が死亡して相続が発生することもあるから、「永久にあがらない双六ゲーム」にならないかである。

法案審議においては、「他の共有者に対して行ってきた空き家法に基づく手続は影響を受けることはなく、死亡した共有者に対する手続に限り、相続人に対して改めて行う必要が生じます」と答弁された*11。法案には承継効に関する規定はなく、そうであるにもかかわらず解釈論でこれを認めるわけにはいかないから、このように答えるほかないのは理解できる。

しかし、前述の2つの疑問は残る。緩和代執行（法22条9項、旧法14条9項）についていえば、新たに所有者となった者に対して指導や勧告がされている段階で、ほかの所有者に対する命令の履行期限が徒過すれば代執行がされるという点をどのように考えるのかが問題になる。新たな共有者はほかの共有者に協力して除却を実現する義務があると考えれば、義務づけ状態の足並みが揃っていなくても良いかもしれない。一方、相続が繰り返されて永久にあがらない状態は理論的には想定しうるため、何らかの措置が必要である。

法案は、こうした課題に対する検討がされたうえでのものなのかは不明であるが、実務的問題があるのは明白である。法制度的対応が望ましいのはいうまでもない*12。他の法律をも参照しつつ、次の改正に向けての検討が必要である。

---

*11　第211回国会衆議院会議録21号（2023年4月20日）6頁［国土交通大臣・斉藤鉄夫］。
*12　筆者は、最初に戻るのではなく、なされている措置を再度行うところから開始して問題はないと考えているが、立法的解決が望ましいのは当然である。北村喜宣「上がり間際の振出し戻り？：共

第4章　空家法2023年改正における附帯決議を読む

6　代執行対象の特定空家等における残置動産の扱い

> 附帯決議9　代執行の対象となる特定空家等に残された動産の取扱いについて、本法の円滑な実施の観点から検討を進めること。

　空家法のもとで家屋の除却代執行がされる場合、家屋内に残された動産をどのように扱うべきかについては、さまざまな検討がされてきた[13]。立法的解決が望まれたが、改正法は対応を見送った。

　保安上の危険を発生させ、周辺の生活環境に影響を与えているのは、建築物である。それが除去されればよいとすれば、そのなかにある動産までを代執行によって撤去・処分するのは比例原則に反するといえないことはない。しかし、動産を存置したままで建築物を解体するのは技術的にきわめてコストを要するし、一旦搬出したうえで解体をし、終了後に敷地に搬入するのも多くのコストを要する。搬入された動産が野ざらしにされるとなると、新たな保安上の問題や生活環境上の問題を発生させる。空家法の制度趣旨に鑑みれば、除却した建築物とともに搬出・処理することに問題はない。

　建築物の除却を求める行政は、所有者等に対して、残置物を搬出して適正に処理するよう、再三求めているはずである。代執行費用をより少なくするためには、当然の対応である。それにもかかわらず放置されている動産については、その所有権が放棄されているとみなしてよいと解される。もっとも、除却作業中に、社会通念上「廃棄物」とはみなせないもの（現金、貴金属、位牌、骨壺など）が発見された場合には、別途対応する必要はある。

　しかし、これは解釈論であって、不安定性・不確実性は否めず、立法的対応が必要である。その際には、以下の諸点の検討が必要である。第1は、特定空家等およびそこに残置される動産の所有権をどう考えるかである。代執行着手

　有物件の部分相続事案」自治実務セミナー2022年12月号33頁参照。

[13] 北村喜宣「建物除却代執行と屋内残置物の取扱い」同・前註（7）書244頁以下、宇那木正寛「行政代執行における執行対象（外）物件の保管等およびその費用徴収の法的根拠」同『実証 自治体行政代執行の手法とその効果』（第一法規、2022年）13頁以下参照。

第2部　改正空家法の制定過程

の時点でそれが放棄されたとみなすと法定できないだろうか。第2は、放棄されたとみなせない動産の管理および処分の手続である。換金して供託するとか準遺失物として扱うなどの対応の規定がほしい。

　対象とするのは、基本的には財産的価値が低いものである。現在の所有者には、相続で所有権を取得しただけでありそのときには家屋の状況は相当に悪化していた場合もあるだろう。その点では気の毒な面はあるが、法律上、所有者である意味は大きい。行政の負担をなるべく少なくするような措置が規定されるべきであろう。

7　借地上の特定空家等が代執行により除却された場合の土地所有者等の受益調整

> 附帯決議10　借地上の特定空家等が代執行により除却された場合において、土地の利用価値が増加し土地所有者等に受益が生じるとして負担を求め得るかの検討を進めること。

　典型的には、以下のようなケースが念頭に置かれている。土地が借地になっており、そこに建設されている建築物の管理不全状態が原因で特定空家等に認定されている場合である。さらに2つの場合に分けられる。第1は借地人が判明している場合であり、第2は不明の場合である。

　第1の場合、行政は当該借地人に除却を命令し、命令が履行されないときには、緩和代執行をする（法22条9項、旧法14条9項）。費用は、同人に請求され、最終的には、国税滞納処分の例によって強制徴収される（行政代執行法5条・6条）。第2の場合、命令の名あて人となるべき者が不明であるため、行政は自ら除却する。略式代執行である（法22条10項、旧法14条10項）。

　基礎は残されるかもしれないが、土地所有者にとっては、「邪魔者」がなくなり、利用可能な状態で土地が「戻ってくる」ようにみえる。このため、当該特定空家等への対応に苦労をしてきた市町村職員の多くは、そのような土地所有者に対して「ずるい」という認識を抱いていた。心情としては理解できる。

　この点、法案審議においては、「借地上の建物が滅失した場合においても、借

254

第4章　空家法2023年改正における附帯決議を読む

地権自体が消滅するものではないことから、土地所有者は、建物が滅失した後の土地を自由使用できるようにはならない」と答弁された*14。たしかに、建物の滅失と借地権の消滅は、別次元の問題である。

　借地権契約が存続しているとしても、賃料は払われていない可能性が高い。そこで、緩和代執行の場合であれば、命令の名あて人に対して、それを理由とする賃貸借契約解除・建物収去・土地明渡請求訴訟を提起することになろう。略式代執行の場合はどうだろうか。借地権の登記もなく契約書もないならば、そもそも建物が正当な権原にもとづき建っていたのかもわからないから、土地所有者は、当該土地の利用を進めることができるだろう。一方、借地権の登記がされていたとすれば、それを抹消しなければならない。登記上の借地権者は死亡している可能性が高いから、相続人を探して、その全員に対して借地権不存在確認訴訟を提起する。所在不明ならば、公示送達をして対応する（民事訴訟法113条）。しかし、そもそも相続人が不明ならば、どうしようもない。借地権登記がされていなければ、新たに借地権を設定してそれを登記してしまえば、第三者には対抗できる。自ら利用しても、おそらくは問題は発生しない。しかし、法的には不確定であり、不安定さは消えない。この附帯決議は、前記のような問題の整理とその解決策の検討までを求めたものと理解したい。

8　全部非居住・部分居住の長屋への対応

> 附帯決議17　部分居住の長屋の非居住住戸が著しく保安上危険等の状態になっている場合に本法の適用対象とすることについて検討を進めるとともに、全部非居住の長屋も含めて、建物の区分所有等に関する法律を踏まえた本法の措置の在り方について、検討を進めること。

　この附帯決議は、法案審議のなかでは触れられていなかったけれども、市町村においては、長らく問題意識が持たれていた内容である。長屋のような構造を持つ建築物が部分居住状態にある場合、管理不全状態の非居住住戸を独立し

＊14　第211回国会衆議院会議録21号（2023年4月20日）6頁［国土交通大臣・斉藤鉄夫］。

第2部　改正空家法の制定過程

て空家等と解することはできないというのが、旧法制定時からの国土交通省の一貫した姿勢であり、建築基準法上の解釈と軌を一にする。しかし、市町村現場においては、長屋の非居住住戸部分の管理状態が劣悪であり著しい保安上の危険が発生している事案が少なからずあるため、これに対処すべく空き家条例を制定して、そのなかで対象とする市町村が少なからずあった＊15。

　もっとも、そうした市町村であっても、行政指導を超えて除却命令や行政代執行までを実施した事例はない。実際には、行政指導を通じて除却が実現されたからのようであるが、命令をしようとすれば、きわめて困難な法的課題が立ちはだかる。それは、賃貸ではない場合、長屋が区分所有法の対象となるためである。同法のもとでは、区分所有権の対象となる住戸部分の「内部」である専有部分のほか、屋根、外壁、界壁といった共用部分が存在する。保安上の危険を発生させている非居住住戸部分を「スパッと切る」ような権利関係であればよいのであるが、基本的にはそうではない。専有部分と当該部分から構成される当該非居住住戸部分については、ほかの区分所有権者の権利対象にもなっている。

　空家法のもとでは、誰に対してどのような内容の命令が出せるのだろうか。専有部分の区分所有者でない者に対しては、当該部分に関係する共用部分のみの除却を求めるのだろうか。単純な共有案件であれば、共有者全員に同じ内容の命令を出せばよいが、区分所有物件については、そうはいかないように思われる。

　現在、区分所有法の改正作業が進行中であるが、もっぱらマンションを念頭に置いている。また、全体を「よくしよう」という方向での法政策であり、そうではない老朽危険長屋とは状況を異にする。空家法との関係で区分所有法を改正するというのは、行政的には難しいだろうが、政治的命令が出ている以上、突破口を見つけてほしい。

⑨　多くの宿題を背負わされた国土交通省

　今後、衆参両院の国土交通委員会は、国土交通省に対して、適宜、検討状況

＊15　北村喜宣「部分居住長屋に対する空き家条例の適用」同・前註（7）書213頁以下参照。

第 4 章　空家法2023年改正における附帯決議を読む

の報告を求めるかもしれない。このため、同省としては、相当に具体性を持って示された附帯決議の内容は、無視できるものでは決してない[16]。

　アリバイづくり的検討になるのか、次の改正を睨んでの本格的検討になるのかは不明であるが、本章で紹介した事項については、何らかの取組みがされるだろう。附帯決議を受けた国土交通大臣は、慣例にならい[17]、「ただいまの附帯決議において提起されました事項の趣旨を十分に尊重してまいる所存」と応接した[18]。

---

[16]　調査によれば、附帯決議の原案は、野党の意向を踏まえて委員会調査室が作成し、それを与党（およびその向こうにいる中央政府）と調整して最終案に至る。したがって、中央政府が絶対反対する内容は盛り込まれないようである。

[17]　川﨑政司『自治体議会を考える：そのあり方探究　住民の期待に応え議員としての役割を果たすために』（第一法規、2023年）77頁参照。

[18]　第211回国会衆議院国土交通委員会会議録12号（2023年 5 月10日）23頁［国土交通大臣・斉藤鉄夫］、第211回国会参議院国土交通委員会会議録18号（2023年 6 月 6 日）22頁［国土交通大臣・斉藤鉄夫］。

第3部
施行が開始された改正空家法

第3部　施行が開始された改正空家法

第5章　指定の判断基準
―空家等管理活用支援法人の法的位置づけ―

　空家等管理活用支援法人制度は、改正法により新たに導入された。申請にもとづき指定されるため、行政手続法にいう「申請に対する処分」である。市町村長は、審査基準を作成し、申請を拒否する際には理由を明記しなければならない。

　空家法との関係での同法人の業務は、そのほとんどが本来的には市町村の業務であり、同法人は補完的な存在である。このため、市町村は、指定の必要性があるときにだけ申請を受け付けることも可能である。また、業務委託を通じて従前から関係を持つ法人を優先的に指定することも可能であり、一法人にかぎり指定することも可能である。

　そうであるとしても、申請それ自体は拒否できないから、審査基準の作成を早急にする必要がある。審査基準が作成されていないのに、公になっていない基準で指定拒否をすれば違法になる点に注意が必要である。

1　「市町村長は」「その申請により」「法人」「として指定することができる」

　個別法が目的の実現を促進するため、そのなかで、ある機能を持つ法人を指定するという仕組みを規定する場合がある。「市町村長は」「その申請により」「法人」「として指定することができる」という文言やフレーズをe-Govに入力すると、11法律における使用例が確認できる（2024年10月9日最終閲覧）＊1。根拠法の目的の実現のために、行政の業務の一部をアウトソーシングして特定の法人に担当させるという、いわゆる指定法人制度である＊2。

＊1　唯一の例外は、「精神保健及び精神障害者福祉に関する法律」19条の8が規定する「指定病院」である。これは、都道府県が設置する精神科病院に代わる施設としてその設置者の同意を得て知事が指定するものであり、申請行為が前提にはなっていない。

＊2　指定法人制度については、一般的に、宇賀克也『行政法概説Ⅲ　行政組織法／公務員法／公物法〔第6版〕』（有斐閣、2019年）335頁以下、稲葉馨＋人見剛＋村上裕章＋前田雅子『行政法〔第5版〕』（有斐閣、2023年）14～15頁〔稲葉〕参照。

第5章　指定の判断基準―空家等管理活用支援法人の法的位置づけ―

　指定に至る手続や指定される法人の機能・形態は、法律により多様である。たとえば、児童福祉法56条の8が規定する「公私連携保育法人」の場合、市町村長には指定にあたって指定候補の法人と協定の締結が義務づけられており、指定されれば、それ以外の場合のような認可ではなく届出により公私連携型保育所を設置できる。環境大臣の指定ではあるが、廃棄物処理法13条の2が規定する「情報処理センター」の場合、「全国を通じて一個に限り」とされている。

　本章では、先行する諸制度を参照しつつ、空家法の改正により導入された「空家等管理活用支援法人」について、そこにおける指定の法的性質および指定にあたっての市町村長の判断基準という観点から検討する＊3。筆者は、この制度は十分な法的整理がされないままに同法に導入されたのではないかという印象を持っている。その疑問点および同制度の運用を義務づけられている市町村行政の対応のあり方について考察を進める。

② 改正空家法のもとでの支援法人

(1)　指定および業務内容

　法23条1項は、以下のようである（以下、下線部は筆者による）。

　市町村長は、特定非営利活動促進法（平成10年法律第7号）第2条第2項に規定する特定非営利活動法人、一般社団法人若しくは一般財団法人又は空家等の管理若しくは活用を図る活動を行うことを目的とする会社であって、次条各号に掲げる業務を適正かつ確実に行うことができると認められるものを、その申請により、空家等管理活用支援法人（以下「支援法人」という。）として指定することができる。

　下線部のように、「その申請により……指定」とされているから、申請と指定は、行政手続法2章にいう「申請に対する処分」と解される。したがって、申

＊3　簡単な検討については、北村喜宣「指定をしない自由はあるか？：空家法の空家等管理活用支援法人制度」自治実務セミナー2023年10月号41頁参照。改正空家法については、宇賀克也「空家等対策の推進に関する特別措置法の改正」行政法研究50号（2023年）3頁以下参照。支援法人指定の審査基準に関しては、立川健豊「空家等管理活用支援法人の指定制度における審査基準のありかた」市民と法148号（2024年）22頁以下も参照。

第3部　施行が開始された改正空家法

請された以上、諾否の判断は、市町村長に義務づけられる。この点は、法案審議において、「指定の申請に対して何らかの判断は求められる」と答弁されていることからも明らかである*4。

　法24条は、空家管理活用支援法人（以下「支援法人」という。）の業務として、以下のように規定する。

一　空家等の所有者等その他空家等の管理又は活用を行おうとする者に対し、当該
　　空家等の管理又は活用の方法に関する情報の提供又は相談その他の当該空家等の
　　適切な管理又はその活用を図るために必要な援助を行うこと。

二　委託に基づき、定期的な空家等の状態の確認、空家等の活用のために行う改修
　　その他の空家等の管理又は活用のため必要な事業又は事務を行うこと。

三　委託に基づき、空家等の所有者等の探索を行うこと。

四　空家等の管理又は活用に関する調査研究を行うこと。

五　空家等の管理又は活用に関する普及啓発を行うこと。

六　前各号に掲げるもののほか、空家等の管理又は活用を図るために必要な事業又
　　は事務を行うこと。

　たしかに、このような業務は、空家法のもとで空き家行政を進めるうえで必要である。それを誰が行うかであるが、これまでは、市町村自身がしていたほか、行政以外の主体が自主的にしていたり行政がそうした主体と委託契約を締結したりして実施されていた。

　そのかぎりにおいて、市町村は特段の不便を感じていなかったように思われる。ところが、改正法は、支援法人制度を導入した。国土交通省『社会資本整備審議会住宅宅地分科会空き家対策小委員会とりまとめ：今後の空き家対策のあり方について』（2023年2月）は、改正法案づくりの前提のひとつになったとされているが、そのなかで、この制度は、「公的位置づけの付与」として、ひっそりと記されていた。国土交通省社会資本整備審議会住宅宅地分科会空き家対

＊4　第211回国会衆議院国土交通委員会議録12号（2023年5月10日）15頁［国土交通大臣・斉藤鉄夫］。

262

策小委員会（以下「小委員会」という。）のメンバーのほとんどは、こうした条文になると想定していなかったように思われる＊5。

(2) 指定の法的効果

　この制度のもとで指定が進むと、たとえば特定非営利活動促進法2条2項の特定非営利活動法人（以下「NPO法人」という。）のなかには、空家法との関係で、支援法人であるものとそうでないものの2種類が存在することになる。支援法人に指定されれば、指定をした市町村長との関係で、下線部にあるような委託にもとづく業務、そして、それ以外の業務ができる。支援法人との契約の場合、国の補助対象になりうる。小委員会において、国土交通省は、「今よりももう少し空き家対策におけるNPOの位置づけをしっかりしたものとして市町村も安心してお付き合いできるといったような形で位置づけられれば、国のほうでも御支援ができる可能性はあります」と説明していた＊6。

　それに加えて、以下のような法的地位が得られる。

■所有者等探索をするために、市町村長に対して所有者等関連情報の提供を求めることができ、市町村長には本人同意を得てもらい、その提供を受けることができる（26条2〜3項）。

■市町村に対して、素案を作成した上で空家等対策計画の作成・変更を提案でき、その請求が拒否される場合には、理由を明らかにしてもらえる（27条1〜2項）。

■市町村長に対して、民法の特例請求（不在者財産管理命令請求（民法25条1項）、相続財産清算人選任請求（同952条1項）、管理不全土地管理命令請求（同264条の9第1項、管理不全建物管理命令請求（同264条の14第1項））ができ、市町村長がこれを不要と判断したときにはその理由を通知してもらえる（28条1〜3項）。

＊5　小委員会のメンバーであった筆者自身の印象である。なお、第3回小委員会（2022年12月22日）の資料、および、第4回小委員会（2023年1月31日）の資料には「公的位置づけ」という表記がある。

＊6　第3回小委員会（2022年12月22日）議事録32頁。補助金が恒常化するにつれ、一般に、指定法人制度には、主管官庁の役人の天下りの温床になる可能性がある点は指摘されている。山本隆司「行政の主体」磯部力＋小早川光郎＋芝池義一（編）『行政法の新構想Ⅰ　行政法の基礎理論』（有斐閣、2011年）89頁以下・105頁参照。

263

第3部　施行が開始された改正空家法

　「第6章」として規定される支援法人の6か条（23条〜28条）は、所有者不明土地法の2020年改正により、同じく「第6章」として導入された「所有者不明土地利用円滑化等推進法人」（以下「推進法人」という。）に関する6か条（47条〜52条）と構造や条文が酷似している。冒頭に記したような先例はあるけれども、改正法案づくりにおいて、同じく「縮小社会対応法」＊7である所有者不明土地法の推進法人制度が参照されたのは明白である＊8。

３　法案審議

　改正法案が審議された第211回国会においては、支援法人についての質疑応答もされた。論点は、制度の必要性と施行後の展開、そして、指定にあたっての市町村長の裁量権であった。

⑴　制度の必要性

　制度の必要性については、「人員や専門的知識が不足しがちな市町村においても、こうした空き家対策を着実に推進できるよう、空き家対策に経験や実績のある民間法人を市町村が指定し、相談対応などを行う」＊9、「人員やノウハウが不足する多くの市町村にこの支援法人を御活用いただけるよう」＊10と説明されている。支援法人は、すべての市町村に必要なものではなく、行政リソースが不足している市町村に対する補完的対応をする仕組みである趣旨が明確にされている。その必要性を判断するのは、いうまでもなく市町村である。

　指定対象となる法人について地域的偏在があるとの指摘がされたが、この点に関しては、「全国規模の社団法人の中には、地域ごとの支部などを設けて地域

＊7　このような視点からの整理として、北村喜宣「縮小社会における地域空間管理法制と自治体」公法研究82号（2020年）73頁以下参照。

＊8　宇賀・前註（3）論文36〜37頁も、同様の見方をする。所有者不明土地法2020年改正については、土地総合研究30巻3号（2022年）、斎藤貢一「所有者不明土地対策の進展：改正所有者不明土地法の成立」立法と調査448号（2022年）133頁以下、国土交通省土地政策審議官部門土地政策課「所有者不明土地法の改正について」人と国土21 48巻4号（2022年）12頁以下、国土交通省土地政策審議官部門土地政策課「改正所有者不明土地法に関するガイドライン等について」用地ジャーナル31巻11号（2023年）40頁以下参照。所有者不明土地法の推進法人制度については、都市再生特別措置法118条以下の都市再生推進法人制度などが参考にされている。

＊9　第211回国会衆議院国土交通委員会会議録12号（2023年5月10日）8頁［国土交通大臣・斉藤鉄夫］。

＊10　第211回国会参議院国土交通委員会会議録18号（2023年6月6日）3頁［国土交通大臣・斉藤鉄夫］。

264

第5章　指定の判断基準—空家等管理活用支援法人の法的位置づけ—

に根差した活動をされている、そういう法人もございますので、例えばそういう社団法人を指定いただく」というように＊11、おそらくは具体的な法人を念頭に置いた答弁もされている。

どれくらいの指定を期待するかであるが、この点に関しては、「改正法の施行後5年間で120法人が市町村から指定されることを目標に取り組んでまいります。」という＊12。延べどれくらいの市町村に指定を期待しているのかは不明である。

(2)　指定にあたっての裁量権

支援法人の指定権限は、市町村長にある。この点に関して興味深いのは、「支援法人を指定できるという規定である以上、事務体制が整ってから申請を受け付けることも可能」と答弁された点である＊13。これは、反対解釈をすれば、指定申請を処理する事務体制が整わない市町村は、当面は申請を受け付けないという対応も違法ではないというのであろう。法文からは明確には読み取れないこのような運用は、行政手続法との関係で整理を要するほか、指定にあたっての審査基準に関しても大きな問題を提起している。

指定に関しては、「支援法人を指定すること自体を義務づけ、指定しなければ違法になるものではありません。」とされている＊14。前述のように、法23条1項は、「指定することができる」というように、市町村長の判断にあたって効果裁量を認めている。「業務を適正かつ確実に行うことができると認めるときは、指

＊11　第211回国会衆議院国土交通委員会議録12号（2023年5月10日）4頁［国土交通省住宅局長・塩見英之］。

＊12　第211回国会衆議院会議録21号（2023年4月20日）3頁［国土交通大臣・斉藤鉄夫］。120法人の指定は市町村がするのであるから、この数字は国土交通省の「期待」にすぎず、同省のKPIにはなりえないのはいうまでもない。ところが、そうでもない同省の認識については、北村喜宣「他人のフンドシでお相撲を？：KPIとしての景観計画策定数」同『自治力の闘魂：縮小社会を迎え撃つ政策法務』（公職研、2022年）26頁以下参照。同省担当者は、自らがかつて出向していた市町村に連絡をして、指定をするように依頼をしていると聞くが、KPIにするのは、まさにこうした電話やメールの回数なのである。

＊13　第211回国会衆議院国土交通委員会議録12号（2023年5月10日）15頁［国土交通大臣・斉藤鉄夫］。施行後5年間・120法人という希望（指定は市町村が行うから、国土交通省にとっては他力本願である）を掲げるのはよいとしても、支援法人を指定しない市町村には補助金等で不利に扱うといった運用をしてはならない。

＊14　第211回国会衆議院国土交通委員会議録12号（2023年5月10日）15頁［国土交通大臣・斉藤鉄夫］。

第3部　施行が開始された改正空家法

定をしなければならない。」とは規定されていない＊15。この点を確認したのであ
ろう。それでは、適法に不指定ができるのはどのような場合なのだろうか。ま
ず、手続法的側面から、続いて実体法的側面から考えてみよう。

4 行政手続法の観点からの整理

(1) 審査基準

「申請に対する処分」である指定に関しては、市町村長には、行政手続法5条
にもとづき、審査基準をできるかぎり具体的に作成してそれを公にする義務が
ある＊16。個別の指定を受けて作成するのではなく、改正法のもとでの申請の可
能性を予定して、いわば「臨戦態勢」として作成しなければならないのはいう
までもない。市町村長が判断しなければならないのは、法23条1項の条文から
は、申請にかかる法人が法24条各号に列挙される業務を適正かつ確実に行うこ
とができるかどうかである。

参考までに、所有者不明土地法のもとでの推進法人の指定に関する審査基準
をみておこう。国土交通省は、2022年に、「所有者不明土地利用円滑化等推進法
人指定の手引き」（以下「推進法人手引き」という。）を作成した（最新は、2024年
1月版）。この推進法人手引きは、推進法人制度の利点について、「公的信用力
が付与され、住民等の関係者の理解が得やすくなることで、所有者探索におけ
る書面の送付による商社の特定手続が円滑化することや、市町村が推進法人に
対して土地所有者の探索等の所有者不明土地対策に係る業務を随意契約するこ
と」としている（5頁）。改正空家法のもとでの支援法人にも共通する説明であ
る。

推進法人手引きには、「審査基準の例」として、「法人の活動目的・活動内容
について」「法人の活動実績について」「法人の組織形態・運営体制について」
の3項目が示され、それぞれのもとにさらに小項目が示されている（9〜10頁）。

＊15　実定法における要件・効果の規定ぶりについては、北村喜宣『環境法〔第6版〕』（弘文堂、2023
　　年）153頁参照。
＊16　旧法のもとでは、市町村は、特定空家等の所有者等を「追いかける立場」にあった。改正法が導
　　入した支援法人制度においては、「受けとめる立場」が加わる。市町村の空家法担当にヒアリング
　　をすると、この点に関する認識が市町村には十分にないのではないかと感じる。

266

第5章　指定の判断基準—空家等管理活用支援法人の法的位置づけ—

しかし、それをみても、「活動実績があること」「必要な組織体制や人員体制を備えていること」「経済的基礎を有していること」というように、十分に具体的とはいえない。このため、市町村長は、これらを踏まえて、現実に利用する手持ち基準である審査基準を作成しなければならない[17]。「鶴岡市所有者不明土地利用円滑化等推進法人の指定等に関する事務取扱要綱」（2022年）において「指定の基準等」を定める3条は、それに該当するだろう[18]。この要綱は、推進法人手引きに添付されている「（参考）○○市所有者不明土地利用円滑化等推進法人の指定等に関する事務取扱要綱（例）」を踏まえたものである[19]。

(2)　拒否理由

（それが適法であるかぎり、）審査基準に適合しないならば、申請は適法に拒否しうる[20]。問題になるのは、申請拒否処分にあたって行政手続法8条にもとづき付される理由の内容である。この点に関して、市町村としては、一級建築士免許取消処分事件における最高裁判決に留意しなければならない（最三小判平成23年6月7日民集65巻4号2081頁）。本件は、不利益処分に関するものであり、行政手続法14条が求める理由付記の程度が問題となっている。

それによれば、「行政庁の判断の慎重と合理性を担保してその恣意を抑制するとともに、処分の理由を名宛人に知らせて不服の申立てに便宜を与える趣旨に出たものと解される。そして、同項本文に基づいてどの程度の理由提示をすべきかは、上記のような同項本文の趣旨に照らし、当該処分の根拠法令の規定内容、当該処分に係る処分基準の存否及び内容並びに公表の有無、当該処分の性質及び内容、当該処分の原因となる事実関係の内容等を総合考慮してこれを決定すべきである。」（下線筆者）、「示されるべき理由としては、処分の原因とな

---

[17]　推進法人手引きが「推進法人の審査基準は、市町村が独自に定めることができます。」というのは（9頁）、少々ミスリーディングである。定めなければ行政手続法5条違反になる。

[18]　「必要な組織体制及び人員体制を有していること」というように、推進法人手引きをコピーする同要綱の規定は、審査基準としての役割を十分には果たしていない。一方、「鶴岡市内に事務所を有すること」や鶴岡市暴力団排除条例2条1号に規定する暴力団（実質的には、申請者あるいは関係者が「暴力団員による不当な行為の防止等に関する法律」2条6号に規定する暴力団員）に該当しないなどの内容は、業務の適正な運用という要件の具体化といえよう。これを条例化すれば、法律実施条例となる。北村喜宣『自治体環境行政法〔第10版〕』（第一法規、2024年）36頁以下参照。

[19]　2022年に作成された際の推進法人手引きは、「この要綱（例）は、一般的な記載例として掲載しているものです。適宜修正のうえ御活用ください。」としていた。

[20]　宇賀克也『行政法概説 I 行政法総論〔第8版〕』（有斐閣、2023年）337頁参照。

る事実及び処分の根拠法条に加えて、本件処分基準の適用関係が示されなければ、処分の名宛人において、上記事実及び根拠法条の提示によって処分要件の該当性に係る理由は知り得るとしても、いかなる理由に基づいてどのような処分基準の適用によって当該処分が選択されたのかを知ることは困難であるのが通例」という。

国民年金障害基礎年金不支給処分が争われた事案において、東京地判平成27年12月11日［D1-Law.com判例体系29015973］は、この最高裁判決を引用したうえで、同旨の判示をしている。市町村は、最高裁判決にいう処分基準を審査基準と置き換えて理解すればよい。支援法人の指定に引きつけて理解すれば、下線部に関しては、①法23条1項に関する審査基準が作成されていること、②その内容が妥当であること、③公にされていること、④申請内容が審査基準に適合していないこと、が問題となる。さらに、その前提としては、⑤指定処分の性質・内容が問題となる。筆者は、⑤が重要であると考える。

5 補完的役割ゆえの広い行政裁量

(1) 空家法の実施における支援法人の位置づけ

法案審議における国会答弁に明らかなように、支援法人制度には、空家法の実施を担う市町村行政をサポートする役割が予定されている。申請に対してなされる指定処分を通じて、それが可能になるというわけである。あくまでその役割は、市町村の空家法実施行政の補完である。そうであるがゆえに、指定にあたっての市町村長の裁量は広いと解される。

「申請に対する処分」というと、典型的には、食品衛生法や都市計画法の許可制が想起される。しかし、支援法人に関する指定制は、これとはかなり様相を異にしている。第1に、法24条に列挙される業務を指定なしに行っても不利益処分や罰則の対象にはならない。第2に、同条に列挙される業務はそもそも市町村がなすべき業務ないしなしうる業務である。したがって、「ある種の国民の活動を一般的に禁止したうえで、国民からの申請に基づき審査を行い、一定の要件に合致する場合、禁止を個別具体的に解除する法的仕組み」という許可制

第5章　指定の判断基準—空家等管理活用支援法人の法的位置づけ—

の法的性質の説明＊21は妥当しない。

　法24条の業務については、市町村と委託契約を締結せず支援法人が独立して
なしうるものがある（1号・4号〜6号）。ところが、「委託に基づき」行うと規
定されるものもある（2号・3号）。後述のように、国土交通省は、これらを委
託によらなければなしえないとは解していない。委託にもとづかずに行えば違
法になるわけではないのである。支援法人がこれらの事務をする際には、先に
みた国土交通省の説明のように、国の補助金の対象になるとすれば、指定には、
そうした地位にあることを確認するだけの法的意味しかないようにみえる。

⑵　所有者不明土地法の推進法人に関する一見奇妙な記述

　推進法人手引きには、一見奇妙な記述がある。「推進法人の指定は、申請を受
けた市町村長の裁量で行います。具体的には、以下のような手続が想定されま
す。」としたあと、次のように述べられている。

---

①推進法人の<u>募集</u>

　推進法人の募集方法は、市町村が独自に定めることができ、例えば、<u>常時申請を
受け付け、申請に応じて審査する</u>方法のほか、公報やウェブサイトへの掲載による
広報等で<u>申請期限を定めて公募する</u>方法等が考えられます。

　下線部にある「募集」「公募」という考え方は、申請に対する処分には通常み
られない。改正空家法もそうであるが、所有者不明土地法47条1項は「その申
請により」と規定している。申請のイニシアティブは申請する側にあるのであ
って、「常時受付・その都度審査」が基本である。行政が申請を調整するという
対応は、一般的には、事業者の申請権を法的根拠もなく制約するもので違法と
解される。

⑶　推進法人に関する国土交通省の認識

　所有者不明土地法の推進法人制度を所管する国土交通省不動産・建設経済局
土地政策課に対して、2023年7月に、筆者は、同法47条の指定権限行使にあた

＊21　宇賀・前註（20）書98頁。

269

第3部　施行が開始された改正空家法

っての市町村長の裁量権についての照会をした。改正空家法案の国会審議を前
提にして、①審査体制が整わないかぎり申請を受けないことは適法か、②そも
そもこうした法人は不要として申請を受けないことは適法か、③審査基準をす
べて充たしていれば指定をしなければならないのか、④推進法人は不要と考え
る市町村はそれを理由にして指定申請を拒否するのは適法か、その際にはどの
ような理由を記すべきか、⑤ひとつの推進法人だけで十分と考える市町村は、
新規の指定申請に対して、それを理由として不指定処分をするのは適法か、と
いった質問をしたのである。

　2022年11月１日に施行されているこの制度であるから、明確な回答がされる
と思っていたのであるが、意外にも、関係局と調整を要し行政手続法の解釈に
もかかわるために即答できないとされた。国土交通省は、筆者の前記問題意識
に気がついていなかったようにもみえる。前述のように、推進法人手引きにお
いては、許可制についての通常の運用とは異なる記述がされていたため、十分
な認識があると予想していたのであるが、意外であった。

　推進法人手引きを踏まえて作成したとみられるものに、「丹波山村所有者不明
土地利用円滑化等推進法人募集要領」がある。そこでは、「指定する法人を募集
する」として、募集期間は「令和５年７月24日午前９時から令和５年８月16日
午後５時まで」となっている。指定された場合の業務期間は、「指定日から令和
６年３月31日まで」となっている。さらに、「優先交渉権者と詳細を協議のう
え、推進法人として指定する」が、「協議が合意に至らなかった場合は、次点候
補者と協議に入る」とされている。少なくとも丹波山村の解釈によれば、事業
者側に常に申請権があるわけではなく、業務期間は指定の附款として定めるこ
とができ、指定は１団体のみとするというのである。こちらは、筆者の質問に
対して、明確に回答しているようにみえる。

(4)　改正空家法の支援法人の場合

　それでは、改正法のもとでの支援法人制度に関してはどうであろうか。公布
後に、国土交通省は、様々な方法で改正法の周知に努めている。市町村等を対
象にしたある説明会において出された質問に対し、同省は次のように回答した
ようである。

第5章　指定の判断基準―空家等管理活用支援法人の法的位置づけ―

① 24条2号・3号業務は「委託に基づき」とあるが、必ずしも委託契約の形式を
とらなくてもよい。
② 支援法人は委託契約によらずに自主的に24条各号業務を実施できる。
③ 総合的に判断して支援法人は利用しないと考える市町村が、それを理由に指定
申請を拒否しても違法ではない。
④ すでに十分な数の法人を指定したと市町村が考える場合に、それを理由に指定
申請を拒否しても違法ではない。

　所有者不明土地法のもとでの推進法人の指定に関する国土交通省の認識は、
前述の通りである。改正法のもとでの支援法人についても、法案準備・審議時
においてはおそらく同様であったと思われるが[22]、現在では、筆者と同様の認
識をしているようにみえる[23]。そうした理解が妥当な理由として、追加的に「不
文の必要性基準」を説明したい。

(5)　「必要性」という「不文の基準」

　前記回答を踏まえると、法23条1項の指定基準としては、そこで明記される
「〔24条各号の〕業務を適正かつ確実に行うことができる」という以前に、市町
村において支援法人によるサポートが現在必要とされているという「不文の基
準」があるとみるべきであろう。この補充性要件は、改正法の制度趣旨から導
出できる内容であり、支援法人制度に内在していると解される。

　そこで、指定申請の審査にあたっては、第1の基準として「支援法人利用の
必要性」、第2の基準として「適切・確実な業務実施の可能性」が検討されなけ
ればならない。第1の基準に関して「現在は不要」と判断すれば、第2や第3

---

*22　国会答弁においては、たんに、「支援法人の指定は、法の定めに従い、所有者への相談対応等の
業務を適正かつ確実に行うことができるかという観点から、市町村が適切に判断し、行うことがで
きるもの」とされていた。第211回国会衆議院会議録21号（2023年4月20日）6頁〔国土交通大臣・
斉藤鉄夫〕。
*23　もっとも、国土交通省が配信している改正法解説の動画（https://www.youtube.com/
watch?v=z8L_gqjuDLY）においては、そうした説明は一切されていない。行政リソース不足や知
識不足を訴える市町村は少なからずあるというアンケート調査結果から、直ちに支援法人が必要と
している点で「論理の飛躍」がある。

271

の基準について判断するまでもなく申請は拒否される。市町村の空家法実施にあたって支援法人を利用するかどうかは、市町村の自由なのである。イメージとしては、[**図表5.1**] を参照されたい。

[**図表5.1**] 指定申請と審査の手続

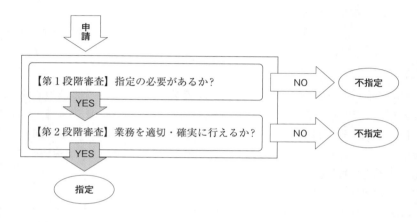

〔出典〕筆者作成。

廃棄物処理法6条の2第1項は、一般廃棄物の処理を市町村の事務と規定する。事業系一般廃棄物の収集運搬を業として行う者は、市町村長の許可を要するが、それにあたっては、3つの積極要件（7条5項1号～3号）とひとつの消極要件（同項4号）を充たさなければならない[*24]。とりわけ問題となるのが、積極要件のうちの「当該市町村による一般廃棄物の収集又は運搬が困難であること」（1号）、「その申請の内容が一般廃棄物処理計画に適合するものであること」（2号）である。

一般廃棄物処理業は、許可なく行えば直罰となっている（25条1項1号）。そうした制度になっているがゆえに、民間事業者にそれをする自由があるわけではない。その点で、支援法人制度とは異なるが、市町村の事務をアウトソーシ

[*24] 北村・前註（15）書477頁以下参照。

ングするという面には共通性がある。

推進法人手引き2022年版には、「市町村が作成する対策計画に、推進法人に求められる業務内容や推進法人の指定方針について記載しておくことも考えられます。」という対応も例示されていた。廃棄物処理法のように計画不適合が明確な拒否事由としては規定されていないが、改正空家法の支援法人に関しても、指定申請の判断にあたって、行政がする業務との関係での需給関係の考慮は認められる*25。

6 市町村の対応のあり方

所有者不明土地法や改正空家法のもとでの国土交通省の解釈に鑑みれば、法23条にもとづく支援法人の申請の処理にあたっては、市町村は、行政手続法5条にもとづき審査基準を作成してそのなかで対応の方針を明確に規定すべきである。国土交通省が前述のように回答しているからというだけでは不十分であり、自ら解釈をしなければならない。

行政で十分対応できる、あるいは、現行の委託団体により十分対応できるために、（後者の場合は、これら団体以外に）支援法人を指定して業務を委託する必要性がないという市町村もあるだろう。支援法人制度の利用について十分な見込みがつかないという市町村もあるだろう。「様子見」が適切と考える市町村もあるだろう。そうした場合には、市町村は、その理由とともに、「当分の間、指定はしない」という趣旨の審査基準を作成し、これを積極的に公表すべきである。支援法人の助力を得なければ空家法の事務を的確に実施できないという状況がすべての市町村にあるとは、想定しにくい。さらに、根本的な認識であるが、空家法の支援法人制度において、事業者には指定を受ける権利があるとはいえないのである。

こうした対応は、申請を検討している事業者に対して予測可能性を与える点でも重要である*26。前述の推進法人手引き2022年版に記されているように、そ

＊25　宇賀・前註（3）論文がこの論点をどのように考えているかは、明確ではない。
＊26　髙木光＋常岡孝好＋須田守『条解　行政手続法〔第2版〕』（弘文堂、2017年）163頁〔須田〕参照。宇賀・前註（20）書337頁は、裁量基準としての審査基準に関して、「申請をした場合に許可されるかは、裁量基準があらかじめ具体的に定められて公にされていれば、事前に判断することが容

第3部　施行が開始された改正空家法

の後、審査基準の内容を空家等対策計画（7条）に規定してもよい。あるいは、法律実施条例の内容として空き家条例のなかで規定してもよい。改正空家法に寄せていえば、廃棄物処理法のように、必要性要件は、本来は本則で規定すべき事項であっただろう。もちろん、必要があれば指定は可能である。その際には、附款として指定期間を定めるのが適切である＊27。

　前述のように、法案審議において、国土交通大臣は、事務体制が整ってから指定申請を受けることも可能と答弁した。改正法の条文には、そのような運用を適法化できる根拠を見出せないが、この答弁を前提にするならば、審査基準を作成する以前の問題として、法6章「空家等管理活用支援法人」の規定は当分の間適用しない方針を、審査基準ではなく法律実施条例として決定できるようにも思う。

　必要性要件以外の内容についても、審査基準の策定が義務である。「適正かつ確実」という法23条1項の法定要件を具体化するその内容としては、前記の鶴岡市の事務取扱要綱や丹波山村の募集要領が参考になる。そこでは、営業拠点の市町村内設置要件や暴力団要件などが規定されている。

　NPO法人などが、ビジネスチャンスとして、支援法人制度にどの程度の期待をしているかは不明である。市町村の空家法担当者に対しては、多くの営業活動がされていると聞く。「公的位置づけの付与」というのであるから、コストはそれなりには要するものの、それを取得しようとして複数の市町村に申請をする事業者は出てくるだろう。地上げなど不当な動機にもとづき指定を受けようとする事業者がいるかもしれない。

　支援法人との委託契約に対しては、指定した市町村がいわゆる「裏負担」をするかぎりにおいて、国土交通省の補助金が投入されることになっている。そのため、市町村議員のなかには、指定を催促するような質問を議会でする者が

　　易になり、許可の見込みがないにもかかわらず申請の準備をする無駄を避けることができるし、行政庁にとっても、許可の見込みのない申請を処理する手間が省けることになる。」と解説する。
＊27　そもそも論になるが、支援法人によるサポートを望むかどうかは市町村の事情により異なるのであるから、より本質的には、改正空家法23条1項のようにこれを義務的事務とするべきではなかった。屋外広告物法にならって「市町村は条例で定めるところにより」と規定すれば、市町村は、余裕をもって導入の決定を考えることができたのである。国がそれなりの統一性を期待するのは妨げられないが、その場合には、「政令を参酌して」と規定すればよい。

274

第5章　指定の判断基準─空家等管理活用支援法人の法的位置づけ─

いるかもしれない。市町村が支援法人を使いこなせるかどうかは未知数であり、指定をした市町村の経験を踏まえて指定を考えても決して遅くない。支援法人に振り回されるようであっては、本末転倒である。

　支援法人制度をどう受けとめるかを、曖昧にしておいてはならない。市町村には、明確な方針を踏まえての的確な対応が求められる。

第3部　施行が開始された改正空家法

第6章　空家等管理活用支援法人指定申請の取扱い

　　空家等管理活用支援法人は市町村業務を補完する存在と位置づけられることから、それをどのように利用するかについては、市町村に広い裁量がある。一方、指定の申請は行政手続法にいう「申請」である以上、市町村長は審査基準を作成する義務がある。
　　改正法施行前後において、多くの市町村は、同法人をどのようにして利用するのが適切かについての明確な方針を持っていなかった。そうした場合には、方針が定められるまでの間は指定をしないという内容を審査基準として公にすればよい。もちろん、未来永劫この基準というわけにはいかない。指定をする場合であっても、従前から業務委託をしている法人にカスタマイズした基準を定めることも可能である。通常の警察許可とは異なり、改正空家法のもとでは、「指定を受けた支援法人による自由競争」という状況は想定されていない。

1　支援法人制度への対応のあり方

　2023年6月に改正された空家法には、3つの大きな柱がある。条文番号順にいえば、①空家等活用促進区域制度（法7条3項〜11項）、②管理不全空家等制度（13条）、③空家等管理活用支援法人制度（法23条〜28条）である[1]。
　このうち、①については、空家等対策計画のなかで決定されるため、改正法の施行と同時に何らかの対応が求められるわけではない。同計画を作成している市町村はその改定により、新たに作成する市町村はその際に、それぞれ区域設定の作業を進めればよい。このため、時間的余裕がある。また、対象候補地がないなどそもそも空家等活用促進区域制度の利用はしない方針であれば、何

---

[1]　改正空家法については、宇賀克也「空家等対策の推進に関する特別措置法の改正」行政法研究50号（2023年）3頁以下、国土交通省住宅局住宅総合整備課「空家等対策特別措置法の改正について」自治体法務研究2023年冬号6頁以下など参照。

もしなくてよい。

これに対して、②および③については、そうはいかない。②は、空家等（法2条1項）と特定空家等（同条2項）の「間（あいだ）」に新設されたカテゴリーに関するものであり、特定空家等になるのを未然防止するためのものである。改正法は、これに対して指導（法13条1項）および勧告（同条2項）という新たな権限を規定した。これは、改正法施行日から行使できる。もっとも、するかしないかの決定は、市町村長が自らなしうる。

ところが、③空家等管理活用支援法人（以下「支援法人」という。）については、「申請に基づき」（法23条1項）と規定されているように、申請者が行政窓口に「やってくる」。このため、それに応対する準備をしておく必要がある[2]。

本章は、基本的には、改正法の施行前段階の状況を前提としている。しかし、施行後の時点において特段の対応をしていない市町村であっても意味のある情報になっている。

② 支援法人の背景と必要性

(1) 国会答弁

改正法案の国会答弁において、国土交通省は、支援法人制度の背景と必要性について、次のように説明した。「人員や専門的知識が不足しがちな市町村においても、……空き家対策を着実に推進できるよう、空き家対策に経験や実績のある民間法人を市町村が指定し、相談対応などを行う」[3]、「自治体の中で人員、また専門的な知識を持っている人がいない中で、この支援法人の役割というのは非常に多い」[4]、「市町村が指定をする支援法人が所有者に寄り添って相談をする、そして所有者の方に的確な判断を促す、……空家を手放したくないという所有者の方に対しましては支援法人が空家を借り上げて活用する」[5]という

---

*2　支援法人の指定に関しては、北村喜宣「指定の判断基準：空家等管理活用支援法人の法的位置づけ」本書第5章参照。

*3　第211回国会衆議院国土交通委員会議録12号（2023年5月10日）8頁［国土交通大臣・斉藤鉄夫］。

*4　第211回国会参議院国土交通委員会議録18号（2023年6月6日）3頁［国土交通大臣・斉藤鉄夫］。

*5　第211回国会参議院国土交通委員会議録18号（2023年6月6日）15頁［国土交通省住宅局長・塩見英之］。

具合である。期待は大きい。

(2) 支援法人がなしうること

　法24条各号は、支援法人がなしうる6つの業務を列挙する。そのほか、法27条は、市町村に対して、国土交通省令・総務省令で定めるところにより、空家等対策計画の作成・変更の提案ができるとする。さらに、法28条は、民法の特例として市町村長に認められている裁判所に対する請求について、それを行うよう要請できるとする。いずれの場合も、市町村長が対応を拒否するときには、当該支援法人に対してその理由を通知しなければならない。

③　行政手続法の適用関係

(1) 申請に対する処分

　法23条1項にいう「申請」は、行政手続法2条3号にいう「申請」である。すなわち、「法令に基づき、行政庁の許可、認可、免許その他の自己に対し何らかの利益を付与する処分……を求める行為であって、当該行為に対して行政庁が諾否の応答をすべきこととされているもの」である。前述の提案や請求は支援法人ゆえに可能な行為であるとすれば、「指定」は地位を与えるという点においてそれができる利益付与をするものであり、処分と解される。

　そうなると、法23条1項は、「申請に対する処分」を定めるものであるため、行政手続法の規律を受ける＊6。以下に確認しよう。

(2) 審査基準

　行政手続法5条にもとづき、市町村長は、可能なかぎり詳細な審査基準を作成してこれを公にすることを義務づけられる。審査基準とは、「申請により求められた許認可等をするかどうかをその法令の定めに従って判断するために必要とされる基準」である。法令そのものではなく、法定要件を判断可能なように詳細化した「手持ち基準」である。

　法23条1項には、「適正かつ確実に行うことができると認められるもの」という文言がある。これだけでは抽象的にすぎるから、これのみをもとに判断はで

＊6　高木光＋常岡孝好＋須田守『条解　行政手続法〔第2版〕』（弘文堂、2017年）162頁以下［須田］参照。

きない。申請者に対しても、具体的にどのような基準でこの要件を判断するのかを伝えなければならない。

⑶　標準処理期間

　行政手続法 6 条にもとづき、市町村長は、申請がその事務所に到達してから処分をするまでに通常要すべき標準的期間を定めるようにし、定めれば公にしなければならない。

⑷　審査開始義務

　行政手続法 7 条は、申請が市町村の事務所に到達したときには、市町村長は、遅滞なく審査を開始しなければならないとする。国会審議において、国土交通大臣は、「事務体制が整ってから申請を受け付けることも可能」＊7と答弁した。

　意味不明であるが、申請がされても審査基準の作成など事務体制が整うまで保留するという趣旨であれば、そうした運用は、同条に反して違法である。法23条には、そうした運用を正面から認める規定はない。国土交通省が指定処分を行政手続法との関係で整理していたかは、定かではない。

⑸　理由付記

　申請を拒否する不指定処分をする場合、その理由を示すことが、行政手続法 8 条により求められる。通常は、書面で不指定通知がされるだろう。どの程度の記述をもって十分とするかは判例・学説に委ねられているが、そこには、「①適用条文（法23条 1 項）・審査基準、②申請内容の要約、③それに対する基準の適用」の 3 要素が含まれている必要がある。_{⇒155頁}

⑹　行政不服審査法と行政事件訴訟法

　行政手続法のほか、かりに申請を拒否したり、指定をする場合に期限などの附款を付したりするときには、それに対して争訟を提起できる旨の教示が、行政不服審査法82条 1 項、行政事件訴訟法46条 1 項によって、それぞれ求められている。法務担当が定型的な教示文を用意しているはずであるから、それを利用すればよい。

＊7　第211回国会衆議院国土交通委員会議録12号（2023年 5 月10日）15頁［国土交通大臣・斉藤鉄夫］。

第3部　施行が開始された改正空家法

④　支援法人申請への対応

(1)　広い裁量権

　法24条が支援法人の業務として列挙する事項は、指定を受けない法人でもなしうる。指定法人でなければしてはならない（業務独占）、指定法人でない者はその名称を用いてはならない（名称独占）という規定はない。また、それらは、情報の提供や援助、空家等の状況確認や所有者等の探索など、本来、空家法の実施をする行政がなすべきものである。それをいわばアウトソーシングするのであるから、「するかしないか」「支援法人に対してするかそうでない法人に対してするか」を判断するにあたっての裁量は広い。市町村長には、きわめて広い指定裁量が留保されていると考えられる。

(2)　補充性要件

　法23条1項には、指定基準として、「業務を適正かつ確実に行うことができると認められるもの」と規定されている。しかし、それのみであるとすれば、この基準を充たせば指定するほかないという解釈にもつながる。

　本来は、「当該市町村による次条各号に掲げる業務の実施が困難であること」という趣旨の補充性を定める基準が規定されるべきであった。必要性要件といってもよい。それがない以上、支援法人の制度趣旨から解釈として引き出すほかない。その解釈を前提にすれば、市町村において、支援法人という形でのサポートを受ける必要がなければ、申請がされたとしても不指定処分にすればよい。先にみた国土交通大臣の意味不明の答弁の真意が、市町村においてこの制度を利用する必要性が出てきたときにはなされた申請に対し審査をして処理をするという趣旨であるとすれば、理解できないわけではない。「不文の必要性要件」があると解される。

⑤　審査基準の例

(1)　支援法人制度の利用に関する2つの立場

　2つのモデル的立場を考えよう。それは、審査基準の内容に影響を与える。

　第1は、「様子見型」である。支援法人には提案権や要請権が与えられるというように、指定をした場合に、従来つきあいのあるNPOとは少々異なる関係に

280

第6章 空家等管理活用支援法人指定申請の取扱い

なりうる。つきあいのある団体だけが申請してくるというわけではない。適正・確実という基準についての審査能力が市町村の側に十分にないと指定をしてしまいかねないが、そうなると行政が振り回されるおそれがある。そこで、ほかの市町村においてどのような展開をするのかを静観し、それを踏まえて活用を判断しても遅くない。当面は、指定しないという方針である。

　第2は、「必要があれば活用型」である。法24条が列挙する事務を行政が担当しきれない場合に、数を絞って指定する。随時申請ではなく、指定を必要とすると判断した場合に、「申請期間」を定めて申請を受けるのが適切であろう。また、改正法には規定されていないが、指定期間を附款として付す。同一法人を再指定するとしても、一旦は指定の効力が消えるとする方がよいだろう。競争は重要である。より適切な団体が申請するかもしれない。

(2) 「様子見型」の場合

　審査基準の例を示せば、次のようになるだろう。方針のみの表明であり審査基準の内実を備えていないともいえるが、申請者に予測可能性を与えるという審査基準の機能に鑑みれば、この市に対する申請を断念させる効果はある。

A案　〇〇市空家等管理活用支援法人の指定に関する審査基準

　空家等対策の推進に関する特別措置法の一部を改正する法律（令和5年法律第50号）により改正された空家等対策の推進に関する特別措置法（平成26年法律第127号）第23条第1項に基づく空家等管理活用支援法人（以下「支援法人」という。）の指定に関しては、支援法人の活用に関する本市の方針が定められるまでの間、市長はこれを行わないこととする。

---

(3) 「必要があれば活用型」の場合

　審査基準の例を示せば、次のようになるだろう。これは、所有者不明土地法47条1項にもとづく所有者不明土地利用円滑化等推進法人の指定に関する「鶴岡市所有者不明土地利用円滑化等推進法人の指定に関する事務取扱要綱」（2022年12月21日）および「丹波山村所有者不明土地利用円滑化等推進法人募集要領」

281

第3部　施行が開始された改正空家法

（2023年7月12日）を参考にしたものである。

B案　○○市空家等管理活用支援法人の指定に関する実施要領

（趣旨）
第1条　この要領は、空家等対策の推進に関する特別措置法の一部を改正する法律（令和5年法律第50号）により改正された空家等対策の推進に関する特別措置法（平成26年法律第127号）（以下「法」という。）第23条第1項にもとづく空家等管理活用支援法人（以下「支援法人」という。）の指定等に関し、必要な事項を定めるものとする。

（指定の申請）
第2条　支援法人の指定を受けようとする者（以下「申請者」という。）は、別に定める申請期間内に、空家等管理活用支援法人指定申請書（様式第1号）を市長に提出するものとする。
2　前項の申請書には、次の図書を添付するものとする。
　一　定款の写し
　二　登記事項証明書
　三　役員の役職名、氏名及び住所又は居所等を記載した書面
　四　法人の組織図及び事務分担等を記載した書面
　五　前事業年度の事業報告書、収支計算書及び貸借対照表又はこれらに相当する書類
　六　空家等の管理又は活用を図る活動の実績を記載した書面
　七　法第24条に規定する業務（以下「業務」という。）に関する計画書
　八　前各号に掲げるもののほか、事業に関し参考になる書類として市長が認めるもの

（指定の基準等）
第3条　市長は、前条第1項の規定による指定の申請が次の各号のいずれにも適合

第6章　空家等管理活用支援法人指定申請の取扱い

していると認めるときでなければ、同項の指定をしてはならない。

一　本市による法第24条に掲げられる業務の実施が困難であること。

二　その申請の内容が法第7条第1項に基づく空家等対策計画（以下「計画」という。）に適合すること。

三　破産手続開始の決定を受けて復権を得ない者でないこと。

四　申請者が特定非営利活動促進法（平成10年法律第7号）第2条第2項に規定する特定非営利活動法人、一般社団法人、一般財団法人、公益社団法人、公益財団法人又は市内で空家等の管理若しくは活用を図る活動を目的として設立された会社のいずれかに該当すること。

五　業務を適正かつ確実に遂行するために必要な組織体制及び人員体制を有し、かつ、健全な財務状況にあること。

六　○○市内に本店又は支店若しくは営業拠点を有すること。

七　○○市暴力団排除条例（○○年○○市条例第○号）第2条第1号に規定する暴力団に該当しないこと。

八　国税及び地方税の滞納がないこと。

2　前項の指定は、2年を下らない期間ごとにその更新を受けなければ、その期間の経過によって、その効力を失う。

（その他）

第4条　この要綱に定めるもののほか、必要な事項は、別に定める。

　この審査基準の要点は、補完性（必要性）基準を定める3条1項1号にある。法24条各号の業務に関して、行政による実施（委託によるものも含む。）に困難を来していないという何らかのエビデンスは必要である。指定の必要があれば、それ以外の基準を踏まえての審査となる。

　改正法に規定がないために審査基準で受けとめて凌ぐしかないのであるが、こうした対応は、法治主義に照らして必ずしも適切とはいえない。市町村としては、法定計画である空家等対策計画の法7条2項8号「空家等に関する対策の実施体制に関する事項」のなかに、支援法人制度の利用に関する記述をするとよいだろう。

283

第3部　施行が開始された改正空家法

6　不指定処分の場合の理由

(1)　理由不備だけで処分取消し

このように審査基準を定めたとしても、それは、第1次的には、申請を検討する側に対するメッセージにすぎない。いずれの場合においても、申請しても指定されそうにないとわかるのではあるが、それでも申請は妨げられない。

申請がされれば、市町村としては、審査のうえ、これを拒否する処分をする。その場合、理由が重要である。前述のような点を踏まえて明確に記述しなければ、不指定という判断それ自体は適切であったとしても、理由不備のために不指定処分が取り消される結果になるからである＊8。

(2)　「様子見型」の場合

「空家法第23条第1項に基づく支援法人の指定に関しては、本市においては、その利用のあり方について検討中であり、それが決定されてから対応する予定である。したがって、申請については、これを拒否する。こうした本市の方針については、かねてより公にしている。」となろうか。

(3)　「必要があれば活用型」の場合

現在は必要としない場合には、次のようになろうか。「空家法第23条第1項に基づく支援法人の指定に関しては、本市においては、同法第24条各号に列挙される業務を行政だけで担当できており、また、必要があれば、その都度、関係団体に委託等をして対応できていることから、業務に支障を生じていない。このため、新たに支援法人の指定をする必要がない。したがって、申請については、これを拒否する。こうした本市の方針については、かねてより公にしている。」

7　早急な決定が求められる申請処理方針

改正法の公布後、筆者は、市町村の空家法担当者と意見交換をする機会を多く持つようにしたが、支援法人への対応の方針について、ほとんど認識がないのに驚いた。旧法のもとでは、申請を受けるという事務がなかったからだろう

＊8　東京高判令和3年4月21日判自478号59頁は、伊東市長がした河川占用不許可処分の判断は妥当としながらも、不十分にしか記されていない理由を根拠に処分を取り消した。

284

か。

　どのように対応してよいかわからないけれども、申請がされたのだからとり
あえず指定をするというのは適切ではない。支援法人に対して法27条が与える
提案権や28条が与える要請権に鑑みれば、方針なき指定をすれば、市町村が振
り回される懸念もある。指定の法的性質を踏まえると、「様子見」も合理的な方
針である。

　一方、積極的活用も、もちろん合理的な方針である。従前から協力関係のあ
るNPO法人、財団法人、社団法人に申請を促して指定をするというのが、さし
あたりの方針としては適切なように感じる。その場合には前記2案に代わる第
3案として、「空家法第23条第1項に基づく支援法人の指定に関しては、当分の
間、かねてより同法第24条各号相当の業務を委託している○○（及び△△）のみ
を指定する。」となるだろうか。

　提案した審査基準は、あくまで筆者の思いつきにすぎない。市町村は、これ
をも参考にして、支援法人に対する方針を決定したうえで、審査基準を作成・
公表する必要がある。

第7章 空家等管理活用支援法人指定処分に関する審査基準の作成動向

　改正空家法は、空家等管理活用支援法人制度を導入した。申請にもとづき市町村長が指定をするこの仕組みは、行政手続法2章にいう「申請に対する処分」である。そうであれば、審査基準の作成が義務づけられる。改正法施行2か月を経過した時点（2024年2月）で作成が確認された175の審査基準の大半は、「行政の方針が決定されるまで指定をしない」という趣旨の「様子見型」である。
　このような対応が可能なのは、支援法人の業務は基本的に市町村が行うものであり、行政で対応しえないなどの場合に補完的に認められるからである。また、指定をすれば空家等対策計画提案権や民法制度の利用要請権が与えられ、拒否すれば理由を提示する義務があるといった点に市町村が不安を持っていることもあげられる。

1 支援法人指定制度

　2023年6月に改正された空家法の三本柱は、「活用拡大」「管理の確保」「特定空家等の除却等」である。このうち、活用拡大の内容は、空家等活用促進区域制度と空家等管理活用支援法人制度に整理される*1。

　改正法の施行日は、その附則1条により、「公布の日から起算して6月を超えない範囲内において政令で定める日」とされた。具体的には、同年11月17日制定の「空家等対策の推進に関する特別措置法の一部を改正する法律の施行期日を定める政令」により、同年6月14日の公布日との関係で最も遅い同年12月13日と定められた。

　施行にあたって、改正空家法の実施を担当する市町村がまず対応しなければ

---

*1　国土交通省担当者による解説として、城戸郁咲「空家対策特別措置法の改正について」自治体法務研究75号（2023年）6頁以下、国土交通省住宅局住宅総合整備課住環境整備室「空家対策の推進について」日本不動産学会誌146号（2023年）30頁以下参照。

第7章　空家等管理活用支援法人指定処分に関する審査基準の作成動向

ならないのは、三本柱のうちの支援法人制度であった。市町村が積極的対応を求めて空家等の所有者等を追いかけていく旧法の仕組みとは異なり、この制度のもとでは、申請者が、空家等管理活用支援法人（以下「支援法人」という。）の指定を求めて行政窓口にやってくる。空家法の実施にあたって、これまでとは勝手が違う制度が導入されたのである。本章では、施行から2か月を経過した時点での市町村行政の対応状況について、とくに行政手続法の審査基準の作成状況に焦点をあてて概観する。

② 国土交通省の沈黙、国会答弁、「手引き」

⑴ 法23条1項

　法23条1項は、「市町村長は、特定非営利活動促進法……第2条第2項に規定する特定非営利活動法人、一般社団法人若しくは一般財団法人又は空家等の管理若しくは活用を図る活動を行うことを目的とする会社であって、次条各号に掲げる業務を適正かつ確実に行うことができると認められるものを、その申請により、「支援法人として指定することができる。」と規定する。この規定は、2022年5月に一部改正された所有者不明土地法において導入された所有者不明土地利用円滑化等推進法人（同法6章（47条～52条））（以下「推進法人」という。）の制度を参考にしたものである[*2]。

　「その申請により……指定することができる」というのであるから、支援法人の指定の仕組みは、行政手続法にいう「申請に対する処分」と解される。そうであれば、市町村長は、同法5条にもとづき具体的な審査基準を作成してこれを公にする義務がある。かりに、申請を拒否する不指定処分をするのであれば、同処分書のなかで、あらかじめ作成してある審査基準に照らして当該申請をどのように評価して不指定の結論に至ったのかの理由を的確に記載しなければならない[*3]。

[*2]　北村喜宣「指定の判断基準：空家等管理活用支援法人の法的位置づけ」本書第5章参照。推進法人制度については、都市再生特別措置法のもとでの都市再生推進法人制度（118条以下）が参考にされた。

[*3]　判例・通説の認識でもある。髙木光＋常岡孝好＋須田守『条解 行政手続法〔第2版〕』（弘文堂、2017年）162～173頁［須田］参照。

第3部　施行が開始された改正空家法

　いち早く支援法人の指定を得ようとする一般社団法人等が申請準備に要する時間的余裕を考えれば、市町村長は、施行日の遅くとも1か月前くらいまでには審査基準を公にできる状態にしておく必要があったといえよう*4。これは、少なくとも行政法的観点からは、改正法の公布時点で明白であった*5。

(2)　不可解な国土交通省の対応

　以上のような認識にもとづき、筆者は、改正法案成立後、市町村の空家法担当者に対して、支援法人申請に対してどのように対応するつもりなのかを調査した。ところが、そもそも支援法人制度がまず理解されていなかったし、さらに審査基準の作成をする必要性は、ほとんど認識されていなかったのである。

　そうであったとしても、対応が法的に不要になるわけではない。そうであれば、国土交通省は、何らかの形で市町村に情報提供をして、作業の必要性を理解してもらうようにすべきであった。支援法人制度を創出してその事務を市町村に一方的に義務づけたのは、ほかならぬ国である。しかも、2014年制定時のような議員提案ではなく、改正法案は、内閣提出法案なのであった。

　ところが、国土交通省は、この点に関して、積極的な対応をしなかった。困るのは市町村であるのに、理由は不明である。たしかに、行政手続法の所管は、総務省行政管理局であり国土交通省住宅局ではないが、そうであるからといって、住宅局住宅総合整備課住環境整備室が説明できない話ではない。

　聞くところによると、改正法を説明するために開催された国土交通省のある地方整備局での会議の際に、この論点を踏まえた質問がされた。2023年10月のことである。同省の地方整備局担当者は、一旦は、「行政手続法の適用はない」と発言したものの、少し間をおいて、「この件は本省レベルで調整中であり、行政手続法の適用については確認する。」として、即答を避けたらしい。何かを思

---

*4　審査基準作成のタイミングについては、行政法学においては、十分な検討はされていない。宇賀克也『行政法概説Ⅰ　行政法総論〔第8版〕』（有斐閣、2023年）474頁は、「審査基準が公にされていることによって、申請者は、許認可等を得る見込みがないときには事前に判断することが容易になり、許認可等を得る見込みがないときは、早期に申請を断念し、無駄な努力を回避することが可能になるし……申請のためにどのような準備をすればよいかを的確に判断できるようになる。」とする。

*5　改正法案が審議された第211回国会においては、支援法人の申請への対応と指定の法的性質についての質疑は、残念ながらされていない。法案審議の状況については、北村喜宣「空家法2023年改正法案の準備、内容、そして、審議」第3章参照。

288

い出したか、霞が関からオンライン参加していた住環境整備室職員の指摘があったのだろう。筆者自身、2023年8月の時点で、所有者不明土地法のもとでの推進法人に関して同様の質問を同省不動産・建設経済局土地政策課に対して投げかけていたが、同様に、行政手続法の解釈にもかかわるため調整にしばらく時間を要すると回答されたのであった＊6。改正空家法や同種の仕組みを規定する同省所管法との関係、さらには行政手続法を所管する総務省もあったのだろうか。

⑶　衆議院国土交通委員会

　そうしたところ、法23条にもとづく支援法人の申請および指定について、正面からの質問がされた。第212回国会衆議院国土交通委員会においてである。質疑・応答は、以下の通りであった＊7。

○委員・赤木正幸　空き〔ママ〕家法23条1項に基づいて、支援法人の申請として、これはいわゆる行政手続法の第2章に言う、申請に対する処分に当たるのかどうかということが結構重要な論点になっております。

　行政手続法の5条に基づいて、いわゆる市長〔ママ〕村長は、できるだけ具体的な審査基準を作成して、これを公表する義務があるのか、また、この公表は施行日前に十分な時間的な余裕を持って行う必要があるのかといった点について、実際、具体的な手続の方法についての御見解、御解説をお願いいたします。

○国土交通省住宅局長・石坂聡　御指摘の支援法人の指定は、行政手続法第2章の申請に対する処分に当たるものと考えています。

　このため、行政手続法に基づき、基本的には、市町村は、指定に係る審査基準を作成し、これを公にする必要がございます。

　審査基準は、法の施行後に、実際の申請が来るまでに、あらかじめ準備をしておくことが適切であると考えているところでございます。

＊6　その後も、国土交通省からの回答はないままであったが、改正空家法に関しては、後述のように、国会における質疑で明確になった。国会の委員会委員による質問の威力は、筆者の照会などとは比べものにならない。

＊7　第212回国会衆議院国土交通委員会議録2号（2023年11月10日）17頁。

第3部　施行が開始された改正空家法

　行政手続法との関係を国土交通省が公式に語ったのは、これが最初と思われる。前述のように、国土交通省において、論点は認識されていた。遅きに失したとはいえ、施行日の約1か月前に同省の認識が明確になったのは、市町村にとっては幸いであった。

　なお、この答弁の最後の部分であるが、法の施行後に準備をするという趣旨ならば、行政手続法の認識としては不適切である。申請者のことを考えれば、「法の施行後に、実際の申請が来るまでに」ではなく、「法の施行前に、十分な時間的余裕を持って」でなければならない＊8。

(4)　空家等管理活用支援法人の指定等の手引き

(a)　作成手続

　改正法施行日の2週間前である2023年11月30日、国土交通省住宅局住宅総合整備課「空家等管理活用支援法人の指定等の手引き」(以下「手引き」という。)が公表された＊9。そこには、「参考」として、「○○市空家等管理活用支援法人の指定等に関する事務取扱要領（例）」が添付されている。

　「事務連絡」として公表された手引きは、行政手続法2条8号にいう「命令等」ではないため、同法39条にもとづくいわゆるパブリックコメントは実施されなかった＊10。その代わりといえるかどうかはさておき、同省が空家法の実施にあたってきわめて重視・重用する組織である「全国空き家対策推進協議会」(以下「全空協」という。)の企画・普及部会のもとにある「空き家対策の推進に向けた官民連携分科会」の第1回会議（2023年11月13日）において突然に原案が

＊8　前註（4）参照。基本指針改正パブコメ回答において示された国土交通省・総務省の考え方のなかには、「審査基準は実際の申請が来るまでに定めておくことが適切」という記述がある。申請にあたって参照されるべきものという行政手続法5条の趣旨が理解できていないことがよくわかる。

＊9　国土交通省のウェブサイトにおいて閲覧可能である（https://www.mlit.go.jp/jutakukentiku/house/content/001710793.pdf）。

＊10　国土交通委員会における質疑において、「この手引は命令や処分基準ではございませんので、その性質上、パブリックコメントの義務対象とはなっておりません」とされている。第212回国会衆議院国土交通委員会議録2号（2023年11月10日）17頁［国土交通省住宅局長・石坂聡］。もちろん、任意でパブリックコメントをすることは可能である。改正電気事業法27条の29の2にもとづく、40年を超える発電用原子炉運転に関する運転期間延長認可に関して、第211回国会参議院経済産業委員会会議録10号（2023年5月18日）2頁［資源エネルギー庁電力・ガス事業部長・松山泰浩］参照。

290

示され、意見聴取が行われたようである*11。

　手引きの公表は、その2週間後であった。若干の文言の修正はあるものの、内容はほぼ同一である。どのような意見が寄せられたのかは不明であるが、本格的対応をする時間的余裕はなかっただろう。

(b)　審査基準作成にあたり参考になる内容

　前述のように、法23条1項は申請に対する処分を規定するものであるから市町村長は審査基準を定めなければならないと答弁されている。ところが、手引きにおいては、そうした内容が一切記述されていない。「行政手続法」「審査基準」という文言の使用を意図的に回避しているというほかないが、その理由は不明である*12。

　手引きにおいては、「支援法人の指定の方針等の明示」という項目のもとで、支援法人制度の趣旨や指定の考え方が示されている。抜粋すると、以下の通りである*13。

---

① 　支援法人の指定の方針等の明示
　　支援法人制度の運用にあたっては、指定を受けようとする法人（申請をしようとする法人）のために、市町村として求める支援法人の業務など、指定の方針を明らかにしておくことが重要です。
　　まずは、市町村における空家等の管理・活用に係る施策を外部に補完してもらう

---

*11　国土交通委員会における質疑において、「指定権者である市町村の御意見を伺うことは重要と考えております。〔改行〕そのため、現在、市町村の御意見を伺いながら検討を進めているところ」と答弁された。第212回国会衆議院国土交通委員会会議録2号（2023年11月10日）17頁［国土交通省住宅局長・石坂聡］。この件だけではないが、空家法の運用に関して、国土交通省は、全空協への照会をもって市町村の意見聴取と整理しているようである。大半の市町村が参加しているために、またコンサルタントが事務局をつとめているために、利用しやすい組織なのであろう。

*12　11月10日の国会答弁において、行政手続法の適用があることを明らかにしたのであるから、11月30日の文書にそれを反映させることは十分に可能だったはずである。そして、そうすることで市町村に対して支援法人制度を正しく伝えられるはずであった。なお、所有者不明土地法のもとでの推進法人に関する行政規則である国土交通省不動産・建設経済局『所有者不明土地利用円滑化等推進法人指定の手引き』（2024年1月）（以下「推進法人手引き」という。）では、「審査基準」という文言が用いられている。

*13　国会答弁においても、ほぼ同内容の見解が示されていた。第212回国会衆議院国土交通委員会会議録2号（2023年11月10日）17頁［国土交通省住宅局長・石坂聡］参照。

第3部　施行が開始された改正空家法

　必要性に応じて、第1章(1)に掲げる業務の種別など、市町村として求める支援法人の業務を明確に示すことが重要です。この場合、支援法人を指定しなくても当該市町村が自ら空家等の所有者等に対する相談対応等を行うことができると判断する場合は、当該業務に関して法人を指定しないことも可能ですが、「当市町村では、市町村において○○の業務を行うことができるため、当該業務に関し支援法人は指定しないこととする」など、方針を明らかにすることが重要です。

　次に、空家等の管理・活用を進める上では、所有者等や活用希望者に寄り添った丁寧な相談や、所有者等の多様なニーズに応じたマッチング等が行われるために必要な数の支援法人が指定されることが望ましいと考えられます。一方で、第1章(1)に掲げる業務の種別によっては、市町村の実情に照らして、指定する法人を一つに限ることも想定されますが、その際には、公平性の観点にも留意しながら、複数の支援法人の指定により業務の適正かつ確実な実施が確保できなくなるか等を検討した上で、合理的にその理由を説明すべきと考えられます。

　このほか、指定の有効期間を定めることも考えられます。指定の有効期間を定める場合は、あらかじめそのことを明らかにしておくことが適切です。

　こうした指定の方針等は、事務取扱要綱等において明らかにしておくことが必要です。

　以上の記述は、市町村長が審査基準を定めるにあたって参考になる。内容を整理しておこう。

　第1に、支援法人は、市町村の空家法実施事務との関係で補完的位置づけを持つとされている点である。指定せずに対応ができるのであれば指定しないことも可能であり、その旨を公表すれば足りるとされた。なお、審査基準としてどのように表記すべきかについては、別に検討を要する。第2は、指定をひとつの団体に限定して、ほかの申請を拒否することも可能とされた点である。ただ、公平性の観点から合理的に理由が説明できなければならないとする。

292

第7章　空家等管理活用支援法人指定処分に関する審査基準の作成動向

③　審査基準の提案

　筆者は法23条1項の法的性質を検討していた[14]。その基本的認識は、手引きの認識とも共通している。同項に明記される指定要件は、「〔24条各号の〕業務を適正かつ確実に行うことができると認められる」ことのみであるが、市町村においてそれが必要とされているという「不文の必要性基準」も考慮しうると考えるのである。そうした整理をもとにして、2023年11月に、独自の審査基準案を公表した[15]。先にみたように、支援法人指定にあたって行政手続法が適用され、審査基準の作成が法的に義務づけられることに対する市町村の認識があまりにも低いことに危機感を覚え、改正法への対応が少しでもスムーズにいくようにと考えたのがその理由である。

　具体的な審査基準案を考えるにあたり、対応のあり方として、①「様子見型」、②「必要があれば活用型」、③「従前から委託している法人のみ指定型」の3つを想定した。そして、それぞれについて、審査基準案および申請を拒否する場合の理由を示した。

　どの市町村に対しても、法23条1項の申請がされる可能性はある。理由を付さずにこれを拒否すれば違法であるが、その前提には審査基準がなければならない。しかし、支援法人制度をどのように活用すればよいのかが判然としない。そこで、ほかの自治体の対応状況をみながら方針を決めるという時間的余裕を確保しよう。これが、①の趣旨である。そこで、「支援法人の活用に関する本市の方針が定められるまでの間、市長はこれを行わない。」という審査基準になる。

　②の場合でも、行政においてアウトソーシングする需要がないのに指定する必要はない。そこで、「本市における法第24条に掲げられる業務の実施が困難であること。」を要件のひとつとした。支援法人は、行政にとってパートナーと位置づけられるべき存在であるから、信頼できる団体の協力を得て空家法を実施するのが適切である。

---

[14]　北村・前註（2）論文参照。
[15]　北村喜宣「支援法人申請の取扱い」本書第6章参照。

293

③はそうした方針にもとづくものであり、「当分の間、かねてより法第24条各号相当の業務を委託している団体のみを指定する。」という審査基準とした。少々ストレートかもしれないが、行政との数年の協力関係にあるという表記でも、同様の効果は得られる。

こうした対応が法的にも許される理由は、前述の支援法人業務の補完性にある。その指定は、たとえば、食品衛生法のもとでの飲食店営業許可や道路交通法のもとでの運転免許とは、法的性質を異にする。これらにおいては、申請者の側にそうした行為をする自由があるという前提があるが*16、支援法人の場合は、空家法のもとでのその制度趣旨から、そのようにはいえないのである。そもそも24条各号に列記される業務は、同法の実施にあたり、市町村行政が行うべきものである。唯一の例外は、空家等の補修であろうか。

4　8つのタイプ

現に作成・公表されている市町村の審査基準を整理・分析するにあたり、実際に作成されているものを踏まえて、[図表7.1] のように、AタイプからHタイプの8つに分類しておきたい。いくつかの要素を併有するものもある。

[図表7.1] 審査基準のタイプ

タイプ	内容
A	様子見型
B	不指定宣言型
C	申請制約型
D	必要があれば指定型（申請は制約しない）
E	（実質的に）従前から協力関係にある団体のみ指定型
F	いくつかの混合型
G	無制約型
H	国土交通省「事務取扱要綱」準拠型

〔出典〕筆者作成。

---

*16　阿部泰隆『行政法再入門 上〔第3版〕』（信山社、2024年）165頁、宇賀克也『行政法概説Ⅰ行政法総論〔第8版〕』（有斐閣、2023年）98頁参照。

第7章　空家等管理活用支援法人指定処分に関する審査基準の作成動向

　タイプAは、前述の①である。審査基準と称するにはいささか後ろ向きであるが、専任の空家法担当者がいないような市町村においては、先行事例もないなかで、すぐに支援法人制度を使いこなすのは、現実には無理である。業務をアウトソーシングせずに空家法の適切な実施ができるのかという問題はあるが、指定した支援法人との対応に時間や労力をとられるのでは、本末転倒である。未来永劫こうした方針を堅持すべきとは思われないが、当面は指定せず、「マイペース」で空家法実施をするというのは、合理的な選択である。もっとも、後述のように、それなりの行政能力を有するとみられる市においても、行政リソースの制約とは別の理由で、こうした方針を規定することはある。

　タイプBは、手引きにおいて例示された方針を採用するものである。いわば「間に合ってます」である。不要というのであり、補完性を論ずる余地がないため、指定はされない。

　タイプCは、「公募」という形で、申請が可能な時期を行政が指定するものである。「公募」という方法は、所有者不明土地法のもとでの推進法人に関して、国土交通省も認めていた*17。この制度を参照した空家法の支援法人についても、同様と整理するのであろう。

　タイプDは、前述の②に該当する。不文の必要性基準を前面に出すものである。その旨が明記される。

　タイプEは、前述の③に該当する。法24条各号が支援法人の業務として規定する内容は、同法人の業務独占にはなっていない。それどころか、その一部または全部を、従前から協定を通じて民間団体に委託している例も少なからずある。そのパフォーマンスに市町村が満足しているのであれば、新たに支援法人を指定する必要はない。

　タイプFは、いくつかのタイプを混合するものである。たとえば、従前から委託をしている団体があるために新たな指定はしないという方針を明確に示すような内容となる。あるいは、実質的にそうした団体のみが指定されうるような基準となる。

　タイプGは、もっとも緩やかな審査基準である。必要性基準を積極的に示唆

───────────────

*17　北村・前註（2）論文参照。

295

第3部　施行が開始された改正空家法

するような記述はされない。ただ、そのなかに記載されている要件の解釈として、実質的には必要性なり需給性を意味しているものもある。「市が別に定める指定業務」について指定するとしつつ、別の定めをせずに放置するような場合である。そのかぎりにおいては、タイプBと同じ結果になる。

タイプHは、手引きに添付された事務処理取扱要綱を踏まえるものである。手引きには、「この要綱（例）は、一般的な記載例として掲載しているものです。適宜修正のうえ御活用ください。」とされている＊18。カスタマイズが予定され、それを使用しないことが補助金などで不利益に扱われないのであれば、情報提供としては適切である。

言うまでもないが、どのタイプのもとでも、申請それ自体は妨げられない。不指定宣言をするタイプBであってもそうである。適式な申請である以上、遅滞なく審査を開始して判断をすべきは、行政手続法7条が規定している。そして、申請を拒否する際には、同法8条にもとづき的確な理由付記をすべきは、前述の通りである。また、申請に対してどのような方針をとるにせよ、義務的となっている空家法の実施を、地域特性を踏まえて、それぞれの市町村が適切に行うべきことも当然である。

5 市町村の対応状況

(1) 審査基準の公表と改正法施行日

いずれ国土交通省による全国調査がされ、その結果が公表されるだろう。2024年2月末時点において、筆者がインターネットの検索（都道府県名×空家法×支援法人×審査基準）などを利用して知りえたものは、[図表7.2]の通りである＊19。
⇒306頁
どのタイプに該当するのかも記している。網羅的ではなく、偶然的な収集にすぎない点をお断りしておきたい。公表日と施行日が異なる場合には、公表日を記した。筆者の調査不足かもしれないが、一見して明らかなように、九州地方

＊18　こうした対応は、所有者不明土地法のもとでの推進法人手引き2022年版に添付されていた「（参考）○○市所有者不明土地利用円滑化等推進法人の指定等に関する事務取扱要領（例）」と、まったく同じである。

＊19　行政手続法5条3項にいう「公に」とは、申請者の照会に対応できるようにという意味であるから、ウェブサイトにアップしなくても問題はない。実際、そのような対応をしている市町村は少なからずあるものと推測される。

296

の市町村の対応の遅れが顕著であった。

改正法にもとづく支援法人に関する規定は、1,741の市町村のすべてにおいて、2023年12月13日から施行されている。したがって、行政手続法の観点からは、施行日の申請に間に合うように、十分な余裕を持って審査基準が作成されていなければならないはずである。ところが、前述のように、国土交通省はそれが必要と説明せず、ようやく施行日の1か月前に手引きを公表した。11月中に審査基準を公表していた市町村は、同省の動きとは独立して対応していたのであろう。12月13日に何とか間に合わせた市町村*20もそうであったかもしれないし、あるいは、手引きの公表後に大急ぎで作成をしたのかもしれない。筆者自身は、2023年の夏から秋にかけて、改正法に関する講演や論文のなかで、審査基準作成の必要性と重要性を力説していた*21。

(2) 法形式

審査基準をどのような根拠によって定めるかについては、市町村に特段の認識はないようにみえる。「事務取扱要領」「事務取扱要綱」という名称もみられるが、行政法学の整理によれば、外部に対して法的拘束力を有しない裁量基準としての行政規則である*22。

この点で、日野市は、「空家等管理活用支援法人の指定等に関する事務取扱規則」を制定し、地方自治法15条1項を根拠とする法規命令たる長の規則として審査基準を規定している点で特徴的である。同市の法制執務の例に従ったとのことである。なお、条例のなかで規定している例は見当たらない。

審査基準は法規命令ではないとはいえ、外部に公開するものである以上、行政組織内において、作成にあたっては、それなりの手続を踏む必要がある。そ

＊20　[**図表7.1**]からわかるように、12月13日に先立ってされていた例も多くある。たとえ数日であっても、申請者に時間的余裕を与えたいという市町村の誠実さの表れと評価したい。

＊21　論文としては、北村・前註（2）論文、同・前註（15）論文、同「指定をしない自由はあるか？：空家法の空家等管理活用支援法人制度」自治実務セミナー2023年10月号35頁参照。筆者の講演は、以下の通りである。「空き家対策」（2023年7月28日・全国建設研修センター）、「空家法改正シンポジウム」（2023年9月26日・空き家等低利用不動産流通推進協議会）、「空き家対策勉強会」（2023年10月2日・滋賀弁護士会）、「空き家対策に関する実務講習会」（2023年10月3日・地方自治研究機構）、「令和5年空家特措法改正について」（2023年11月14日・東京司法書士会）。それぞれに際しては、対面やオンラインを通じて、多くの市町村行政担当者が受講された。

＊22　宇賀・前註（4）書334〜338頁参照。

第 3 部　施行が開始された改正空家法

うした事情に鑑みれば、施行日に間に合わせたというのは、庁内においてそれなりに詰めた作業がされたことを推察させる。数日遅れで公表した市町村においても同様であろう。好き好んで数日遅れるわけではない。どうしても間に合わなかったということであろう。その努力は高く評価したい。

(3)　圧倒的多数の「様子見型」

　内容についてみていこう。施行時においては、支援法人制度をどのように活用してよいかわからない市町村がほとんどであると推測される。そうした事情を反映して、[図表7.1] からも明らかなように、確認できた審査基準の圧倒的多数は、タイプAの「様子見型」であった。その文言をみると、筆者が提案した審査基準*23と内容を同じくするものが多い。

　文言を完全に踏襲するものとして、たとえば、東京都府中市がある。

　空家等対策の推進に関する特別措置法の一部を改正する法律（令和5年法律第50号）により改正された空家等対策の推進に関する特別措置法（平成26年法律第127号）第23条第1項に基づく空家等管理活用支援法人（以下「支援法人」という。）の指定に関しては、支援法人の活用に関する本市の方針が定められるまでの間、市長はこれを行わないこととする。

　このような状況になっているのは、都道府県の空家法担当課が筆者の提案を入手し、それを域内の市町村に参考資料として配布したからではないか、あるいは、市町村の担当者がそれを何らかの機会・手段を通じてこれを入手したからではないかと推測される。責任のある対応であり、申請を予定する者に対してとりあえずの方針を示したことは評価したい。

　内容としては実質的に同じであるが、形式を整えたものもある。たとえば、武蔵野市がそうである。

---

*23　北村・前註（15）論文参照。

第7章　空家等管理活用支援法人指定処分に関する審査基準の作成動向

（趣旨）

第1条　この審査基準は、武蔵野市長が行う空家等対策の推進に関する特別措置法
（平成26年法律第127号）第23条第1項の規定による空家等管理活用支援法人の指
定（以下「支援法人」という。）について、行政手続法（平成5年法律第88号）
第5条第1項の審査基準を定めるものとする

（審査基準）

第2条　武蔵野市長は、支援法人の指定に係る方針を定めるまでの間、支援法人の
指定を行わない。

　タイプAを採用する市町村は、中小規模ばかりというわけでない。新潟市や
さいたま市のような政令指定都市、渋谷区や練馬区のような特別区、藤沢市や
大津市のような中核市も含まれている。支援法人制度に対する「とまどい」を
感じることができる。「検討中」とする仙台市も、このタイプに含めておこう。

⑷　不指定宣言

　支援法人の活動に対しては、中央政府からの補助が同法人にされることもあ
る*24。このため、そのかぎりにおいて委託費用が節約できるのであり、「裏負
担」が必要とはいえ、市町村のなかには利用価値を見出すところもあろう。し
かし、当該市町村にとって「一見さん」的関係にある団体がいきなり申請をし
てきたときに、これを指定するのに躊躇するのは理解できる。そこで、従前か
らの関係を重視し、当該団体との委託によって必要な業務は十分できていると
いう理由で、新たに指定をしないことを明記する審査基準もある。奈良市の例
を紹介しよう。

---

*24　改正法案審議においては、「支援法人に対しましては直接財政支援をするということも考えてま
いりたい」とされていた。第211回国会衆議院国土交通委員会議録12号（2023年5月10日）4頁［国
土交通省住宅局長・塩見英之］。これは、いわゆるモデル事業についてである。そうでない場合は、
令和6年度当初予算の成立により、空き家対策総合支援事業の拡充として、改正法24条1号・3
号・5号の業務を行う支援法人には、各事業年度につき1法人あたり1,000万円を限度とした補助
がされる。補助率は、国が2分の1、市町村が2分の1である。この場合には、市町村の「裏負
担」がないかぎり、国の補助はされない。また、そもそも補助金は、立上げ期のサポート（同一法
人に対しての補助は最大3か年度）のためのものであり、未来永劫保障されるものではない。

299

第3部　施行が開始された改正空家法

> **第1条**　空家等対策の推進に関する特別措置法の一部を改正する法律（令和5年法律第50号）により改正された空家等対策の推進に関する特別措置法（平成26年法律第127号）（以下「法」という。）第23条第1項に基づく空家等管理活用支援法人（以下「支援法人」という。）の指定に関しては、本市においては、業務委託や関係団体との協定締結により民間法人等も活用しながら、法第24条に規定する支援法人の業務を概ね行うことができているため、当分の間、支援法人は指定しないこととする。

　需給関係に鑑みた不指定方針であり、タイプBと分類しておこう。十日町市は、「当面の間、十日町市は空家等管理活用支援法人の指定を行いません。今後、指定に係る方針を定めた場合は改めてお知らせします。」とする。深川市も同様に、必要があれば指定するとしつつ、「現在、法第24条各号に掲げる業務を本市又は必要に応じ空家対策に係る各関係団体への委託等にて対応しており、当該業務等に支障がないことから当分の間、行わない」とする*25。

　業務について、行政だけで十分にできるという理由で不指定宣言がされる場合もある。福島町がその例である。

　弘前市は、「審査基準は設定しない」という審査基準になっている。指定はしないという趣旨であろうから、タイプBである*26。「現時点では支援法人利用の必要性がなく、支援法人を指定しないため」という理由である。必要がない理由は不明であるが、「今後、支援法人利用の必要性があると判断した場合は、事務取扱要綱等を作成し、審査基準を公表する」とする。

(5)　従前からの委託関係の重視傾向

　「不指定宣言」という方針を明確にするわけではないが、従前から関係のある団体をとりあえず優先指定できるよう、より具体的に「継続的実施」を要件と

---

*25　深川市のこうした方針それ自体には問題はないが、「指定に係る申請については受理しないものとする。」とまで明記するのは行政手続法7条違反であり、適切ではない。八尾市についても、同様の指摘ができる。

*26　弘前市は、指定するつもりがないから審査基準を作成しないというのであるが、行政手続法5条のもとでは、何らかの審査基準の作成は義務的である。この点、同法についての誤解があるのかもしれない。

300

するものもある。2つの例をあげておこう。

札幌市	指定業務（空き家対策に関する札幌市の業務の状況等を踏まえ空家等管理活用支援法人を指定することにより対応することが必要であるものとして札幌市が別に指定する業務をいう。以下同じ。）の実施に関する実績（複数年にわたって継続的に実施した実績に限る。）を有し、かつ、支援法人の指定を受けて本市の区域内において適法に指定業務を実施しようとする者（当該指定業務を実施するにあたって必要とされる専門性を有する者に限る。）であること。
京都市	過去5年以内に本市と連携して本市の空家等対策に取り組んだ実績又はこれに類するものとして市長が認める活動実績を有すること。

　なお、京都市の事務取扱要綱には、前記の実績要件のほかに、注目すべき記述がある。それは、申請者の要件である。改正法23条1項には、「空家等の管理若しくは活用を図る活動を行うことを目的とする会社」として、株式会社も該当するとされているところ、同要綱はこれを明示的に含んでいないのである（4条1項1号）。従前からのボランティアベースで協力関係にある法人を指定する方針であるため、営利目的の会社は不適切と判断したようである。排除するという趣旨の創設的な上書きであれば、条例事項である[27]。しかしそれは、行政規則にすぎない審査基準ではなしえない決定であるから、法律解釈として可能と考えたのであろう。

　多賀町は、町との委託・補助関係を絶対要件としていないが、地域住民から認知される取組みや地域住民の参画を得た取組みをしているという実績が求められている。いきなり外部から入ってくるような団体では要件を充たせない。

　町田市は、タイプDとタイプEの混合型としてのタイプFである。改正法24条業務について市が実施困難であるという要件に加えて、「町田市と空家対策の協定を締結し、24条業務相当の業務を行っている法人」とする。同じくタイプFである東近江市の審査基準には、「公益社団法人滋賀県宅地建物取引業協会、公益社団法人滋賀県建築士会、滋賀県土地家屋調査士会、滋賀弁護士会、滋賀県司法書士会、八日市商工会議所及び東近江市商工会と本市が締結した空家等

---

[27]　北村喜宣「現行法律実施条例の分類と意義」北村喜宣＋飯島淳子＋礒崎初仁＋小泉雄一郎＋岡田博史＋釼持麻衣＋公益財団法人日本都市センター（編著）『法令解釈権と条例制定権の可能性と限界：分権社会における条例の現代的課題と実践』（第一法規、2022年）131頁以下・147〜154頁参照。

対策に関する協定に基づき設立された法人又は実施しようとする24条業務について、これと同等の業務遂行能力があると認められる法人であること」がある。2021年３月に協定を締結した７団体の協力のもとに設立された「一般社団法人東近江市住まい創生センター」を念頭に置いた規定である。同市は、2023年12月14日、このセンターを支援法人として指定した。指定第１号である。

(6) 必要性要件の明記

　タイプＤは、行政が法24条列挙業務を何とか遂行できているのであれば、支援法人の指定を要しないとするものである。「何とか遂行」の内容としては、直営的実施もあるし、委託による実施もある。廃棄物処理法のもとでは、市町村に一般廃棄物処理責任が負わされているが（６条の２第１項）、直営的実施なり委託による実施では対応できないかぎりにおいて一般廃棄物処理業許可（７条）がされるのと、少し似たところがある*28。

　守口市の審査基準は、こうした発想にもとづき、そのひとつとして、「法第24条各号に規定する業務について、本市による実施が困難であると認められること」を規定する。前述の東近江市も、こうした規定ぶりである。

(7) 「公募」

　野辺地町は、「募集期間」を設け、その期間内に申請がされることを指定要件とする点で特徴的である。そのかぎりで、申請は制約されている。所有者不明土地法のもとでの推進法人制度の運用についての国土交通省の理解にならったものであろう*29。タイプＣといえるが、「当町または既に指定した者による業務の実施が困難であり、新たに指定する必要があること。」という要件も充たす必要がある点で、タイプＤでもある混合型のタイプＦといえる。

(8) 無制約型

　タイプＧは、特段の補完要件を明記しないものである。中野市がその例である。実績を求めるわけではない。「中野市空家等対策計画に適合するものであること。」という基準はあるが、2022年を始期とする現在の計画のなかに、補完性を示唆する記述はない。それを前提にすると、通常の許可制の運用を予定する

---

*28　北村・前註（２）論文は、そうした観点から支援法人制度を整理したものである。
*29　北村・前註（２）論文参照。

ようにもみえるが、真意はどうだろうか。

(9) （現在のところ）人気のない国土交通省「事務取扱要綱」依拠型

「適宜修正のうえ御活用ください」というのであるが、手引きに添付された事務取扱要綱を活用している市町村は、2024年1月時点においては、数はそれほど多くなかった。国のモデルに従った安心感はあるだろうが、具体的申請に対してどのように対応するかについては、自己決定が求められる。

石川町はこのタイプである。そして、そのうえで同町は、2023年12月20日付けで、「一般社団法人全国空き家アドバイザー協議会」を支援法人として指定している[30]。支援法人を指定するつもりの市町村は、国土交通省事務取扱要綱に依拠しているようである。

申請を前提とすれば、それに必要な書類や詳細な審査基準などは必要になってくる。添付書類の種類や様式など、利用できる内容は多い。とりあえず「様子見型」であっても、将来的には、これをも参考にしつつカスタマイズをして、市町村の空家法実施にとって有効な支援法人選定を進めることを検討すべきであろう。誤解があるといけないが、「様子見型」は、あくまで暫定的対応である[31]。改正法施行時には「様子見型」の審査基準を公表していた亀岡市は、2024年10月に「必要に応じて募集を行う」と方針を明確にした。適切な対応である。

6　小　括

法23条が規定する支援法人の指定は、一般的な許可とは異なり、市町村行政においてその必要性があればできるという特殊なものであった。指定にあたっての市町村長の裁量は、相当広いのである。そうした法的性質を反映して、「様子見型」のような、本来はおよそ審査基準とは称せないものも作成されている。

その背景には、支援法人制度の特徴のほかに、市町村にとって、その実施を改正法によって義務づけられることに対するとまどいがあると思われる。国土

---

[30] 石川町ウェブサイト（https://www.town.ishikawa.fukushima.jp/admin/ishikawa/info/006819.html）参照。

[31] このように認識してはいるが、行政には「慣性」が作用する。担当者の異動もあるから、「これまでそうだった」ということで不指定方針が継続され、支援法人指定にはなかなか向かわない可能性も高い。

第3部　施行が開始された改正空家法

交通省は、「非常に各自治体、地方の自治体の中で人員、また専門的な知識を持っている人がいない中で、この支援法人の役割というのは非常に多い」＊32というが、それはそのとおりであろう。もっとも、だからといって、これまで何の付き合いもない団体との付き合いを強制される結果となる指定に消極的になるのは、当然である。制度の利用は市町村が条例を制定することで決定できるという制度設計にすべきであった。支援法人制度を整備するのは適切であるとしても、当該事務を義務づけたのは、国と自治体の適切な役割分担に留意すべきとする地方自治法2条12項の立法原則に照らせば、大きなお世話なのである＊33。

　もっとも、制度化された以上、これを必要と感じる市町村による指定は徐々にされる。指定をした市町村が支援法人とどのような関係を築いて空家法を実施しているかの情報は、「施行後5年間で120法人が市町村から指定されること」を目標としている国土交通省＊34を通じて伝えられるはずである。タイプBやタイプEに典型的にみられるように、改正法24条列挙の業務については、自前でできていたりアウトソーシングによって対応できていたりする市町村もあるが、そうしたところも、「成功事例」を参考にして、この制度の活用を考えるに違いない。自律的な決定であるかぎりにおいて、適切な対応である。

　本章では、2023年改正法施行後2か月の時点における審査基準を概観した。改正法の運用経験が積み重ねられるにつれ、[図表7.1]において整理したタイプは、変容していくだろう。現時点ではタイプAが圧倒的多数となっている[図表7.2]の審査基準についても、今後、改正がされると思われる。地域的ニーズ

＊32　第211回国会参議院国土交通委員会会議録18号（2023年6月6日）3頁［国土交通大臣・斉藤鉄夫］。

＊33　筆者は、空家法は空き家対策のための「武器」を規定するにとどめ、それを利用するかどうかは市町村が条例で決定すればよいと主張していた。北村喜宣「空家法改正にあたっての検討項目」同『空き家問題解決を進める政策法務』（第一法規、2022年）340頁以下・360頁参照。もっとも、空家法でのみ任意とすると、参照した所有者不明土地法の推進法人制度との整合性や同制度の適切性が問題になるし、前例と異なることを内閣法制局にどう説明するかという面倒な問題も発生する。

＊34　第211回国会衆議院会議録21号（2023年4月20日）3頁［国土交通大臣・斉藤鉄夫］参照。国土交通省としては、その数字の実現に向けて、市町村に利用を強く働きかけるのではないだろうか。国会において、この点を牽制する質問がされたところ、「機会を捉えて、市町村にその活用を働きかけてまいります。」と答弁された。第212回国会衆議院国土交通委員会会議録2号（2023年11月10日）18頁［国土交通大臣・斉藤鉄夫］。なお、指定処分それ自体は市町村の事務であって国土交通省の事務ではない点は、確認しておきたい。指定数を同省のKPIにすることはできないのである。指定数の増加を目的として市町村対象に実施した会議の回数なら、堂々とカウントできる。

第7章　空家等管理活用支援法人指定処分に関する審査基準の作成動向

があるのが大前提となるが、空家法を本格的に実施しようと思えば、業務の効果的なアウトソーシングは不可欠である場合が少なからずあるだろう。

　2024年12月25日現在、筆者が確認できた指定実績は、[**図表7.3**]⇒313頁のように、42市町村60指定である。複数の市町村から指定をされている法人もある。国の補助がされうる支援法人の活用を含め、市町村がどのようにして空き家行政を進めていくのか、引き続き注視したい。

第3部　施行が開始された改正空家法

[図表7.2]　支援法人の審査基準

都道府県	市町村	文書名称	公表日／施行日	タイプ
北海道	札幌市	空家等管理活用支援法人の指定に係る審査基準	2023年12月13日	E
	根室市	空家等管理活用支援法人の指定に関する審査基準	2023年12月13日	A
	室蘭市	空家等管理活用支援法人の指定に関する審査基準	2023年12月13日	A
	北広島市	空家等対策の推進に関する特別措置法第23条第1項の規定による指定に係る審査基準	2023年12月13日	A
	赤平市	空家等管理活用支援法人の指定に関する審査基準	2023年12月13日	A
	深川市	空家等管理活用支援法人の指定に関する審査基準	2023年12月20日	B
	千歳市	空家等管理活用支援法人の制度に関する方針	2023年12月13日	A
	福島町	空家等管理活用支援法人の指定について	2023年12月8日	B
	長沼町	空家等管理活用支援法人の指定について	2023年12月8日	A
	中標津町	空家等管理活用支援法人の指定に関する審査基準	2023年12月13日	A
	小平町	空家等管理活用支援法人の指定に関する審査基準	2023年12月13日	A
	沼田町	空家等管理活用支援法人の制度に関する方針	2023年12月13日	A
青森県	青森市	審査基準	2023年12月22日	A
	弘前市	空家等管理活用支援法人指定の審査基準	2023年12月12日	B
	野辺地町	空家等管理活用支援法人の指定に関する実施要領	2023年12月13日	C
岩手県	二戸市	空家等管理活用支援法人の指定に関する審査基準	2023年12月13日	A
	大船渡市	空家等管理活用支援法人の指定等に関する事務取扱要綱	2023年12月13日	A
	雫石町	空家等管理活用支援法人の指定に関する審査基準	2023年12月13日	A
宮城県	仙台市	空家等管理活用支援法人の指定について	2023年12月7日	A
秋田県	秋田市	空家等管理活用支援法人の指定等に関する事務取扱要綱	2023年12月13日	A
山形県	米沢市	空家等管理活用支援法人の指定について	2023年12月8日	A
福島県	郡山市	空家等管理活用支援法人の指定等に関する事務取扱要綱	2023年12月13日	A
	本宮市	空家等管理活用支援法人の指定に関する審査基準	2023年12月22日	A
	石川町	空家等管理活用支援法人の指定等に関する事務取扱要綱	2023年12月13日	H
	会津美里町	空家等管理活用支援法人の指定に関する審査基準	2023年12月13日	A

第7章　空家等管理活用支援法人指定処分に関する審査基準の作成動向

都道府県	市町村	文書名称	公表日／施行日	タイプ
茨城県	牛久市	空家等管理活用支援法人の指定に関する審査基準	2023年12月13日	A
	神栖市	空家等管理活用支援法人の指定に関する審査基準	2023年12月13日	A
	常総市	空家等管理活用支援法人の指定に関する審査基準	2023年12月13日	A
	東海村	空家等管理活用支援法人の指定に関する審査基準	2023年12月20日	A
栃木県	小山市	空家等管理活用支援法人の指定に関する審査基準	2023年12月13日	A
群馬県	太田市	空家等管理活用支援法人の指定等に関する審査基準	2023年12月13日	A
埼玉県	さいたま市	空家等管理活用支援法人の指定に関する審査基準	2023年12月14日	A
	川越市	空家等管理活用支援法人の指定に関する審査基準	2023年12月8日	A
	北本市	空家等管理活用支援法人の指定に関する審査基準	2023年12月13日	A
	川口市	空家等管理活用支援法人の指定に係る審査基準	2023年12月13日	A
	鴻巣市	空家等管理活用支援法人の指定に関する審査基準	2023年12月13日	A
	草加市	空家等管理活用支援法人の指定に関する審査基準	2023年12月13日	A
	越谷市	空家等管理活用支援法人の指定に関する審査基準	2023年12月13日	F
	三郷市	空家等管理活用支援法人の指定に関する実施要領	2023年12月13日	A
	深谷市	空家等管理活用支援法人の指定に関する審査基準	2023年12月13日	A
	本庄市	空家等管理活用支援法人の指定に関する審査基準	2023年12月13日	A
	蓮田市	空家等管理活用支援法人の指定に関する審査基準	2023年12月13日	A
	横瀬町	空家等管理活用支援法人の指定に関する審査基準	2023年12月13日	A
	鳩山町	空家特措法第23条第1項の規定による指定に係る審査基準	2023年12月13日	A
	横瀬町	空家等管理活用支援法人の指定に関する審査基準	2023年12月11日	A
千葉県	船橋市	空家等管理活用支援法人について	2023年12月13日	A
	市川市	空家等管理活用支援法人の指定について	2023年12月14日	A
	南房総市	空家等管理活用支援法人の指定に関する審査基準	2023年12月5日	A
	佐倉市	空家等管理活用支援法人の指定について	2023年12月13日	A
東京都	練馬区	空家等管理活用支援法人の指定等に関する事務取扱要綱	2023年12月13日	F
	渋谷区	空家等管理活用支援法人の指定に関する審査基準	2023年12月13日	A
	八王子市	空家等管理活用支援法人の指定等に関する事務取扱要綱	2023年12月13日	F
	武蔵野市	空家等対策の推進に関する特別措置法第23条第1項の規定による指定に係る審査基準	2023年12月13日	A

第3部　施行が開始された改正空家法

都道府県	市町村	文書名称	公表日／施行日	タイプ
東京都	立川市	空家等管理活用支援法人の指定に関する審査基準	2023年12月13日	A
	町田市	空家等管理活用支援法人の指定に関する審査基準	2023年12月11日	F
	府中市	空家等管理活用支援法人の指定	2023年12月7日	A
	東久留米市	申請に対する審査基準	2023年12月1日	A
	日野市	空家等管理活用支援法人の指定等に関する事務取扱規則	2023年12月13日	D
	清瀬市	空家等管理活用支援法人の指定の審査基準について	2023年12月28日	A
	武蔵村山市	空家等管理活用支援法人の指定に関する審査基準について	2023年12月13日	A
	瑞穂町	空家等管理活用支援法人の指定に関する審査基準	2023年12月13日	A
神奈川県	茅ヶ崎市	空家等管理活用支援法人の指定について	2023年12月6日	A
	藤沢市	空家等管理活用支援法人の指定に関する審査基準	2023年12月13日	A
	座間市	空家等管理活用支援法人の指定等に関する事務取扱要綱	2023年12月14日	H
	山北町	空家等管理活用支援法人の指定に関する審査基準	2023年12月15日	A
新潟県	新潟市	空家等管理活用支援法人の指定等に関する事務取扱要領	2023年11月13日	A
	長岡市	（審査基準）	2023年12月19日	A
	加茂市	空家等管理活用支援法人の指定等に関する事務取扱要綱	2023年12月13日	A
	十日町市	（審査基準）	2023年12月13日	A
	小千谷市	空家等管理活用支援法人の指定について	2023年12月13日	A
	柏崎市	空家等管理活用支援法人の指定等に関する事務取扱要綱	2023年12月13日	A
	糸魚川市	空家等管理活用支援法人の指定に関する審査基準	2023年12月8日	A
富山県	富山市	空き家等管理支援法人の指定の方針について	2023年12月12日	A
石川県	白山市	空家等管理活用支援法人の指定に関する審査基準	2024年1月2日	A
福井県	福井市	空家等管理活用支援法人の指定に関する審査基準	2023年12月13日	A
	坂井市	空家等管理活用支援法人の指定に関する審査基準	2023年12月12日	A
	あわら市	空家等管理活用支援法人の指定に関する審査基準	2023年12月13日	A
	大野市	空家等管理活用支援法人の指定に関する審査基準	2023年12月13日	A
	永平寺町	空家等管理活用支援法人の指定に関する審査基準	2023年12月13日	A

第 7 章　空家等管理活用支援法人指定処分に関する審査基準の作成動向

都道府県	市町村	文書名称	公表日／施行日	タイプ
山梨県	甲府市	空家等管理活用支援法人の指定に関する審査基準	2023年12月13日	A
	富士吉田市	空家等管理活用支援法人の指定について	2024年1月10日	A
長野県	長野市	空家等管理活用支援法人の指定に関する審査基準	2023年11月22日	A
	中野市	空家等管理活用支援法人の指定処分の審査基準	2023年12月14日	G
	松本市	空家等管理活用支援法人の指定に関する審査基準	2023年12月14日	A
	千曲市	空家等管理活用支援法人の指定に関する審査基準	2023年12月13日	A
岐阜県	美濃加茂市	空家等管理活用支援法人の指定に関する審査基準	2023年12月11日	A
	可児市	空家等管理活用支援法人の指定に関する審査基準	2023年12月13日	A
	本巣市	空家等管理活用支援法人の指定に関する審査基準	2023年12月22日	A
	関市	空家等管理活用支援法人の指定に関する審査基準	2024年2月1日	A
	富加町	空家等管理活用支援法人の指定に関する審査基準	2023年12月13日	A
愛知県	小牧市	空家等管理活用支援法人の指定に関する事務取扱要綱	2023年12月12日	A
	瀬戸市	空家等管理活用支援法人の指定に関する審査基準	2023年12月13日	A
三重県	伊勢市	空家等管理活用支援法人の指定に関する審査基準	2023年12月8日	A
	志摩市	空家等管理活用支援法人の指定に関する審査基準	2023年12月11日	A
	亀山市	空家等管理活用支援法人の指定に関する審査基準	2023年12月12日	A
	鈴鹿市	空家等管理活用支援法人の指定に関する審査基準	2023年12月12日	A
	松阪市	空家等管理活用支援法人の指定に関する審査基準	2023年12月13日	A
	鳥羽市	空家等管理活用支援法人の指定に関する審査基準	2023年12月11日	A
	いなべ市	空家等管理活用支援法人の指定に関する審査基準	2023年12月13日	A
	名張市	空家等管理活用支援法人の指定に関する取扱いについて	2023年12月8日	A
	尾鷲市	空家等管理活用支援法人の指定に関する審査基準	2023年12月11日	A
	東員町	空家等管理活用支援法人の指定に関する審査基準	2023年12月8日	A
	大紀町	空家等管理活用支援法人の指定に関する審査基準	2023年12月13日	A
	朝日町	空家等管理活用支援法人の指定に関する審査基準	2023年12月13日	A
	木曽岬町	空家等管理活用支援法人の指定に関する審査基準	2023年12月13日	A
	大台町	空家等管理活用支援法人の指定に関する審査基準	2023年12月13日	A
	菰野町	空家等管理活用支援法人の指定に関する審査基準	2023年12月13日	A
滋賀県	大津市	空家等管理活用支援法人の指定に関する審査基準	2023年12月13日	A
	草津市	空家等管理活用支援法人の指定に関する審査基準	2023年12月8日	A

第3部　施行が開始された改正空家法

都道府県	市町村	文書名称	公表日/施行日	タイプ
滋賀県	米原市	空家等管理活用支援法人の指定に関する審査基準	2023年12月13日	A
	東近江市	空家等管理活用支援法人の指定処分の審査基準	2023年11月10日	F
	近江八幡市	空家等管理活用支援法人の指定に関する審査基準	2023年12月27日	A
	栗東市	空家等管理活用支援法人の指定に関する審査基準	2023年12月13日	A
	長浜市	空家等管理活用支援法人の指定に関する審査基準	2023年12月11日	A
	彦根市	空家等管理活用支援法人の指定に関する審査基準	2023年12月13日	A
	湖南市	空家等管理活用支援法人の指定に関する審査基準について	2023年12月13日	A
	多賀町	空家等管理活用支援法人の指定にかかる審査基準	2023年12月14日	H
	日野町	空家等管理活用支援法人の指定に関する審査基準	2023年12月12日	A
	愛荘町	空家等管理活用支援法人の指定に関する審査基準	2023年12月8日	A
	豊郷町	空家等対策の推進に関する特別措置法第23条第1項の規定による指定に係る審査基準	2023年12月13日	A
京都府	京都市	空家等管理活用支援法人の指定等に関する事務取扱要綱	2023年12月25日	E
	宇治市	空家等管理活用支援法人の審査基準	2023年12月13日	A
	福知山市	空家等管理活用支援法人の指定等に関する審査基準	2023年12月5日	A
	綾部市	空家等管理活用支援法人の指定に関する実施要領	2023年12月8日	A
	亀岡市	空家等管理活用支援法人に係る本市の指定方針について	2023年12月13日	A
	京田辺市	空家等管理活用支援法人の指定に関する実施要領	2023年12月13日	A
	木津川市	空家等管理活用支援法人の指定手続について	2023年12月8日	A
	南丹市	空家等管理活用支援法人の指定に関する審査基準	2023年12月20日	A
	宇治田原町	空家等管理活用支援法人の指定に関する審査基準について	2023年12月13日	A
	京丹波町	空家等管理活用支援法人に係る本町の指定方針について	2023年12月13日	A
	笠置町	空家等管理活用支援法人の指定等に関する事務取扱要綱	2023年12月13日	A
大阪府	堺市	空家等管理活用支援法人の指定に関する審査基準	2023年12月4日	A
	泉佐野市	空家等管理活用支援法人指定に関する実施要領	2023年12月13日	F
	寝屋川市	空家等管理活用支援法人の指定に関する審査基準	2023年12月8日	A

第7章　空家等管理活用支援法人指定処分に関する審査基準の作成動向

都道府県	市町村	文書名称	公表日／施行日	タイプ
大阪府	岸和田市	空家等管理活用支援法人の指定等に関する事務取扱要綱	2023年12月13日	A
	守口市	空家等管理活用支援法人の指定に関する審査基準	2023年12月12日	D
	泉南市	空家等管理活用支援法人の指定に関する審査基準	2023年12月13日	A
	門真市	空家等管理活用支援法人の指定に関する審査基準	2023年12月12日	A
	八尾市	空家等管理活用支援法人の指定に関する審査基準	2023年12月13日	B
	吹田市	「申請に対する処分」の審査基準・標準処理期間	2023年12月13日	A
	箕面市	空家等対策の推進に関する特別措置法第23条第1項の規定による指定に係る審査基準	2023年12月13日	A
	四條畷市	空家等管理活用支援法人の指定に関する審査基準	2023年12月13日	A
	藤井寺市	空家等管理活用支援法人の指定に関する審査基準	2023年12月13日	A
	大東市	空家等管理活用支援法人の指定に関する審査基準	2023年12月13日	A
	忠岡町	空家等管理活用支援法人の指定に関する審査基準	2023年12月13日	A
	田尻町	空家等管理活用支援法人の指定に関する審査基準	2023年12月13日	A
兵庫県	尼崎市	空家等管理活用支援法人の指定に関する審査基準	2023年12月12日	A
	姫路市	空家等管理活用支援法人の指定に関する審査基準	2024年1月29日	A
	豊岡市	空家等管理活用支援法人の指定に関する審査基準	2023年12月12日	A
奈良県	奈良市	空家等管理活用支援法人の指定等に関する事務取扱要綱	2023年12月13日	B
和歌山県	海南市	空家等管理活用支援法人の指定に関する審査基準	2023年12月19日	F
	橋本市	空家等管理活用支援法人について	2024年2月15日	E
	田辺市	空家等管理活用支援法人の指定に関する審査基準	2023年12月22日	A
	那智勝浦町	空家等管理活用支援法人の指定に関する審査基準	2023年12月12日	A
	串本町	空家等管理活用支援法人の指定に関する審査基準	2023年12月13日	A
	かつらぎ町	空家等管理活用支援法人の指定に関する審査基準	2023年12月8日	A
	太地町	空家等管理活用支援法人の指定に関する審査基準	2023年12月13日	A
鳥取県		（2024年2月現在、確認できず。）		
島根県		（2024年2月現在、確認できず。）		
岡山県	玉野市	空家等管理活用支援法人の指定に関する審査基準	2023年12月11日	A
	井原市	空家等管理活用支援法人の指定に関する審査基準	2023年12月13日	A

311

第3部　施行が開始された改正空家法

都道府県	市町村	文書名称	公表日／施行日	タイプ
広島県	呉市	空家等管理活用支援法人の指定等に関する審査基準	2023年12月13日	A
	尾道市	空家等管理活用法人の指定等に関する事務取扱要綱	2023年12月13日	A
	府中市	空家等管理活用支援法人の指定等に関する審査基準	2023年12月13日	A
	三次市	空家等管理活用支援法人の指定に関する審査基準	2023年12月13日	A
	福山市	空家等管理活用支援法人の指定に関する審査基準	2023年12月13日	A
	竹原市	空家等管理活用支援法人の指定に関する審査基準	2023年12月13日	A
	江田島市	空家等管理活用支援法人の指定に関する審査基準	2023年12月13日	A
山口県	岩国市	空家等管理活用支援法人の指定に関する審査基準について	2023年12月13日	A
	防府市	空家等管理活用支援法人の指定等に関する事務取扱要綱	2023年12月13日	H
	萩市	空家等管理活用支援法人の指定に関する審査基準	2023年12月13日	A
	光市	空家等管理活用支援法人の指定に関する審査基準	2023年12月11日	A
	長門市	空家等管理活用支援法人の指定に関する審査基準	2023年12月13日	A
	和木町	空家等管理活用支援法人の指定に関する審査基準	2023年12月12日	A
徳島県		（2024年2月現在、確認できず。）		
香川県	坂出市	空家等管理活用支援法人の指定に関する審査基準	2023年12月8日	A
愛媛県	伊予市	空家等管理活用支援法人の指定に関する審査基準	2023年12月13日	A
	四国中央市	空家等管理活用支援法人の指定に関する審査基準	2023年12月13日	A
高知県	高知市	空家等管理活用支援法人の指定の審査基準	2023年12月13日	A
	中土佐町	空家等管理活用支援法人の指定に関する審査基準	2023年12月13日	A
	黒潮町	空家等管理活用支援法人の指定に関する審査基準	2023年12月12日	A
福岡県		（2024年2月現在、確認できず。）		
佐賀県		（2024年2月現在、確認できず。）		
長崎県		（2024年2月現在、確認できず。）		
熊本県		（2024年2月現在、確認できず。）		
大分県	大分市	空家等管理活用支援法人の指定について	2024年2月5日	A
宮崎県		（2024年2月現在、確認できず。）		
鹿児島県		（2024年2月現在、確認できず。）		
沖縄県	那覇市	空家等管理活用支援法人の指定等に関する審査基準	2023年12月13日	A

〔出典〕筆者作成。

第 7 章　空家等管理活用支援法人指定処分に関する審査基準の作成動向

[図表 7.3] 支援法人の指定状況（2024 年 11 月 1 日時点）

No.	市町村名	指定日	指定された支援法人名
1	滋賀県東近江市	2023年12月14日	（一社）東近江市住まい創生センター
2	福島県石川町	2023年12月20日	（一社）全国空き家アドバイザー協議会　福島県石川支部
3	和歌山県橋本市	2024年2月15日	（一社）ミチル空間プロジェクト
4	茨城県小美玉市	2024年2月21日	（公社）茨城県宅地建物取引業協会
5	東京都調布市	2024年2月26日	（NPO）空家・空地管理センター
6	滋賀県多賀町	2024年3月1日	（一社）地域再生プロジェクトみなおし
		2024年3月29日	（株）丸由
		2024年5月7日	（NPO）おおたき里づくりネットワーク
7	熊本県合志市	R6.3.29	（株）こうし未来研究所
8	鳥取県米子市	2024年4月1日	じゅうmado米子 （（一社）全国住宅産業地域活性化協議会）
		2024年4月19日	（一社）日本住宅政策機構
9	山口県防府市	2024年4月1日	（一社）管理権不明不動産対策公共センター
10	北海道大樹町	2024年4月17日	（一社）たいきまちづくりラボ
11	福井県美浜町	2024年4月22日	（NPO）ふるさと福井サポートセンター
12	秋田県大館市	2024年4月25日	（NPO）あき活Lab
13	京都府京都市	2024年4月30日	（公社）京都府宅地建物取引業協会
			（一社）京都府不動産コンサルティング協会
			（NPO）京町家再生研究会
			（公社）全日本不動産協会
			（公財）日本賃貸住宅管理協会
14	茨城県大洗町	2024年5月13日	（公社）茨城県宅地建物取引業協会
15	長崎県五島市	2024年5月31日	（NPO）五島空き家マッチング研究所
16	福井県坂井市	2024年6月1日	（一社）アーバンデザインセンター坂井
17	山口県周南市	2024年6月1日	（一社）管理権不明不動産対策公共センター
18	山梨県山梨市	2024年6月3日	（公社）山梨県宅地建物取引業協会
19	愛知県豊田市	2024年6月6日	（NPO）あいち空き家修活相談センター
		2024年6月6日	マイクロベース株式会社
20	岐阜県大野町	2024年6月10日	（一社）全国空き家アドバイザー協議会（岐阜県大野支部）
21	長野県塩尻市	2024年6月24日	（株）しおじり街元気カンパニー

313

第3部　施行が開始された改正空家法

No.	市町村名	指定日	指定された支援法人名
22	茨城県桜川市	2024年6月27日	(公社) 茨城県宅地建物取引業協会
23	栃木県栃木市	2024年7月1日	(NPO) スマイル
24	神奈川県座間市	2024年7月1日	(NPO) 神奈川県空き家サポート協会
25	長崎県雲仙市	2024年7月1日	(有) ティーエス不動産企画
		2024年7月1日	雲仙市まちづくり (株)
		2024年7月2日	(一社) 家族の信託ながさき連絡協議会
26	静岡県森町	2024年7月1日	(一社) モリマチリノベーション
27	富山県射水市	2024年7月25日	(一社) 全国空き家アドバイザー協議会 (富山県射水支部)
28	高知県中土佐町	2024年7月29日	(合) なかとさLIFE
29	長崎県東彼杵町	2024年8月1日	(一社) 東彼杵ひとこともの公社
30	三重県伊賀市	2024年8月22日	(一社) 全国空き家アドバイザー協議会 (三重県伊賀支部)
31	愛媛県東温市	2024年8月9日	空き家活用(株)
		2024年9月3日	(公社) 全日本不動産協会 (愛媛県本部)
32	埼玉県川島町	2024年9月20日	(株) 地域デザインラボさいたま
33	宮崎県日向市	2024年10月4日	(一社) 日向市空き家アドバイザー協議会
34	滋賀県守山市	2024年10月28日	(一社) 全国空家アドバイザー協議会滋賀県守山支部
35	静岡県藤枝市	2024年11月1日	(株) REVA不動産 (株) Sweets Investment
36	茨城県筑西市	2024年11月14日	(公社) 茨城県宅地建物取引業協会
37	長野県辰野町	2024年11月20日	(株) 辰野不動産 (株) goodhood (一社) ○と編集社
38	長野県中野市	2024年11月21日	(株) siiz
39	北海道本別町	2024年12月10日	(一社) 全国住宅産業協会
40	岐阜県岐阜市	2024年12月13日	(NPO) 岐阜空き家・相続共生ネット (株) 岐阜まち家守 (株) ネクスト名和
41	栃木県日光市	2024年12月16日	(一社) 空き家・生前対策支援協会
42	青森県田子町	2024年12月25日	(一社) 全国空き家アドバイザー協議会 (青森県田子支部)

〔出典〕国土交通省ほか公表資料を踏まえて筆者作成。

第8章 空家法改正を踏まえた条例対応の可能性

　旧法の施行後、市町村は、それ以前からあった空き家条例を改正したり、新たに制定したりした。改正法制定時には、800ほどあったと思われる。これらの条例は、地域における空き家施策の実施のために空家法を使うとともに、独自のニーズを踏まえてそれに追加や修正を加えていた。部分居住長屋のように、同法の対象外となっている建築物に対して、独自の対応をするものもあった。

　改正法の制定により、空き家条例も改正をする必要がある。形式的なものは「条項ズレ対応」であるが、それ以外にも、管理不全空家等の認定手続、民法の特例の利用方針、特別緊急代執行の事後通知、空家等管理活用支援法人の利用方針など、独自に規定できる内容は多くある。空き家条例の新たな展開が期待される。

1　第211回通常国会における改正

　2023年6月7日、第211回国会において、「空家等対策の推進に関する特別措置法の一部を改正する法律」（以下「空家法一部改正法」という。）が成立し、同月14日に公布された。施行は、2023年12月13日である。

　空家法には、「条例」という文言はない。したがって、いわゆる法律規定条例[1]はないけれども、同法にもとづき事務を命ぜられている市町村のなかには、憲法94条を根拠に、同法の実施に関する法律実施条例、また、同法の対象外とされた事項に関する独立条例を制定し[2]、空き家行政を展開しているとこ

---

[1]　法律規定条例の意味については、斎藤誠「条例制定権の限界」同『現代地方自治の法的基層』（有斐閣、2012年）286頁以下・293頁参照。
[2]　法律実施条例および独立条例の意味については、北村喜宣『自治体環境行政法〔第10版〕』（第一法規、2024年）36頁以下参照。

第3部　施行が開始された改正空家法

ろが少なからずある＊3。

　そうした条例は、今回の改正によってどのような対応を迫られるのだろうか。改正法を含めて、空家法は「条例」に触れていないため、中央政府からは特段のコメントはされないと推測される。中央政府からすれば、「市町村が勝手に制定した空き家条例」であるから、当然の対応であろう。法案の国会審議においては、改正法が既存条例から何を学んだかについての議論はあったが＊4、改正法が既存条例にどのように影響するかという点についての質疑はなかった。空き家条例制定時もそうであったように、市町村が独自に考えて動くほかない。

　本章では、旧法を前提とするモデル的な空き家条例を想定し、空家法一部改正法を踏まえた空家法のもとで、市町村はどのように対応しうるかを検討する。

② 改正法の要点

　議員立法として成立した旧法とは異なり、空家法一部改正は内閣提出法案であった。このため、とくに国土交通省は、その内容につき、それなりに積極的に情報提供をしている。それを踏まえれば、改正法の要点は、[図表8.1]のようにまとめられる。

　16か条の旧法が30か条になったがゆえかもしれないが、改正法により、全体が8つの章に整理された。「第1章 総則（第1条〜第8条）」「第2章 空家等の調査（第9条〜第11条）」「第3章 空家等の適切な管理に係る措置（第12条〜第14条）」「第4章 空家等の活用に係る措置（第15条〜第21条）」「第5章 特定空家等に対する措置（第22条）」「第6章 空家等管理活用支援法人（第23条〜第28条）」「第7章 雑則（第29条）」「第8章 罰則（第30条）」である。章立ての導入により、（内容の妥当性は別にして、）全体の内容がわかりやすくなった。

＊3　空き家条例の実情については、北村喜宣「空家法制定後の空き家条例の動向」同『空き家問題解決を進める政策法務』（第一法規、2022年）76頁以下参照。

＊4　第211回国会衆議院会議録21号（2023年4月20日）4頁［衆議院議員・赤木正幸］、5〜6頁［国土交通大臣・斉藤鉄夫］参照。

316

第 8 章　空家法改正を踏まえた条例対応の可能性

［図表 8.1］改正法の要点

1　活用拡大
　①空家等活用促進区域（ 7 条 3 項〜11項）
　　・区域や指針等が定まれば、用途変更や建替え等を促進する関係法運用がされ
　　　る
　②空家等管理活用支援法人制度（23条〜28条）
　　・指定されれば所有者等への啓発、管理・利活用相談対応、所有者探索等をす
　　　る
2　管理の確保
　①特定空家化を未然に防止する管理（13条）
　　・未然防止的観点から管理不全空家等の所有者等に対する指導・勧告ができる
　②所有者把握の円滑化（10条 3 項）
　　・電力会社等に情報提供を要請
3　特定空家の除却等
　①状態の把握（ 9 条 2 項）
　　・報告徴収権の創設
　②代執行の円滑化（22条11項・12項）
　　・命令するいとまがない緊急時の代執行制度を創設
　　・略式代執行や緊急代執行の費用を強制徴収公債権として徴収
　③財産管理人による空家の管理・処分（14条）
　　・市町村長に選任請求権を認める

〔出典〕国土交通省のウェブサイト（https://www.mlit.go.jp/jutakukentiku/house/jutakukentiku_
　house_tk 3 _000035.html）を踏まえて筆者作成。

３　前提とする空き家条例

　現在制定されている空き家条例の数は不明であるが、おそらく800はあるので

317

第3部　施行が開始された改正空家法

はないか。その内容は多様である＊5。そこで、本章では、筆者がモデル条例（総合的空き家対策条例）として考えるものを前提に論を進める。[図表8.2] を参照されたい。

[図表8.2] 空き家条例のモデル（総合的空き家対策条例）

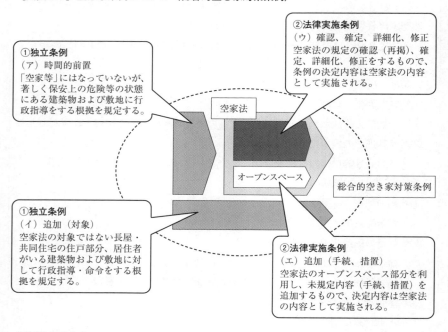

〔出典〕筆者作成。

ここで「条例」と称しているのは、「ひとまとまりの仕組みを規定するパッケージ」のような意味である（狭義の条例）。そうしたもののいくつかがまとまり、たとえば、「〇〇市空き家の適正管理に関する条例」が構成される（広義の条例）。[図表8.2] の一番外の点線がそれに該当する。空家法のみの適用部分のほ

＊5　旧法時代の空き家条例の分析として、北村喜宣「空家法制定後の空き家条例の動向」同『空き家問題解決を進める政策法務』（第一法規、2022年）76頁以下参照。

318

第8章　空家法改正を踏まえた条例対応の可能性

か、同法を市町村の地域特性を踏まえてカスタマイズした部分（②（ウ）（エ））、同法の適用対象外に対応する部分（①（ア）（イ））の４つにより構成される。

　2013年制定時の「京都市空き家等の活用、適正管理等に関する条例」は、このモデルに近い内容を持っていた＊6。「空き家等」の定義のなかで、空家法２条１項にいう空家等に「準ずる状態」のものを加え（２条１号）（①（ア））、さらに、部分居住長屋を加え（２条１号）（①（イ））、それぞれに対して、所定の対応を可能にしている。同法２条２項にいう特定空家等（に実質的に相当するもの）に関しても、たんなる管理不全（実質的に特定空家等として定義される状態と同じ）ではなく「著しい」管理不全状態（著しい×著しい）の場合には、行政指導を経ることなく命令を可能にしている（17条）（②（ウ））。さらに、緊急の対応が必要な場合には必要最小限の即時執行を可能にするとともに（19条）（②（エ））、軽微な措置も可能にしている（20条）（②（エ））。この基本構造は、その後の2020年改正、そして、改正法制定後の2023年改正によっても維持されている。

4　条例対応の可能性

(1)　改正の「必要性」

　空家法改正の施行に間に合うように条例を改正することは、たしかに「美しい」。最低限求められるのは、「条項ズレ」の処理である＊7。しかし、そうしないままにこれを運用することが直ちに違法になるかというとそうではない＊8。

＊6　制定時の京都市条例については、北村喜宣＋米山秀隆＋岡田博史（編）『空き家対策の実務』（有斐閣、2016年）68〜92頁［今崎匡裕＋春名雅史］参照。

＊7　「条項ズレ」をどのように評価するかにかかわるが、たとえば、地方自治法180条１項を踏まえて制定された横須賀市「市長の専決処分事項に関する条例」は、「法令の改正又は廃止に伴い、条例中の当該法令の題名、条項又は用語を引用する規定を整理する場合で、必然的に改正を要し、独自の判断をする余地がないときに限り、当該法令の題名、条項又は用語に係る規定を改正すること。」（９号）については、議会議決ではなく市長の専決処分によりなしうる（議会には事後報告）と規定する。地方自治法の前記規定は、「普通地方公共団体の議会の権限に属する軽易な事項で、その議決により特に指定したものは、普通地方公共団体の長において、これを専決処分にすることができる。」と規定する。横須賀市にとって、「条項ズレ」は「軽易な事項」なのである。自治的法解釈である。地方自治法180条については、松本英昭『新版逐条地方自治法〔第９次改訂版〕』（学陽書房、2017年）630〜631頁参照。

＊8　法律の場合は、相互に連動しているため、そうはいかない。改正法によって新たに設けられた内容に対応すべく、地方税法、独立行政法人都市再生機構法、独立行政法人住宅金融支援機構法がそれぞれ一部改正されている。

319

第3部　施行が開始された改正空家法

　改正法の条項が旧法の条項のどれに該当するかは、閣議決定に際して作成された いわゆる「新旧対照表」に明らかである。したがって、それを参照して現行条例を解釈すれば、たとえば、「第6条」が空家法の「第7条」を、「第14条」が「第22条」を意味するのは、容易に理解できる。善解できる範囲である。

　とはいえ、そうした状態をいつまでも放置するのは、法制執務の観点から適切ではない。改正法施行に間に合わなくても、それほどの期間を経ずに最低限の対応をするべきである。「頼みもしないのに一方的に改正されたとばっちり」ともいえるが、これは仕方ない。住民の混乱を避けるためにも必要な措置である。岡谷市は、とりあえずの条項ズレ対応をするべく、「岡谷市空家等の適切な管理に関する条例」を2023年12月に改正し、改正法の内容を本格的に反映させるための再改正を2024年10月にしている。手間を惜しまない適切な対応である。また、自治体政策法務の観点からは、改正法を地域特性適合的に運用すべく、「狭義の条例」である法律実施条例や独立条例を制定することも可能である。

⑵　条項ズレ対応

　旧法との関係で改正法をみたとき、[**図表8.3**] のような条項番号のズレが生じている。

[**図表8.3**] **旧法の条項番号・内容とそれに対応する改正後の条項番号**

内容	旧法の条項	改正後の条項
市町村の責務	4条	4条1項
都道府県による援助	8条	4条2項
所有者等の責務	3条	5条
基本指針	5条	6条
空家等対策計画	6条	7条
協議会	7条	8条
空家等及び空家等の跡地の活用等	13条	15条
特定空家等に対する措置	14条	22条
財政上の措置及び税制上の措置等	15条	29条

〔出典〕筆者作成。

320

第8章　空家法改正を踏まえた条例対応の可能性

　空き家条例や条例施行規則・様式において多く引用される旧法の条項は、6
条・7条・14条である。旧法の実施のために要綱を作成している市町村もある
だろう。それらにおいて記載されている条項を改正法のそれに改めるのが、な
すべき最低限の対応である。また、後述のように、法13条は民法の特例を規定
するが、そこに引用されている民法の制度については同法の2020年改正によっ
て変化が発生しているために、それにあわせる必要がある。

　「この条例で使用する用語は、法で使用する用語の例による。」という規定ぶ
りの空き家条例の場合には、用語に関するかぎりで条項ズレの問題は生じない。
ただ、後にみるように、特定空家等に関する措置を管理不全空家等にも適用す
るのであれば、「及び管理不全空家等」というように追加する必要がある。

　運用に関して、旧法14条3項にもとづき発した除却命令が履行されないため
になされる代執行が改正法施行日以降の場合、その根拠は、旧法14条9項では
なく法22条9項になる。この点については、条例で「みなし規定」などの経過
措置を設けるまでもないだろう。交付する書面のなかで個別に説明をすること
になるだろうか。

(3)　管理不全空家等の認定

(a)　認定方針の違い

　特定空家等の定義は、法2条2項が規定するが、その「認定方針」について
は、市町村により違いがある。最終的には代執行により除却をすることまでを
念頭に置いて認定する方針であれば、特定空家等の数は絞られる。一方、代執
行までは考えることなく、（命令は別にして、）助言・指導や勧告をする根拠を空
家法に求めるという方針であれば、特定空家等の数は多くなる。

　これはモデル的整理である。前者の方針を持つ市町村が、特定空家等に至ら
ない状態の空家等に対して行政指導をしたいと考え、実務上の必要性から法的
根拠が必要と思えば、オープンスペースを利用した法律実施条例によって、そ
れを創出できた。2015年制定当時の「飯田市空家等の適正な管理及び活用に関
する条例」2条3号のように、「準特定空家等」というカテゴリーを設けて行政
指導ができる旨を規定していたのは、そうした例である（前掲モデル②（エ））。

　このような条例を制定している市町村にとっては、改正法が導入した管理不
全空家等というカテゴリーは、まさに準特定空家等を意味している。このため、

321

第3部　施行が開始された改正空家法

準特定空家等に関する条例規定を存続させると、実質的には同じ対象について二重規制状態となってしまう。法13条2項にもとづく勧告がされれば住宅用地特例の適用解除にリンクすることになったため、「武器」としては、こちらの方が強力である。したがって、併存させる合理性はないから、この部分の条例規定は削除するのが適切である。

これに対して、広く特定空家等を認定する方針の市町村であれば、おそらくは「準特定空家等」のようなカテゴリーは設けていないだろう。旧法のもとでも十分に対応できているのであり、管理不全空家等制度にはそれほどの意義はない。改正法のもとでは、管理不全空家等に関する措置を経なければ当該案件が特定空家等に認定できないわけではない。同制度は、空家等に対する未然防止的対応を進めるためのものであるから、そのような方針で旧法を運用していた市町村においては、同制度を事実上「封印」する対応もありえよう。

より積極的に空家法を利用するのであれば、旧法のもとで特定空家等と認定した物件が改正法の管理不全空家等に相当する状況である場合、未然防止・自主対応に向けたコミュニケーション機会の創出として、（旧法14条1項の助言・勧告を撤回し、）法13条1項の助言・指導を改めてすることになろう。

(b)　附属機関への諮問

空家法の運用にあたって、旧法7条にもとづく協議会、あるいは、条例に独自の根拠を持つ審議会といった附属機関を設置し、特定空家等の認定についての諮問がされている例は多い。この認定の対象に、管理不全空家等を追加するかという論点がある。

この点に関しては、いずれの対応もありうる。特定空家等に認定する際の重要なポイントは、著しい保安上の危険があるかの判断である。それゆえに、建築の専門家を附属機関委員に任命している市町村は多い。管理不全空家等の認定にそうした専門的知識が必要であれば、諮問対象にする必要性はある（前掲モデル②（エ））。一方、樹木・雑草系の理由での認定であれば、おそらくそれは必要ないから、庁内職員のみでの対応でも問題はない。

認定については附属機関の諮問は要しないが、法13条2項の勧告が住宅用地

特例の適用除外につながる＊9。このため、慎重を期して、この場合のみを諮問対象にするという整理はありえよう。

(c) 弁明機会の付与

旧法14条2項にもとづく勧告に際しては、それが住宅用地特例の適用除外につながることから、「明石市空家等の適正な管理に関する条例」のように、これを行政手続法2条4号にいう「不利益処分」と解して、同法13条1項2号にもとづき弁明機会の付与をする規定（8条2項）を持つものがある（前掲モデル②（エ））。法13条2項にもとづく勧告を受けた者についても、地方税法349条の3の2第1項の改正によって、同様の対応となった。

そこで、この点について法律実施条例で規定している市町村は、弁明機会付与手続を、法13条2項の勧告に際しても実施するよう追加する必要があるだろう。これは、勧告に進む理由が保安系の生活環境支障であろうが樹木系の生活環境支障であろうが同じである。

なお、法13条2項の勧告との関係で住宅用地特例適用除外がされれば、法22条2項の勧告の際にそれが重ねてされることはない。法13条の措置が22条の措置に必要的に前置されるのではないため、こうした手続を反映させた内容にする必要がある。

(d) 認定に先立っての連絡

所有者等による自主的対応が適切であるのは言うまでもない。そこで、旧法のもとでは、「このままでは特定空家等に認定され、そうなると命令や代執行・過料につながる」と連絡して、自主的対応を促進する手続を条例で規定している市町村がある。

管理不全空家等という概念を創出したのは、より早期の対応を通じて特定空家等になるのを未然防止するためである。そうであるとすれば、この連絡制度の対象に管理不全空家等候補を加えるのが適切であろう。所有者等の権利義務に関係する措置ではないため、条例の根拠は不要であるが、特定空家等に関しての規定があるのならば、それにあわせればよい。

＊9　旧法のもとでの運用については、坂口健太「空家と住宅用地特例」自治実務セミナー2023年7月号29頁以下参照

第3部　施行が開始された改正空家法

⑷　2020年改正前民法の制度を積極利用するとしていた場合の改正法との調整

改正法は、「空家等の管理に関する民法の特例」という見出しのもとに、市町村長に対して、相続財産清算人の選任の請求を家庭裁判所に（法14条1項）、所有者不明建物管理人に対する管理命令の請求を地方裁判所に（同条2項）、管理不全土地管理人または管理不全建物管理人に対する管理命令の請求を地方裁判所に（同条3項）、それぞれなすことができると規定した。これらの制度は、2020年の民法改正により整備され、2023年4月1日から施行されている[10]。

空き家条例のなかには、2019年制定の「十日町市空家等の適切な管理に関する条例」のように、旧法のもとでの民法の制度であった相続財産管理人または不在者財産管理人の活用を市町村長に求める規定（9条）を持つものがあった。これらの制度については利害関係人の請求により利用可能とされていたところ、「空家法を実施する責任者である市町村長は特定空家等に認定された物件への対応に関するかぎりで利害関係人である」という自治的解釈にもとづいて、規定されていたのであった。確認的な規定であった（前掲モデル②（ウ））。

そうした積極的な姿勢を持つ市町村であれば、改正法が市町村長にとくにそうした権限を認めたことに鑑みて、請求につき、条例のなかで改めて確認的に規定するという対応もありうる。「米原市空家等の発生予防、管理および活用の推進に関する条例」15条がその例である。逆に、改正法において権限が明記されたのであるから、条例の規定は削除するという対応もありうる。2024年3月に改正をした「十日町市空家等の適切な管理に関する条例」は、そうした対応をした。

⑸　略式代執行の費用徴収

旧法14条10項にもとづく略式代執行の費用徴収に関して、国土交通省は民事訴訟を提起してこれをなしうるという説であった。これに対して、筆者は批判

---

*10　空家法との関係でのこれらの規定の意味については、西口元＋金光寛之＋中尾美智子＋平林敬語＋霜垣慎治『詳解 改正民法による相隣関係の実務』（学陽書房、2022年）168〜180頁［霜垣慎治＋中尾美智子］参照。改正民法については、一般的に、潮見佳男＋千葉惠美子＋松尾弘＋山野目章夫（編）『詳解 改正民法・改正不登法・相続土地国庫帰属法』（商事法務、2023年）、山野目章夫＋佐久間毅（編）『解説 民法・不動産登記法（所有者不明土地関係）改正のポイント』（有斐閣、2023年）参照。

的コメントをしていたところ*11、「南さつま市空家等対策の推進に関する条例」は、そうした整理を踏まえて、行政代執行法5条の規定（納付命令）を準用することにより、非強制徴収公債権として確定させたうえで、公法上の当事者訴訟を通じて徴収する方針を明確にしていた。上書き的な規定である（前掲モデル②（ウ））。

　法22条12項は、行政代執行法5条を準用し、かつ、6条も準用することにより、命令によって確定した債権を、国税滞納処分の例により、強制徴収できるようにした。国土交通省は、実質的に改説したのである。改正法を先導する先駆的対応をしたという意味で重要である南さつま市条例の規定であるが、役割は終わった。整理が必要となる。

(6)　緊急代執行の事後通知

　法22条11項が規定する特定空家等に対する緊急代執行の前提は、同条1項の助言・指導、そして、2項の勧告がされていることである。すなわち、所有者等は確知されている。そうした場合において、所定の手続を経て3項の命令を発出する「いとまがないとき」に実施される。

　現実には、所有者等に事後連絡はされるだろう。そうではあるが、費用徴収に関して納付命令を発することに鑑みれば、市町村長は遅滞なく実施内容を知らせる義務を規定するのが適切である（前掲モデル②（エ））。

(7)　空家等管理活用支援法人制度の実施

　市町村の空家法担当者にヒアリングしたかぎりでは、法6章が規定する空家等管理活用支援法人（以下「支援法人」という。）の必要性を肯定的に受けとめる声は多くはなかった。必要な場合があるとしても、「条例で定めるところにより」として、導入の選択権を市町村に認めるべき制度であった。

　この点に関しては、法案審議における大臣答弁のなかで、「事務体制が整ってから申請を受け付けることも可能」という発言があった*12。その真意は定かではないが、法6章については、必ずしも改正法施行日に施行させなくてもよいという趣旨であるとすれば、法律実施条例において、「第6章の施行は、令和7

＊11　北村喜宣「略式代執行の費用徴収」同・前註（5）書257頁以下参照。

＊12　第211回国会衆議院国土交通委員会議録12号（2023年5月10日）15頁［国土交通大臣・斉藤鉄夫］。

年〇月〇日とする。」と規定できる（前掲モデル②（ウ））。

　指定の申請と指定が行政手続法2章にいう「申請に対する処分」であるとすれば、市町村長は、同法5条にもとづき審査基準を作成・公表する義務がある。通常、これは行政規則という形式をとるが、条例で規定することも可能である（②（ウ））。法24条2号や3号が規定する委託業務内容は、基本的には行政が行うべきものであることが前提とされている。それをアウトソーシングするのであるから、指定に際しての市町村長の裁量は広いと解すべきである*13。市町村として支援法人制度を利用する必要があるかどうか、指定は1団体でよいとするかなどの判断を、条例に書き込む方法もあるように思われる。

5　今後の対応のあり方

　予想されていたことではあるが、ちょうど改正法施行日の2023年12月13日付けで、「空家等に関する施策を総合的かつ計画的に実施するための基本的な指針」（資料②⇒330頁）、「管理不全空家等及び特定空家等に対する措置に関する適切な実施を図るために必要な指針（ガイドライン）」（資料③⇒351頁）がそれぞれ示された。2つの「大作」の作成作業を終えた国土交通省住宅局住宅政策課住環境整備室職員の安堵感は、想像に難くない。しかし、改正法施行日当日付けでこれらを渡された市町村担当職員の戸惑いや怒りもまた、想像に難くない。

　空家法にもとづく事務は、自治体の法定自治事務である。地方自治法2条12項は、「地方公共団体に関する法令の規定は、地方自治の本旨に基づき、かつ、国と地方公共団体との適切な役割分担を踏まえて、これを解釈し、及び運用するようにしなければならない。」と規定する。同条13項は、「法律又はこれに基づく政令により地方公共団体が処理することとされる事務が自治事務である場合においては、国は、地方公共団体が地域の特性に応じて当該事務を処理することができるよう特に配慮しなければならない。」と規定する。

---

*13　もっとも、支援法人にしか委託できないわけではない。おそらくは、支援法人については、国の財政支援の対象になる委託契約の対象という程度の意味しかないのではないか。支援法人の指定に関しては、北村喜宣「指定をしない自由はあるか？：空家法の空家等管理活用支援法人制度」自治実務セミナー2023年10月号、同「指定の判断基準：空家等管理活用支援法人の法的位置づけ」本書第5章参照。

第8章　空家法改正を踏まえた条例対応の可能性

　とりわけ市町村は、これらの規定を踏まえて、改正空家法を実施することになる。全国統一的に実施されるべきと解される部分（定義や基本的枠組み）を除き、市町村は、憲法94条により与えられた条例制定という権能を用いて、改正空家法をカスタマイズできる。旧法時代にそうであったように、条例制定権を活用する動きは、今後、ますます活発になるだろう。

　一方、行政リソースの制約を前提とした対応をするという「身の丈」にあわせる方向もあるだろう。何といっても、十分な準備期間を設けさせることなく、施行日当日に基本指針やガイドラインが示されているのである。それを理解して実施ができるような体制になってから、それぞれの市町村にとっての「本格実施」を考えればよい。

　いずれも、地方自治の本旨を踏まえた自治的判断である。引き続き、改正法の実施や条例の動向に注目していきたい。

327

資　料

資料1 空家等対策の推進に関する特別措置法の施行状況等について

(令和6年3月31日時点　国土交通省・総務省調査)

■空家等対策の推進に関する特別措置法の施行状況等（概要）
令和6年3月31日時点（調査対象：1,741市区町村）

1．空家等対策計画の策定状況（　）内は前年度

	市区町村数	比率
策定済み	1,501 (1,450)	86% (83%)
策定予定あり	152	9%
令和6年度	52	3%
令和7年度以降	21	1%
時期未定	79	5%
策定予定なし	88	5%
合　計	1,741	100%

2．法定協議会の設置状況（　）内は前年度

	市区町村数	比率
設置済み	1,028 (992)	59% (57%)
設置予定あり	201	12%
令和6年度	54	3%
令和7年度以降	15	1%
時期未定	132	8%
設置予定なし	512	29%
合　計	1,741	100%

3．空家等管理活用支援法人の指定状況

	法人数（市区町村数）
指定済み	9（8）
指定に向け検討中	119（90）

4．空家等活用促進区域の指定状況

	区域数（市区町村数）
指定済み	0（0）
指定予定	44（32）
令和6年度	10（7）
令和7年度以降	17（12）
時期未定	17（13）
合　計	44

------：改正法による新たな措置

資料①　空家等対策の推進に関する特別措置法の施行状況等について

5．管理不全空家等及び特定空家等に対する措置状況 （ ）内は前年度

	管理不全空家等		特定空家等						合計
	指導	勧告	助言・指導	勧告	命令	行政代執行	略式代執行	緊急代執行	合計
平成27年度			2,194 （121）	60 （24）	6 （5）	2 （2）	8 （8）		2,270 （125）
平成28年度			3,062 （203）	215 （73）	19 （16）	10 （10）	28 （24）		3,334 （217）
平成29年度			4,058 （275）	304 （93）	37 （27）	12 （12）	40 （33）		4,451 （301）
平成30年度			4,524 （325）	379 （107）	43 （21）	18 （14）	51 （46）		5,015 （359）
令和元年度			5,320 （398）	442 （136）	38 （30）	28 （25）	67 （55）		5,895 （442）
令和2年度			5,755 （403）	484 （150）	64 （46）	24 （22）	67 （55）		6,394 （451）
令和3年度			5,453 （417）	549 （156）	85 （61）	47 （43）	84 （74）		6,218 （487）
令和4年度			4,568 （417）	622 （159）	90 （58）	39 （36）	71 （54）		5,390 （469）
令和5年度	1,091 （92）	0 （0）	4,246 （374）	534 （161）	74 （61）	33 （31）	94 （79）	5 （5）	6,077 （518）
小計	1,091 （92）	0	39,180 （850）	3,589 （458）	456 （219）	213 （151）	510 （263）	5 （5）	
合計	1,091 （92）		43,953 （894）						45,044 （917）

┌ ─ ┐
└ ─ ┘ ：改正法による新たな措置

6．適切に管理されていない空き家に対する市区町村の取組による除却や修繕等※の推進

	件数
空家法の措置により除却や修繕等※がなされた管理不全空家等	1,220
空家法の措置により除却や修繕等※がなされた特定空家等	24,435
上記以外の市区町村による空き家対策の取組により、除却や修繕等※がなされた空き家	166,885
合計	192,540

※除却や修繕等：除却、修繕、繁茂した樹木の伐採、改修による利活用、
　その他適切な管理

7．空き家等の譲渡所得3,000万円控除に係る確認書の交付実績

	交付件数
平成28年度	4,453
平成29年度	7,035
平成30年度	7,646
令和元年度	9,676
令和2年度	9,789
令和3年度	11,984
令和4年度	13,063
令和5年度	13,711
合計	77,357

資　料

資料② 空家等に関する施策を総合的かつ計画的に実施するための基本的な指針

平成27年2月26日付け総務省・国土交通省告示第1号
（最終改正　令和5年12月13日付け総務省・国土交通省告示第3号）

一　空家等に関する施策の実施に関する基本的な事項

1　本基本指針の背景

近年、地域における人口減少や既存の住宅・建築物の老朽化、社会的ニーズの変化及び産業構造の変化等に伴い、居住その他の使用がなされていないことが常態である住宅その他の建築物又はこれに附属する工作物及びその敷地（立木その他の土地に定着する物を含む。）が年々増加している。このような空家等（空家等対策の推進に関する特別措置法（平成26年法律第127号）第2条第1項に規定する空家等をいう。以下同じ。）の中には、適切な管理が行われていない結果として安全性の低下、公衆衛生の悪化、景観の阻害等多岐にわたる問題を生じさせ、ひいては地域住民の生活環境に深刻な影響を及ぼしているものがある。

このような状況から、市町村（特別区を含む。以下同じ。）等の地方公共団体は、適切な管理が行われていない空家等に対して既存法や条例に基づき必要な助言・指導、勧告、命令等を行い適切な管理を促すとともに、それぞれの地域の活性化等の観点から、国の財政上の支援措置等を利用しながら空家等を地域資源として活用するなど地域の実情に応じた空家等に関する施策を実施してきた。

しかしながら、空家等がもたらす問題が多岐にわたる一方で、空家等の所有者又は管理者（以下「所有者等」という。）の特定が困難な場合があること等解決すべき課題が多いことを踏まえると、空家等がもたらす問題に総合的に対応するための施策の更なる充実を図ることが求められていたところである。

以上を踏まえ、適切な管理が行われていない空家等が防災、衛生、景観等の地域住民の生活環境に深刻な影響を及ぼしていることに鑑み、地域住民の生命、身体又は財産を保護するとともに、その生活環境の保全を図り、あわせて空家等の活用を促進するため、空家に関する施

策に関し、国による基本指針の策定、市町村による空家等対策計画の作成その他の空家等に関する施策を推進するために必要な事項を定めることにより、空家等に関する施策を総合的かつ計画的に推進し、もって公共の福祉の増進と地域の振興に寄与することを目的として、平成26年11月27日に、空家等対策の推進に関する特別措置法が公布され、平成27年5月26日の全面施行以降、全国の市町村において空家等対策の取組が進められてきた。

一方、その後も、空家等の数は増加を続けており、今後、更に増加が見込まれるところである。こうした中、周囲に悪影響を及ぼす倒壊の危険等がある空家等の除却等といった法施行後に進めてきた取組を一層円滑化するだけでなく、周囲に悪影響を及ぼすこととなる前の段階から空家等の活用や適切な管理を確保することが重要となっている。さらに、増加する空家等は、地域住民の生命、身体又は財産やその生活環境への影響にとどまらず、地域のまちづくりやコミュニティ維持など、地域における経済的社会的活動の促進を図る観点からも深刻な影響を及ぼしている。空家等を地域のニーズに応じて活用することで、社会的な付加価値を創出し、公共の福祉の増進や地域の活性化に繋げていく視点が必要となっている。

このような問題意識から、倒壊の危険等がある空家等の除却等の促進にとどまらず、空家等の適切な管理の確保や、その活用拡大に向けて、空家等対策の総合的な強化を図るため、令和5年6月14日に、空家等対策の推進に関する特別措置法の一部を改正する法律（令和5年法律第50号）が公布され、同年12月13日から、同法による改正後の空家等対策の推進に関する特別措置法（以下「法」という。）が施行されることとなった。

今後、増加する空家等がもたらす問題が一層深刻化することが懸念されることから、空家等の発生の抑制、活用の拡大、適切な管理の確保

330

資料②　空家等に関する施策を総合的かつ計画的に実施するための基本的な指針

及び除却等の促進に係る取組を強力に推進する
必要がある。

(1)　空家等の現状

　平成30年に総務省が実施した住宅・土地統計
調査（令和元年９月30日公表）によると、全国
の総住宅数は6,240万戸となっている一方、総世
帯数は5,400万世帯となっており、住宅ストック
が量的には充足していることが分かる。このう
ち空家※1の数は849万戸であり、全国の総住宅
数に占める割合は13.6％となっている。また使
用目的のない空家※2の数は349万戸に上ってい
る。これが全国の総住宅数に占める割合は5.6％
であるが、その数は過去20年間で約1.9倍に増加
しているところである。

　一方で、平成26年に空家等対策の推進に関す
る特別措置法が制定されて以降、全国の市町村
において、空家等対策計画（法第７条第１項に
規定する空家等対策計画をいう。以下同じ。）が
作成され※3、協議会（法第８条第１項に規定す
る協議会をいう。以下同じ。）が組織される※4
とともに、適切な管理が行われていない空家等
への対応として、法の規定に基づく措置のほか、
条例に基づく措置や所有者等が自ら行う空家等
の除却への補助等の市町村の取組により、約14.6
万物件（令和４年度末時点）の空家等について
除却、修繕等の対応がなされてきたところであ
る。

※1　住宅・土地統計調査における「空き家」とは、「賃貸
　　　用又は売却用の住宅」、「二次的住宅」及び「その他の住
　　　宅」を合計したものをいう。
※2　「使用目的のない空家」とは、住宅・土地統計調査に
　　　おける「その他の住宅」に属する空家をいい、「「賃貸用
　　　又は売却用の住宅」又は「二次的住宅」以外の住宅で、
　　　例えば転勤・入院などのために居住世帯が長期にわたっ
　　　て不在の住宅や建て替えなどのために取り壊すことに
　　　なっている住宅など」をいう。
※3　令和４年度末時点で全国の市町村の94％が既に作成
　　　済み又は作成予定あり。
※4　令和４年度末時点で全国の市町村の69％が既に組織
　　　済み又は組織予定あり。

(2)　空家等対策の基本的な考え方
①基本的な考え方

　適切な管理が行われていない空家等がもたら
す問題を解消するため、法第５条では、空家等
の所有者等は、周辺の生活環境に悪影響を及ぼ
さないよう、空家等の適切な管理に努めること

が規定され、また、土地基本法（平成元年法律
第84号）第６条において土地の所有者又は土地
を使用収益する権原を有する者は、同法第２条
から第５条までに定める土地についての基本理
念にのっとり、土地の利用及び管理並びに取引
を行う責務を有する旨規定されているように、
第一義的には空家等の所有者等が自らの責任に
より的確に対応することが前提である。その上
で、行政による対応としては、空家等の適切な
管理に係る啓発等による所有者等の意識の涵か
ん養と理解増進を図るとともに、関係制度の周
知により、特に所有者等の適切な管理に係る意
識が希薄となりやすい、所有者等が多数である
場合や遠方に居住している場合、建物の相続登
記が行われていない場合、敷地と建築物等の所
有者等が異なる場合等も含めて所有者等の自主
的な対応を求めることが重要となる。

　しかしながら、空家等の所有者等が、様々な
事情から自らの空家等の管理を十分に行うこと
ができず、その管理責任を全うしない場合等も
考えられる。そのような場合においては、所有
者等の第一義的な責任を前提としながらも、住
民に最も身近な行政主体であり、個別の空家等
の状況を把握することが可能な立場にある各市
町村が、地域の実情に応じて、地域活性化等の
観点から空家等の活用を図る一方、周辺の生活
環境に悪影響を及ぼし得る空家等については所
要の措置を講ずるなど、空家等に関する対策を
実施することが重要となる。法第５条では、空
家等の所有者等には、このような行政が実施す
る空家等に関する施策に協力するよう努めなけ
ればならないことを明確化している。

②市町村の役割

　法第４条第１項では、市町村の責務として、
空家等対策計画の作成及びこれに基づく空家等
に関する対策の実施その他の空家等に関して必
要な措置を適切に講ずるよう努めなければなら
ないことが規定されている。

　市町村は、関係内部部局間の連携、必要に応
じた協議会の組織、相談体制の整備等による法
の実施体制の整備に着手し、まず法第９条第１
項の調査等を通じて、各市町村内における空家
等の所在及び状態の実態把握並びにその所有者
等の特定を行うことが重要である。さらに、地
域の実情を踏まえ、空家等対策計画の作成を行

331

資　料

い、各地域内の空家等に対する行政としての基本姿勢を住民に対して示しつつ、重点的に空家等の活用の促進を図る区域として空家等活用促進区域（法第7条第3項に規定する空家等活用促進区域をいう。以下同じ。）や、同区域における空家等活用促進指針（法第7条第3項に規定する空家等活用促進指針をいう。以下同じ。）を定めることについても併せて検討する。

また、管理不全空家等（法第13条第1項に規定する管理不全空家等をいう。以下同じ。）については、法第13条に基づく必要な措置を、特定空家等（法第2条第2項に規定する特定空家等をいう。以下同じ。）については、法第22条に基づく必要な措置を講ずることが重要である。管理不全空家等及び特定空家等に対するこれらの措置を講ずるためには、空家等施策担当部局は、必要に応じて、市町村内の建築部局と連携することが重要であるが、市町村内に建築部局が存在しない場合であっても、協議会や、空家等管理活用支援法人（法第23条第1項に規定する空家等管理活用支援法人をいう。以下同じ。）その他建築等に関して専門的な知見を有する者の知見等を活用することが考えられる。

相続人が不存在であったり、所有者等の居所が不明である場合など、空家等の状態の改善が期待できない場合等には、その状態に応じて、法第14条に基づき、相続財産の清算人等の選任を裁判所に請求することを検討する。

なお、市町村は法第7条第13項又は第14項に基づき、都道府県知事に対し、空家等対策計画の作成及び変更並びに実施に関し、情報の提供、技術的な助言その他の必要な援助を求めることができることとされている。

また、空家等対策を行う上では、地域の空家等対策に取り組む特定非営利活動法人（特定非営利活動促進法（平成10年法律第7号）第2条第2項に規定する特定非営利活動法人をいう。以下同じ。）等の民間団体と連携することが有効と考えられる。法第23条第1項に基づき、こうした民間団体の申請により、空家等管理活用支援法人を指定することも検討する。このほか、必要に応じて、2(5)に記載するように、地方住宅供給公社、独立行政法人都市再生機構又は独立行政法人住宅金融支援機構と連携することや、事務の委託、事務の代替執行等の地方公共

団体間の事務の共同処理の仕組みを活用することにより、市町村の事務負担の軽減を図りながら、効率的に空家等対策を推進する視点も重要である。

③都道府県の役割

法第4条第2項では、都道府県の責務として、空家等対策計画の作成及び変更並びに実施その他空家等に関し法に基づき市町村が講ずる措置について、当該市町村に対する情報の提供及び技術的な助言、市町村相互間の連絡調整その他必要な援助を行うよう努めなければならないことが規定されている。

具体的には、例えば都道府県内の市町村間での空家等対策の情報共有への支援、空家等対策を推進している都道府県内市町村相互間の意見交換の場の設置、協議会の構成員の仲介又はあっせんや、必要な場合における空家等対策を行う上での事務の委託、事務の代替執行等が考えられる。また、市町村に対して必要な援助を行うに際し、都道府県内の関係部局の連携体制を構築することが望ましい。

特に建築部局の存在しない市町村に対しては、例えば管理不全空家等や特定空家等に該当するか否かの判断、法第13条に基づく指導若しくは勧告又は法第22条に基づく助言・指導若しくは勧告等の実施に当たり困難を来している場合における技術的な助言を実施したりするほか、都道府県の建築部局による専門技術的なサポートを受けられるような体制整備を支援したり、協議会への参画を通じた協力をすることも考えられる。また、法第26条第1項に基づき、都道府県内で活動する空家等管理活用支援法人に対し、その業務の実施に関し必要な情報の提供等を行うことが考えられる。

さらに、市町村が住民等からの空家等に関する相談に対応するための体制を整備するに際し、宅地建物取引業者等の関係事業者団体や建築士等の関係資格者団体、地域の空家等対策に取り組む特定非営利活動法人等の団体との連携を支援することも考えられる。

また、空家等活用促進区域内において、6(2)に述べる建築基準法（昭和25年法律第201号）の特例が措置される場合や、都市計画法（昭和43年法律第100号）又は農地法（昭和27年法律第229号）の規定による処分に係る空家等の活用の

332

促進についての配慮の対象となる場合には、都道府県は、建築基準法上の特定行政庁（同法第2条第35号に規定する特定行政庁をいう。以下同じ。）として、また、都市計画法や農地法の許可権者として、市町村から協議等を受けることがある。都道府県においては、関係法令の趣旨を踏まえつつ、積極的に当該協議等に応じるとともに、空家等活用促進区域内における許可等の処分に当たって適切に配慮することが期待される。

このほか、都道府県は国とともに、市町村が行う空家等対策計画に基づく空家等に関する対策の適切かつ円滑な実施に資するため、空家等に関する対策の実施に要する費用に対する補助など必要な財政上の措置等を講ずるものとされている（法第29条）。

④国の役割

法第3条では、国の責務として、空家等に関する施策を総合的に策定し、及び実施すること（同条第1項）、地方公共団体その他の者が行う空家等に関する取組のために必要となる情報の収集及び提供その他の支援を行うこと（同条第2項）、広報活動、啓発活動その他の活動を通じて、空家等の適切な管理及びその活用の促進に関し、国民の理解を深めること（同条第3項）が規定されている。

国は、空家等に関する施策を総合的かつ計画的に実施するため、本基本指針を定め、国の関係行政機関内において、空家等対策の必要性や空家等の活用の有効性についての認識の共有を図ることに加え、法の内容について、地方公共団体等に対して具体的に周知を図りつつ、法第13条又は第22条に基づく市町村長（特別区の区長を含む。以下同じ。）による管理不全空家等又は特定空家等に対する措置に関し、その適切な実施を図るために必要な指針（「管理不全空家等及び特定空家等に対する措置に関する適切な実施を図るために必要な指針」（令和5年12月13日最終改正。以下「ガイドライン」という。）等により、市町村による空家等対策の適切な実施を支援することとする。

また、法第29条のとおり、国は市町村が行う空家等対策計画に基づく空家等に関する対策の適切かつ円滑な実施に資するため、空家等に関する対策の実施に要する費用に対する補助、地方交付税制度の拡充など必要な財政上の措置や必要な税制上の措置その他の措置を講ずるものとされているところ、例えば市町村が空家等対策計画の作成のため空家等の実態調査を行う場合、空家等の所有者等に対してその除却や活用に要する費用を補助する場合、代執行に要した費用の回収が困難な場合、代執行等の措置の円滑化のための法務的手続等を行う場合等について、当該市町村を交付金制度や補助制度により支援するほか、市町村が取り組む空家等に関するデータベースの整備、空家等相談窓口の設置、空家等対策計画に基づく空家等の活用・除却等に要する経費について特別交付税措置を講ずる等、空家等対策を実施する市町村を支援することとする。

さらに、空家等の活用や、適切な管理、除却の促進に関し、国民の理解を深めるため、都道府県や市町村はもとより、民間団体とも連携して、パンフレットやウェブサイトを用いた情報提供に加え、動画配信や説明会の開催等を積極的に行うことに努めることとする。

2 実施体制の整備

空家等対策を市町村が効果的かつ効率的に実施するためには、空家等の調査・確認、管理不全空家等や特定空家等と認められる空家等に対する措置などに不断に取り組むための体制を整備することが重要であることから、市町村は、空家等対策に関係する内部部局の連携体制や空家等の所有者等からの相談を受ける体制の整備を図るとともに、必要に応じて協議会の組織を推進する。

(1) 市町村内の関係部局による連携体制

空家等がもたらす問題を解消するには、防災、衛生、景観等多岐にわたる政策課題に横断的に応える必要がある。また、空家等の活用に向けては、中心市街地の活性化や、移住・定住、二地域居住、観光振興、福祉増進、コミュニティ維持、まちづくりなどの政策課題において様々な需要が考えられるが、その的確な把握を進めるためには、市町村内の関係部局間の連携が不可欠である。このため、建築・住宅部局、景観部局、観光部局、まちづくり部局、都市計画部局（又は土地利用規制部局）、農林水産部局、所有者不明土地等対策部局、福祉部局、税務部局、

333

資　料

法務部局、消防部局、防災・危機管理部局、環境部局、水道部局、商工部局、市民部局、財政部局等の関係内部部局が連携して空家等対策に対応できる体制の構築を推進することが望ましい。

特に建築部局の参画は、空家等が管理不全空家等や特定空家等か否かの判断やその対応策を検討する観点から重要である。また、空家等活用促進区域において、建築基準法や都市計画法に係る特例等を講ずる際には、当該市町村が建築基準法上の特定行政庁や都市計画法上の許可権者である場合をはじめとして、市町村内の建築部局やまちづくり部局、都市計画部局（又は土地利用規制部局）等との協議等が必要となる場合があるため、これらの部局等との連携体制を構築しておくことが望ましい。

また、空家等と所有者不明土地等は、地域によっては同時に存在している場合も多く、課題や対策も共通するところである。例えば、空家等と所有者不明土地等が隣接して別々に所有されており、それぞれ単独での活用が難しい場合に、両者を一体として活用し、保育所など子育て支援施設や公園を整備することが一つの解決策となることもある。このため、国においては「空き家対策と所有者不明土地等対策の一体的・総合的推進（政策パッケージ）」（令和5年2月27日所有者不明土地等対策の推進のための関係閣僚会議報告）を策定しているが、その趣旨を踏まえ、空家等対策と所有者不明土地等対策を担当する部局が連携し、効果的な対策を講ずることが重要である。

さらに、税務部局の参画は、特に空家等の敷地について住宅用地に係る固定資産税及び都市計画税の課税標準の特例措置（以下「固定資産税等の住宅用地特例」という。）の適切な運用を図る観点から、また、法務部局の参画は、所有者等が不明である空家等に対してどのような対処方針で臨むかを検討する観点から、それぞれ重要である。

(2)　協議会の組織

市町村は、空家等対策計画の作成及び変更並びに実施に関する協議を行うための協議会を組織することができ、その構成員としては「市町村長（特別区の区長を含む。以下同じ。）のほか、地域住民、市町村の議会の議員、法務、不動産、建築、福祉、文化等に関する学識経験者その他の市町村長が必要と認める者をもって構成する。」ものとされている（法第8条第2項）。なお、市町村長を構成員としつつも、協議の内容に応じて、本人ではなく、市町村長より委任された者が参画するなど、必要に応じて柔軟な運営方法とすることも可能である。

このほかの協議会の構成員として、具体的には弁護士、司法書士、行政書士、宅地建物取引士、不動産鑑定士、土地家屋調査士、建築士、社会福祉士等の資格を有して地域の福祉に携わる者、郷土史研究者、大学教授・教員等、自治会役員、民生委員、警察職員、消防職員、法務局職員、道路管理者等公物管理者、空家等管理活用支援法人をはじめとする地域の空家等対策に取り組む特定非営利活動法人等の団体が考えられる。これに加え、都道府県や他市町村の建築部局やまちづくり部局、都市計画部局（又は土地利用規制部局）など、(1)で述べた空家等対策に関連する部局等に対して協力を依頼することも考えられる。

この協議会は、法に規定されているとおり、空家等活用促進区域や空家等活用促進指針に係る事項を含め、空家等対策計画の作成及び変更に関する協議を行うほか、同計画の実施の一環として、例えば、市町村長が管理不全空家等や特定空家等に対する措置を講ずるに当たって参考となる、

①空家等が管理不全空家等又は特定空家等に該当するか否かの判断の基準
②空家等の調査及び特定空家等と認められるものに対する立入調査等の方針
③管理不全空家等又は特定空家等に対する措置の方針

などに関する協議を行うための場として活用することも考えられる。また、協議会における協議の過程で空家等の所有者等の氏名、住所などの情報を取り扱うに当たっては、協議会の構成員は、個人情報の保護に関する法律（平成15年法律第57号。以下「個人情報保護法」という。）に基づき、当該情報を適正に取り扱う必要がある。

また、協議会を設置するに当たっては、1市町村に1つの協議会を設置するほか、例えば1つの市町村が複数の協議会を設置したり、複数

の市町村が共同して１つの協議会を設置したりすることも可能である。

(3) 空家等の所有者等及び周辺住民からの相談体制の整備

法第12条には「市町村は、所有者等による空家等の適切な管理を促進するため、これらの者に対し、情報の提供、助言その他必要な援助を行うよう努めるものとする。」と規定されている。本規定を踏まえ、例えば自ら所有する空家等をどのように活用し、又は除却等すればよいかについての相談や、引っ越し等により今後長期にわたって自宅を不在にせざるを得ない場合における管理等についての相談を当該住宅等の所有者等から受ける場合が想定されるため、市町村はその要請に迅速に対応することができる体制を整備することが適切である。体制整備に当たっては、管理不全空家等や特定空家等に対する措置に係る近隣住民等からの相談は市町村を中心に対応しつつ、空家等の管理や活用の方法を巡る空家等の所有者等からの専門的な相談については、空家等管理活用支援法人のほか、宅地建物取引業者等の関係事業者団体や建築士等の関係資格者団体、地域の空家等対策に取り組む特定非営利活動法人等の団体と連携して対応するものとすることも考えられる。

また、空家等の所有者等に限らず、例えば空家等の所在地の周辺住民からの当該空家等に対する様々な苦情や、移住・定住、二地域居住又は住み替えを希望する者からの空家等の活用の申入れに対しても、上記のような体制を整備することが適切である。

(4) 空家等管理活用支援法人の指定

空家等の所有者等にとって、空家等の管理や活用等に係る情報を容易に入手することや、その方法を相談することができる環境は必ずしも十分でない。一方、多くの市町村では、人員等が不足しており、所有者等への相談対応等が十分にできない場合が想定される。

市町村長は、法第23条第１項に基づき、特定非営利活動法人、一般社団法人、一般財団法人又は空家等の管理若しくは活用を図る活動を行うことを目的とする会社であって、法第24条各号に掲げる業務を適正かつ確実に行うことができると認められるものを空家等管理活用支援法人として指定することができる。空家等管理活

用支援法人には、市町村における人員等の不足を補い、同法人が有する空家等の管理又は活用に係る専門的知見やネットワークを活かして、空家等の所有者等や空家等の活用を希望する者に対する相談対応、普及啓発等を行う役割が期待されるところである。具体的には、(3)に述べたような相談対応を行うことや、所有者等の委託に基づき、空家等管理活用支援法人が自ら空家等の管理や活用を行うことのほか、市町村等の委託に基づき、空家等の所有者等の探索を行うこと、空家等の所有者等に向けて普及啓発を行うこと等の役割が期待されるところである。市町村の実情やニーズに応じて、空家等管理活用支援法人を指定し、このような空家等対策を進めるための体制を整備することが適切である。同法人の指定に係る考え方等については、別途定めている空家等管理活用支援法人の指定等の手引きにおいて示している。

(5) 地方住宅供給公社、都市再生機構、住宅金融支援機構との連携

①地方住宅供給公社

法第19条第１項に基づき、地方住宅供給公社は、地方住宅供給公社法（昭和40年法律第124号）第21条に規定する業務のほか、空家等活用促進区域内において、空家等対策計画を作成している市町村（以下「計画作成市町村」という。）からの委託に基づき、空家等の活用のために行う改修、当該改修後の空家等の賃貸その他の空家等の活用に関する業務を行うことができる。

地方住宅供給公社は、公的機関としての信頼性を持ちつつ、地域における住宅の改修、賃貸、管理等に関する豊富な経験・ノウハウ等を有しており、計画作成市町村は、必要に応じて、地方住宅供給公社との連携体制を構築することが適切である。

②都市再生機構

法第20条に基づき都市再生機構は、独立行政法人都市再生機構法（平成15年法律第100号）第11条第１項に規定する業務のほか、計画作成市町村からの委託に基づき、空家等活用促進区域内における空家等及び空家等の跡地の活用により地域における経済的社会的活動の促進を図るために必要な調査、調整及び技術の提供の業務を行うことができる。

資　料

空家等活用促進区域では、地域における経済的社会的活動の促進のため、まちづくりの観点から空家等を活用し、宿泊施設や観光案内所等の施設を整備するような事例も想定される。こうした施設の整備に当たっては、事業スキームの検討や関係者との合意形成といった、まちづくりに係る専門的な知見等が必要とされる。都市再生機構は、都市再生業務を通じて、このような専門的な知見等を有していることから、計画作成市町村は、必要に応じて、都市再生機構との連携体制を構築することが適切である。

③住宅金融支援機構

法第21条に基づき、住宅金融支援機構は、独立行政法人住宅金融支援機構法（平成17年法律第82号）第13条第1項に規定する業務のほか、市町村又は空家等管理活用支援法人からの委託に基づき、空家等及び空家等の跡地の活用の促進に必要な資金の融通に関する情報の提供その他の援助を行うことができる。

空家等の所有者等が、空家等の活用や除却に要する資金の調達方法を検討するために必要な情報を十分に把握できず、適切な対応を進めることができない状況を改善するためには、住宅ローンに係る情報や金融機関・地方公共団体との広範なネットワークを有している住宅金融支援機構の積極的な関与が有効である。このため、住宅金融支援機構においては、各金融機関が提供する「空家の活用・除却の資金に充てることができるローン」を一元化して空家等の所有者等に情報提供することや、先進的な地域の取組の内容を全国的に周知すること等の事業を実施することにより、金融面からも空家等対策に取り組みやすい環境づくりを進めるものとし、市町村は、必要に応じて、住宅金融支援機構との連携体制を構築することが適切である。

3　空家等の実態把握

(1)　市町村内の空家等の所在等の把握

市町村が空家等対策を効果的かつ効率的に実施するためには、既存の統計資料等も活用しつつ、まず各市町村の区域内の空家等の所在やその状態等を把握することが重要である。

空家等は、法第2条第1項において「建築物又はこれに附属する工作物であって居住その他の使用がなされていないことが常態であるもの

及びその敷地（立木その他の土地に定着するものを含む。）をいう。」と定義されている。ここでいう「建築物」とは建築基準法第2条第1号の「建築物」と同義であり、土地に定着する工作物のうち、屋根及び柱又は壁を有するもの（これに類する構造のものを含む。）に附属する門又は塀等をいい、また「これに附属する工作物」とはネオン看板など門又は塀以外の建築物に附属する工作物が該当する。

市町村はその区域内の建築物又はこれに附属する工作物（以下「建築物等」という。）のうち「居住その他の使用がなされていないことが常態であるもの」を空家等と判断し、この法律を適用することとなる。「居住その他の使用がなされていないこと」とは、人の日常生活が営まれていない、営業が行われていないなど当該建築物等を現に意図をもって使い用いていないことをいうが、このような建築物等の使用実態の有無については、法第9条第1項の調査を行う一環として、調査時点での建築物等の状況を基に、建築物等の用途、建築物等への人の出入りの有無、電気・ガス・水道の使用状況及びそれらが使用可能な状態にあるか否か、建築物等及びその敷地の登記記録並びに建築物等の所有者等の住民票の内容、建築物等の適切な管理が行われているか否か、建築物等の所有者等によるその利用実績についての主張等から客観的に判断することが望ましい。

また、「居住その他の使用がなされていない」ことが「常態である」とは、建築物等が長期間にわたって使用されていない状態をいい、例えば概ね年間を通して建築物等の使用実績がないことは1つの基準となると考えられる。

調査の結果、空家等に該当する建築物等については、4で述べるとおり、データベースとして整備等しておくことが重要である。

なお、「国又は地方公共団体が所有し、又は管理する」建築物等については、通常は各法令に基づき適切に管理されることが想定され、またその活用についても、多くの場合は当該建築物等を管理する国又は地方公共団体の責任において行われる実態に鑑み、空家等から明示的に除外されている。

また、空家等のうち、「適切な管理が行われていないことによりそのまま放置すれば特定空家

資料② 空家等に関する施策を総合的かつ計画的に実施するための基本的な指針

等に該当することとなるおそれのある状態にある」と認められるもの（法第13条第1項）については管理不全空家等に、「そのまま放置すれば倒壊等著しく保安上危険となるおそれのある状態又は著しく衛生上有害となるおそれのある状態、適切な管理が行われていない状態により著しく景観を損なっている状態その他周辺の生活環境の保全を図るために放置することが不適切である状態にあると認められる」もの（法第2条第2項）については特定空家等に該当することとなるが、どのような空家等が管理不全空家等や特定空家等に該当するか否かを判断する際に参考となる基準等については、ガイドラインにおいて別途定めている。

(2) **空家等の所有者等の特定及び意向の把握**

空家等の所在等を把握した市町村においては、次に当該空家等の所有者等を特定するとともに、必要に応じて当該所有者等がその所有する空家等をどのように活用し、又は除却等しようとする意向なのかについて、併せて把握することが重要である。なお、敷地と建築物等の所有者等が異なる場合においても、その敷地の所有者等は空家等の所有者等に含まれることに留意する。

空家等の所有者等を特定し、その意向を把握するためには、⑶で述べる手段を用いて所有者等を確知し、当該所有者等に対して法第9条第1項に基づき聞き取り調査等を行うことが重要である。また、特定空家等の所有者等に対する指導等を行う上で必要な場合には、法第9条第2項に基づき、報告徴収や立入調査を行うことも可能である。

(3) **空家等の所有者等に関する情報を把握する手段**

市町村長が⑵の調査を通じて空家等の所有者等の特定を行うためには、

空家等の所在する地域の近隣住民等への聞き取り調査に加え、法務局が保有する当該空家等の不動産登記簿情報及び市町村が保有する空家等の所有者等の住民票情報や戸籍謄本等を利用することが考えられる。これらの情報は、いずれも不動産登記法（平成16年法律第123号）、住民基本台帳法（昭和42年法律第81号）、戸籍法（昭和22年法律第224号）等既存の法制度により入手可能なものであるが※5、市町村長は法第10条第3項に基づき「この法律の施行のために必

要があるときは、関係する地方公共団体の長、空家等に工作物を設置している者その他の者に対して、空家等の所有者等の把握に関し必要な情報の提供を求めることができる。」こととされている。例えば空家等の不動産登記簿情報については関係する法務局長に対して、必要な不動産登記簿情報の提供を求めることができる。また、同項に基づき、電気、ガス等の供給事業者に、空家等の電気、ガス等の使用者に係る情報の提供を求めること等も可能である。例えば、「空家等に工作物を設置している者」として、電気メーターを設置している電気事業法（昭和39年法律第170号）第2条第1項第9号に規定する一般送配電事業者や、ガスメーターを設置しているガス事業法（昭和29年法律第51号）第2条第6項に規定する一般ガス導管事業者に対して、電気、ガスの使用者と直接契約を締結している小売事業者等の情報の提供を求めた上で、「その他の者」として、当該小売事業者等に対して電気、ガスの使用者に係る情報の提供を求めることが考えられる。このほか、「その他の者」として、郵便事業を行う者に郵便の転送先情報の提供を求めること等も可能である。これらの者に対して情報の提供を求める方法については、別途通知等において示している。

また、空家等対策の推進に関する特別措置法の制定以前は、固定資産税の納税者等に関する固定資産課税台帳については、地方税法（昭和25年法律第226号）第22条により、同台帳に記載された情報を空家等対策に活用することは秘密漏えい罪に該当するおそれがあることから、たとえ同じ市町村の他部局に対してであっても、税務部局が同台帳に記載された情報の提供を行うことは原則としてできないものとされてきた。しかしながら、固定資産税台帳に記載された情報のうち空家等の所有者等に関するものは、空家等の所有者等を特定する上では不動産登記簿情報等と並んで有力な手段であることから、法第10条第1項により、この法律の施行のために必要な限度において、固定資産課税台帳に記載された空家等の所有者等に関する情報を空家等対策のために市町村の内部で利用することができることとなっている。また、同条第2項により、都が保有する固定資産課税台帳に記載された空家等の所有者等に関する情報について、

337

資　料

特別区の区長から提供を求められたときは、都知事は速やかに当該情報の提供を行うものとすることとなっている。

なお、固定資産税の課税その他の事務のために利用する目的で保有する情報については、固定資産課税台帳に記載された情報に限らず、空家等の所有者等の氏名、住所等の情報で、法に基づき各市町村が空家等対策のために必要となる情報については、法の施行のために必要な限度において、市町村長は法第10条第1項に基づき内部で利用することが可能である。例えば、市町村の福祉部局等がその事務のために利用する目的で保有する情報のうち、介護保険に関する事務、国民健康保険に関する事務、後期高齢者医療制度に関する事務、生活保護に関する事務等のために利用する目的で保有する被保険者等や申請代行者等の氏名、住所・居所等の情報について、法の施行のために必要な限度において空家等施策担当部局に提供することが可能である。

一方で、これらの手段をもってしても空家等の所有者等が把握できない場合や、所有者等が把握できたとしても所在を特定できない場合、所有者等が外国に居住しており所在を特定できない場合など、法第22条第10項に規定する「過失がなくてその措置を命ぜられるべき者を確知することができないとき」に該当するときは、同項に規定する代執行を行うことが可能であるが、当該規定の要件に適合するか否かを判断する際に参考となる基準等については、空家等の所有者等の探索方法とともに、ガイドラインにおいて別途定めている。

※5　地域の自主性及び自立性を高めるための改革の推進を図るための関係法律の整備に関する法律（令和4年法律第44号）により、住民基本台帳法が改正され、令和4年8月から住民基本台帳ネットワークシステムを利用して、法第9条第1項の規定に基づく空家等の所有者等の最新の住所の探索を行うことが可能となった。また、地域の自主性及び自立性を高めるための改革の推進を図るための関係法律の整備に関する法律（令和5年法律第58号）により、戸籍法が改正されたところであり、令和6年3月1日より、市町村が戸籍情報連携システムを利用した公用請求により他市町村の戸籍情報を取得することが可能となる。

4　空家等に関するデータベースの整備等

市町村長が調査の結果空家等として把握した建築物等については、法第11条に基づき「データベースの整備その他空家等に関する正確な情報を把握するために必要な措置を講ずるよう努めるものとする。」とされている。3(1)で述べたとおり、市町村においては、同条に基づき、例えば空家等の所在やその状態等を一覧にしたものを市町村内の内部部局間で常時確認できるような状態にしておくなど、空家等の所在等について市町村内の関係部局が情報共有できる環境を整備するよう努めるものとする。この場合、電子媒体による不動産登記簿情報等の入手や、空き家バンク（空家等情報を提供するサービス）の活用等を行う際の効率化のために、データベース化することが重要である。

このデータベースには空家等の所在地、現況、所有者等の氏名などについて記載することが考えられるが、これらに加えて、空家等のうち、空家等活用促進区域内にある空家等のほか、管理不全空家等や特定空家等に該当するものについては、データベース内にこれらの空家等に該当する旨並びに市町村長による当該空家等に対する措置等の内容及びその履歴についても併せて記載する等により、継続的に把握していく必要がある。

なお、上記情報については、個人情報保護法に基づき適正に取り扱う必要がある。また、市町村によっては、その区域内の空家等に関する全ての情報についてデータベース化することが困難な場合も考えられる。そのような場合であっても、管理不全空家等又は特定空家等に係る敷地については、9(2)②で述べるとおり固定資産税等の住宅用地特例の対象から除外される場合があり、また、今後人の居住の用に供される見込みがないと認められる家屋の敷地に対しては、そもそも固定資産税等の住宅用地特例は適用されないこととなるため、その点で税務部局と常に情報を共有する必要があることから、少なくとも管理不全空家等又は特定空家等に該当する建築物等についてはデータベース化することが必要である。

また、法第11条に基づきデータベース化の対象とされた空家等のうち、「建築物を販売し、又は賃貸する事業を行う者が販売し、又は賃貸するために所有し、又は管理する」空家等については、その対象から除外されている。これは、

資料2 空家等に関する施策を総合的かつ計画的に実施するための基本的な指針

いわゆる空き物件に該当する空家等については、宅地建物取引業者等により適切に管理されていると考えられる上、空き物件たる空家等の活用もこれら業者等により市場取引を通じて図られることから、市町村による空家等対策の対象とする必要性が小さく、したがってデータベースの対象とする実益に乏しいと考えられるためである。しかしながら、たとえ空き物件に該当する空家等であったとしても、周辺の生活環境に悪影響を及ぼしているものについては、この法律の趣旨及び目的に照らし、市町村がその実態を把握しておくことが適切であると考えられることから、本条に基づくデータベースの対象となる。

5　空家等対策計画の作成

　空家等対策を効果的かつ効率的に推進するためには、各市町村において、空家等対策を総合的かつ計画的に実施するための計画を作成することが重要である。

　法第7条第1項に基づき、市町村が空家等対策計画を定める場合、同計画には①空家等に関する対策の対象とする地区及び対象とする空家等の種類その他の空家等に関する対策に関する基本的な方針、②計画期間、③空家等の調査に関する事項、④所有者等による空家等の適切な管理の促進に関する事項、⑤空家等及び除却した空家等に係る跡地の活用の促進に関する事項、⑥特定空家等に対する措置その他の特定空家等への対処に関する事項、⑦住民等からの空家等に関する相談への対応に関する事項、⑧空家等に関する対策の実施体制に関する事項及び⑨その他空家等に関する対策の実施に関し必要な事項を定めるものとする（同条第2項）。また、⑤空家等及び除却した空家等に係る跡地の活用の促進に関する事項として、空家等活用促進区域及び空家等活用促進指針に関する事項を定めることができる。

　空家等対策計画に定めるべき各項目の具体的な内容及び特に重要となる記載事項については二2で示すとおりであるが、同計画を定めるに当たっては、各市町村における空家等対策の全体像を住民が容易に把握することができるようにするとともに、空家等の活用や適切な管理の重要性及び管理不全空家等や特定空家等がもた

らす諸問題について広く住民の意識を涵かん養するように定めることが重要である。この観点から、空家等対策計画については定期的にその内容の見直しを行い、適宜必要な変更を行うよう努めるものとする。

　空家等対策計画は、所有者不明土地対策計画（所有者不明土地の利用の円滑化等に関する特別措置法（平成30年法律第49号）第45条第1項に規定する所有者不明土地対策計画をいう。）をはじめとする他の計画と一体的に作成することも考えられる。

　なお、空家等管理活用支援法人は、その業務を行うために必要があると認めるときは、市町村に対し、空家等対策計画の作成又は変更をすることを提案することができる（法第27条第1項）。この場合において、空家等管理活用支援法人は、当該提案に係る空家等対策計画の素案を作成して、これを提示する必要があるが、当該素案は、空家等管理活用支援法人の業務とどのように関係があるか、素案のとおり空家等対策計画を作成又は変更した場合にどのような効果が見込まれるか、素案のとおり作成又は変更しない場合にその業務を行う上でどのような問題があるか等について具体的に示すことが必要である。提案を受けた市町村は、その内容について十分に検討した上で、当該提案に基づいて空家等対策計画の作成又は変更をするか否かについて、遅滞なく、その提案をした空家等管理活用支援法人に通知する必要がある（法第27条第2項）。

6　空家等及びその跡地の活用の促進
(1)　空家等及びその跡地の活用

　空家等対策を推進する上では、各市町村がその跡地も含めた空家等を地域資源として活用すべく、今後の空家等の活用方策を検討することが重要である。このような観点から、法第15条は「市町村は、空家等及び空家等の跡地に関する情報の提供その他これらの活用のために必要な対策を講ずるよう努めるものとする。」と規定されている。

　空家等の中には、地域交流、地域活性化、福祉サービスの拡充等の観点から、地域貢献などに活用できる可能性のあるものも存在する。また、空家等を地域の集会所、井戸端交流サロン、

339

資　料

農村宿泊体験施設、住民と訪問客との交流スペース、移住希望者の住居、住宅確保要配慮者向けの住宅等として活用することも考えられる※6。

空家等を有効に活用するため、例えば、活用可能な空家等又はその跡地の情報について、その所有者の同意を得た上で、都道府県又は市町村の設置する空き家バンクや宅地建物取引業者等による周知・発信を通じて、広く当該空家等又はその跡地を購入又は賃借しようとする者に提供することが想定される。その際、都道府県又は市町村は空き家バンクについて、その物件情報の収集や専門家への取次等を含めた運営等に関し宅地建物取引業者等の関係事業者団体との連携に関する協定を締結することや「全国版空き家・空き地バンク」に参画することが考えられる。

さらに、空家等の跡地については、市街地環境の向上に資する敷地整序の促進、土地の適正な利用・管理に向けたマッチング・コーディネートや土地所有者等に代わる管理などの機能を担うランドバンクの取組との連携、所有者不明土地等対策との連携により、地域のまちづくりにおいて活用することが期待でき、例えば、密集市街地や漁業集落等の狭隘あいな地区における駐車場や防災にも資する広場として活用することも考えられる。

このような空家等及びその跡地の活用に当たっては、関係事業者団体等を空家等管理活用支援法人として指定し、同法人と連携して取り組むことが効果的であると考えられる。

このほか、空家等及びその跡地の活用時に、土地の境界が不明瞭であることが支障となる場合があるため、筆界確定を進めることが重要である。土地基本法では、土地所有者は、「土地の所有権の境界の明確化のための措置を適切に講ずるように努めなければならない」こととされており（同法第6条第2項）、国及び地方公共団体は、広報活動等を通じて、こうした土地所有者等の責務に係る国民の理解を深めるよう適切な措置を講ずるとともに、市町村等は、国土調査法（昭和26年法律第180号）に基づく地籍調査や、不動産登記法に基づく筆界特定制度の活用を通じて、筆界の確認を進めることが必要である。

※6　空家等の用途変更に当たっては、建築基準法、都市

計画法、景観法（平成16年法律第110号）、消防法（昭和23年法律第186号）、旅館業法（昭和23年法律第138号）等の関係法令を遵守する必要がある。

(2)　空家等活用促進区域の設定及び空家等活用促進指針の策定

中心市街地や地域再生の拠点など、地域の拠点となる区域において空家等が集積すると、当該地域の本来的機能を低下させてしまうおそれがある。また、空家等やその跡地を活用する上で、建築基準法上の接道等に係る規制が支障となっている場合もある。このような課題に対応するため、市町村は、法第7条第3項に基づき、中心市街地や地域再生拠点等の区域内の区域であって、当該区域内の空家等の数及びその分布の状況、その活用の状況その他の状況からみて当該区域における経済的社会的活動の促進のために当該区域内の空家等及びその跡地の活用が必要となると認められる区域（空家等活用促進区域）並びに同区域における空家等及びその跡地の活用の促進を図るための指針（空家等活用促進指針）に関する事項を空家等対策計画に定めることができる。

空家等活用促進区域内では、市町村長は、空家等の所有者等に対し、空家等活用促進指針に定められた空家等を誘導すべき用途（以下「誘導用途」という。）に供するために必要な措置を講ずることを要請することができる（法第16条第1項）ほか、特定行政庁との協議等を経て、建築基準法上の接道規制や用途規制の合理化を図ることができる（法第17条第1項及び第2項）。また、指定都市、中核市、施行時特例市以外の市町村が市街化調整区域（都市計画法第7条第1項に規定する市街化調整区域をいう。以下同じ。）の区域を含む空家等活用促進区域を定めるときは、あらかじめ、都道府県知事との協議をしなければならず、協議を経ることで、都道府県知事による都市計画法上の許可に当たり、協議の結果を踏まえた適切な配慮がなされることが期待される（法第18条第1項）。空家等対策計画は、都市計画法第6条の2の都市計画区域の整備、開発及び保全の方針及び同法第18条の2の市町村の都市計画に関する基本的な方針との調和が保たれることが必要である（法第7条第11項）。このため、例えば、市街化調整区

資料2 空家等に関する施策を総合的かつ計画的に実施するための基本的な指針

域の全域を、空家等活用促進区域に設定することは、市街化を抑制するという市街化調整区域の趣旨からして適切な運用ではないため、区域の設定にあたっては十分留意する必要がある。
このほか、国の行政機関の長又は都道府県知事は、空家等活用促進区域内の空家等について、誘導用途に供するため「農地法その他の法律の規定による許可その他の処分」を求められたときは、適切な配慮をするものとされている（法第18条第2項）。当該規定に基づく配慮としては、例えば、空家等と隣接する農地を一体的に売買等する際、農地を転用する必要がある場合には、農地法第4条又は第5条に基づく許可や、農業振興地域の整備に関する法律（昭和44年法律第58号）に基づく農用地区域（同法第8条第2項第1号に規定する農用地区域をいう。）からの除外に当たり、手続きの迅速化に係る配慮がなされることが想定される。このほかにも、空家等の活用上、他の法律に基づく処分が要されるものについては、必要に応じて、配慮を行うことが望ましい。
空家等活用促進区域及び空家等活用促進指針は、地域のまちづくり等にも大きく関わるものであるため、これらを定める際は、中心市街地の活性化や、移住・定住、二地域居住の推進、観光振興、福祉増進コミュニティ維持、まちづくりなどの政策課題に対応する市町村内の内部部局等と連携して取り組むことが望ましい。
こうした空家等活用促進区域の設定等に係る考え方については、別途定めている空家等活用促進区域の設定に係るガイドラインにおいて示している。

7　空家等の適切な管理に係る措置

所有者等による空家等の適切な管理を促進するため、市町村は、法第12条に基づき空家等の所有者等に対し、例えば、三に示す所有者等による空家等の適切な管理について指針となるべき事項（以下「管理指針」という。）に即した助言を行ったり、空家等を日頃管理することが難しい所有者等については、空家等を適切に管理する役務を提供する空家等管理活用支援法人等を紹介したりすることが考えられる。
その上で、法第13条第1項では、適切な管理が行われていないことによりそのまま放置すれ

ば特定空家等に該当するおそれのある状態にあると認められる空家等を管理不全空家等として、市町村長が、その所有者等に対し、管理指針に即し、当該管理不全空家等が特定空家等に該当することとなることを防止するために必要な措置をとるよう指導することができる。また、指導をしてもなお状態が改善されず、そのまま放置すれば特定空家等に該当することとなるおそれが大きいと認めるときは、修繕、立木竹の伐採その他の当該管理不全空家等が特定空家等に該当することとなることを防止するために必要な具体的な措置について勧告することができる（法第13条第2項）。
市町村長は、3で述べた方法等により把握した情報や住民等から提供を受けた情報等に基づき、ある空家等が管理不全空家等であると認められる場合には、早期に指導等を行うことが必要である。
また、法に基づく指導等の方法のほか、所有者等が不明であるなどの場合には、法第14条の規定に基づき、民法（明治29年法律第89号）の相続財産清算制度や、不在者財産管理制度、所有者不明建物管理制度、管理不全建物管理制度、管理不全土地管理制度を活用することが考えられる。なお、固定資産税の滞納があり市町村が債権を有しているなど、利害関係が認められる場合は、同条の規定によらず、民法の規定に基づき、利害関係人として財産管理人の選任を請求することも可能である。このうち、相続財産清算制度や不在者財産管理制度、所有者不明建物管理制度は、空家等の適切な管理のため特に必要があると認めるときは、管理不全空家等か否かに関係なく活用することができる。相続放棄されていたり、所有者が不明である空家等については、適切な管理がなされないことにより管理不全空家等となるおそれが大きいため、早期にこれらの制度を活用することを検討することが望ましい。
そのほか、空家等の所有者等の認知能力等が十分でなく、適切な管理等が期待できない場合には、本人の福祉を図る観点から市町村内の福祉部局とも連携して、民法の成年後見制度を活用することも考えられる。
なお、管理不全空家等であるか否かの判断に当たって参考となる基準や、指導、勧告の考え

341

資　料

方については、ガイドラインにおいて別途定め
ている。

8　特定空家等に対する措置

　特定空家等は、法第2条第2項に定義すると
おり、例えば現に著しく保安上危険又は著しく
衛生上有害な状態にあるもののほか、将来著し
く保安上危険又は著しく衛生上有害な状態にな
ることが予見されるものも含むものであり、広
範な空家等について特定空家等として法に基づ
く措置を行うことが可能である。市町村長は、
地域住民の生命、身体又は財産を保護するとと
もに、その生活環境の保全を図る観点から、こ
のような特定空家等の状態に応じて必要な措置
を講ずることが望ましい。なお、将来著しく保
安上危険又は著しく衛生上有害な状態になるこ
とが予見される空家等について参考となる考え
方の例や、特定空家等の状態に応じた措置のあ
り方については、ガイドラインにおいて定めて
いる。

　特定空家等に該当する建築物等については、
市町村長は、建築物等の詳細な現状を把握し、
周辺の生活環境の保全を図るためにどのような
措置が必要となるかについて迅速に検討するた
め、法第9条第2項に基づき、市町村職員又は
その委任した者（例えば建築士や土地家屋調査
士など）に特定空家等に該当すると認められる
空家等に対して立入調査をさせることができる
ほか、その所有者等に報告を徴収することがで
きる。また、この調査等の結果に基づき、市町
村長は特定空家等の所有者等に対し、必要な措
置を助言・指導、勧告及び命令することができ
る（法第22条第1項から第3項まで）とともに、
その措置を命ぜられた者がその措置を履行しな
いとき、履行しても十分でないとき又は履行し
ても期限内に完了する見込みがないときは、行
政代執行法（昭和23年法律第43号）の定めると
ころに従い、本来特定空家等の所有者等が履行
すべき措置を代執行することができる（同条第
9項）。災害その他非常の場合において、緊急に
除却等を行う必要がある場合には、命令及び命
令に付随する意見聴取手続等を経ることなく、
代執行を行うことが可能である（同条第11項）。
ただし、この場合にも、助言・指導及び勧告を
経ていることが必要であるため、常時から、措

置をとることの緊急性が見込まれる特定空家等
に対しては、助言・指導や勧告の措置を講じて
いることが重要である。このほか、法第22条は
特定空家等の所有者等に対して市町村長が必要
な措置を命ずる際に講ずるべき手続（同条第4
項から第8項まで並びに同条第13項及び第14
項）、所有者等を市町村長が確知することができ
ない場合における代執行に関する規定（同条第
10項）等を定めている。これらの代執行を行っ
た場合の費用については、国税滞納処分の例に
より、所有者等から費用を徴収することが可能
である（同条第9項及び第12項）。

　これに加え、7で管理不全空家等について述
べたように、所有者等が不明である場合等にお
いては、必要に応じて、財産管理制度等の活用
を検討することが望ましい。

　法第22条第16項に基づくガイドラインにおい
ては、どのような空家等が特定空家等に該当す
るか否かを判断する際に参考となる判断基準や
市町村長が特定空家等の所有者等に対して必要
な措置を助言・指導する段階から最終的には代
執行を行うに至る段階までの基本的な手続の内
容、特定空家等に残置された動産の取扱い等に
ついて定めている。各市町村長は、必要に応じ
てこのガイドラインを参照しつつ、各地域の実
情に応じた特定空家等に関する対策に取り組む
こととする。

　なお、特定空家等と認められる空家等に対し
て立入調査等や必要な措置を講ずるに当たって
は、市町村においては、建築・住宅部局、景観
部局、観光部局、まちづくり部局、都市計画部
局（又は土地利用規制部局）、農林水産部局、所
有者不明土地等対策部局、福祉部局、税務部局、
法務部局、消防部局、防災・危機管理部局、環
境部局、水道部局、商工部局、市民部局、財政
部局等の関係内部部局間の連携が一層求められ
る。

9　空家等に関する対策の実施に必要な財政
　上・税制上の措置
(1)　財政上の措置

　法第29条第1項においては「国及び都道府県
は、市町村が行う空家等対策計画に基づく空家
等に関する対策の適切かつ円滑な実施に資する
ため、空家等に関する対策の実施に要する費用

資料② 空家等に関する施策を総合的かつ計画的に実施するための基本的な指針

に対する補助、地方交付税制度の拡充その他の必要な財政上の措置を講ずるものとする。」と規定されている。

具体的には、例えば1(2)④で述べたような財政上の措置を国として講ずることとする。また、空家等を除却又は活用するに当たり必要となる費用の一部を市町村を通じて、又は都道府県から直接、それぞれ予算支援している都道府県も存在する。

以上を踏まえつつ、地域活性化や良好な居住環境の整備を促進する観点から、空家等の活用や除却等をはじめとする空家等対策に取り組む市町村を支援するため、国及び都道府県においては、市町村による空家等対策の実施に要する費用に対して引き続き財政上の措置を講ずるよう努めるものとする。

(2) 税制上の措置

法第29条第2項においては「国及び地方公共団体は、市町村が行う空家等対策計画に基づく空家等に関する対策の適切かつ円滑な実施に資するため、必要な税制上の措置その他の措置を講ずるものとする。」と規定されている。

①空家の発生を抑制するための税制上の特例措置（所得税・個人住民税の特例）

令和元年に国土交通省が実施した空家所有者実態調査（令和2年12月16日公表）によれば、周辺の生活環境に悪影響を及ぼし得る空家（住宅・土地統計調査における「その他の住宅」に該当する空家）の約78%は旧耐震基準の下で建築されたものであり、また平成30年における住宅の耐震化の進捗状況の推計値として国土交通省が令和2年5月に公表した数値を考慮すると、そのような空家のうち約53%が耐震性のない建築物であると推計されている。加えて、上述の令和元年空家所有者実態調査によれば、居住用家屋が空家となる最大の契機が相続時であることも判明している。

このような実態を踏まえ、空家が放置され、その結果周辺の生活環境に悪影響を及ぼすことを未然に防止する観点から、空家の最大の発生要因である相続に由来する古い家屋及びその敷地の活用を促進することにより空家の発生を抑制するため、租税特別措置法（昭和32年法律第26号）等において、税制上の特例措置が講じられている（平成28年4月1日創設）。具体的に

は、相続の開始の直前において被相続人の居住の用に供されていた家屋（昭和56年5月31日以前に建築された家屋（区分所有建築物を除く。）であって、当該相続の開始の直前において当該被相続人以外に居住をしていた者がいなかったものに限る。以下「被相続人居住用家屋」という。）及び当該相続の開始の直前において当該被相続人居住用家屋の敷地の用に供されていた土地等を当該相続により取得をした個人が、平成28年4月1日から令和9年12月31日までの間に譲渡（当該相続の開始があった日から同日以後3年を経過する日の属する年の12月31日までの間にしたものに限るものとし、当該譲渡の対価の額が1億円を超えるもの等を除く。）をした場合には、当該譲渡に係る譲渡所得の金額について居住用財産の譲渡所得の3,000万円特別控除を適用する（ただし、当該譲渡の対価の額と当該相続の時から当該譲渡をした日以後3年を経過する日の属する年の12月31日までの間に当該相続人が行った当該被相続人居住用家屋と一体として当該被相続人の居住の用に供されていた家屋又は土地等の譲渡の対価の額との合計額が1億円を超える場合を除く。）（租税特別措置法第35条第3項から第11項まで及び第14項。なお、個人住民税については地方税法附則第34条第2項及び第5項並びに第35条第2項及び第6項）。また、令和元年度（平成31年度）税制改正により、平成31年4月1日以降の譲渡について、老人ホーム等に入所をしたことにより被相続人の居住の用に供されなくなった家屋は、一定の要件を満たす場合に限り、相続の開始の直前において当該被相続人の居住の用に供されていた家屋として本特例措置を適用することとされた。さらに、令和5年度税制改正により、令和6年1月1日以降の譲渡について、譲渡後に被相続人居住用家屋の耐震改修又は除却を行う場合で、一定の要件を満たすときは、本特例措置を適用できることとされた。なお、本特例措置に関する事務手続等の詳細については、別途通知で定めている。

②管理不全空家等及び特定空家等に対する固定資産税等の住宅用地特例の取扱い（固定資産税・都市計画税）

現在、人の居住の用に供する家屋の敷地のうち一定のものについては、地方税法第349条の3

343

資　料

の2及び第702条の3に基づき、当該敷地の面積に応じて、その固定資産税の課税標準額を6分の1（200㎡以下の部分の敷地）又は3分の1（200㎡を超える部分の敷地）とするとともに、その都市計画税の課税標準額を3分の1（200㎡以下の部分の敷地）又は3分の2（200㎡を超える部分の敷地）とする特例措置（固定資産税等の住宅用地特例）が講じられている。この固定資産税等の住宅用地特例が、管理状況が悪く、人が住んでいない家屋の敷地に対して適用されると、当該家屋を除却した場合※7と比べて固定資産税等が軽減されてしまうため、空家の除却や適切な管理が進まなくなる可能性があるとの指摘が存在する。

　空家等の中でも、管理不全空家等及び特定空家等については、法に基づく勧告等の措置の対象となるものであり、その適切な管理や除却を促すことは喫緊の課題である。また、管理不全空家等及び特定空家等は、住民の日常生活に必要と認められる住宅用地の税負担を軽減するという住宅用地特例の本来の趣旨からも外れると考えられる。以上を踏まえ、地方税法において、固定資産税等の住宅用地特例の対象から、法第13条第2項又は法第22条第2項の規定により所有者等に対し勧告がされた管理不全空家等又は特定空家等の敷地の用に供されている土地を除くこととされている（地方税法第349条の3の2第1項等）。

　なお、空家等であるか否かとは別に、本来、家屋の使用若しくは管理の状況又は所有者等の状況等から客観的にみて、当該家屋について、構造上住宅と認められない状況にある場合、使用の見込みはなく取壊しを予定している場合又は居住の用に供するために必要な管理を怠っている場合等で今後人の居住の用に供される見込みがないと認められる場合には、住宅には該当しないものであるため、そうした家屋の敷地についてはそもそも固定資産税等の住宅用地特例は適用されない。したがって、空家等対策で得られた情報について、税務部局（特別区にあっては東京都の税務部局）と情報共有し、連携して必要な対応を行うことが重要となる。

※7　固定資産税等の住宅用地特例が適用されない場合の税額は、課税標準額の上限を価格の7割とするなどの負担調整措置及び各市町村による条例減額制度に基づき決

定されることとなる。

二　空家等対策計画に関する事項

　市町村は、協議会を設置した場合には当該協議会の構成員等から意見を聴取するとともに、必要に応じて都道府県からの情報提供や技術的な助言を受けつつ、各市町村の区域内で必要となる空家等に関する対策を総合的かつ計画的に実施するため、本基本指針に即して、法第7条第2項に掲げる事項を定めた空家等対策計画の作成を推進すべきである。

　その際、一3で述べたとおり、各市町村内における空家等の実態を的確に把握した上で、空家等対策計画における目標を設定するとともに、定期的に当該目標の達成状況を評価し、適宜同計画の改定等の見直しを行うことが望ましい。

1　効果的な空家等対策計画の作成の推進

　効果的な空家等対策計画を作成するためには、各市町村内における防災、衛生、景観等に加え、地域の経済的社会的活動の促進の観点から空家等がもたらす問題に関係する内部部局が連携し、空家等に関する対策を分野横断的に記載した総合的な計画を作成することが重要である。また、周辺の生活環境に深刻な影響を及ぼしている空家等に対処するだけでなく、こうした空家等のそもそもの発生又は増加を抑制する観点から、四で述べるような施策等も含めた形で作成することが望ましい。

2　空家等対策計画に定める事項

⑴　空家等に関する対策の対象とする地区及び対象とする空家等の種類その他の空家等に関する対策に関する基本的な方針

　各市町村における空家等に関する対策について、各市町村長が把握した空家等の数、実態、分布状況、周辺への悪影響の度合いの状況や、これまでに講じてきた空家等対策等を踏まえ、空家等に関する政策課題をまず明らかにした上で、空家等対策の対象地区、対象とする空家等の種類（例えば空き住居、空き店舗など）や今後の空家等に関する対策の取組方針について記載する。

　特に、空家等対策の対象地区を定めるに当たっては、各市町村における空家等の数や分布状

344

況、これらの今後の見込み等を踏まえ、空家等の適切な管理の確保、活用の拡大及び除却等の促進といった総合的な空家等対策を重点的に推進するべき地区を定めることが考えられるほか、空家等の活用が特に必要と認められる区域については、空家等活用促進区域として定めることが適切である。また、対象とする空家等の種類は、市町村長による空家等調査の結果、どのような種類の建築物が空家等となっているかを踏まえ、どの種類の空家等から対策を進めていくかの優先順位を明示することが考えられる。

これらの記載により、各市町村における空家等対策の今後の基本的な方針を、住民にとって分かりやすいものとして示すことが望ましい。

なお、空家等対策計画の作成に当たっては、必ずしも初めから市町村の区域全体の空家等の調査を行うことが求められるわけではない。例えば、各市町村における中心市街地や郊外部の住宅団地等の中で、既に空家等の存在が周辺の生活環境に深刻な影響を及ぼしている又は将来及ぼし得る地域について先行的に空家等対策計画を作成し、その後必要に応じて順次同計画の対象地区を拡大していく方法も考えられる。

(2) 計画期間

空家等対策計画の計画期間は、各市町村における空家等の実態に応じて異なることが想定されるが、関連する既存の計画で定めている期間や住宅・土地に関する調査の実施年と整合性を取りつつ設定することが考えられる。なお、計画期限を迎えるごとに、各市町村内における空家等の状況の変化を踏まえ、空家等対策計画の改定等を検討することが重要である。

(3) 空家等の調査に関する事項

各市町村長が法第9条第1項に基づき当該市町村の区域内にある空家等の所在及び当該空家等の所有者等を把握するための調査その他空家等に関しこの法律の施行のために必要な調査を行うに当たって必要となる事項を記載する。具体的には、例えば空家等の調査を実際に実施する主体名、対象地区、調査期間、調査対象となる空家等の種類、空家等が周辺に及ぼしている悪影響の内容及び程度その他の調査内容及び方法を記載することが考えられる。

(4) 所有者等による空家等の適切な管理の促進に関する事項

一1(2)①で述べたとおり、空家等の適切な管理は第一義的には当該空家等の所有者等の責任において行われなければならないことを記載するとともに、空家等の所有者等に空家等の適切な管理を促すため、例えば、空家等管理活用支援法人等と連携した各市町村における相談体制の整備方針や、空家等の活用に関心を有する外部の者と当該空家等の所有者等とのマッチングを図るなどの取組について記載することが考えられるほか、三に示す管理指針の周知を行うこと等による空家等の所有者等の意識の涵かん養や理解増進に資する事項を記載することが考えられる。

また、管理不全空家等に対してどのような措置を講ずるのかについて方針を示すことが重要である。具体的には、必要に応じてガイドラインの記載事項を参照しつつ、例えば各市町村長が管理不全空家等であることを判断する際の基本的な考え方や、管理不全空家等に対して必要な措置を講ずるか否かについての基本的な考え方及びその際の具体的な手続等について記載することが望ましい。

(5) 空家等及び除却した空家等に係る跡地の活用の促進に関する事項

一6で述べたとおり、各市町村において把握している空家等の中には、修繕等を行えば地域交流や地域活性化の拠点として活用できるものも存在し、また活用する主体は当該空家等の所有者等に限られていない。例えば各市町村が把握している空家等に関する情報を、その所有者の同意を得た上でインターネットや宅地建物取引業者の流通ネットワークを通じて広く外部に提供することについて記載することが考えられる。その際、空き家バンク等の空家等情報を提供するサービスにおける宅地建物取引業者等の関係事業者団体との連携に関する協定が締結されている場合には、その内容を記載することも考えられる。このように民間の関係事業者団体と連携する場合、当該団体を空家等管理活用支援法人として指定することについての方針等を記載することが適切である。また、当該空家等を地域の集会所、井戸端交流サロン、農村宿泊体験施設、住民と訪問客との交流スペース、移住希望者の住居等として活用する際の具体的な方針や手段について記載することも考えられる。

資　料

当該空家等の跡地についても、市街地環境の向上に資する敷地整序の促進、ランドバンクの取組や所有者不明土地等対策との連携により地域のまちづくりにおいて活用することに加え、例えば、密集市街地や漁業集落等の狭隘あいな地区における駐車場や防災にも資する広場として活用する際の具体的な方針や手段について記載することも考えられる。

特に、経済的社会的活動の促進のために空家等及びその跡地の活用が必要と認められる区域については、一6(2)で述べたように、空家等活用促進区域及び空家等活用促進指針を定めることが望ましい。

(6)　**特定空家等に対する措置その他の特定空家等への対処に関する事項**

各市町村長は、特定空家等に該当する建築物等の状態や特定空家等が地域住民の生活環境に及ぼしている影響の程度等の観点から、特定空家等に対してどのような措置を講ずるのかについて方針を示すことが重要である。具体的には、必要に応じてガイドラインの記載事項を参照しつつ、例えば各市町村長が特定空家等であることを判断する際の基本的な考え方や、特定空家等に対して必要な措置を講ずるか否かについての基本的な考え方及びその際の具体的な手続等について記載することが望ましい。

(7)　**住民等からの空家等に関する相談への対応に関する事項**

一2(3)で述べたとおり、各市町村に寄せられる空家等に関する相談の内容としては、例えば空家等の所有者等自らによる空家等の今後の活用方針に関するものから、空家等が周辺に及ぼしている悪影響に関する周辺住民による苦情まで幅広く考えられる。そのような各種相談に対して、各市町村はできる限り迅速に回答するよう努めることとし、例えば各市町村における相談体制の内容や住民に対する相談窓口の連絡先について具体的に記載することが望ましい。

(8)　**空家等に関する対策の実施体制に関する事項**

空家等がもたらす問題は分野横断的で多岐にわたるものであり、各市町村内の様々な内部部局が密接に連携して対処する必要のある政策課題であることから、例えばどのような内部部局が関係しているのかが住民から一覧できるよう、各内部部局の役割分担、部署名及び各部署の組織体制、各部署の窓口連絡先等を記載することが考えられる。また、協議会を組織する場合や外部の関係団体等と連携する場合については、併せてその内容を記載することが望ましい。空家等管理活用支援法人が、空家等対策に係る相談等について窓口としての役割を担うこととなっている場合は、当該法人の名称や連絡先等についても記載することが適切である。

(9)　**その他空家等に関する対策の実施に関し必要な事項**

(1)から(8)までに掲げる事項以外に、各市町村における空家等の実情に応じて必要となる支援措置や空家等対策を推進するための数値目標、空家等対策の効果を検証し、その結果を踏まえて空家等対策計画を見直す旨の方針等について記載することが考えられる。

3　空家等対策計画の公表等

法第7条第12項において、「市町村は、空家等対策計画を定めたときは、遅滞なく、これを公表しなければならない。」ものとされており、同条第14項では、空家等対策計画の変更についてもこの規定を準用している。公表手段は各市町村の裁量に委ねられているが、単に各市町村の公報に掲載するだけでなく、例えばインターネットを用いて公表するなど、住民が空家等対策計画の内容について容易に知ることのできる環境を整備することが重要である。

三　所有者等による空家等の適切な管理について指針となるべき事項

1　所有者等による空家等の適切な管理の必要性

空家等は私有財産であるが、その適切な管理が行われていないことにより、防災、衛生、景観等の地域住民の生活環境に深刻な影響を及ぼすおそれがある。そのため、地域住民の生命、身体又は財産を保護するとともに、その生活環境の保全を図り、公共の福祉の増進に寄与する観点から、所有者等が空家等の適切な管理を行うことが社会的にも要請されているところである。

また、空家等の適切な管理を行い、資産価値をできる限り保全することで、空家等を活用す

ることができる状態が維持され、将来的な所有者等による空家等の活用や、空家の活用を通じた公共の福祉の増進や地域の活性化にも寄与することが期待できる。

こうした観点から、当面、空家等の活用や除却ができない場合には、次の点を踏まえつつ、所有者等による空家等の適切な管理の確保を図ることが重要である。

2 空家等の適切な管理のために所有者等が留意すべき事項

空家等が管理不全空家等や特定空家等とならないために必要となる所有者等による空家等の適切な管理の指針を以下に掲げる。

なお、空家等が管理不全空家等や特定空家等にならないようにするための以下に掲げる指針以外にも、行うことが望ましい日常的な管理として、定期的な郵便物等の確認・整理、冬期における給水管の元栓の閉栓等が考えられる。

（管理の指針）

空家等は、不具合の発生が発見されにくいことから、傷みが早く進行する傾向にある。そのため、所有者等は、空家等が管理不全空家等や特定空家等とならないよう、次の①から④に掲げる例を参考として、一定の頻度で点検を行うとともに、空家等に破損等が見られる場合にはその修繕等を行うことが必要である。また、以下の事象の発生を予防するためには、定期的に通気や換気等の管理を行うことが求められる。

また、地震、強風、大雨、著しい降雪等の後には、次の①から④に掲げる点検対象となる事象が生じていないかの確認が必要である。また、強風、大雨、著しい降雪等の前には、部材の剥落など当該事象の兆候が生じていないかを確認しておくことが望ましい。

空家等の管理は所有者等が行うことが基本である。そのため、少なくとも定期的な管理は自ら行うとともに、その際には、点検対象となる事象を意識しつつ、当該事象やその兆候が生じていないかを確認することが必要である。

一方で、点検や補修等は、その内容によっては専門性を要するものもある。このような場合には、空家等の管理を行う事業者、空家等の点検を行う事業者、空家等の補修工事等を行う事業者、空家等管理活用支援法人等に委託をする

ことが考えられる。また、遠隔地に所在するなどこれらの管理をやむを得ず所有者等が自ら行うことができない場合等は、定期的な管理も含め、これらの者に管理を委託することが考えられる。

①保安上危険の防止のための管理

・倒壊の防止

建築物、これに附属する門、塀、屋外階段等又は立木の倒壊を防止することが必要である。そのための点検対象となる事象としては、建築物の傾斜、屋根の変形、外装材の剥落若しくは脱落、構造部材（基礎、柱、はりその他の構造耐力上主要な部分をいう。以下同じ。）の破損、腐朽、蟻害、腐食等若しくは構造部材同士のずれ（以下「構造部材の破損等」という。）若しくは雨水浸入の痕跡、門、塀、屋外階段等の傾斜若しくは構造部材の破損等又は立木の傾斜若しくは幹の腐朽が考えられる。これらの事象が認められた場合は、構造部材等の補修、防腐、防蟻若しくは防錆処理又は立木の伐採、補強等を行うことが考えられる。

また、これらの事象の発生を予防するためには、定期的に通気や換気を行うことが必要である。

・擁壁の崩壊の防止

擁壁の崩壊を防止することが必要である。そのための点検対象となる事象としては、擁壁の一部の崩壊、土砂の流出、ひび割れ等の部材の劣化、水のしみ出し、変状又は水抜き穴の排水不良が考えられる。これらの事象が認められた場合は、補修又は清掃を行うことが考えられる。

また、これらの事象の発生を予防するためには、定期的に水抜き穴の清掃を行うことが必要である。

・落下の防止

外装材、屋根ふき材、手すり材、看板等（上部にあるものに限る。以下「外装材等」という。）、軒、バルコニーその他の突出物（以下「軒等」という。）又は立木の大枝の落下を防止することが必要である。そのための点検対象となる事象としては、外装材等の剥落、脱落、破損若しくは支持部材の破損、腐食等、軒等の脱落、傾き若しくは支持部分の破損、

資　料

腐朽等又は立木の大枝の部分的な脱落、折れ若しくは腐朽が考えられる。これらの事象が認められた場合は、補修、撤去、防腐若しくは防錆処理又は立木の大枝の剪定等を行うことが考えられる。

・飛散の防止

　屋根ふき材、外装材、看板等（以下「屋根ふき材等」という。）又は立木の大枝の飛散を防止することが必要である。そのための点検対象となる事象としては、屋根ふき材等の剥落、脱落、破損若しくは支持部材の破損、腐食等又は立木の大枝の部分的な飛散、折れ若しくは腐朽が考えられる。これらの事象が認められた場合は、補修、撤去若しくは防錆処理又は立木の大枝の剪定等を行うことが考えられる。

②衛生上有害の防止のための管理

・石綿の飛散の防止

　吹付け石綿等の飛散を防止することが必要である。そのための点検対象となる事象としては、吹付け石綿の露出若しくは周囲の外装材の破損等又は石綿使用部材の破損等が考えられる。これらの事象が認められた場合は、除去、囲い込み又は封じ込めを行うことが考えられる。

・健康被害の誘発の防止

　汚水等、害虫等又は動物の糞尿等による健康被害の誘発を防止することが必要である。そのための点検対象となる事象としては、汚水等の流出、排水設備（浄化槽を含む。以下同じ。）の破損等、害虫等の発生、水たまりや腐敗したごみ等又は動物の糞尿等若しくは棲みつきが考えられる。これらの事象が認められた場合は、補修、処理、清掃、駆除等を行うことが考えられる。

　また、これらの事象の発生を予防するためには、定期的に清掃等を行うことが必要である。

③景観悪化の防止のための管理

　景観悪化を防止することが必要である。そのための点検対象となる事象としては、屋根ふき材、外装材、看板等の色褪せ、破損若しくは汚損又はごみ等の散乱若しくは山積が考えられる。これらの事象が認められた場合は、補修、撤去、清掃等を行うことが考えられる。

　また、これらの事象の発生を予防するためには、定期的に清掃を行うことが必要である。

④周辺の生活環境の保全への悪影響の防止のための管理

・悪臭の防止

　汚水等、動物の糞尿等又は腐敗したごみ等による悪臭の発生を防止することが必要である。そのための点検対象となる事象としては、排水設備周辺の臭気、排水設備の破損等若しくは封水切れ、動物の糞尿等若しくは棲みつき又は腐敗したごみ等が考えられる。これらの事象が認められた場合は、補修、封水の注入、駆除、清掃等を行うことが考えられる。

　また、これらの事象の発生を予防するためには、定期的に封水の注入及び清掃を行うことが必要である。

・不法侵入の防止

　開口部等の破損等による不法侵入を防止することが必要である。そのための点検対象となる事象としては、不法侵入の形跡又は開口部等の破損等が考えられる。これらの事象が認められた場合は、補修等を行うことが考えられる。

・落雪による通行障害等の防止

　落雪による通行障害等を防止することが必要である。そのための点検対象となる事象としては、頻繁な落雪の形跡、屋根等の堆雪若しくは雪庇又は雪止めの破損等が考えられる。これらの事象が認められた場合は、雪下ろし又は雪止めの補修を行うことが考えられる。

　また、これらの事象の発生を予防するためには、定期的に積雪の状況に応じた雪下ろしを行うことが必要である。

・立木等による破損・通行障害等の防止

　立木の枝等のはみ出しによる周囲の建築物の破損又は歩行者等の通行の妨げ等を防止することが必要である。そのための点検対象となる事象としては、立木の枝等のはみ出しが考えられる。これらの事象が認められた場合は、枝の剪定等を行うことが考えられる。

　また、これらの事象の発生を予防するためには、定期的に枝の剪定等を行うことが必要である。

・動物等による騒音・侵入等の防止

　動物等の棲みつき等による騒音の発生又は

資料② 空家等に関する施策を総合的かつ計画的に実施するための基本的な指針

周辺への侵入等を防止することが必要である。そのための点検対象となる事象としては、動物等の棲みつき等が考えられる。これらの事象が認められた場合は、駆除等を行うことが考えられる。

四 その他空家等に関する施策を総合的かつ計画的に実施するために必要な事項

1 空家等の所有者等の意識の涵かん養と理解増進

第一義的には、空家等の所有者等が自らの責任において空家等の適切な管理に努めなければならないことに鑑み、空家等をそもそも発生させない、又は空家等の増加を抑制する観点から、所有者等の意識啓発を図ることが重要である。具体的には、空家等の半数以上は相続を契機に発生していることを踏まえ、生前から住宅等の所有者等やその家族に「住宅を空家としない」との意識を持って必要な準備を進めるよう促すことが重要であり、生前から住まいの対処方針を決めておく「住まいの終活」を普及することや、空家等を所有し続けることに伴うリスク、例えば、空家等は傷みが早く資産価値も低減することなどを訴求することにより、所有者等の行動を促すことが重要である。このほか、例えば三1で述べたように、空家等の適切な管理を行うことの重要性、管理不全の空家等が周辺地域にもたらす諸問題及びそれに対処するための総合的な方針について所有者等の意識の涵かん養や理解増進を図るとともに、空家等となることが見込まれる住宅等の所有者等へ適切な管理についての注意喚起を行う取組を進めることが重要である。その際、市町村の内部部局が連携して、相続時や納税通知時など、あらゆる機会を捉えて周知等に取り組むことが効果的である。

また、適切な管理がその所有者等によってなされない空家等は、周辺地域に悪影響を及ぼす要因となるものと考えられることから、空家等の活用や適切な管理を行うことの重要性、管理不全の空家等が周辺地域にもたらす諸問題及びそれに対処するために作成した空家等対策計画の内容については、空家等の所有者等に限らず、広く住民全体で共有されることが望ましい。このような観点からは、例えば、空家等対策計画の公表に合わせて、空家等の活用や適切な管理

を行うことの重要性に加えて管理不全の空家等が周辺地域にもたらす諸問題について広報を行ったり、協議会における協議の内容を住民に公開したりする等により、空家等の活用や適切な管理の重要性、空家等の周辺地域にもたらす諸問題への関心を広く惹起し、地域全体でその対処方策を検討・共有できるようにすることが望ましい。

2 空家等に対する他法令による諸規制等

空家等については、この法律に限らず、例えば建築基準法、消防法、道路法（昭和27年法律第180号）、災害対策基本法（昭和36年法律第223号）、災害救助法（昭和22年法律第118号）等各法律の目的に沿って適正な運用を図る一環から、適切な管理のなされていない空家等について必要な措置が講じられる場合も考えられる。例えば、災害が発生し、又はまさに発生しようとしている場合には、空家等に対して災害対策基本法第62条第1項及び第64条第2項の規定に基づき必要な措置を講ずることが可能となる場合もある。関係法令の適用を総合的に検討する観点からも、各市町村においては一2(1)で述べたとおり、市町村の区域内の空家等の所在、所有者等について内部部局間で広く情報共有を図り、空家等対策について内部部局間の連携を取りやすい体制を整備することが重要である。

3 空家等の増加抑制策、活用施策、除却等に対する支援施策等

空家等対策を講ずる上では、単に周辺地域に悪影響を与える管理不全空家等や特定空家等に対して、この法律をはじめとする2で述べたような関係法令に基づき必要な措置を講ずるだけでなく、空家等のそもそもの発生若しくは増加を抑制することが重要である。また、地方創生や中心市街地の活性化、コンパクトシティ施策等と空家等対策の一体的な推進、空家等を活用した新たなビジネスの創出の促進等により、除却や、立地・管理状況の良好な空家等の多様な活用の推進を図る取組も重要となる。

(1) 空家等の発生又は増加の抑制等に資する施策

1で述べた空家等の所有者等の意識の涵かん養と理解増進に係る取組を進めるほか、一9(2)で

349

資　料

述べた空家等の発生を抑制するための税制上の
措置の的確な運用、また、空家等の所有者等、
外部からの空家等への移住希望者、関係民間団
体等との連携の下、空家等の売買・賃貸、適切
な管理、除却等などの幅広い取組を促すことが
考えられる。

(2)　空家等の活用、除却等に対する支援施策

　現在、空家等の所有者等だけでなく、各市町
村の住民や外部からの移住希望者等が空家等を
活用し、又は除却等する取組を促す観点から、
例えば空家等のリフォームの普及・促進、空家
等の他用途の施設（地域活性化施設、地域間交
流拠点施設、社会福祉施設、店舗等）への転用、
多様な二地域居住・多地域居住の推進のための
空家等の活用、地方公共団体と民間団体等が連
携した古民家の活用、空家等そのものの除却等
を促すための各種財政支援策が用意されている。
各市町村においては、これらの支援策を活用し
ながら、空家等の活用策の選択肢を少しでも広
げて住民等に提示することも重要である。

350

資料③ 管理不全空家等及び特定空家等に対する措置に関する適切な実施を図るために必要な指針
（ガイドライン）

資料③ 管理不全空家等及び特定空家等に対する措置に関する適切な実施を図るために必要な指針（ガイドライン）

平成27年5月26日付け国住備第62号・総行地第76号国土交通省住宅局長・総務省大臣官房地域力創造審議官通知
（最終改正 令和5年12月13日）

はじめに

平成26年に制定された空家等対策の推進に関する特別措置法（平成26年法律第127号。以下「法」という。）においては、空家等（法第2条第1項に規定する空家等をいう。以下同じ。）の所有者又は管理者（以下「所有者等」という。）が、空家等の適切な管理について第一義的な責任を有することを前提としつつ、法第4条第1項において、住民に最も身近な行政主体であり、個別の空家等の状況を把握することが可能な立場にある市町村（特別区を含む。以下同じ。）が、地域の実情に応じた空家等に関する対策の実施主体として位置付けられている。法に基づく空家等対策の基本的な考え方については、法第6条第1項に基づく空家等に関する施策を総合的かつ計画的に実施するための基本的な指針（平成27年2月26日付け総務省・国土交通省告示第1号。以下「基本指針」という。）により示されている。法に基づく空家等対策のうち、特に、特定空家等（法第2条第2項に規定する特定空家等をいう。以下同じ。）については、法第22条各項において、市町村長（特別区の区長を含む。以下同じ。）が当該特定空家等の所有者等に対して講ずることができる措置が規定されている。

また、空家等対策の推進に関する特別措置法の一部を改正する法律（令和5年法律第50号）により、適切な管理が行われていないことによりそのまま放置すれば特定空家等に該当することとなるおそれのある状態にあると認められる空家等を管理不全空家等（法第13条第1項に規定する管理不全空家等をいう。以下同じ。）と位置づけ、市町村長は同条各項の規定に基づき、管理不全空家等の所有者等に対して指導及び勧告を行うことができることとなった。

市町村長は、周辺の生活環境の保全を図るために必要があると認めるときは、速やかに管理不全空家等及び特定空家等に対して、適切な措置を講ずべきである。他方、これらの措置については、強い公権力の行使を伴う行為が含まれ

ることから、その措置に係る手続についての透明性及び適正性の確保が求められるところである。

以上を踏まえ、法第22条第16項の規定に基づき、特定空家等に対する措置に関し、その適切な実施を図るために必要な指針（以下「ガイドライン」という。）を定めるとともに、あわせて、そのまま放置すれば特定空家等に該当することとなるおそれのある空家等である管理不全空家等に対する措置についても定めることとしたものである。

本ガイドラインは、管理不全空家等及び特定空家等の判断の基準等に加え、これらの空家等に対する措置に係る手続について、参考となる一般的な考え方を示すものである。したがって、各市町村において地域の実情を反映しつつ、適宜固有の判断基準を定めること等により管理不全空家等及び特定空家等に対応することが適当である。また、措置に係る手続については、必要に応じて、手続を付加することや法令等に抵触しない範囲で手続を省略することを妨げるものではない。なお、行政手続法（平成5年法律第88号）第3条第3項により市町村が行う行政指導については、同法第4章の規定が適用除外とされていることから、実務的には本ガイドラインを参考としつつ、各市町村が定める行政手続条例等によることとなる。

また、本ガイドラインは、今後、法に基づく措置の事例等の知見の集積を踏まえ、適宜見直す場合がある。

第1章 空家等に対する対応

1．法に定義される管理不全空家等及び特定空家等

空家等の定義の解釈は、基本指針一3(1)に示すとおりである。特定空家等は、空家等のうち、法第2条第2項において、以下の状態にあると認められる空家等と定義されている。また、管理不全空家等は、法第13条第1項において、適

351

資　料

切な管理が行われていないことによりそのまま
放置すれば特定空家等に該当することとなるお
それのある状態にあると認められる空家等と定
義されている。

　(イ)　そのまま放置すれば倒壊等著しく保安上
　　　危険となるおそれのある状態
　(ロ)　そのまま放置すれば著しく衛生上有害と
　　　なるおそれのある状態
　(ハ)　適切な管理が行われていないことにより
　　　著しく景観を損なっている状態
　(ニ)　その他周辺の生活環境の保全を図るため
　　　に放置することが不適切である状態

　特定空家等のうち(イ)又は(ロ)については、生命
や身体への被害という重大な悪影響の可能性が
あることから、現に著しく保安上危険又は著し
く衛生上有害な状態の空家等のみならず、将来
著しく保安上危険又は著しく衛生上有害な状態
になることが予見される空家等も含めて対象と
判断できるものである。

　空家等を管理不全空家等又は特定空家等とし
て判断した後、法に基づき、これらの空家等に
対する措置を講ずるに当たっては、当該空家等
の状態及び当該空家等が周辺の生活環境に及ぼ
し得る又は及ぼす影響の程度に応じて適切な対
応を行う必要がある。

　なお、基本指針一3(1)のとおり、法第2条第
1項の「建築物」とは、建築基準法（昭和25年
法律第201号）第2条第1号の「建築物」と同義
であるが、外見上はいわゆる長屋等であっても、
隣接する住戸との界壁が二重となっているなど、
それぞれの住戸が別個の建築物である場合には、
同項のいう建築物に該当する。

2．具体の事案に対する措置の検討

(1)　管理不全空家等に対して法の規定を適用した場合の効果等

　管理不全空家等と認められるものに対して、
法の規定を適用した場合の効果等を以下に概説
する。

イ　適切な管理が行われていない空家等の所有者等に対する措置（管理不全空家等に対する措置）の概要

　市町村長は、管理不全空家等の所有者等に対
し、基本指針（法第6条第2項第3号に掲げる
事項に係る部分に限る。以下「管理指針」とい

う。）に即し、当該管理不全空家等が特定空家等
に該当することとなることを防止するために必
要な措置をとるよう指導することができる（法
第13条第1項）。管理指針は、市町村長が管理不
全空家等の所有者等に対して指導する内容の根
拠となるものであるが、空家等の所有者等が管
理指針に即した管理を行っていないために、直
ちに管理不全空家等に該当するわけではない。
管理不全空家等であるか否かは、所有者等によ
る管理の状況のみならず、当該空家等の状態や、
第2章(2)①に述べるとおり、空家等が周辺の生
活環境に及ぼし得る影響の程度等を踏まえて判
断する。

　市町村長は、指導をした場合において、なお
当該管理不全空家等の状態が改善されず、その
まま放置すれば特定空家等に該当することとな
るおそれが大きいと認めるときは、当該指導を
した者に対し、修繕、立木竹の伐採その他の当
該管理不全空家等が特定空家等に該当すること
となることを防止するために必要な具体的な措
置について勧告することができる（同条第2項）。

　なお、管理不全空家等については、周辺の生
活環境に及ぼし得る影響の程度が特定空家等ほ
ど大きくはなっていない状況であることに鑑み、
命令や代執行のような強い公権力の行使に係る
措置は規定されていない。

ロ　管理不全空家等に対する措置の手順

　管理不全空家等として、法の規定を適用して、
その所有者等に必要な措置をとるよう求める場
合には、市町村長は、まず、法第13条第1項に
基づく指導を行う。指導をしてもなお、当該管
理不全空家等の状態が改善されず、そのまま放
置すれば特定空家等に該当することとなるおそ
れが大きいと認める場合には、市町村長は、同
条第2項に基づき、特定空家等に該当すること
となることを防止するために必要な具体的な措
置について勧告することができる。

　このように指導を行っていなければ勧告がで
きないのは、まずは指導を行うことにより、所
有者等による自発的な状態の改善を促すためで
ある。

　なお、管理不全空家等であるか否かにかかわ
らず、市町村は、法第12条に基づき、所有者等
による空家等の適切な管理を促進するため、常
時から、必要に応じて、これらの者に対し、情

資料③ 管理不全空家等及び特定空家等に対する措置に関する適切な実施を図るために必要な指針（ガイドライン）

報の提供、助言その他必要な援助を行うことが適切である。

ハ　固定資産税等の住宅用地特例に関する措置

　管理不全空家等に該当する家屋に係る敷地が、地方税法（昭和25年法律第226号）第349条の３の２及び第702条の３の規定に基づき、住宅用地に対する課税標準の特例（以下「住宅用地特例」という。）の適用を受けるものとして、その固定資産税等（固定資産税及び都市計画税をいう。以下同じ。）が減額されている場合には、法第13条第２項に基づき市町村長が勧告したときは、当該管理不全空家等に係る敷地については、地方税法の上記規定により、住宅用地特例の対象から除外される。これは、勧告を受けた管理不全空家等については、住宅政策上の見地から居住の用に供する住宅用地の税負担軽減を図るという住宅用地特例本来の趣旨からも外れると認められ、同特例の対象から除外されるものである※１。勧告を行った旨含め、空家に関する情報について、税務部局（特別区にあっては都。以下同じ。）と情報共有し、連携して必要な対応を行うことが重要となる。

※１　家屋の使用若しくは管理の状況又は所有者等の状況等から客観的にみて、当該家屋について、構造上住宅と認められない状況にある場合、使用の見込みはなく取壊しを予定している場合又は居住の用に供するために必要な管理を怠っている場合等で今後人の居住の用に供される見込みがないと認められる場合には、当該家屋が管理不全空家等や特定空家等に該当するか否かにかかわらず、本来、住宅には該当しないものであるため、そうした家屋の敷地についてはそもそも固定資産税等の住宅用地特例は適用されない。

(2)　**特定空家等に対して法の規定を適用した場合の効果等**

　特定空家等と認められるものに対して、法の規定を適用した場合の効果等を以下に概説する。

イ　特定空家等に対する措置の概要

　市町村長は、特定空家等の所有者等に対し、除却、修繕、立木竹の伐採その他周辺の生活環境の保全を図るために必要な措置をとるよう助言又は指導（法第22条第１項）、勧告（同条第２項）及び命令（同条第３項）することができるとともに、その措置を命ぜられた者がその措置を履行しないとき、履行しても十分でないとき又は履行しても期限までに完了する見込みがないときは、行政代執行法（昭和23年法律第43号）

の定めるところに従い、当該措置を自らし、又は第三者をしてこれをさせることができる（同条第９項）。さらに、市町村長は、同条第11項に基づき、災害その他非常の場合において、緊急に必要な措置をとる必要があると認めるときで、同条第３項から８項までの規定により命令するいとまがないときは、これらの規定にかかわらず代執行（以下「緊急代執行」という。）を行うことができる。

　また、市町村長は、同条第10項に基づき、過失がなくてその措置を命ぜられるべき者を確知することができないときは、その者の負担において、その措置を自ら行い、又はその命じた者若しくは委任した者に行わせること（以下「略式代執行」という。）ができる。

ロ　特定空家等に対する措置の手順

　特定空家等として、法の規定を適用する場合は、法第22条各項の規定に基づく助言又は指導、勧告、命令、代執行の手続を、順を経て行う必要がある。ただし、緊急代執行については、助言又は指導及び勧告を経ている必要はあるが、命令を経ることなく可能である。同条に基づく措置が、基本的には順を経て行う必要があるのは、特定空家等の定義が「そのまま放置すれば倒壊等著しく保安上危険となるおそれのある…と認められる空家等をいう」とされるなど、将来の蓋然性を考慮した判断内容を含み、かつ、その判断に裁量の余地がある一方で、その措置については財産権の制約を伴う行為が含まれることから、当該特定空家等の所有者等に対し、助言又は指導といった働きかけによる行政指導の段階を経て、不利益処分である命令へと移行することにより、慎重な手続を踏む趣旨である。こうした趣旨から、相続や売買により特定空家等の所有者等が変われば、従前の所有者等に助言又は指導、勧告及び命令を行っていた場合であっても、新たな所有者等に対して、改めて助言又は指導に始まるこれらの手続を順を経て行う必要がある。

　ただし、例えば、相続や売買等により特定空家等の新たな所有者等となった者が、その相続や売買等の際に、当該空家等が特定空家等として従前の所有者等に対して必要な措置をとるよう勧告や命令が行われていたことを認識しており、当該措置を取り得る状態にあった場合には、

353

資　料

従前の所有者等に対して勧告又は命令を行う際に付けていた猶予期限よりも短い期間の猶予期限であっても相当性が確保されてい

ると考えられるため、従前の所有者等に対して付けていたものよりも短い猶予期限を付けることで、迅速に対応することも考えられる。

なお、法と趣旨・目的が同様の各市町村における空家等の管理等に関する条例において、適切な管理が行われていない空家等に対する措置として、助言又は指導、勧告及び命令の三段階ではなく、例えば助言又は指導及び勧告を前置せずに命令を行うことを規定している場合、上記のように慎重な手続を踏むこととした法の趣旨に反することとなるため、当該条例の命令に関する規定は無効となると解される。

ハ　管理不全空家等との関係

法第13条各項の規定に基づき、管理不全空家等の所有者等に対して指導又は勧告を行ったものの、その状態が改善されず、悪化したために、当該管理不全空家等が特定空家等に該当することとなった場合においても、特定空家等として法第22条各項の規定に基づく措置を講ずるときは、同条第1項に基づく助言又は指導から行う必要がある。これは、管理不全空家等と特定空家等ではその状態が異なり、所有者等に対して求める措置の内容も異なり得ること、また、特定空家等に対する措置としては、強い公権力の行使となる命令及び代執行を伴い得ることから、慎重な手続を経るためである。ただし、特定空家等に対する措置として法第22条第2項又は第3項に基づき勧告又は命令を行う場合において、当該勧告又は命令により所有者等に対して求める措置が、既に行った法第13条各項の規定に基づく管理不全空家等としての指導又は勧告において求めた措置と概ね同じ内容であると認められるときは、管理不全空家等として指導又は勧告を受けた段階から、所有者等において必要な措置をとるための一定の準備期間が確保されていたことに鑑み、特定空家等としての勧告又は命令に付ける猶予期限を相当性を欠かない程度に短くすることも考えられる。

また、管理不全空家等の所有者等に対して法第13条第2項に基づく勧告を行った後に、勧告に係る措置がとられず、当該管理不全空家等の状態が悪化し、特定空家等に該当することとな

った場合であっても、当該勧告が撤回されていない限り、特定空家等に該当することとなったことをもってその勧告の効力が失われるものではなく、その敷地について住宅用地特例の対象から除外された状態が継続する。

このほか、法第22条各項の規定に基づく特定空家等に対する措置は、法第13条各項に規定する管理不全空家等に対する措置とは異なるものであるため、管理不全空家等として指導又は勧告をしていないと特定空家等としての指導等ができないということはない。措置の対象となる空家等が、その状態等から見て管理不全空家等又は特定空家等のいずれに該当するかを判断し、必要な措置を講ずることとなる。

なお、法及び地方税法に基づく固定資産税等の住宅用地特例に関する措置は、同特例の本来の趣旨に鑑み、単に管理不全空家等や特定空家等であるかという家屋等の状態のみならず、法第13条第1項に基づく管理不全空家等に対する指導、又は法第22条第1項に基づく特定空家等に対する助言若しくは指導をしてもなお状態

が改善されないことを踏まえ、住宅政策上の見地から居住の用に供する住宅用地の税負担軽減を図るという住宅用地特例本来の趣旨からも外れると認められるため、講じられているものである。このため、管理不全空家等に加え、特定空家等についても、助言又は指導により改善が図られなかった場合に勧告できることとし、当該勧告時に同特例の対象から除外されることになっている。これにより、指導等の実効性を確保し、所有者等に適切な管理を促すことが期待できる。

ニ　固定資産税等の住宅用地特例に関する措置

特定空家等に該当する家屋に係る敷地が、固定資産税等の住宅用地特例の対象であって、法第22条第2項に基づき、市町村長が勧告した場合は、地方税法第349条の3の2第1項等の規定に基づき、当該特定空家等に係る敷地について、固定資産税等の住宅用地特例の対象から除外される。その趣旨等は、管理不全空家等と同じである。

(3)　財産管理制度の活用

民法（明治29年法律第89号）では、空家等の所有者が不明である場合など、一定の条件を満たす場合に、利害関係人等の請求により裁判所

354

資料③ 管理不全空家等及び特定空家等に対する措置に関する適切な実施を図るために必要な指針
（ガイドライン）

が選任した管理人（以下「財産管理人」という。）に、財産又は土地若しくは建物の管理や処分を行わせる制度（以下「財産管理制度」という。）が定められている。具体的には、不在者財産管理制度（同法第25条第1項等）、相続財産清算制度（同法第952条第1項等）、所有者不明建物管理制度（同法第264条の8第1項等）、管理不全土地管理制度（同法第264条の9第1項等）、管理不全建物管理制度（同法第264条の14第1項等）がある。市町村長は、法第14条各項の規定に基づき、民法の特例として利害関係の証明を行うことなく、空家等の適切な管理のため特に必要があると認めるときは、これらの財産管理制度に基づく財産管理人の選任について、家庭裁判所又は地方裁判所に請求することが可能である※2。

例えば、

・空家等の所有者が従来の住所を去り、容易に戻る見込みがない場合は不在者財産管理制度
・相続人があることが明らかでない場合は相続財産清算制度
・所有者を知ることができず、又はその所在を知ることができない場合は所有者不明建物管理制度
・所有者はいるものの管理が適切でなく、他人の権利が侵害されるおそれがある場合は管理不全土地管理制度又は管理不全建物管理制度

に基づく財産管理人の選任を請求することが想定される。空家等の所有者が不明・不在である場合や、所有者はいるものの当該者による適切な管理が期待できない場合には、これらの財産管理人の選任を請求することについても検討することが適切である。特に、相続人があることが明らかでない場合など、空家等の放置が進み、将来的に管理不全空家等や特定空家等になることが見込まれる空家等がある場合には、早期に財産管理人の選任を請求することが望ましい。

なお、管理不全土地管理制度及び管理不全建物管理制度については、空家等が管理不全空家等又は特定空家等である場合に、法第14条第3項に基づき財産管理人の選任を請求することができるが、上述したその他財産管理制度については、適切な管理のために特に必要があると認

める場合は、同条第1項又は第2項に基づき、管理不全空家等又は特定空家等であるか否かにかかわらず、空家等であれば請求することができる。

※2 不在者財産管理制度及び相続財産清算制度については、空家等の財産の所有者が自然人である場合に限られる。一方、所有者不明建物管理制度、管理不全土地管理制度及び管理不全建物管理制度は、自然人に限らず、法人の場合も対象になり得る。

なお、財産管理制度には、このほか、所有者不明土地管理制度があり、当該制度については、所有者不明土地の利用の円滑化等に関する特別措置法（平成30年法律第49号）第42条第2項に基づき、市町村長が財産管理人の選任を請求することができる。また当該請求をする場合において、同法第42条第5項に基づき、当該請求に係る土地にある建物についてその適切な管理のため特に必要があると認めるときは、地方裁判所に対し、併せて管理不全建物管理命令又は所有者不明建物管理命令の請求をすることができるため、空家等施策担当部局は、所有者不明土地等対策を所管する部局との連携を図ることが望ましい。

(4) 行政の関与の要否の判断

市町村の区域内の空家等に係る実態調査や、地域住民からの相談・通報等により、適切な管理が行われていない空家等に係る具体の事案を把握した場合、まず、当該空家等の状態やその周辺の生活環境への悪影響の程度等を勘案し、私有財産たる当該空家等に対する措置について、行政が関与すべき事案かどうか、その規制手段等に必要性及び合理性があるかどうかを判断する必要がある。

(5) 他の法令等に基づく諸制度との関係

空家等に係る具体の事案に対し、行政が関与すべき事案であると判断された場合、どのような根拠に基づき、どのような措置を講ずべきかを検討する必要がある。適切な管理が行われていない空家等に対しては、法に限らず、他法令により各法令の目的に沿って必要な措置が講じられる場合が考えられる。例えば、現に著しく保安上危険な既存不適格建築物に対する建築基準法に基づく措置や、火災予防の観点からの消防法（昭和23年法律第186号）に基づく措置のほか、立木等が道路に倒壊した場合に道路交通の

355

資　料

支障を排除する観点からの道路法（昭和27年法律第180号）に基づく措置、災害が発生し、又はまさに災害が発生しようとしている場合に応急措置を実施する観点からの災害対策基本法（昭和36年法律第223号）に基づく措置、災害における障害物の除去の観点からの災害救助法（昭和22年法律第118号）に基づく措置などである。状況によっては、措置の対象物ごとに異なる諸制度を組み合わせて適用することも考えられる。各法令により、目的、講ずることができる措置の対象及び内容、実施主体等が異なることから、措置の対象となる空家等について、その物的状態や悪影響の程度、危険等の切迫性等を総合的に判断し、手段を選択する必要がある。なお、こうした他の法令等に基づく手段は、法に規定する空家等以外の建築物等も対象にな

り得るため、例えば、いわゆる長屋等の一部の住戸が空室となっている建築物等に対しても対応できる可能性がある。

3．所有者等の特定

空家等の所有者等の特定方法としては、不動産登記簿情報による登記名義人の確認、住民票情報や戸籍謄本等による登記名義人や相続人の存否及び所在の確認等と併せ、地域住民への聞き取り調査等が行われているところである。

これらに加え、市町村長は、固定資産税の課税その他の事務のために利用する目的で保有する情報であって氏名その他の空家等の所有者等に関するものについては、法の施行のために必要な限度において内部利用できる（法第10条第1項。特別区においては、区長からの提供の求めに応じて、都知事が当該情報の提供を行う（同条第2項））ほか、関係する地方公共団体の長等に対して、空家等の所有者等の把握に関し必要な情報の提供を求めることができる（同条第3項）こととされていることから、市町村長は、所有者等の特定に当たって、これらの規定を適宜活用することが考えられる。

(1)　所有者等の特定に係る調査方法等

所有者等の特定に当たり想定される調査方法は主に、

・登記情報（所有権登記名義人等の氏名及び住所）の確認

・住民票の写し等及び戸籍の附票の写しの確

認（所有権登記名義人等の現住所・転出・生存状況の確認）※3

・戸籍の確認（法定相続人の確認）※3

・固定資産課税台帳の記載事項の確認（所有者等の氏名及び住所）

・親族、関係権利者等への聞き取り調査

・必要に応じて実施する居住確認調査

・水道・電気・ガスの供給事業者の保有情報や郵便転送情報の確認調査※4

・公的機関（警察・消防等）の保有情報の有無の確認

・その他（市町村の関係する部局において把握している情報の確認※5、家庭裁判所への相続放棄等の申述の有無の確認等）

が想定されるが、これらの調査に要する人員、費用、時間等を考慮してケースごとに必要性を判断する必要があると考えられる。空家等の所有者等の特定に係る調査手順の例を〔別紙5〕に示す。また、所有者等の特定に係る調査や登記関係業務等に関し、専門的な知識が必要となる場合には、司法書士、行政書士又は土地家屋調査士等の活用が有効である。このほか、空家等管理活用支援法人（法第23条第1項に規定する空家等管理活用支援法人をいう。以下同じ。）に対して、法第24条第3号に基づき、所有者等の探索を委託することが考えられる。

なお、所有者等が法人であることが判明し、当該法人が事業活動を行っていないと思われる場合は、当該法人の事業状況や代表者を把握するため、法人登記簿に記載されている代表者や役員、清算人等について自然人と同様の調査を行うことが考えられる。

※3　地域の自主性及び自立性を高めるための改革の推進を図るための関係法律の整備に関する法律（令和4年法律第44号）により、住民基本台帳法（昭和42年法律第81号）が改正され、令和4年8月から住民基本台帳ネットワークシステムを利用して、法第9条第1項の規定に基づく空家等の所有者等の最新の住所の探索を行うことが可能になった。また、地域の自主性及び自立性を高めるための改革の推進を図るための関係法律の整備に関する法律（令和5年法律第58号）により、戸籍法（昭和22年法律第224号）が改正されたところであり、令和6年3月1日より、市町村が戸籍情報連携システムを利用した公用請求により他市町村の戸籍情報を取得することが可能となる。

※4　法第10条第3項の「空家等に工作物を設置している者」として、電気メーター等の電気工作物の設置者であ

資料③ 管理不全空家等及び特定空家等に対する措置に関する適切な実施を図るために必要な指針
（ガイドライン）

る一般送配電事業者（電気事業法（昭和39年法律第170号）第2条第1項第9号に規定する一般送配電事業者をいう。以下同じ。）や、ガスメーター等のガス工作物の設置者である一般ガス導管事業者（ガス事業法（昭和29年法律第51号）第2条第6項に規定する一般ガス導管事業者をいう。以下同じ。）が想定される。

※5　例えば、市町村の福祉部局等がその事務のために利用する目的で保有する情報のうち、介護保険に関する事務等において把握している被保険者等の氏名、住所・居所（入所している施設等の名称、住所等の情報を含む。）、電話番号等が想定される。

(2)　国外に居住する所有者等の特定に係る調査手法等

　(1)の調査において所有者等が国外に居住していることが判明した場合には、それまでの調査の過程でその氏名及び住所が判明した親族等の関係者への郵送等による照会等を行うとともに、市町村が法第10条第3項に基づく求めとして行う外務省の調査を利用することが考えられる。なお、当該調査を利用する際には、十分な資料が求められることに留意が必要となる。

　また、所有者等が国内又は国外に居住する外国籍の者であることが判明した場合には、親族、関係権利者等（国外に居住する場合にあっては、納税管理人を含む。）への聞き取り調査等を行うほか、同様に基づき、住居地の市町村への外国人住民登録の照会、東京出入国在留管理局への出入国記録や外国人登録原票の照会を行うことが考えられる。

(3)　所有者等の所在を特定できない場合等の措置

　(1)及び(2)の調査手法によってもなお、空家等の所有者等の所在を特定できない場合又は所有者が死亡しており相続人のあることが明らかではない場合（相続人全員が相続放棄をして相続する者がいなくなった場合を含む。）において、当該空家等が特定空家等に該当する場合にあっては、略式代執行を行うことができる。そのほか、2.(3)のとおり、法第14条各項の規定に基づき、不在者財産管理制度、相続財産清算制度、所有者不明建物管理制度に係る財産管理人の選任を家庭裁判所又は地方裁判所に請求することが考えられる。

　借地上の建築物等の所有者等の所在が特定できない場合等は、敷地の所有者等が利害関係人として不在者財産管理人等の選任を請求することも考えられる。

所有者等である法人が解散をしている場合等は、原則として、会社法（平成17年法律第86号）等の根拠法に基づく清算制度を活用して、解散後に存続する財産について清算を進めることとされている。清算人の全員について死亡が確認された場合等において空家等の譲渡を行うときなど、必要な場合には、地方裁判所に対して利害関係人等が清算人の選任の申立てを行うことが考えられる。

(4)　具体的な調査方法等に係る留意事項

　法第10条に定める市町村長が内部利用等できる情報のうち、固定資産課税台帳に記載された情報の内部利用等の取扱いについては、「固定資産税の課税のために利用する目的で保有する空家等の所有者に関する情報の内部利用等について」（平成27年2月26日付け国住備第943号・総行地第25号）を、また、市町村の福祉部局等がその事務のために利用する目的で保有する情報の内部利用等の取扱いについては、「空家等対策の推進に関する特別措置法第10条第1項に基づく福祉部局等がその事務のために利用する目的で保有する情報の内部利用について（情報提供）」（令和5年3月30日付け事務連絡）を参照されたい。

　また、同条第3項に基づき、日本郵便株式会社に郵便の転送情報の提供を求める場合は、日本郵便株式会社から当該情報の提供を受けることが可能となる要件等を記載した「郵便事業分野における個人情報保護に関するガイドライン（令和4年個人情報保護委員会・総務省告示第2号）の解説」（令和4年3月個人情報保護委員会・総務省）を、一般送配電事業者又は一般ガス導管事業者に電気又はガスの需要家に係る情報の提供を求める場合は、「空家等の所有者等の把握を目的とした「空家等対策の推進に関する特別措置法」第10条第3項に基づく電気・ガス供給事業者への情報提供の求めについて」（令和5年12月13日付け事務連絡）を参考にされたい。

4．所有者等が多数の共有者である場合や、精神上の障害により事理を弁識する能力を欠く常況にある者である場合の対応

(1)　所有者等が多数の共有者である場合の対応

　空家等の所有者等が複数いる場合には、基本的にはできる限りすべての所有者等に対して指

357

資　料

導等を行うことが適切である。

ただし、空家等について、相続に伴う登記手続がなされていない場合や相続人が多数となる場合等において相続人全員の所在が容易には判明しないときは、当該空家等への対応の緊急性等を勘案して、例えば判明した一部の所有者等に対して先行して必要な対応を行う旨の助言を行う等の対応も考えられる。また、相続人が多数となる場合にあっては、相続人の意向確認を行うに当たり、例えば、相続人のうちの特定の者に連絡役を依頼する方法、相続放棄を利用する方法、相続分を他の共有者等に譲渡してもらう方法により現在の所有者等の特定に係る事務や所有者等の特定後の対応を効率的に進めることが考えられる。このような空家等の所有者等である相続人に対する働きかけは、法第12条や第22条第1項に基づく助言等の一環として行なうことも可能である。

このほか、管理不全空家等又は特定空家等の所有者等が多数の共有者である場合には、財産管理制度を活用することが考えられる。具体的には、法第14条第3項に基づき、管理不全土地管理制度又は管理不全建物管理制度に係る財産管理人の選任について、地方裁判所に請求することが考えられる。これにより、財産管理人が選任された場合は、全ての共有者に代わって、管理不全空家等又は特定空家等の管理が図られることが期待される。

(2)　所有者等が精神上の障害により事理を弁識する能力を欠く常況にある者である場合の対応

一般的に、ある管理不全空家等又は特定空家等の所有者等が精神上の障害により事理を弁識する能力を欠く常況にある者である場合には、法第13条や第22条に基づく指導等により、当該空家等の状態の改善を期待することは難しい。また、このような場合、当該所有者等は不利益処分の受領能力があるか疑義があること、仮に受領能力があったとしても、法第22条の措置により、状態の改善を図ることも困難である。

管理不全空家等又は特定空家等の所有者等が精神上の障害により事理を弁識する能力を欠く常況にある者である場合の対応としては、財産管理制度を活用することが考えられる。具体的には、法第14条第3項に基づき、管理不全土地

管理制度又は管理不全建物管理制度に係る財産管理人の選任について、地方裁判所に請求することが考えられるところである※6。

また、当該空家等の所有者等の親族等に対して民法第7条等に規定する成年後見制度の活用を助言するほか、親族が不在である等、当事者による申立てが期待できない場合は、市町村内の福祉部局と連携して、所有者等の状況に応じて、老人福祉法（昭和38年法律第133号）第32条、精神保健及び精神障害者福祉に関する法律（昭和25年法律第123号）第51条の11の2又は知的障害者福祉法（昭和35年法律第37号）第28条に基づき、市町村が成年後見人を選任するための申立てを行うことも考えられる。このように、空家等の所有者等が精神上の障害により事理を弁識する能力を欠く常況にある者である場合等には、空家等の管理や処分だけでなく、本人の日常生活上の観点からも福祉上の支援が必要である場合が想定されるため、関係する福祉部局等と連携して取り組むことが望ましい。

このほか、空家等となる前から、又は空家等となってからその状態が悪化する前から、所有者等に対しても意識の涵かん養と理解増進を行うことが必要である。こうした取組の必要性については、基本指針四1で述べるとおりである。

※6　裁判所が管理不全土地管理命令等（管理不全土地管理命令及び管理不全建物管理命令をいう。以下同じ。）の裁判をするためには、原則として、その対象となるべき土地又は建物の所有者の陳述を聴かなければならないものとされている。このことは、当該土地又は建物の所有者が、精神上の障害により事理を弁識する能力を欠く常況にある者である場合でも異ならない（非訟事件手続法（平成23年法律第51号）第91条第3項第1号、第10項）。しかしながら、そのような場合であっても、例えば、その者について成年後見人が付されているときは、その成年後見人の陳述を聴いた上で、管理不全土地管理命令等の裁判をすることができる。また、その者について成年後見人が付されていないときは、裁判所が非訟事件手続法に基づいて特別代理人を選任し（同法第17条）、その特別代理人の陳述を聴いた上で、管理不全土地管理命令等の裁判をすることができる。さらに、差し迫った危険があるケースなど、当該土地又は建物の所有者の陳述を聴く手続を経ることにより管理不全土地管理命令等の裁判の申立ての目的を達することができない事情があるときは、その陳述を聴かないで当該裁判をすることができる（同法第91条第3項ただし書）。

第2章　管理不全空家等及び特定空家等に対す

資料③ 管理不全空家等及び特定空家等に対する措置に関する適切な実施を図るために必要な指針
（ガイドライン）

る措置を講ずるに際して参考となる事項

管理不全空家等及び特定空家等に対する措置を講ずるに際しては、空家等の物的状態が第1章1.の(イ).(ニ)の各状態になり得るか否か又は各状態であるか否かを判断するとともに、当該空家等がもたらし得る又はもたらす周辺への悪影響の程度等について考慮する必要がある。

また、その判断に当たっては、必ずしも定量的な基準により一律に判断することはなじまない。管理不全空家等及び特定空家等に対する措置を講ずるか否かについては、下記(1)を参考にこれらの空家等に関し、下記(2)に示す事項を勘案して、総合的に判断されるべきものである。なお、その際、法第8条に基づく協議会において学識経験者等の意見を聞くこと等も考えられる。その場合、協議会等において意見を聞くものは、管理不全空家等は除き、財産権の強い制約を伴い得る特定空家等に限ることも考えられる。

(1) 管理不全空家等及び特定空家等の判断の参考となる基準

空家等の物的状態が第1章1.の(イ).(ニ)の各状態であるか否か、また、そのまま放置すればこれらの各状態に該当することとなるおそれがあるか否かの判断に際して参考となる基準について、〔別紙1〕.〔別紙4〕に示す。

なお、第1章1.の(イ)又は(ロ)の「おそれのある状態」については、そのまま放置した場合の悪影響が社会通念上予見可能な状態を指すものであって、実現性に乏しい可能性まで含む概念ではないことに留意されたい。

また、第1章1.の(イ).(ニ)に示す状態は、例えば外壁が破損して剥落することにより保安上危険となるおそれのある空家等が地域の良好な景観を阻害している場合のように、一件の特定空家等について複数の状態が認められることもあり得る。このことは、そのまま放置すれば特定空家等に該当することとなるおそれのある状態である管理不全空家等についても同様である。

(2) 管理不全空家等及び特定空家等に対する措置の判断の参考となる基準

①周辺の状況による悪影響の程度

空家等が現にもたらしている、又はそのまま放置した場合に予見される悪影響の事象の範囲内に、周辺の建築物や通行人等が存在し、又は

通行し得て被害を受ける状況にあるか否か等により判断する。

例えば、倒壊のおそれのある空家等が狭小な敷地の密集市街地に位置している場合や通行量の多い主要な道路の沿道に位置している場合等は、倒壊した場合に隣接する建築物や通行人等に被害が及びやすく、当該空家等に対する措置を講ずる必要性が高いと考えられる。反対に、倒壊のおそれのある空家等の周辺に家屋や公道等が存在しない場合等は、当該空家等に対する措置を講ずる必要性は低いと考えられる。

②空家等の状況による悪影響の程度

空家等が現にもたらしている、又はそのまま放置した場合に予見される悪影響の事象が周辺の建築物や通行人等にも及び得ると判断された場合に、その悪影響の程度が社会通念上許容される範囲を超えるか否か等により判断する。

例えば、倒壊のおそれのある空家等が大規模な場合等は、倒壊した場合に隣接する建築物や通行人等に及ぶ被害が大きくなりやすく、当該空家等に対する措置を講ずる必要性が高いと考えられる。

③危険等の切迫性

特定空家等として措置する場合は、もたらされる危険等の切迫性が、管理不全空家等より高い状態にあることに留意する。

なお、例えば、屋根、外壁等の部位の多数が損傷している場合等は、現に周辺への被害が顕在化している状態ではないとしても、そのまま放置すれば周辺に被害が及ぶおそれが予見されることから、特定空家等として措置を講ずる必要性が高いと考えられる。

また、適切な管理が行われていないことにより、屋根、外壁等に多数の損傷が発生するおそれがあるときは、管理不全空家等として措置を講ずる必要性が高いと考えられる。

④その他の状況も勘案した総合的な判断

これらの判断基準は一律とする必要はなく、その他の地域の実情も勘案しながら、悪影響を受ける周辺環境があるかどうかや、悪影響の程度、危険等の切迫性を適宜判断することとなる。例えば、破損により景観を阻害している空家等が、景観保全に係るルールが定められている地区内に位置する場合は、当該空家等に対する措置を講ずる必要性が高く、また、老朽化した空

資　料

家等が、大雪や台風等の影響を受けやすい地域
に位置する場合等は、そのまま放置した場合の
危険等の切迫性の高さに鑑みて周辺環境への悪
影響が顕在化する前の早期の段階から措置を講
ずる必要性が高いと考えられる。

第3章　管理不全空家等に対する措置
　管理不全空家等に対する措置は、法第14条各
項の規定に基づく財産管理人の選任についての
請求を除き、行政指導である指導（法第13条第
1項）及び勧告（同条第2項）となっている。

**1．適切な管理が行われていない空家等の所有
　　者等の事情の把握**
　空家等の所有者等は当該空家等の所在地と異
なる場所に居住していることから、自らが所有
する空家等の状態を把握していない可能性や、
空家等を相続により取得した等の事情により、
自らが当該空家等の所有者であることを認識し
ていない可能性等も考えられる。したがって、
適切な管理が行われていない空家等について、
まずは所有者等に連絡を取り、当該空家等の現
状を伝えるとともに、当該空家等に関する今後
の改善方策に対する考えのほか、処分や活用等
についての意向など、所有者等の主張を含めた
事情の把握に努めることが望ましい。その際は、
必ずしも書面で行う方法のみによる必要はなく、
対面や電話等の通信手段を選択することも考え
られる。
　上記の事情把握は、必ずしも法第13条に基づ
く法律上の行為として行う必要はなく、例えば
所有者等であると考えられる者に対し、事実確
認のために連絡を取るなど、任意に聞き取り調
査として行うことも考えられる。
　また、当該空家等が管理不全空家等に該当す
ると考えられる場合にあっても、直ちに同条第
1項に基づく指導の手続を開始するのではなく、
把握した当該管理不全空家等の所有者等の事情
を勘案し、具体の対応方策を検討することも考
えられる。例えば、
　・所有者等に改善の意思はあるものの、その
　　対処方策が分からない
　・遠隔地に居住しているために、物理的に自
　　ら対策を講ずることができない
　・経済的な対応の余地はあるが、身体的理由

等により対応が困難である
等の場合には、状況に応じて、空家等管理活用
支援法人をはじめとした空家等の除却、修繕、
管理等に関して相談を受けることができる法人
や、活用できる助成制度を紹介すること等によ
り、解決を図ることが考えられる。法第12条に
おいても、市町村は、空家等の所有者等に対し、
情報の提供、助言その他必要な援助を行うよう
努めるものとされている。
　また、管理不全空家等の所有者等による改善
が期待できない場合には、法第14条各項の規定
に基づき財産管理人の選任を家庭裁判所等に請
求することや、所有者等が精神上の障害により
事理を弁識する能力を欠く常況にある場合には、
成年後見制度を活用することも想定される。

2．管理不全空家等に対する措置の事前準備
(1)　調査（法第9条第1項）
　市町村長は、当該市町村の区域内にある空家
等の所在及び当該空家等の所有者等を把握する
ための調査その他空家等に関し法の施行のため
に必要な調査を行うことができる（法第9条第
1項）。管理不全空家等に該当している又は該当
する可能性がある空家等の外観目視による調査
を行い、建築物の物的状態や立木竹の状態から、
管理の状況を把握するほか、当該空家等の所有
者等の承諾を得て同者の立会いの下、敷地内や
室内に入り、その物的状態等の調査を行うこと、
同者に対し、適切な管理を行う意向について聞
き取り調査を行うこと等が考えられる。
　なお、管理不全空家等に対する措置を講ずる
上で、同条第2項に基づく報告徴収又は立入調
査を行うことは認められない。ただし、例えば、
空家等が特定空家等に該当する可能性があり、
特定空家等と認められるか否かを判断する上で
当該規定に基づく立入調査を行ったものの、結
果として特定空家等でなく管理不全空家等であ
った場合には、当該立入調査が違法とまで評価
されるものではないと解される（特定空家等に
対する措置の一環として行う報告徴収及び立入
調査については、第4章2.(1)参照。）。
**(2)　データベース（台帳等）の整備と関係部局
　　への情報提供**
　法第11条に定める空家等に関するデータベー
スの整備等についての考え方は、基本指針一4

資料③ 管理不全空家等及び特定空家等に対する措置に関する適切な実施を図るために必要な指針
（ガイドライン）

に示すとおり、管理不全空家等（及び後述する特定空家等）については、その所在地、現況、所有者等の氏名などに加えて、「当該空家等に対する措置等の内容及びその履歴についても併せて記載する等により、継続的に把握していく必要がある。」とされているところである。

また、管理不全空家等に対する措置に係る事務を円滑に実施するためには、当該市町村の関係内部部局との連携が不可欠であることから、空家等施策担当部局は、必要に応じて管理不全空家等に関する情報を関係内部部局に提供し、共有することが望ましい。特に、法第13条第2項に基づき勧告がなされた場合、当該管理不全空家等に係る敷地については、固定資産税等の住宅用地特例の対象から除外されることとなるため、少なくとも税務部局に対しては、空家等施策担当部局から常に管理不全空家等に係る最新情報を提供し、税務部局の事務に支障を来すようなことがないようにしなくてはならない。

また、関係内部部局において所有者等の情報を含むデータベースを共有する場合は、個人情報の保護に関する法律（平成15年法律第57号。以下「個人情報保護法」という。）に基づき、当該情報を適正に取り扱う必要がある。

(3) 管理不全空家等に関係する権利者との調整

法第13条に基づき措置を講じようとする管理不全空家等について、その措置の過程で、抵当権等の担保物権や賃貸借契約による賃貸借権が設定されていること等が判明することが考えられる。この場合、同条に基づく管理不全空家等に対する措置は、客観的事情により判断される管理不全空家等に対してなされる措置であるため、指導又は勧告の対象となる管理不全空家等に抵当権等が設定されていた場合でも、市町村長が指導等を行うに当たっては、関係する権利者と必ずしも調整を行う必要はなく、基本的には当該抵当権者等と管理不全空家等の所有者等とによる解決に委ねられるものと考えられる。

3．管理不全空家等の所有者等への指導（法第13条第1項）

法に基づく管理不全空家等の措置は、当該管理不全空家等の所有者等に対する指導により、所有者等自らの意思による改善を促すことから始めることとされている。

(1) 管理不全空家等の所有者等への告知

イ 告知すべき事項

指導に携わる者は、その管理不全空家等の所有者等に対して、

・当該指導の内容及びその事由
・当該指導の責任者

を明確に示さなければならない。

また、指導後の対応として、

・指導に係る措置を実施した場合は、遅滞なく当該指導の責任者に報告すること
・指導をしたにもかかわらず、なお当該管理不全空家等の状態が改善されず、そのまま放置すれば特定空家等に該当することとなるおそれが大きいと認められるときは、市町村長は勧告を行う可能性があること
・市町村長が勧告をした場合は、地方税法の規定に基づき、当該管理不全空家等に係る敷地について固定資産税等の住宅用地特例の対象から除外されることとなること

についても、当該管理不全空家等の所有者等に対してあらかじめ示し、所有者等自らの改善を促すよう努めるべきである。

指導は、口頭によることも許容されているが、改善しなかった場合の措置を明確に示す必要がある場合には、書面で行うことが望ましい。

ロ 指導の趣旨及び内容

管理不全空家等の所有者等は当該管理不全空家等の状況を把握していない可能性があること等を考慮し、指導の趣旨を示す際には、根拠規定のみならず、

・どの建築物等が管理不全空家等として指導の対象となっているのか
・当該管理不全空家等が現状どのような状態になっているのか
・適切な管理が行われていないことによりそのまま放置すれば周辺の生活環境にどのような悪影響をもたらす可能性があるか

等について、分かりやすく示すことが望ましい。

また、指導できる措置の内容は、管理指針に即し、当該管理不全空家等が特定空家等に該当することとなることを防止するために必要な措置である。例えば、管理指針に即し、管理不全空家等に係る保安上の危険を回避するため、定期的に雨水浸入の痕跡がないか点検し、必要に応じて防腐処理等を行うよう指導する等である。

361

資　料

なお、4.(1)に述べるとおり、指導をした場合において、なお当該管理不全空家等の状態が改善されない場合には、法第13条第2項に基づき勧告を行う可能性があるため、指導時の管理不全空家等の状態について写真等により記録しておくことが望ましい。

(2)　措置の内容等の検討

市町村長の指導により、その対象となった管理不全空家等の状態が改善された場合は、指導の内容は履行されたこととなるが、この場合においても、その履歴を記録しておくべきである。また、定期的な点検や状態の改善等を行うよう指導した場合等において、一時的に状態が改善したものの、再びこれらのことが行われず、管理不全の状態になる可能性もあるため、市町村において、定期的に指導した管理不全空家等の状態を確認することが適切である。

指導を受けた管理不全空家等の状態が改善されないと認められるときは、市町村長は、当該管理不全空家等の所有者等に対し、繰り返し指導を行うべきか、必要な措置を勧告すべきかどうか、勧告する場合はどのような措置とするか等について検討する。

その際、法第8条に基づく協議会において協議すること等も考えられる。なお、協議会で協議する場合には、協議の過程で当該管理不全空家等の所有者等に係る個人情報を個人情報保護法に基づき適正に取り扱う必要がある。

4.　管理不全空家等の所有者等への勧告（法第13条第2項）

(1)　勧告の対象

市町村長は、法第13条第1項に基づき指導をした場合において、なお当該管理不全空家等の状態が改善されず、そのまま放置すれば特定空家等に該当することとなるおそれが大きいと認めるときは、当該指導をした者に対し、修繕、立木竹の伐採その他の当該管理不全空家等が特定空家等に該当することとなることを防止するために必要な具体的な措置をとることを勧告することができる（同条第2項）。

勧告を行うことができるのは、

・指導した場合において、なお当該管理不全空家等の状態が改善されておらず、

・そのまま放置すれば特定空家等に該当する

こととなるおそれが大きいと認めるときである。

指導後、管理不全空家等の状態が改善されているか否かは、例えば、指導時に記録した当該管理不全空家等の外観の状態と、勧告を行おうとする時点の状態とを比べて、所有者等により改善に係る措置がなされた形跡が見られるか否かにより判断するほか、所有者等に対して、改善の有無について任意に聞き取り調査を行うことが考えられる。

また、そのまま放置すれば特定空家等に該当することとなるおそれが大きいか否かは、指導をした管理不全空家等の状態が、

・指導時からさらに悪化しているか

・それにより特定空家等に該当することとなる予兆が確認できるか

などを確認することにより判断することが考えられる。さらに、このような管理不全空家等の状態のみならず、指導だけでは、その所有者等による自発的な改善を促すことが難しいと考えられるか否かを判断することが適切である。例えば、

・当該所有者等に対して複数回の指導をしたが、改善しない

・十分な猶予期限を与え、指導により措置をとることを求めたものの、その期限内に必要な措置がとられなかった

などが判断の参考になる。

(2)　勧告の実施

法第13条第2項に基づく勧告を行う場合は、その管理不全空家等の所有者等に対して、

・当該勧告に係る措置の内容及びその事由

・当該勧告の責任者

を明確に示さなければならない。

また、勧告を行う際には、

・勧告に係る措置を実施した場合は、遅滞なく当該勧告の責任者に報告すべきであること

・地方税法の規定に基づき、当該管理不全空家等に係る敷地について固定資産税等の住宅用地特例の対象から除外されること

についても併せて示すべきである。また、所有者等による状態の改善を促す観点から、当該勧告に係る措置が実施されず、特定空家等に該当する状態に至った場合には、法第22条に基づき

資料③ 管理不全空家等及び特定空家等に対する措置に関する適切な実施を図るために必要な指針
（ガイドライン）

必要な措置をとる可能性があることを追記してもよい。

勧告は、措置の内容を明確にするとともに、勧告に伴う効果を当該管理不全空家等の所有者等に明確に示す観点から、書面（参考様式３）で行うものとする。なお、法第13条第２項に基づく勧告は、法第22条第２項に基づく特定空家等の所有者等に対する勧告と異なり、相当の猶予期限を付すことを要件とはしていない。これは、特定空家等に対する措置と異なり、管理不全空家等については、勧告後の命令や代執行を伴わないためである。

また、勧告の送達方法について具体的な定めはなく、直接手交、郵送などの方法から選択することが考えられる。勧告は、相手方に到達することによって効力を生じ、相手方が現実に受領しなくとも相手方が当該勧告の内容を了知し得るべき場所に送達されたら到達したとみなされるため、的確な送達の方法を選択すべきである。郵送の場合は、より慎重を期す観点から、配達証明郵便又は配達証明かつ内容証明の郵便とすることが望ましい。

なお、市町村長が管理不全空家等に対して必要な措置に係る勧告を行うに当たり、管理不全空家等の所有者等が複数存在する場合には、市町村長が確知している当該管理不全空家等の所有者等全員に対して勧告を行う必要がある。

市町村長による勧告を受けた管理不全空家等の建物部分とその敷地のいずれかが当該勧告後に相続や売買等された結果として所有者等が変わってしまったとしても、当該勧告は建物部分とその敷地とを切り離すことなく管理不全空家等の所有者等に対して講じられた措置であり、相続や売買等による変更のなかった所有者等に対する効力は引き続き存続することから、建物部分又はその敷地の所有者等のいずれかが当該勧告に係る措置を履行しない限り、当該勧告に伴う効果は継続する。なお、当然のことながら、このような場合において、新たに管理不全空家等の建物部分又はその敷地の所有者等となった者に対し、市町村長はできる限り迅速に、改めて勧告を行う必要がある（当然、指導から行う必要がある。）。

また、市町村長による勧告を受けた後に管理不全空家等が相続や売買等により、建物部分と

その敷地いずれについても所有者等が変わってしまった場合には、勧告の効力が失われるため、本来元の所有者等により講じられるべきであった措置の履行を促す観点から、新たに当該管理不全空家等の所有者等となった者に対し、市町村長はできる限り迅速に、改めて指導、勧告を行う必要がある。その際、勧告の効力の有無は、固定資産税等の住宅用地特例の適用関係に影響を与えるため、税務部局とも十分連携を図る必要がある。なお、相続や売買等により、所有者等が変わった場合の新たな所有者等に対する手続の迅速化に係る考え方は、第１章２.(2)ロに記載のとおりである。

勧告に係る措置を示す際には、下記に留意されたい。

(イ) 当該管理不全空家等の所有者等が、具体的に何をどのようにすればいいのかが理解できるように、明確に示す必要がある。また、勧告に係る措置については、指導に係る措置と異なり、具体的なものでなければならないことにも留意が必要である。すなわち、「定期的に屋根ふき材を点検すること」や「点検した結果、問題があれば必要に応じて補修を行うこと」といった概念的な内容ではなく、例えば「東側部分の屋根ふき材の補修を行うこと」等の具体の措置内容を示すべきである。

(ロ) 措置の内容は、周辺の生活環境の保全を図るという目的を達成するために必要かつ合理的な範囲内のものとしなければならない。なお、法第13条第２項において、必要な具体的な措置として除却について言及がないのは、管理不全空家等の状態の改善のため、除却まで勧告することが基本的には想定されないためである。

(3) 関係部局への情報提供

市町村長が、法に基づき管理不全空家等の所有者等に対して勧告した場合には、2.(2)に述べたとおり、速やかに税務部局等関係内部部局に情報提供を行うことが必要である。

5．必要な措置が講じられた場合の対応

管理不全空家等の所有者等が、指導又は勧告に係る措置を実施したことが確認された場合は、当該建築物等は管理不全空家等ではなくなる。

363

資　料

市町村においては、勧告をしている場合には当該勧告を撤回するとともに、当該建築物が管理不全空家等でなくなったと認められた日付、講じられた措置の内容等をデータベースに記録し、速やかに関係内部部局に情報提供することが望ましい。

特に税務部局に対しては、勧告が撤回された場合、固定資産税等の住宅用地特例の要件を満たす家屋の敷地については、当該特例の適用対象となることから、可能な限り速やかにその旨を情報提供することが必要である。

また、必要な措置が講じられた空家等の所有者等に対しては、例えば、当該所有者等から措置が完了した旨の届出書の提出を受け、当該届出書を受領したものの写しを返却する等により、当該所有者等に対し管理不全空家等でなくなったことを示すことも考えられる。

第4章　特定空家等に対する措置

特定空家等に対する措置は、法第14条各項の規定に基づく財産管理人の選任についての請求を除き、行政指導である助言又は指導（法第22条第1項）及び勧告（同条第2項）、不利益処分である命令（同条第3項）、代執行（同条第9項）、災害その他非常の場合において、特定空家等に関し緊急に必要な措置をとる必要があると認めるときで、

命令を行ういとまがないときの緊急代執行（同条第11項）、過失がなくて必要な措置を命ぜられるべき者を確知することができないときの略式代執行（同条第10項）とに大別される。このうち、命令については、行政手続法第3章（不利益処分。ただし、同法第12条（処分の基準）及び第14条（不利益処分の理由の提示）を除く。）の規定を適用除外とし（法第22条第15項）、法において特例を定めている点に留意されたい（詳述は5.を参照）。

1．特定空家等の所有者等の事情の把握

特定空家等の所有者等の事情の把握については、基本的には、第3章1.で述べた管理不全空家等に係る考え方と同様である。特定空家等についても、必ずしも法第22条に基づく法律上の行為として行う必要はなく、例えば所有者等であると考えられる者に対し、事実確認のために

連絡を取るなど事実行為として行うことも考えられるほか、ある空家等が特定空家等に該当すると考えられる場合にあっても、直ちに法第9条第2項に基づく報告徴収又は立入調査や、法第22条第1項に基づく指導等の手続を開始するのではなく、把握した当該特定空家等の所有者等の事情を勘案し、具体の対応方策を検討することが考えられる。

一方、周辺の生活環境の保全を図るために速やかに措置を講ずる必要があると認められる場合は、市町村長は所定の手続を経つつも法第22条に基づく勧告、命令又は代執行に係る措置を迅速に講ずることが考えられる。

2．特定空家等に対する措置の事前準備
(1)　報告徴収及び立入調査（法第9条第2項.第5項）

市町村長は、法第22条第1項から第3項までの規定の施行に必要な限度において、空家等の所有者等に対し、当該空家等に関する事項に関し報告させ、又は当該職員若しくはその委任した者に、空家等と認められる場所に立ち入って調査をさせることができる（法第9条第2項）。この報告徴収は、例えば、特定空家等の所有者等に対して法第22条第1項に基づく指導を行ったものの状態が改善されなかったために、同条第2項に基づく勧告等の措置を講ずる上で、当該所有者等の意向等を把握するために行うことが考えられる。報告徴収を行う前に、法第9条第1項に基づき、任意に聞き取り調査等を行うことも考えられる。また、立入調査は、例えば、外見上危険と認められる空家等について措置を講じようとする場合、外観目視による調査では足りず、敷地内に立ち入って状況を観察し、建築物に触れるなどして詳しい状況を調査し、必要に応じて内部に立ち入って柱や梁等の状況を確認する必要がある場合に実施するものである。なお、報告徴収及び立入調査は、必要最小限度の範囲で行うべきものである。

また、報告徴収又は立入調査の結果が、必ずしも法第22条第1項から第3項までの規定による措置に結びつかなくとも、特定空家等に該当する可能性があると認められるか否か、当該空家等に対する措置を講ずる必要があるか否か、あるとすればどのような内容の措置を講ずべき

資料③ 管理不全空家等及び特定空家等に対する措置に関する適切な実施を図るために必要な指針
（ガイドライン）

か等を確かめようとすることは、目的が正当な
ものであるとして許容されるものと解される。
一方、例えば、当該空家等の敷地内に立ち入ら
ずとも目的を達成し得る場合には、不必要に立
入調査等を実施することは認められない。
　なお、立入調査においては、高精度カメラや
ドローン等のデジタル技術を活用して実施する
ことも可能である。
　以下は、報告徴収又は立入調査を行う場合の
留意事項等である。

イ　報告徴収を行う場合の留意事項等
　市町村長は、所有者等に報告を求める場合は、
その空家等の所有者等に対して、
　　・当該報告を求める対象及びその内容
　　・報告を求める期限
　　・当該報告徴収の責任者
を明確に示さなければならない。
　また、報告徴収を行う際には、報告拒否又は
虚偽報告は過料に処されることについても併せ
て示すべきである。
　市町村長は、空家等の所有者等に対して、法
第9条第2項に基づき空家等に関する事項に関
し報告させるときは、その内容を正確に相手方
に伝え、相手方への報告徴収の通知の到達を明
確にすること等処理の確実性を期す観点から、
書面（参考様式1.1）で行い、報告を求めること
とする（参考様式1.2）。
　その方法については、法令上に具体の定めは
なく、直接手交、郵送などの方法から選択する
ことが考えられる。報告徴収に係る通知は、相
手方に到達することによって効力を生じ、相手
方が現実に受領しなくとも相手方が当該内容を
了知し得るべき場所に送達されたら到達したと
みなされるため、的確な送達の方法を選択すべ
きである。郵送の場合は、より慎重を期す観点
から、配達証明郵便又は配達証明かつ内容証明
の郵便とすることが望ましい。
　また、報告徴収は行政争訟の対象となる処分
であり、当該処分に対し不服がある場合は、行
政不服審査法（平成26年法律第68号）第2条の
規定により当該市町村長に審査請求を行うこと
ができる。したがって、報告徴収を行う際は、
同法第82条第1項の規定に基づき、
　　・当該処分につき不服申立てをすることがで
　　　きる旨

　　・不服申立てをすべき行政庁
　　・不服申立てをすることができる期間
について、書面で示さなければならない。
　さらに、行政事件訴訟法（昭和37年法律第139
号）第8条の規定により、当該処分について審
査請求をせずに、当該市町村を被告とする行政
訴訟によって、当該市町村長の処分の取消しを
求めることもできることから、報告徴収につい
ては、同法第46条第1項の規定に基づき、
　　・当該処分に係る取消訴訟の被告とすべき者
　　・当該処分に係る取消訴訟の出訴期間
についても、書面で示さなければならない。
　市町村長の報告徴収を拒否し又は虚偽の報告
をした者は、20万円以下の過料に処すること
なる（法第30条第2項）。過料の徴収手続につい
ては、5.(4)に記載のとおりである。なお、明示
的あるいは黙示的に報告を拒否する場合のみな
らず、報告内容が著しく不足しているなど、意
図的かつ実質的な報告の拒否と判断される場合
には、報告拒否と扱って差し支えない。また、
虚偽とは、一般には、客観的な事実に対して、
真実又は真正でないことをいうが、意識的に不
真実又は不真正ならしめる場合もいう。したが
って、例えば、特定空家等について修繕等を行
っていない者が、報告徴収に対して、市町村か
らの指導等を忌避するために意図的に修繕等を
行ったと客観的な事実に反することを認識して
報告した場合には、虚偽の報告に該当する。罰
則の適用については、法務担当部局等と十分な
調整をとり、的確かつ厳正な運用がなされるよ
う配慮されたい。
　報告を求める内容は、法第22条第1項から第
3項までの規定の施行に必要な限度において、
必要かつ合理的な範囲内のものとしなければな
らない。したがって、いたずらに過度な内容の
報告を求めることや、所有者等の負担を考慮せ
ず報告の期限を著しく短期間に設定することは
不適切である。報告を求める内容としては、い
つまでに当該空家等の状態を改善する意向があ
るか、当該空家等の状態の改善を図ったかなど
が考えられるが、その内容は、同条第1項から
第3項の規定に基づき、とることを求めようと
している措置の内容等に照らし、できる限り具
体的かつ明確なものである必要がある。例えば、
特定空家等の除却に係る所有者等の意向につい

365

資　料

て報告を求める場合には、除却を行なう事業者の見積書など、その意向に関して確認できる客観的な事実の報告を求めることが適切である。

なお、市町村長が空家等の所有者等に報告徴収を行うに当たり、空家等の所有者等が複数存在する場合には、市町村長が確知している当該空家等の所有者等全員に対して報告徴収を行う必要は必ずしもなく、市町村長が報告を求めるべきと考える相手方に対して行うことが考えられる。

ロ　立入調査を行う場合の留意事項等

(イ)　立入調査時の所有者等に対する事前の通知

市町村長は、空家等と認められる場所に立入調査を行おうとするときは、その5日前までに、当該空家等の所有者等にその旨を通知しなければならない（法第9条第3項本文）。この「5日」の期間の計算については、期間の初日は算入しないものと解される。

特に、1.により、空家等の所有者等と連絡が取れなかった場合には、空家等の所有者等は、当該空家等の状況を把握していない可能性があることから、事前の通知に当たって所有者等と連絡が取れた際には、立入調査の根拠のほか、立入調査をしようとするに至った理由等について、十分に説明するよう努めるべきである。また、立入調査を行う際、所有者等の立会いを得ることは、立入調査を円滑に実施することができるとともに、関係者が当該空家等の状況や所有者等の事情等を共有することで、対応方針の早期決定につながることが期待されることから、有用であると考えられる。

一方、所有者等に対し通知することが困難であるときは通知は要しない（同条同項ただし書）。

(ロ)　立入調査時の身分を示す証明書の携帯と提示

空家等と認められる場所に立ち入ろうとする者は、その身分を示す証明書（参考様式2）を携帯し、関係者の請求があったときは、これを提示しなければならない（法第9条第4項）。

(ハ)　立入調査に係る留意事項

・法に基づく立入調査は、相手方が立入調査を拒否した場合等の過料が定められている（法第30条第2項）が、相手方の抵抗を排除してまで調査を行う権限を認めるものではない。すなわち、明示的な拒否があった場合に、物理的強制力を行使してまで立入調査をすることはできない。

・法に基づく立入調査は行政調査であり、法「第22条第1項から第3項までの施行」という行政目的の達成のためにのみ認められるものであり、別の目的のために当該立入調査を行うことは認められない。特に、犯罪捜査のために行政調査を行うことは許されず、この点は法第9条第5項に明示されているところである。

・空家等は、所有者等の意思を確認することが困難な場合があるところ、倒壊等の危険があるなどの場合に、空家等と認められる場所の門扉が閉じられている等敷地が閉鎖されていることのみをもって敷地内に立ち入れないとなると、法の目的が十分に達成できないおそれがある。また、立入調査を行っても、現に居住や使用がなされている建築物に比してそのプライバシーの侵害の程度は相対的に軽微である。このため、門扉が閉じられている等の場合であっても、物理的強制力の行使により立入調査の対象とする空家等を損壊させるようなことのない範囲内での立入調査は許容され得るものと考えられる。

・空家等と認められるとして立ち入った結果、建物内に占有者がいる等使用実態があることが判明した場合は、当該建築物は特定空家等に該当しないこととなり、それ以降、立入調査を継続することはできない。この場合、占有者等の同意の下で社会通念上相当と認められる範囲で所有者等の確認等（例えば、所有者の確認、当該建築物をどのように使用しているのか等）を行うことは、法第9条第1項の調査として許容されるものと解される。なお、建築物等に立ち入った時点において当該建築物等が「空家等と認められる場所」であった以上、使用実態があることが判明する以前の立入調査は適法な行為である。

(2)　データベース（台帳等）の整備と関係部局への情報提供

法第11条に定める空家等に関するデータベースの整備や関係部局への情報提供については、基本的には、第3章2.(2)で述べた

資料③ 管理不全空家等及び特定空家等に対する措置に関する適切な実施を図るために必要な指針
（ガイドライン）

管理不全空家等に係る考え方と同様である。

(3) 特定空家等に関係する権利者との調整

法第22条に基づき措置を講じようとする特定空家等について、その措置の過程で、抵当権等の担保物権や賃貸借契約による賃借権が設定されていること等が判明することが考えられる。この場合の考え方についても、基本的には、第3章2.(3)で述べた管理不全空家等に係る考え方と同様である。

3. 特定空家等の所有者等への助言又は指導（法第22条第1項）

法に基づく特定空家等の措置は、当該特定空家等の所有者等に対する助言又は指導といった行政指導により、所有者等自らの意思による改善を促すことから始めることとされている。

これは、第1章2.(2)ロにも記載したとおり、ある特定空家等について、以前に管理不全空家等として法第13条に基づく指導又は勧告を行っていた場合においても同様であり、特定空家等として新たに助言又は指導を行うことから手続を開始する必要がある。

(1) 特定空家等の所有者等への告知

イ　告知すべき事項

助言又は指導に携わる者は、その特定空家等の所有者等に対して、

・当該助言又は指導の内容及びその事由
・当該助言又は指導の責任者

を明確に示さなければならない。

また、助言又は指導後の対応として、

・助言又は指導に係る措置を実施した場合は、遅滞なく当該助言又は指導の責任者に報告すること
・助言又は指導をしたにもかかわらず、なお当該特定空家等の状態が改善されないと認められるときは、市町村長は勧告を行う可能性があること
・市町村長が勧告をした場合は、地方税法の規定に基づき、当該特定空家等に係る敷地について固定資産税等の住宅用地特例の対象から除外されることとなること

についても、当該特定空家等の所有者等に対してあらかじめ示し、所有者等自らの改善を促すよう努めるべきである。

助言及び指導は、口頭によることも許容され

ているが、改善しなかった場合の措置を明確に示す必要がある場合には、書面で行うことが望ましい。

ロ　助言又は指導の趣旨及び内容

特定空家等の所有者等は当該特定空家等の状況を把握していない可能性がある

こと等を考慮し、助言又は指導の趣旨を示す際には、根拠規定のみならず、

・どの建築物等が特定空家等として助言又は指導の対象となっているのか
・当該特定空家等が現状どのような状態になっているのか
・周辺の生活環境にどのような悪影響をもたらしているか

等について、分かりやすく示すことが望ましい。

また、助言又は指導できる措置の内容は、当該特定空家等についての除却、修繕、立木竹の伐採その他周辺の生活環境の保全を図るために必要な措置であるが、そのまま放置すれば倒壊等著しく保安上危険となるおそれのある状態又は著しく衛生上有害となるおそれのある状態のいずれでもない特定空家等については、建築物等の全部を除却する措置を助言又は指導することはできないことに留意されたい（法第22条第1項括弧書き）。

(2) 措置の内容等の検討

市町村長の助言又は指導により、その対象となった特定空家等の状態が改善された場合は、助言又は指導の内容は履行されたこととなるが、この場合においても、その履歴を記録しておくべきである。

一方、助言又は指導を受けた特定空家等の状態が改善されないと認められるときは、市町村長は、当該特定空家等の所有者等に対し、繰り返し助言又は指導を行うべきか、必要な措置を勧告すべきかどうか、勧告する場合はどのような措置とするか等について検討する。その際、法第8条に基づく協議会において協議すること等も考えられる。なお、協議会で協議する場合には、協議の過程で当該特定空家等の所有者等に係る個人情報を個人情報保護法に基づき適正に取り扱う必要がある。

4. 特定空家等の所有者等への勧告（法第22条第2項）

367

資　料

(1)　勧告の実施

　市町村長は、法第22条第1項に基づき助言又は指導をした場合において、なお当該特定空家等の状態が改善されないと認めるときは、当該助言又は指導を受けた者に対し、相当の猶予期限を付けて、必要な措置をとることを勧告することができる（同条第2項）。

　勧告を行う場合は、その特定空家等の所有者等に対して、

・当該勧告に係る措置の内容及びその事由
・当該勧告の責任者

を明確に示さなければならない。

　また、勧告を行う際には、

・勧告に係る措置を実施した場合は、遅滞なく当該勧告の責任者に報告すべきであること
・正当な理由がなくてその勧告に係る措置をとらなかった場合、市町村長は命令を行う可能性があること
・地方税法の規定に基づき、当該特定空家等に係る敷地について固定資産税等の住宅用地特例の対象から除外されること
・法第22条第11項に基づき、災害その他非常の場合において、命令等を経ることなく緊急代執行を行う可能性があること

についても併せて示すべきである。

　勧告は、措置の内容を明確にするとともに、勧告に伴う効果を当該特定空家等の所有者等に明確に示す観点から、書面（参考様式4）で行うものとする。

　また、勧告の送達方法について具体的な定めはなく、直接手交、郵送などの方法から選択することが考えられる。勧告は、相手方に到達することによって効力を生じ、相手方が現実に受領しなくとも相手方が当該勧告の内容を了知し得るべき場所に送達されたら到達したとみなされるため、的確な送達の方法を選択すべきである。郵送の場合は、より慎重を期す観点から、配達証明郵便又は配達証明かつ内容証明の郵便とすることが望ましい。

　なお、市町村長が特定空家等に対して必要な措置に係る勧告を行うに当たり、特定空家等の所有者等が複数存在する場合には、市町村長が確知している当該特定空家等の所有者等全員に対して勧告を行う必要がある。

　市町村長による勧告を受けた特定空家等の建物部分とその敷地のいずれかが当該勧告後に相続や売買等された結果として所有者等が変わってしまったとしても、当該勧告は建物部分とその敷地とを切り離すことなく特定空家等の所有者等に対して講じられた措置であり、相続や売買等による変更のなかった所有者等に対する効力は引き続き存続することから、建物部分又はその敷地の所有者等のいずれかが当該勧告に係る措置を履行しない限り、当該勧告に伴う効果は継続する。なお、当然のことながら、このような場合において、新たに特定空家等の建物部分又はその敷地の所有者等となった者に対し、市町村長はできる限り迅速に、改めて勧告を行う必要がある（当然、助言又は指導から行う必要がある。）。

　また、市町村長による勧告を受けた後に特定空家等が相続や売買等により、建物部分とその敷地いずれについても所有者等が変わってしまった場合には、勧告の効力が失われるため、本来元の所有者等に講じられるべきであった措置の履行を促す観点から、新たに当該特定空家等の所有者等となった者に対し、市町村長はできる限り迅速に、改めて助言又は指導、勧告を行う必要がある。その際、勧告の効力の有無は、固定資産税等の住宅用地特例の適用関係に影響を与えるため、税務部局とも十分連携を図る必要がある。なお、相続や売買等により、所有者等が変わった場合の新たな所有者等に対する手続の迅速化に係る考え方は、第1章2.(2)ロに記載のとおりである。

イ　相当の猶予期限

　「相当の猶予期限」とは、勧告を受けた者が当該措置を行うことにより、その周辺の生活環境への悪影響を改善するのに通常要すると思われる期間を意味する。具体の期間は対象となる特定空家等の規模や措置の内容等によって異なるが、おおよそのところは、物件を整理するための期間や工事の施工に要する期間を合計したものを標準とすることが考えられる。

ロ　勧告に係る措置の内容

　勧告に係る措置を示す際には、下記に留意されたい。

(イ)　当該特定空家等の所有者等が、具体的に何をどのようにすればいいのかが理解できるよ

資料③ 管理不全空家等及び特定空家等に対する措置に関する適切な実施を図るために必要な指針
（ガイドライン）

うに、明確に示す必要がある。すなわち、「壁面部材が崩落しそうで危険なため対処すること」といった概念的な内容ではなく、例えば「壁面部材が崩落しないよう、東側２階部分の破損した壁板を撤去すること」等の具体的な措置内容を示すべきである。また、建築物を除却する場合にあっても、建築物全部の除却なのか、例えば２階部分等一部の除却なのか等除却する箇所を明確に示す必要がある。

　勧告に係る措置の内容が特定空家等の全部の除却であり、動産等（廃棄物を含む。以下「動産等」という。）に対する措置を含める場合は、勧告書（参考様式４）において、
　・対象となる特定空家等の内部又はその敷地に存する動産等については、措置の期限までに運び出し、適切に処分等すべき旨
　・特定空家等の除却により発生する動産等については、措置の期限までに関係法令※7に従って適切に処理すべき旨
を明記することが望ましい。

※7　廃棄物の処理及び清掃に関する法律（昭和45年法律第137号）、建設工事に係る資材の再資源化等に関する法律（平成12年法律第104号）などが挙げられる。

(ロ)　措置の内容は、周辺の生活環境の保全を図るという規制目的を達成するために必要かつ合理的な範囲内のものとしなければならない。したがって、例えば修繕により目的が達成され得る事案に対し、いたずらに除却の勧告をすることは不適切である。

(2)　関係部局への情報提供
　市町村長が、法に基づき特定空家等の所有者等に対して勧告した場合には、2.(2)に述べたとおり、速やかに税務部局等関係内部部局に情報提供を行うことが必要である。

5. 特定空家等の所有者等への命令（法第22条第3項.第8項）

　市町村長は、上記勧告を受けた者が正当な理由がなくてその勧告に係る措置をとらなかった場合において、特に必要があると認めるときは、その者に対し、相当の猶予期限を付けて、その勧告に係る措置をとることを命ずることができる（法第22条第3項）。なお、緊急代執行を行う場合には、この命令及び命令に付随する意見聴取等の手続を経る必要はない。

イ　正当な理由
　この「正当な理由」とは、例えば所有者等が有する権原を超えた措置を内容とする勧告がなされた場合等を想定しており、単に措置を行うために必要な金銭がないことは「正当な理由」とはならないと解される。ただし、例えば、措置の対象者が所有者でなく管理者であり、特定空家等の処分を行う権原を有していない場合等においては、除却等の措置をとることができない「正当な理由」があると認められるため、同条同項に基づく命令はできないことに留意する必要がある。

ロ　特に必要があると認めるとき
　「特に必要があると認めるとき」とは、比例原則を確認的に規定したものであり、対応すべき事由がある場合において的確な権限行使を行うことは当然認められる。

ハ　相当の猶予期限
　「相当の猶予期限」の解釈は、4.(1)イの勧告における「相当の猶予期限」と同義である。

ニ　命令の形式
　命令の形式については、命令の内容を正確に相手方に伝え、相手方への命令の到達を明確にすること等処理の確実を期す観点から、書面で行うものとする。

ホ　命令の送達方法
　命令の送達方法について具体の定めはないが、勧告の送達方法に準じるものとする。

ヘ　法における特例手続
　命令については、法第22条第15項により行政手続法第12条（処分の基準）及び第14条（不利益処分の理由の提示）を除き、同法第3章（不利益処分）の規定を適用しないこととし、その代わりに法第22条第4項から第8項までに、命令を行う際に必要な手続を定めている。この手続の具体的な内容として、措置を命じようとする者は、意見書を提出するだけでなく公開による意見の聴取を行うことを請求する権利も保障されている（同条第5項）。

(1)　所有者等への事前の通知（法第22条第4項）
　市町村長は、措置を命じようとする者又はその代理人に対し、あらかじめ所定の事項を記載した通知書（参考様式5）を交付しなければならない。記載する事項は、
　・命じようとする措置の内容及びその事由

資　料

・意見書の提出先
・意見書の提出期限
とされている（法第22条第4項）。

　当該通知書を交付する相手は、「措置を命じようとする者又はその代理人」とされており、措置を命じようとする者が代理人を選任できることが明示的に示されている。代理人は、当該命令に関する一切の行為をすることができるが、行政手続法第16条の規定を踏まえ、代理人の資格は書面で証明しなければならないとともに、代理人がその資格を失ったときは、当該代理人を選任した者は、書面でその旨を市町村長に届け出なければならない。

　また、当該通知書においては、法第22条第4項に示す通知事項のほか、当該通知書の交付を受けた者は、その交付を受けた日から5日以内に、市町村長に対し、意見書の提出に代えて公開による意見の聴取を行うことが請求できること（同条第5項）について、あらかじめ示すことが望ましい。

　なお、当該通知書の交付は、従前の命令の内容を変更しようとする場合も同様である。

イ　命じようとする措置の内容

　命じようとする措置は、法第22条第2項に基づき行った「勧告に係る措置」であり、措置の内容は明確に示さなければならない。

　その他の留意事項については、4.(1)ロを参照されたい。

ロ　措置を命ずるに至った事由

　市町村長は当該命じようとする措置の事由を示さなければならない（法第22条第4項）。どの程度の事由を示さなければならないのかについて法に特段の定めは置かれていないが、単に根拠法令の条項を示すだけでは不十分であると考えられ、当該特定空家等がどのような状態にあって、どのような悪影響をもたらしているか、その結果どのような措置を命ぜられているのか等について、所有者等が理解できるように提示すべきである。

ハ　意見書の提出先及び提出期限

　市町村長は、当該措置を命じようとする者又はその代理人に意見書及び自己に有利な証拠を提出する機会を与えなければならないとされている（法第22条第4項）。意見書及び証拠の提出は、命令の名あて人となるべき者にとって自己

の権利利益を擁護するために重要な機会となるものであるから、行政手続法第15条第1項を踏まえれば、提出期限は意見書や証拠の準備をするのに足りると認められる期間を設定しなければならない。

(2)　所有者等による公開による意見聴取の請求（法第22条第5項）

　命令に係る通知書の交付を受けた者は、その交付を受けた日から5日以内に、市町村長に対し、意見書の提出に代えて公開による意見の聴取を行うことを請求することができるとされている（法第22条第5項）。この「5日」の期間の計算については、期間の初日は算入しないものと解される。

　なお、意見聴取の請求がなく当該期間を経過した場合には、(1)ハの意見書の提出期限の経過をもって、直ちに同条第3項に基づく命令をすることができる。

(3)　公開による意見の聴取（法第22条第6項．第8項）

　市町村長は、命令に係る通知の交付を受けた者から、上記の意見の聴取の請求があった場合においては、当該措置を命じようとする者又はその代理人の出頭を求めて、公開による意見の聴取を行わなければならない（法第22条第6項）。なお、これらの者が出頭しない場合は意見聴取の請求がない場合と同様に取り扱って差し支えないと解される。また、「公開による」とは、意見聴取を傍聴しようとする者がある場合にこれを禁止してはならないというにとどまり、場内整理等の理由により一定数以上の者の入場を制限することまで否定するものではない。

　市町村長は、意見の聴取を行う場合においては、当該措置を命じようとする者又はその代理人に対し、意見聴取の期日の3日前までに、

・命じようとする措置
・意見の聴取の期日及び場所

を通知するとともに、これを公告しなければならない（同条第7項）。なお、通知は、意見聴取を実施する日の3日前までに相手方に到達しなければならない点に留意されたい。また、「3日」の期間の計算については(2)と同様、期間の初日は算入しないものと解される。

　通知の方式について定めはなく、口頭での通知も可能と解されるが、処理の確実性を期す観

資料③ 管理不全空家等及び特定空家等に対する措置に関する適切な実施を図るために必要な指針
（ガイドライン）

点からは、書面によることが望ましい。公告の方式についても定めはなく、当該市町村で行われている通常の公告方式でよいと考えられる。

措置を命じようとする者又はその代理人は、意見の聴取に際して、証人を出席させ、かつ、自己に有利な証拠を提出することができる（同条第8項）。この際、市町村長は、意見聴取の円滑な進行のため、過度にわたらない程度に証人の数を制限し、また証拠の選択をさせることは差し支えないと解される。

(4)　命令の実施

(1)の事前の通知に示した意見書の提出期限までに意見書の提出がなかった場合、事前の通知書の交付を受けた日から5日以内に(2)の意見聴取の請求がなかった場合（意見聴取の請求があった場合において請求した者が出頭しなかった場合を含む。）、意見書の提出又は意見聴取を経てもなお当該命令措置が不当でないと認められた場合は、法第22条第3項の規定に基づき、当該措置を命ずることができる。

命令はその内容を正確に相手方に伝え、相手方への命令の到達を明確にすること等処理の確実性を期す観点から、書面（参考様式6）で行うものとする。

命令に係る措置の内容が特定空家等の全部の除却であり、勧告で動産等に対する措置を含めている場合は、命令書（参考様式6）において、
・対象となる特定空家等の内部又はその敷地に存する動産等については、措置の期
限までに運び出し、適切に処分等すべき旨
・特定空家等の除却により発生する動産等については、措置の期限までに関係法令※7に従って適切に処理すべき旨
を明記することが望ましい。

また、当該命令は行政争訟の対象となる処分であり、当該命令に対し不服がある場合は、行政不服審査法（平成26年法律第68号）第2条の規定により当該市町村長に審査請求を行うことができる。したがって、命令においては、同法第82条第1項の規定に基づき、
・当該処分につき不服申立てをすることができる旨
・不服申立てをすべき行政庁
・不服申立てをすることができる期間
について、書面で示さなければならない。

さらに、行政事件訴訟法第8条の規定により、当該命令について審査請求をせずに、当該市町村を被告とする行政訴訟によって、当該市町村長の処分の取消しを求めることもできることから、命令においては、同法第46条第1項の規定に基づき、
・当該処分に係る取消訴訟の被告とすべき者
・当該処分に係る取消訴訟の出訴期間
についても、書面で示さなければならない。

なお、本項による市町村長の命令に違反した者は、50万円以下の過料に処することとなる（法第30条第1項）。過料の徴収手続については、非訟事件手続法に規定がある。手続の開始は裁判所の職権によるが、裁判所が職権探知により事件を立件することは事実上不可能であり、一般的には、通知を受けて手続が開始されている。このため、裁判所の職権の発動を促すため、違反事実を証する資料（過料に処せられるべき者の住所地を確認する書類、命令書、報告徴収又は立入調査を拒んだ際の記録等）を添付して、過料事件の通知を管轄地方裁判所に行うことが考えられる。この場合の管轄裁判所は、過料に処せられるべき者の住所地の地方裁判所である。過料事件の審理においては、当事者の陳述を聴き、検察官の意見が求められる。ただし、裁判所が、相当と認めるときは、当事者の陳述を聴かないで過料の裁判をすることができ、当事者はこの略式裁判手続に対しては、裁判の告知を受けた日から一週間以内に異議を申し立てることができる。異議があったときは、前の裁判はその効力を失い、改めて当事者の陳述を聴いた上で更に裁判が行われる。

(5)　標識の設置その他国土交通省令・総務省令で定める方法による公示（法第22条第13項・第14項）

市町村長は、法第22条第3項の規定による命令をした場合は、第三者に不測の損害を与えることを未然に防止する観点から、必ず標識（参考様式7）の設置をするとともに、市町村の公報への掲載、インターネットの利用その他市町村が適切と認める方法により同項の規定による命令が出ている旨を公示しなければならない（同条第13項、空家等対策の推進に関する特別措置法施行規則（平成27年総務省・国土交通省令第1号）第2条）。

371

資　料

標識は、命令に係る特定空家等に設置することができ（同条第14項）、当該特定空家等において、目的を達成するのに最も適切な場所を選定してよいと解されるが、社会通念上標識の設置のために必要と認められる範囲に限られる。

6．特定空家等に係る代執行（法第22条第9項）
(1)　実体的要件の明確化

法第22条第9項は、行政代執行の要件を定めた行政代執行法第2条の特則であり、「第3項の規定により必要な措置を命じた場合において、その措置を命ぜられた者がその措置を履行しないとき、履行しても十分でないとき又は履行しても同項の期限までに完了する見込みがないとき」は、行政代執行法の定めるところに従い、代執行できることとしたものである。

代執行できる措置については、
・他人が代わってすることのできる義務（代替的作為義務）に限られること
・当該特定空家等による周辺の生活環境等の保全を図るという規制目的を達成するために必要かつ合理的な範囲内のものとしなければならないこと
の2つの要件を満たす必要がある。

その他手続等については、全て行政代執行法の定めるところによる。

(2)　手続的要件（行政代執行法第3条.第6条）
イ　文書による戒告（行政代執行法第3条第1項）

代執行をなすには、
・相当の履行期限を定め、
・その期限までに義務の履行がなされないときは、代執行をなすべき旨
を、予め文書（参考様式8）で戒告しなければならない。また、戒告を行う際には、5.(4)の命令を行う際と同様、行政不服審査法第82条第1項及び行政事件訴訟法第46条第1項の規定に基づき、書面で必要な事項を相手方に示さなければならない。

行政代執行法に基づく代執行の手続は戒告に始まるが、戒告は、義務を課す命令とは別の事務として、代執行の戒告であることを明確にして行うべきであると解される。なお、代執行の戒告であることを明確にして行うべきではあるものの、戒告が命令と同時に行われることは必

ずしも妨げられるものではないとされている。

「相当の履行期限」について定めはないが、戒告は、その時点において命令に係る措置の履行がなされていないことを前提として、義務者が自ら措置を行うように督促する意味をもつものであるから、少なくとも戒告の時点から起算して当該措置を履行することが社会通念上可能な期限でなければならないと解される。

戒告においては、市町村長による命令措置が履行されないときに、当該市町村長が当該特定空家等について具体的にどのような措置を代執行することとなるのかを相手方に通知する観点から、義務の内容を明確に記載しなければならない。

なお、戒告の送達方法についての留意事項は、5．ホを参照されたい。

ロ　再戒告

戒告において定められた措置命令の履行期限までに履行がなされないときは、市町村長は、直ちに代執行令書による通知の手続に移らず、再度戒告を重ね、義務者自らそれを履行する機会を与えることも認められると考えられる。どの時点で代執行を実行するかについては、市町村長において、例えば客観的事情から義務の履行期限を更に延長することが社会通念上許され難い状況にあるのか、又は再戒告により義務者自身による履行が期待され得るのか等の状況を勘案して判断することとなる。

ハ　代執行令書（行政代執行法第3条第2項）

義務者が前述の戒告を受けて、指定の期限までにその義務を履行しないときは、市町村長は、代執行令書（参考様式9）をもって、
・代執行をなすべき時期
・代執行のために派遣する執行責任者の氏名
・代執行に要する費用の概算による見積額
を義務者に通知する。

なお、代執行令書を通知する際には、5.(4)の命令を行う際と同様、行政不服審査法第82条第1項及び行政事件訴訟法第46条第1項の規定に基づき、書面で必要な事項を相手方に示さなければならない。

(イ)　代執行をなすべき時期

代執行令書による通知と代執行をなすべき時期の時間的間隔について定めはなく、市町村長の裁量に委ねられるが、例えば特定空家等の除

資料③ 管理不全空家等及び特定空家等に対する措置に関する適切な実施を図るために必要な指針
（ガイドライン）

却を行う必要がある場合には、義務者が当該特定空家等から動産を搬出すること等に配慮することが望ましい。

(ロ) 代執行のために派遣する執行責任者の氏名

何人を執行責任者とするかは、代執行権者が適宜決定することとなる。

(3) 非常の場合又は危険切迫の場合（行政代執行法第3条第3項）

非常の場合又は危険切迫の場合において、命令の内容の実施について緊急の必要があり、前述の戒告及び代執行令書による通知の手続をとる暇がないときは、その手続を経ないで代執行をすることができる。なお、緊急代執行については、8.を参照されたい。

(4) 執行責任者の証票の携帯及び呈示（行政代執行法第4条）

法における代執行権者である市町村長は、執行責任者に対して、「その者が執行責

任者たる本人であることを示すべき証票」を交付しなければならない。

また、執行責任者は、執行責任者証（参考様式10）を携帯し、相手方や関係人の要求があるときは、これを提示しなければならない。

(5) 動産等の取扱い

代執行をなすべき措置の内容が特定空家等の全部の除却であり、命令で動産等に対する措置を含めている場合は、戒告書（参考様式8）又は代執行令書（参考様式9）において、

・対象となる特定空家等の内部又はその敷地に存する動産等については、履行の期限又は代執行をなすべき時期の開始日までに運び出し、適切に処分等すべき旨

・特定空家等の除却により発生する動産等については、関係法令※7に従って適切に処理すべき旨

・履行の期限までに履行されない場合は、代執行する旨

を明記することが望ましい。

代執行により発生した廃棄物や危険を生ずるおそれのある動産等であって所有者が引き取らないものについては、関係法令※7に従って適切に処理するものとする。

代執行時に、相当の価値のある動産等、社会通念上処分をためらう動産等が存する場合は保管し、所有者に期間を定めて引き取りに来るよ

う連絡することが考えられる。その場合、いつまで保管するかは、他法令※8や裁判例※9も参考にしつつ、法務部局と協議して適切に定める。あわせて、現金（定めた保管期間が経過した動産で、民法第497条に基づき裁判所の許可を得て競売に付して換価したその代金を含む。）及び有価証券については供託所（最寄りの法務局）に供託をすることも考えられる。

また、代執行をなすべき措置の内容が特定空家等の全部の除却ではない場合において動産が措置の弊害となるときは、特定空家等の内部又はその敷地内等の適切な場所に移すことが望ましい。

※8　遺失物法（平成18年法律第73号）第7条第4項、河川法（昭和39年法律第167号）第75条第6項、都市公園法（昭和31年法律第79号）第27条第6項、屋外広告物法（昭和24年法律第189号）第8条第3項などが挙げられる。

※9　さいたま地裁平成16年3月17日

(6) 費用の徴収（行政代執行法第5条・第6条）

代執行に要した一切の費用は、行政主体が義務者から徴収する。当該費用について、行政主体が義務者に対して有する請求権は、行政代執行法に基づく公法上の請求権であり、義務者から徴収すべき金額は代執行の手数料ではなく、実際に代執行に要した費用である。したがって、作業員の賃金、請負人に対する報酬、資材費、第三者に支払うべき補償料等は含まれるが、義務違反の確認のために要した調査費等は含まれない。

市町村長は、文書（納付命令書）において、

・実際に要した費用の額

・その納期日

を定め、その納付を命じなければならない（行政代執行法第5条）。

行政代執行法の規定においては、代執行の終了後に費用を徴収することのみが認められ、代執行終了前の見積による暫定額をあらかじめ徴収することは認められない。

費用の徴収については、国税滞納処分の例※10による強制徴収が認められ（行政代執行法第6条第1項）、代執行費用については、市町村長は、国税及び地方税に次ぐ順位の先取特権を有する（同条第2項）。

なお、空家が借地上にある場合であって、当該空家が代執行により除却されたときでも、除却により借地権が当然に消滅するものではなく、

373

資　料

借地権設定者（空家等の敷地所有者）は、除却後の土地を自由に使用できるようにはならないこと、また、本来、空家の管理に係る責任は空家の所有者等にあり、当該所有者等が除却に係る費用を負担しないことは公平性の観点からも問題があることから、代執行に要した費用は、代執行により除却した空家の所有者等に請求すべきものである。

※10　納税の告知（国税通則法（昭和37年法律第66号）第36条第１項）、督促（同法第37条第１項）、財産の差押え（国税徴収法（昭和34年法律第147号）第47条）、差押財産の公売等による換価（同法第89条以下、第94条以下）、換価代金の配当（同法第128条以下）の手順。

7．過失なく措置を命ぜられるべき者を確知することができない場合（法第22条第10項）

　法第22条第３項に基づき必要な措置を命じようとする場合において、過失がなくてその措置を命ぜられるべき者（以下「命令対象者」という。）を確知することができないとき（過失がなくて助言又は指導及び勧告が行われるべき者を確知することができないため命令を行うことができないときを含む。）は、市町村長は、同条第10項に基づき、略式代執行を行うことができる。

　略式代執行は、同条第３項の規定により「必要な措置を命じようとする場合」を要件としているから、仮に命令対象者が確知されている場合に、必要な措置を命ずるに至らない程度のものについて略式代執行を行うことは認められないことに留意されたい。

　略式代執行をするための要件は、

・過失がなくて命令対象者を確知することができないこと
・その措置が、他人が代わってすることができる作為義務（代替的作為義務）であること

である。その他手続については、後述の「事前の公告」（同条第10項）を経た上で、同条第９項と同様である。

⑴　「過失がなくて」「確知することができない」場合

　「過失がなくて」とは、市町村長がその職務行為において通常要求される注意義務を履行したことを意味する。また、「確知することができない」とは、措置を命ぜられるべき者の氏名及び所在をともに確知しえない場合及び氏名は知り

えても所在を確知しえない場合をいうものと解される。

　どこまで追跡すれば「過失がなくて」「確知することができない」と言えるかについての定めはないが、第１章３．⑴及び⑵の調査方法等により十分な調査を行っても所有者等を特定することができなければ、法第22条第10項の「過失がなくてその措置を命ぜられるべき者を確知することができない」場合に該当すると判断することができると考えられる。当該判断に当たっては、登記情報等一般に公開されている情報、住民票（除票を含む。）及び戸籍（除籍及び戸籍の附票（除票を含む。）をいう。）の情報、法第10条に基づく固定資産課税情報等に係る調査を行い、親族、関係権利者等への聞き取り調査等を必要な範囲について行うとともに、これ以外の調査方法等については、調査に要する人員、費用、時間等を考慮してケースごとに、特定空家等が周辺の建築物や通行人等に対し悪影響をもたらすおそれの程度や当該特定空家等による悪影響の程度と危険等の切迫性も踏まえ、必要性を判断することとなる。

⑵　事前の公告（法第22条第10項）

　略式代執行を行う場合においては、定めた期間において、

・当該措置を行うべき旨
・その期限までに当該措置を行わないときは、市町村長又はその措置を命じた者若しくは委任した者がその措置を行うべき旨

をあらかじめ公告しなければならない。

　公告の方法としては、当該市町村の掲示板に掲示し、かつ、その掲示があったことを官報に少なくとも１回掲載することを原則とするが、相当と認められるときは、官報への掲載に代えて、当該市町村の「広報」・「公報」等に掲載することをもって足りるものと解される。また、公告の期間については、最後に官報等に掲載した日又はその掲載に代わる掲示を始めた日から２週間を経過した時に、相手方に到達したものとみなされるものと解される（参考：民法第98条及び民事訴訟法（平成８年法律第109号）第111条・第112条、行政手続法第31条の規定により準用する同法第15条第３項）。

⑶　動産等の取扱い

　略式代執行をなすべき措置の内容が所有者が

374

資料③ 管理不全空家等及び特定空家等に対する措置に関する適切な実施を図るために必要な指針
（ガイドライン）

不明の特定空家等の全部の除却であり、動産等に対する措置を含める場合は、事前の公告（法第22条第10項）において、

・対象となる特定空家等の内部又はその敷地に存する動産等については、履行の期限又は代執行をなすべき時期の開始日までに運び出し、適切に処分等すべき旨
・特定空家等の除却により発生した動産等については、関係法令※7に従って適切に処理すべき旨
・履行の期限までに履行されない場合は、代執行する旨

を明記することが望ましい。

代執行により発生した廃棄物や危険を生ずるおそれのある動産等であって所有者が引き取らないものについては、関係法令※7に従って適切に処理するものとする。

代執行時に、相当の価値のある動産等、社会通念上処分をためらう動産等が存する

場合は保管し、期間を定めて引き取りに来るよう公示することが考えられる。その場合、いつまで保管するかは、他法令※8や裁判例※9も参考にしつつ、法務部局と協議して適切に定める。あわせて、現金（定めた保管期間が経過した動産で、民法第497条に基づき裁判所の許可を得て競売に付して換価したその代金を含む。）及び有価証券については供託所（最寄りの法務局）に供託をすることも考えられる。このほか、略式代執行後に、不在者財産管理制度や相続財産清算制度に係る財産管理人の選任を裁判所に申立て、それにより選任された財産管理人に動産を処分等してもらう方法が考えられる。

また、代執行をなすべき措置の内容が特定空家等の全部の除却ではない場合において動産が措置の弊害となるときは、特定空家等の内部又はその敷地内等の適切な場所に移すことが望ましい。

（4）費用の徴収（法第22条第12項）
略式代執行を行った場合において義務者が後で判明したとき等の費用の徴収については、法第22条第12項において、行政代執行法第5条及び第6条の規定を準用していることから、6.（6）に記載するとおり、費用の徴収とその方法や考え方は同じである。なお、同法第5条及び第6条の規定は、空家等対策の推進に関する特別措

置法の一部を改正する法律附則第2条第2項に規定されているとおり、同法施行後に、改正後の法第22条第10項に基づき公告を行った場合にのみ適用されることに留意する必要がある。

8．災害その他非常の場合（法第22条第11項）
災害その他非常の場合において、特定空家等が保安上著しく危険な状態にある等当該特定空家等に関し緊急に除却、修繕、立木竹の伐採その他周辺の生活環境の保全を図るために必要な措置をとる必要があると認めるときで、法第22条第3項から第8項までの規定により当該措置をとることを命ずるいとまがないときは、市町村長は、緊急代執行を行うことができる。

緊急代執行においては、以下のとおり、命令等に係る一定の手続を経ることなく代執行を行うことができる点で、同条第9項の代執行と異なるが、動産等の取扱いに係る考え方はこれと同様である。

他方、緊急代執行と異なり、条例により規定している市町村もある緊急時の安全措置（いわゆる緊急安全措置）については、措置前に指導や勧告を必ずしも経ておらず、措置前に指導や勧告等により状態の改善を促してはいないという性質等に照らし、行うことができる措置について特に慎重な検討が必要である。

（1）「災害その他非常の場合において、～緊急に～必要な措置をとる必要があると認めるときで」「～命ずるいとまがないとき」
「災害その他非常の場合において、特定空家等が保安上著しく危険な状態にある等当該特定空家等に関し緊急に除却、修繕、立木竹の伐採その他周辺の生活環境の保全を図るために必要な措置をとる必要があると認めるとき」とは、災害時だけでなく、特定空家等が通学路等に倒壊するおそれがある場合など、公益性の観点から特定空家等に対する緊急の措置が必要となる非常の場合を広く想定している。また、災害時とは、台風等の災害が発生している最中だけでなく、災害が発生する前（台風等の災害の到来が予見されるとき）や、災害後、特定空家等の状態が著しく危険な状態になったときも対象となる。他方、「特定空家等が保安上著しく危険な状態にある等」の状況を念頭に置いているところであり、例えば、「特定空家等が著しく景観を損

375

資　料

なっている状態」などは想定していない。

　また、緊急代執行は「命ずるいとまがないとき」を要件としていることから、勧告を受けた者が正当な理由があってその勧告に係る措置をとることができなかった場合など、命令を行うこと自体ができない場合には、緊急代執行を行うことは認められないことに留意する必要がある。このほか、特定空家等の所有者等が確知できない場合には緊急代執行を行うことはできず、略式代執行を行う必要がある。

　上記を踏まえ、緊急代執行を行うことが想定される具体的なケースとしては、例えば、

　・災害が発生しようとしている時、災害により特定空家等の屋根が飛散するおそれがあり、緊急に修繕する必要があるとき

　・災害の発生後、特定空家等の柱や外壁等が大きく破損し、その倒壊等の危険性が見込まれるため、緊急に除却等を行い安全を確保する必要があるとき

　・災害発生の有無を問わず、特定空家等の傾き等が著しく、緊急に除却等を行い安全を確保する必要があるとき

等が想定されるところである。

(2)　「これらの規定にかかわらず」

　「これらの規定にかかわらず」とは、法第22条第3項から第8項までの規定にかかわらず、命令（同条第3項）及び命令に付随する手続等（同条第4項から第8項まで）を経ることなく、代執行を行うことができることを規定しているものである。ここで、同条第1項及び第2項は「かかわらず」と規定していないため、緊急代執行を行う場合でも、助言又は指導及び勧告は行っていることが必要となる（勧告まで行われた特定空家等が対象となる）。これは、勧告が行われていなければ、特定空家等の所有者等は、義務の履行が強制される可能性を具体的に予見できないためである。このため、著しく保安上危険となるおそれのある特定空家等については、平時から、その所有者等に対して助言又は指導に始まる手続をとることが望ましい。

　なお、同条第11項及び第12項については、空家等対策の推進に関する特別措置法の一部を改正する法律附則第2条第3項に規定されているとおり、同法施行後に行われた勧告について適用され、同法施行前に行った勧告については適用されない点に留意する必要がある。

　緊急代執行により、省略することができる具体的な手続や期間は以下のとおりである。

イ　勧告後、命令までの相当の猶予期限

　法第22条第9項に基づく代執行は、同条第2項に基づく勧告を行い、勧告時に付された猶予期限内に措置がとられなかった場合に同条第3項に基づく命令を行うことで、所定の要件を満たしたときに行うことができる。他方、緊急代執行については、例えば、勧告後、災害その他非常の事態が発生した場合には、当該勧告に付された猶予期限内であっても、行うことができる。

ロ　命令前の意見書の提出・公開の意見聴取等の手続

　法第22条第9項に基づく代執行を行う場合には、同条第3項から第8項までの規定のとおり、命令前の意見書の提出や公開の意見聴取等の手続を経る必要がある。他方、緊急代執行は、同条第3項に基づく命令を経ることなく行うことができるため、命令前の意見書の提出や公開の意見聴取等の手続を経る必要はない。

ハ　命令後、行政代執行を行うまでの相当の猶予期限

　法第22条第9項に基づく代執行は、同条第3項の命令の猶予期限内に命令に係る措置が完了する見込みがない場合等に行うことができる。緊急代執行は、同条第3項に基づく命令を経ることなく行うことができるため、命令に付される猶予期限を考慮する必要性は生じない。

ニ　行政代執行前の戒告等の手続（行政代執行法第3条第3項）

　代執行を行うためには、行政代執行法第3条に基づき、戒告（同条第1項）及び代執行令書による通知（同条第2項）の手続が必要となる。他方、非常の場合又は危険切迫の場合において、緊急の必要があり、戒告及び代執行令書による通知の手続をとる暇がないときは、その手続を経ないで代執行をすることができる（同条第3項）。緊急代執行を行う際は、上記の場合に該当すると考えられるため、行政代執行法に基づき戒告及び代執行令書による通知の手続を省略することができると考えられる。

(3)　費用の徴収（法第22条第12項）

　緊急代執行を行った場合の費用の徴収につい

資料③ 管理不全空家等及び特定空家等に対する措置に関する適切な実施を図るために必要な指針
（ガイドライン）

ては、法第22条第12項において、行政代執行法第5条及び第6条の規定を準用していることから、6.(6)に記載するとおり、費用の徴収とその方法や考え方は同じである。なお、同法第5条及び第6条の規定が適用されるのは、空家等対策の推進に関する特別措置法の一部を改正する法律附則第2条第3項に規定されているとおり、同法施行後に、改正後の法第22条第2項に基づき勧告を行った場合にのみ適用されることに留意する必要がある。

9. 必要な措置が講じられた場合の対応
　特定空家等の所有者等が、助言若しくは指導、勧告又は命令に係る措置を実施したこ
とが確認された場合は、当該建築物等は特定空家等ではなくなる。市町村においては、勧告

又は命令をしている場合には当該勧告又は命令を撤回するとともに、当該建築物が特定空家等でなくなったと認められた日付、講じられた措置の内容等をデータベースに記録し、速やかに関係内部部局に情報提供することが望ましい。

　特に税務部局に対しては、勧告又は命令が撤回された場合、固定資産税等の住宅用地特例の要件を満たす家屋の敷地については、当該特例の適用対象となることから、可能な限り速やかにその旨を情報提供することが必要である。

　また、必要な措置が講じられた空家等の所有者等に対しては、例えば、当該所有者等から措置が完了した旨の届出書の提出を受け、当該届出書を受領したものの写しを返却する等により、当該所有者等に対し特定空家等でなくなったことを示すことも考えられる。

〔別紙1〕保安上危険に関して参考となる基準
　「そのまま放置すれば倒壊等著しく保安上危険となるおそれのある状態（特定空家等）」又は「そのまま放置すれば当該状態の特定空家等に該当することとなるおそれのある状態（管理不全空家等）」であるか否かの判断に際しては、以下に掲げる放置した場合の悪影響ごとに、それぞれに掲げる状態の例を参考として総合的に判断する。なお、以下に掲げる放置した場合の悪影響及び状態の例によらない場合も、個別の事案に応じて適切に判断する必要がある。

1. 建築物等の倒壊
　以下に掲げる状態の例であって建築物等の倒壊につながるものを対象として、特定空家等又は管理不全空家等であることを総合的に判断する。

(1) 建築物

（特定空家等）　・倒壊のおそれがあるほどの著しい建築物の傾斜
　　　　　　　　・倒壊のおそれがあるほどの著しい屋根全体の変形又は外装材の剥落若しくは脱落
　　　　　　　　・倒壊のおそれがあるほどの著しい構造部材（基礎、柱、はりその他の構造耐力上主要な部分をいう。以下同じ。）の破損、腐朽、蟻害、腐食等又は構造部材同士のずれ

（管理不全空家等）・屋根の変形又は外装材の剥落若しくは脱落
　　　　　　　　・構造部材の破損、腐朽、蟻害、腐食等
　　　　　　　　・雨水浸入の痕跡

（備　　　　考）・倒壊のおそれがあるほどの著しい建築物の傾斜は、1/20超が目安となる。
　　　　　　　　・傾斜を判断する際は、2階以上の階のみが傾斜している場合も、同様に取り扱うことが考えられる。
　　　　　　　　・屋根の変形又は外装材の剥落若しくは脱落は、過去に大きな水平力等が加わり、構造部材に破損等が生じている可能性が高い事象である。

資　料

(2)　門、塀、屋外階段等
　　（特 定 空 家 等）　・倒壊のおそれがあるほどの著しい門、塀、屋外階段等の傾斜
　　　　　　　　　　　　・倒壊のおそれがあるほどの著しい構造部材の破損、腐朽、蟻害、腐食等又は構
　　　　　　　　　　　　　造部材同士のずれ
　　（管理不全空家等）　・構造部材の破損、腐朽、蟻害、腐食等
(3)　立木
　　（特 定 空 家 等）　・倒壊のおそれがあるほどの著しい立木の傾斜
　　　　　　　　　　　　・倒壊のおそれがあるほどの著しい立木の幹の腐朽
　　（管理不全空家等）　・立木の伐採、補強等がなされておらず、腐朽が認められる状態
　　（備　　　　　　考）　・立木の傾斜及び腐朽に関しては、「都市公園の樹木の点検・診断に関する指針
　　　　　　　　　　　　　（案）参考資料」（平成29年9月　国土交通省）における樹木の点検の考え方や
　　　　　　　　　　　　　手法等が参考にできる。以下3.(3)及び4.(2)において同様とする。

2．擁壁の崩壊
　以下に掲げる状態の例であって擁壁の崩壊につながるものを対象として、特定空家等又は管理不全空
家等であることを総合的に判断する。
　　（特 定 空 家 等）　・擁壁の一部の崩壊又は著しい土砂の流出
　　　　　　　　　　　　・崩壊のおそれがあるほどの著しい擁壁のひび割れ等の部材の劣化、水のしみ出
　　　　　　　　　　　　　し又は変状
　　（管理不全空家等）　・擁壁のひび割れ等の部材の劣化、水のしみ出し又は変状
　　　　　　　　　　　　・擁壁の水抜き穴の清掃等がなされておらず、排水不良が認められる状態
　　（備　　　　　　考）　・擁壁の種類に応じて、それぞれの基礎点（環境条件・障害状況）と変状点の組
　　　　　　　　　　　　　合せ（合計点）により、擁壁の劣化の背景となる環境条件を十分に把握した上
　　　　　　　　　　　　　で、危険度を総合的に評価する。この場合、「宅地擁壁の健全度判定・予防保
　　　　　　　　　　　　　全対策マニュアル」（令和4年4月　国土交通省）が参考にできる。

3．部材等の落下
　以下に掲げる状態の例であって部材等の落下につながるものを対象として、特定空家等又は管理不全
空家等であることを総合的に判断する。
(1)外装材、屋根ふき材、手すり材、看板等
　　（特 定 空 家 等）　・外装材、屋根ふき材、手すり材、看板、雨樋、給湯設備、屋上水槽等の剥落又
　　　　　　　　　　　　　は脱落
　　　　　　　　　　　　・落下のおそれがあるほどの著しい外壁上部の外装材、屋根ふき材若しくは上部
　　　　　　　　　　　　　に存する手すり材、看板、雨樋、給湯設備、屋上水槽等の破損又はこれらの支
　　　　　　　　　　　　　持部材の破損、腐食等
　　（管理不全空家等）　・外壁上部の外装材、屋根ふき材若しくは上部に存する手すり材、看板、雨樋、
　　　　　　　　　　　　　給湯設備、屋上水槽等の破損又はこれらの支持部材の破損、腐食等
　　（備　　　　　　考）　・既に外装材等の剥落又は脱落がある場合は、他の部分の外装材等の落下が生じ
　　　　　　　　　　　　　る可能性が高いと考えることができる。ただし、上部の外装材等の落下が生じ
　　　　　　　　　　　　　るかの判断が必要になる。
(2)軒、バルコニーその他の突出物
　　（特 定 空 家 等）　・軒、バルコニーその他の突出物の脱落
　　　　　　　　　　　　・落下のおそれがあるほどの著しい軒、バルコニーその他の突出物の傾き又はこ
　　　　　　　　　　　　　れらの支持部分の破損、腐朽等
　　（管理不全空家等）　・軒、バルコニーその他の突出物の支持部分の破損、腐朽等

資料③ 管理不全空家等及び特定空家等に対する措置に関する適切な実施を図るために必要な指針
（ガイドライン）

（備　　　　　考）・既に軒等の脱落がある場合は、他の部分の軒等の落下が生じる可能性が高いと
考えることができる。
(3)**立木の枝**
（特 定 空 家 等）・立木の大枝の脱落
・落下のおそれがあるほどの著しい立木の上部の大枝の折れ又は腐朽
（管理不全空家等）・立木の大枝の剪定、補強がなされておらず、折れ又は腐朽が認められる状態
（備　　　　　考）・既に立木の大枝の脱落がある場合は、他の上部の大枝の落下が生じる可能性が
高いと考えることができる。

4．部材等の飛散
以下に掲げる状態の例であって部材等の飛散につながるものを対象として、特定空家等又は管理不全
空家等であることを総合的に判断する。
(1)**屋根ふき材、外装材、看板等**
（特 定 空 家 等）・屋根ふき材、外装材、看板、雨樋等の剥落又は脱落
・飛散のおそれがあるほどの著しい屋根ふき材、外装材、看板、雨樋等の破損又
はこれらの支持部材の破損、腐食等
（管理不全空家等）・屋根ふき材、外装材、看板、雨樋等の破損又はこれらの支持部材の破損、腐食
等
（備　　　　　考）・既に屋根ふき材等の剥落又は脱落がある場合は、他の部分の屋根ふき材等の飛
散が生じる可能性が高いと考えることができる。
(2)**立木の枝**
（特 定 空 家 等）・立木の大枝の飛散
・飛散のおそれがあるほどの著しい立木の大枝の折れ又は腐朽
（管理不全空家等）・立木の大枝の剪定、補強がなされておらず、折れ又は腐朽が認められる状態
（備　　　　　考）・既に立木の大枝の飛散がある場合は、他の部分の大枝の飛散が生じる可能性が
高いと考えることができる。

〔別紙２〕**衛生上有害に関して参考となる基準**
「そのまま放置すれば著しく衛生上有害となるおそれのある状態（特定空家等）」又は「そのまま放置
すれば当該状態の特定空家等に該当することとなるおそれのある状態（管理不全空家等）」であるか否
かの判断に際しては、以下に掲げる放置した場合の悪影響ごとに、それぞれに掲げる状態の例を参考と
して総合的に判断する。なお、以下に掲げる放置した場合の悪影響及び状態の例によらない場合も、個
別の事案に応じて適切に判断する必要がある。

1．石綿の飛散
以下に掲げる状態の例であって石綿の飛散につながるものを対象として、特定空家等又は管理不全空
家等であることを総合的に判断する。
（特 定 空 家 等）・石綿の飛散の可能性が高い吹付け石綿の露出又は石綿使用部材の破損等
（管理不全空家等）・吹付け石綿の周囲の外装材又は石綿使用部材の破損等

2．健康被害の誘発
以下に掲げる状態の例であって健康被害の誘発につながるものを対象として、特定空家等又は管理不
全空家等であることを総合的に判断する。
(1)**汚水等**
（特 定 空 家 等）・排水設備（浄化槽を含む。以下同じ。）からの汚水等の流出

379

資　料

|（管理不全空家等）|・汚水等の流出のおそれがあるほどの著しい排水設備の破損等
・排水設備の破損等|

(2)害虫等
|（特　定　空　家　等）|・敷地等からの著しく多数の蚊、ねずみ等の害虫等の発生
・著しく多数の蚊、ねずみ等の害虫等の発生のおそれがあるほどの敷地等の常態的な水たまり、多量の腐敗したごみ等|
|（管理不全空家等）|・清掃等がなされておらず、常態的な水たまりや多量の腐敗したごみ等が敷地等に認められる状態|

(3)動物の糞尿等
|（特　定　空　家　等）|・敷地等の著しい量の動物の糞尿等
・著しい量の糞尿等のおそれがあるほど常態的な敷地等への動物の棲みつき|
|（管理不全空家等）|・駆除等がなされておらず、常態的な動物の棲みつきが敷地等に認められる状態|

〔別紙３〕景観悪化に関して参考となる基準
　「適切な管理が行われていないことにより著しく景観を損なっている状態（特定空家等）」又は「そのまま放置すれば当該状態の特定空家等に該当することとなるおそれのある状態（管理不全空家等）」であるか否かの判断に際しては、以下に掲げる状態の例を参考として総合的に判断する。なお、以下に掲げる状態の例によらない場合も、個別の事案に応じて適切に判断する必要がある。
　以下に掲げる状態の例であって景観悪化につながるものを対象として、特定空家等又は管理不全空家等であることを総合的に判断する。
（特　定　空　家　等）	・屋根ふき材、外装材、看板等の著しい色褪せ、破損又は汚損 ・著しく散乱し、又は山積した敷地等のごみ等
（管理不全空家等）	・補修等がなされておらず、屋根ふき材、外装材、看板等の色褪せ、破損又は汚損が認められる状態 ・清掃等がなされておらず、散乱し、又は山積したごみ等が敷地等に認められる状態
（備　　　　　考）	・景観法に基づく景観計画、同法に基づく景観地区における都市計画等において、上記の状態に関係する建築物の形態意匠に係る制限等が定められている場合は、上記の状態に該当することの判断を積極的に行うことが考えられる。

〔別紙４〕周辺の生活環境の保全への影響に関して参考となる基準
　「その他周辺の生活環境の保全を図るために放置することが不適切である状態（特定空家等）」又は「そのまま放置すれば当該状態の特定空家等に該当することとなるおそれのある状態（管理不全空家等）」であるか否かの判断に際しては、以下に掲げる放置した場合の悪影響ごとに、それぞれに掲げる状態の例を参考として総合的に判断する。なお、以下に掲げる放置した場合の悪影響及び状態の例によらない場合も、個別の事案に応じて適切に判断する必要がある。

１．汚水等による悪臭の発生
　以下に掲げる状態の例であって汚水等による悪臭の発生につながるものを対象として、特定空家等又は管理不全空家等であることを総合的に判断する。
|（特定空家等）|・排水設備（浄化槽を含む。以下同じ。）の汚水等による悪臭の発生
・悪臭の発生のおそれがあるほどの著しい排水設備の破損等
・敷地等の動物の糞尿等又は腐敗したごみ等による悪臭の発生|

資料③ 管理不全空家等及び特定空家等に対する措置に関する適切な実施を図るために必要な指針
（ガイドライン）

（管理不全空家等）　　・悪臭の発生のおそれがあるほどの著しい敷地等の動物の糞尿等又は多量の腐敗
　　　　　　　　　　　　　したごみ等
　　　　　　　　　　　・排水設備の破損等又は封水切れ
　　　　　　　　　　　・駆除、清掃等がなされておらず、常態的な動物の棲みつき又は多量の腐敗した
　　　　　　　　　　　　　ごみ等が敷地等に認められる状態

２．不法侵入の発生
　　以下に掲げる状態の例であって不法侵入の発生につながるものを対象として、特定空家等又は管理不
全空家等であることを総合的に判断する。
　　（特定空家等）　　　・不法侵入の形跡
　　　　　　　　　　　・不特定の者が容易に侵入できるほどの著しい開口部等の破損等
　　（管理不全空家等）　・開口部等の破損等

３．落雪による通行障害等の発生
　　以下に掲げる状態の例であって落雪による通行障害等の発生につながるものを対象として、特定空家
等又は管理不全空家等であることを総合的に判断する。
　　（特定空家等）　　　・頻繁な落雪の形跡
　　　　　　　　　　　・落下した場合に歩行者等の通行の妨げ等のおそれがあるほどの著しい屋根等の
　　　　　　　　　　　　　堆雪又は雪庇
　　　　　　　　　　　・落雪のおそれがあるほどの著しい雪止めの破損等
　　（管理不全空家等）　・通常の雪下ろしがなされていないことが認められる状態
　　　　　　　　　　　・雪止めの破損等
　　（備　　　　　考）　・豪雪地帯対策特別措置法第２条第１項に基づく豪雪地帯又は同条第２項に基
　　　　　　　　　　　　　づく特別豪雪地帯の指定等当該地域における通常の積雪の程度等を踏まえて、
　　　　　　　　　　　　　上記状態に該当することの判断を適切に行うことが考えられる。

４．立木等による破損・通行障害等の発生
　　以下に掲げる状態の例であって立木等による破損・通行障害等の発生につながるものを対象として、
特定空家等又は管理不全空家等であることを総合的に判断する。
　　（特定空家等）　　　・周囲の建築物の破損又は歩行者等の通行の妨げ等のおそれがあるほどの著しい
　　　　　　　　　　　　　立木の枝等のはみ出し
　　（管理不全空家等）　・立木の枝の剪定等がなされておらず、立木の枝等のはみ出しが認められる状態

５．動物等による騒音の発生
　　以下に掲げる状態の例であって動物等による騒音の発生につながるものを対象として、特定空家等又
は管理不全空家等であることを総合的に判断する。
　　（特定空家等）　　　・著しい頻度又は音量の鳴き声を発生する動物の敷地等への棲みつき等
　　（管理不全空家等）　・駆除等がなされておらず、常態的な動物等の棲みつき等が敷地等に認められる
　　　　　　　　　　　　　状態

６．動物等の侵入等の発生
　　以下に掲げる状態の例であって動物等の侵入等の発生につながるものを対象として、特定空家等又は
管理不全空家等であることを総合的に判断する。
　　（特定空家等）　　　・周辺への侵入等が認められる動物等の敷地等への棲みつき
　　（管理不全空家等）　・駆除等がなされておらず、常態的な動物等の棲みつきが敷地等に認められる状態

資　料

〔別紙5〕　所有者等の特定に係る調査手順の例

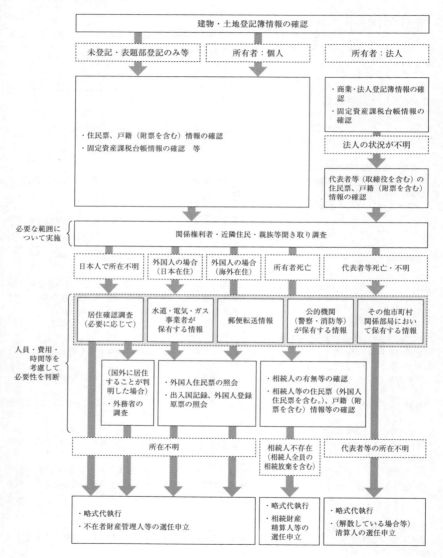

資料③ 管理不全空家等及び特定空家等に対する措置に関する適切な実施を図るために必要な指針
（ガイドライン）

〔参考様式1.1：第9条第2項　報告徴収書〕

○年○月○日
○○第○○号

○○市○○町○丁目○番地○号
　　　○○　○○　　殿

○○市長
○○　○○　　印
（担当　○○部○○課）

空家等に係る事項に関する報告徴収書

　貴殿の所有する下記空家等に対し、空家等対策の推進に関する特別措置法（平成26年法律第127号。以下「法」という。）第22条第1項から第3項までの規定の施行のため、下記のとおり法第9条第2項の規定に基づき当該空家等に関する事項について報告を求めます。

記

1．対象となる特定空家等
　　　所在地　　　　○○市××町×丁目×番地×号
　　　用　途　　　　住宅
　　　所有者の住所及び氏名
　　　　　　　　　　○○市○○町○丁目○番地○　　　　○○　○○

2．報告を求める内容
　　　（どのような報告を求めるのか、具体的に記載）

3．報告の提出先　　　○○市長　　○○　○○
　　　　　　　　　　　（担当：○○部○○課）
　　　　　　　　　　　○○市△△町△丁目△番地△号
　　　　　　　　　　　連絡先：○○○○－○○－○○○○
　　　　　　　　　　　※様式1.2の報告書をもって、書面で提出すること。

4．報告徴収の責任者　　○○市○○部○○課長　　　○○　○○
　　　　　　　　　　　連絡先：○○○○－○○－○○○○

5．報告の期限　　　　○年○月○日

・　上記5の期限までに上記3の者まで報告をせず、若しくは虚偽の報告をした者は、法第30条第2項の規定に基づき、20万円以下の過料に処されることとなります。
・　当該空家等が特定空家等に該当すると認められた場合、又は既に当該空家等が特定空家等に該当すると認められている場合、法第22条第1項から第3項の規定に基づき、周辺の生活環境の保全を図るために必要な措置をとるよう、助言・指導、勧告、命令を行なうことがあります。
・　この処分について不服がある場合は、行政不服審査法（平成26年法律第68号）第2条及び第18条の規定により、この処分があったことを知った日の翌日から起算して3箇月以内に○○市長に対し審査請求をすることができます（ただし、処分があったことを知った日の翌日から起算して3箇月以内であっても、処分の日の翌日から起算して1年を経過した場合には審査請求をすることができなくなります。）。

383

資　料

・　また、この処分の取消しを求める訴訟を提起する場合は、行政事件訴訟法（昭和37年法律第139号）第8条及び第14条の規定により、この処分があったことを知った日の翌日から起算して6箇月以内に、○○市長を被告として、処分の取消しの訴えを提起することができます（ただし、処分があったことを知った日の翌日から起算して6箇月以内であっても、処分の日の翌日から起算して1年を経過した場合には処分の取消しの訴えを提起することができなくなります。）。なお、処分の取消しの訴えは、審査請求を行った後においては、その審査請求に対する処分があったことを知った日の翌日から起算して6箇月以内に提起することができます。

〔参考様式1.2　：　第9条第2項　報告書〕

○年○月○日

○○市長
　○○　○○　殿
（担当　○○部○○課）

○○市○○町○丁目○番地○号
○○　○○

空家等に係る事項に関する報告書

　空家等対策の推進に関する特別措置法（平成26年法律第127号。以下「法」という。）第9条第2項に基づき、○年○月○日○○第○○号により報告を求められた空家等に係る事項について、下記のとおり報告します。

記

1．対象となる特定空家等
　　　所在地　　　○○市××町×丁目×番地×号
　　　用　途　　　住宅
　　　所有者の住所及び氏名
　　　　　　　　　○○市○○町○丁目○番地○　　　○○　○○

2．報告事項
　　　（何をいつまでにどのようにするのか、具体的に記載）
　　　（特定空家等の状態を改善するために講じた措置がある場合には、措置の内容を具体的に記載）

3．添付書類
　　　（所有者の意向が確認できる書類や、措置を講じたことが分かる書類）

・　上記2及び3について、虚偽の報告をした者は、法第30条第2項の規定に基づき、20万円以下の過料に処されることとなります。

資料③ 管理不全空家等及び特定空家等に対する措置に関する適切な実施を図るために必要な指針
（ガイドライン）

〔参考様式2：第9条第4項　立入調査員証〕

（表面）

○○第○○号

立入調査員証

刻印

所　　属

職　　名

（写真）

氏　　名

生年月日　　　　　年　　月　　日

　上記の者は、空家等対策の推進に関する特別措置法第9条第2項の規定に基づく立入調査の権限を有する者であることを証明する。

　　年　　月　　日　発行（　　　年　　月　　日まで有効）
　　　　　　　　　　　　　　　　　　○○市長　○○　○○印

（裏面）

空家等対策の推進に関する特別措置法（平成26年法律第127号）（抜粋）
第9条（略）
2　市町村長は、第22条第1項から第3項までの規定の施行に必要な限度において、空家等の所有者等に対し、当該空家等に関する事項に関し報告させ、又はその職員若しくはその委任した者に、空家等と認められる場所に立ち入って調査をさせることができる。
3　市町村長は、前項の規定により当該職員又はその委任した者を空家等と認められる場所に立ち入らせようとするときは、その5日前までに、当該空家等の所有者等にその旨を通知しなければならない。ただし、当該所有者等に対し通知することが困難であるときは、この限りでない。
4　第2項の規定により空家等と認められる場所に立ち入ろうとする者は、その身分を示す証明書を携帯し、関係者の請求があったときは、これを提示しなければならない。
5　第2項の規定による立入調査の権限は、犯罪捜査のために認められたものと解釈してはならない。

注意
この証票は、他人に貸与し、又は譲渡してはならない。

資　料

〔参考様式３：第14条第２項　勧告書〕

〇年〇月〇日
〇〇第〇〇号

〇〇市〇〇町〇丁目〇番地〇号
　　〇〇　〇〇　殿

〇〇市長
〇〇　〇〇　　印
（担当　〇〇部〇〇課）

勧　告　書

　貴殿の所有する下記空家等は、空家等対策の推進に関する特別措置法（平成26年法律第127号。以下
「法」という。）第13条第１項に定める「管理不全空家等」に該当すると認められたため、貴殿に対して
対策を講ずるように指導してきたところでありますが、現在に至っても改善がなされていません。
　ついては、下記のとおり速やかに当該管理不全空家等が法第２条第２項に定める「特定空家等」に該
当することとなることを防止するために必要な措置をとるよう、法第13条第２項の規定に基づき勧告し
ます。

記

１．対象となる管理不全空家等
　　　所在地　　　〇〇市××町×丁目×番地×号
　　　用　途　　　住宅
　　　所有者の住所及び氏名
　　　　　　　　　〇〇市〇〇町〇丁目〇番地〇　　　〇〇　〇〇

２．勧告に係る措置の内容
　　　（何をどのようにするのか、具体的に記載）

３．勧告に至った事由
　　　（管理不全空家等がどのような状態にあって、当該状態を放置することで
　　　①そのまま放置すれば倒壊等著しく保安上危険となるおそれのある状態
　　　②そのまま放置すれば著しく衛生上有害となるおそれのある状態
　　　③適切な管理が行われていないことにより著しく景観を損なっている状態
　　　④その他周辺の生活環境の保全を図るために放置することが不適切である状態
　　　のいずれに該当する可能性があるか具体的に記載）

４．勧告の責任者　　　〇〇市〇〇部〇〇課長　　　〇〇　〇〇
　　　　　　　　　　　連絡先：〇〇〇〇－〇〇－〇〇〇〇

・　上記２の措置を実施した場合は、遅滞なく上記４の者まで報告をすること。
・　上記１の管理不全空家等に係る敷地が、地方税法（昭和25年法律第226号）第349条の３の２又は同法第702条
　の３の規定に基づき、住宅用地に対する固定資産税又は都市計画税の課税標準の特例の適用を受けている場合に
　あっては、本勧告により、当該敷地について、当該特例の対象から除外されることとなります。
・　上記２の措置が実施されず、法第２条第２項に定める「特定空家等」となった場合、必要に応じて、法第22条
　に基づき、必要な措置をとることになります。

資料③ 管理不全空家等及び特定空家等に対する措置に関する適切な実施を図るために必要な指針
（ガイドライン）

〔参考様式4：第22条第2項　勧告書〕

○○年○月○日
○○第○○号

○○市○○町○丁目○番地○号
　　　○○　○○　殿

○○市長
○○　○○　　　印
（担当　○○部○○課）

勧　　告　　書

　貴殿の所有する下記空家等は、空家等対策の推進に関する特別措置法（平成26年法律第127号。以下
「法」という。）第2条第2項に定める「特定空家等」に該当すると認められたため、貴殿に対して対策
を講ずるように指導してきたところでありますが、現在に至っても改善がなされていません。
　ついては、下記のとおり速やかに周辺の生活環境の保全を図るために必要な措置をとるよう、法第22
条第2項の規定に基づき勧告します。

記

1．対象となる特定空家等
　　　所在地　　　　○○市××町×丁目×番地×号
　　　用　途　　　　住宅
　　　所有者の住所及び氏名
　　　　　　　　　　○○市○○町○丁目○番地○　　　　○○　○○

2．勧告に係る措置の内容
　　　（何をどのようにするのか、具体的に記載）
　　　（特定空家等の全部の除却である場合は動産等に対する取扱いについても明記することが望まし
　　　　い。）
　　　（例）対象となる特定空家等の内部又はその敷地に残置されている動産等を措置の期限までに運び
　　　　　　出し、適切に処分等すること。
　　　　　　特定空家等の除却により発生する動産等を措置の期限までに関係法令に従って適切に処理す
　　　　　　ること。

3．勧告に至った事由
　　　（特定空家等がどのような状態にあって、どのような悪影響をもたらしているか、当該状態が、
　　　　①そのまま放置すれば倒壊等著しく保安上危険となるおそれのある状態
　　　　②そのまま放置すれば著しく衛生上有害となるおそれのある状態
　　　　③適切な管理が行われていないことにより著しく景観を損なっている状態
　　　　④その他周辺の生活環境の保全を図るために放置することが不適切である状態
　　　のいずれに該当するか具体的に記載）

4．勧告の責任者　　　○○市○○部○○課長　　　○○　○○
　　　　　　　　　　連絡先：○○○○－○○－○○○○

5．措置の期限　　　　○○年○月○日

資　料

・　上記5の期限までに上記2の措置を実施した場合は、遅滞なく上記4の者まで報告をすること。
・　上記5の期限までに正当な理由がなくて上記2の措置をとらなかった場合は、法第22条第3項の規定に基づき、当該措置をとることを命ずることがあります。
・　上記1の特定空家等に係る敷地が、地方税法（昭和25年法律第226号）第349条の3の2又は同法第702条の3の規定に基づき、住宅用地に対する固定資産税又は都市計画税の課税標準の特例の適用を受けている場合にあっては、本勧告により、当該敷地について、当該特例の対象から除外されることとなります。
・　災害その他非常の場合においては、法第22条第11項の規定に基づき、当該措置について緊急代
執行の手続に移行することがあります。

〔参考様式5：第22条第4項　命令に係る事前の通知書〕

○年○月○日
○○第○○号

○○市○○町○丁目○番地○号
　　　○○　○○　殿

○○市長
○○　○○　　　印
（担当　○○部○○課）

命令に係る事前の通知書

　貴殿の所有する下記空家等は、空家等対策の推進に関する特別措置法（平成26年法律第127号。以下「法」という。）第2条第2項に定める「特定空家等」に該当すると認められたため、○年○月○日付け○○第○○号により必要な措置をとるよう勧告しましたが、現在に至っても当該措置がなされていません。
　このまま措置が講じられない場合には、法第22条第3項の規定に基づき、下記のとおり当該措置をとることを命ずることとなりますので通知します。
　なお、貴殿は、法第22条第4項の規定に基づき、本件に関し意見書及び自己に有利な証拠を提出することができるとともに、同条第5項の規定に基づき、本通知の交付を受けた日から5日以内に、○○市長に対し、意見書の提出に代えて公開による意見の聴取を行うことを請求することができる旨、申し添えます。

記

1．対象となる特定空家等
　　　所在地　　　　　○○市××町×丁目×番地×号
　　　用　途　　　　　住宅
　　　所有者の住所及び氏名
　　　　　　　　　　　○○市○○町○丁目○番地○号　　　　○○　○○

2．命じようとする措置の内容
　　　（何をどのようにするのか、具体的に記載）※勧告書と同内容を記載
　　　（特定空家等の全部の除却である場合は動産等に対する取扱いについても明記することが望ましい。）
　　　（例）対象となる特定空家等の内部又はその敷地に残置されている動産等を措置の期限までに運び出し、適切に処分等すること。
　　　　　　特定空家等の除却により発生する動産等を措置の期限までに関係法令に従って適切に処理する

資料③ 管理不全空家等及び特定空家等に対する措置に関する適切な実施を図るために必要な指針
（ガイドライン）

　　こと。

３．命ずるに至った事由
　　　　（特定空家等がどのような状態にあって、どのような悪影響をもたらしているか、具体的に記載）

４．意見書の提出及び公開による意見の聴取の請求先
　　　　　　○○市○○部○○課長　宛
　　　　　送付先：○○市○○町○丁目○番地○号
　　　　　連絡先：○○○○－○○－○○○○

５．意見書の提出期限　○年○月○日

・　上記２の措置を実施した場合は、遅滞なく上記４の者まで報告をすること。
・　災害その他非常の場合においては、法第22条第11項の規定に基づき、当該措置について緊急代執行
の手続に移行することがあります。

〔参考様式６：第22条第３項　命令書〕

　　　　　　　　　　　　　　　　　　　　　　　　　　　　　○年○月○日
　　　　　　　　　　　　　　　　　　　　　　　　　　　　　○○第○○号

　　○○市○○町○丁目○番地○号
　　　　　　○○　○○　殿

　　　　　　　　　　　　　　　　　　　　　　　○○市長
　　　　　　　　　　　　　　　　　　　　　　　○○　○○　　印
　　　　　　　　　　　　　　　　　　　　　　　（担当　○○部○○課）

命　　令　　書

　貴殿の所有する下記空家等は、空家等対策の推進に関する特別措置法（平成26年法律第127号。以下
「法」という。）第２条第２項に定める「特定空家等」に該当すると認められたため、○年○月○日付け
○○第○○号により、法第22条第３項の規定に基づき命ずる旨を事前に通知しましたが、現在に至って
も通知した措置がなされていないとともに、当該通知に示した意見書等の提出期限までに意見書等の提
出がなされませんでした。
　ついては、下記のとおり措置をとることを命じます。

記

１．対象となる特定空家等
　　　所在地　　　　　○○市××町×丁目×番地×号
　　　用　途　　　　　住宅
　　　所有者の住所及び氏名
　　　　　　　　　　　○○市○○町○丁目○番地○号　○○　○○

２．措置の内容
　　　　（何をどのようにするのか、具体的に記載）※命令に係る事前の通知書と同内容を記載
　　　　（特定空家等の全部の除却である場合は動産等に対する取扱いについても明記することが望まし

資　料

　　い。）
　　（例）対象となる特定空家等の内部又はその敷地に残置されている動産等を措置の期限までに運び
　　　　出し、適切に処分等すること。
　　　　特定空家等の除却により発生する動産等を措置の期限までに関係法令に従って適切に処理する
　　　　こと。

３．命ずるに至った事由
　　（特定空家等がどのような状態にあって、どのような悪影響をもたらしているか、具体的に記載）

４．命令の責任者　　○○市○○部○○課長　　　○○　○○
　　　　　　　　　　連絡先：○○○○ - ○○ - ○○○○

５．措置の期限　　　　○年○月○日

・　上記２の措置を実施した場合は、遅滞なく上記４の者まで報告をすること。
・　本命令に違反した場合は、法第30条第１項の規定に基づき、50万円以下の過料に処せられます。
・　上記５の期限までに上記２の措置を履行しないとき、履行しても十分でないとき又は履行しても同期限までに
　完了する見込みがないときは、法第22条第９項の規定に基づき、当該措置について行政代執行の手続に移行する
　ことがあります。
・　災害その他非常の場合においては、法第22条第11項の規定に基づき、当該措置について緊急代執行の手続に移
　行することがあります。
・　この処分について不服がある場合は、行政不服審査法（平成26年法律第68号）第２条及び第18条の規定によ
　り、この処分があったことを知った日の翌日から起算して３箇月以内に○○市長に対し審査請求をすることがで
　きます（ただし、処分があったことを知った日の翌日から起算して３箇月以内であっても、処分の日の翌日から
　起算して１年を経過した場合には審査請求をすることができなくなります。）。
・　また、この処分の取消しを求める訴訟を提起する場合は、行政事件訴訟法（昭和37年法律第139号）第８条及
　び第14条の規定により、この処分があったことを知った日の翌日から起算して６箇月以内に、○○市長を被告と
　して、処分の取消しの訴えを提起することができます（ただし、処分があったことを知った日の翌日から起算し
　て６箇月以内であっても、処分の日の翌日から起算して１年を経過した場合には処分の取消しの訴えを提起する
　ことができなくなります。）。なお、処分の取消しの訴えは、審査請求を行った後においては、その審査請求に対
　する処分があったことを知った日の翌日から起算して６箇月以内に提起することができます。

〔参考様式７：第22条第13項　標識〕

標　　識

　下記特定空家等の所有者は、空家等対策の推進に関する特別措置法（平成26年法律第127号。以下
「法」という。）第22条第３項の規定に基づき措置をとることを、○年○月○日付け○○第○○号によ
り、命ぜられています。

記

１．対象となる特定空家等
　　所在地　　　　　○○市××町×丁目×番地×号

資料③ 管理不全空家等及び特定空家等に対する措置に関する適切な実施を図るために必要な指針
（ガイドライン）

　　　用　途　　　住宅

２．措置の内容
　　　（何をどのようにするのか、具体的に記載）
　　　（特定空家等の全部の除却である場合は動産等に対する取扱いについても明記することが望ましい。）
　　　（例）対象となる特定空家等の内部又はその敷地に残置されている動産等を措置の期限までに運び出し、適切に処分等すること。
　　　　　　特定空家等の除却により発生する動産等を措置の期限までに関係法令に従って適切に処理すること。

３．命ずるに至った事由
　　　（特定空家等がどのような状態にあって、どのような悪影響をもたらしているか、具体的に記載）

４．命令の責任者　　　○○市○○部○○課長　　　○○　○○
　　　　　　　　　　　連絡先：○○○○－○○－○○○○

５．措置の期限　　　　　○年○月○日

〔参考様式８：第22条第９項の規定に基づく行政代執行　戒告書〕

　　　　　　　　　　　　　　　　　　　　　　　　　　　　　○年○月○日
　　　　　　　　　　　　　　　　　　　　　　　　　　　　　○○第○○号
　　○○市○○町○丁目○番地○号
　　　　　　○○　○○　　殿

　　　　　　　　　　　　　　　　　　　　　　○○市長
　　　　　　　　　　　　　　　　　　　　　　○○　○○　　　印
　　　　　　　　　　　　　　　　　　　　　　（担当　○○部○○課）
　　　　　　　　　　　戒　告　書

　　貴殿に対し○年○月○日付け○○第○○号により貴殿の所有する下記特定空家等について下記措置を行うよう命じました。この命令を○年○月○日までに履行しないときは、空家等対策の推進に関する特別措置法（平成26年法律第127号）第22条第９項の規定に基づき、下記特定空家等について下記措置を執行いたしますので、行政代執行法（昭和23年法律第43号）第３条第１項の規定によりその旨戒告します。
　　なお、代執行に要するすべての費用は、行政代執行法第５条の規定に基づき貴殿から徴収します。また、代執行によりその物件及びその他の資材について損害が生じても、その責任は負わないことを申し添えます。

　　　　　　　　　　　　　　　記
１．特定空家等
　　(1) 所在地　　　○○市××町×丁目×番地×号
　　(2) 用途　　　住宅
　　(3) 構造　　　木造２階建

資　料

　⑷ 規模　　建築面積　　約　６０㎡
　　　　　　延べ床面積　　約１００㎡
　⑸ 所有者の住所及び氏名
　　　　　　○○市○○町○丁目○番地○号○○○○

２．措置の内容
　　　（何をどのようにするのか、具体的に記載）※命令書と同内容を記載
　　　（特定空家等の全部の除却である場合は動産等に対する取扱いについても明記することが望ましい。）
　　　（例）対象となる特定空家等の内部又はその敷地に残置されている動産等を措置の期限までに運び出し、適切に処分等すること。
　　　　　　特定空家等の除却により発生する動産等を措置の期限までに関係法令に従って適切に処理すること。

・　災害その他非常の場合においては、法第22条第11項の規定に基づき、当該措置について緊急代執行の手続に移行することがあります。
・　この処分について不服がある場合は、行政不服審査法（平成26年法律第68号）第２条及び第18条の規定により、この処分があったことを知った日の翌日から起算して３箇月以内に○○市長に対し審査請求をすることができます（ただし、処分があったことを知った日の翌日から起算して３箇月以内であっても、処分の日の翌日から起算して１年を経過した場合には審査請求をすることができなくなります。）。
・　また、この処分の取消しを求める訴訟を提起する場合は、行政事件訴訟法（昭和37年法律第139号）第８条及び第14条の規定により、この処分があったことを知った日の翌日から起算して６箇月以内に、○○市長を被告として、処分の取消しの訴えを提起することができます（ただし、処分があったことを知った日の翌日から起算して６箇月以内であっても、処分の日の翌日から起算して１年を経過した場合には処分の取消しの訴えを提起することができなくなります。）。なお、処分の取消しの訴えは、審査請求を行った後においては、その審査請求に対する処分があったことを知った日の翌日から起算して６箇月以内に提起することができます。

〔参考様式９：第22条第９項の規定に基づく行政代執行　代執行令書〕

　　　　　　　　　　　　　　　　　　　　　　　　　　　　　○年○月○日
　　　　　　　　　　　　　　　　　　　　　　　　　　　　　○○第○○号

　　○○市○○町○丁目○番地○号
　　　　○○　○○　殿

　　　　　　　　　　　　　　　　　　　　○○市長
　　　　　　　　　　　　　　　　　　　　○○　○○　　　　印
　　　　　　　　　　　　　　　　　　　（担当　○○部○○課）

代執行令書

　○年○月○日付け○○第○○号により貴殿の所有する下記特定空家等について下記措置を○年○月○日までに行うよう戒告しましたが、指定の期日までに義務が履行されませんでしたので、空家等対策の推進に関する特別措置法（平成26年法律第127号）第22条第９項の規定に基づき、下記のとおり代執行をおこないますので、行政代執行法（昭和23年法律第43号）第３条第２項の規定により通知します。
　また、代執行に要するすべての費用は、行政代執行法第５条の規定に基づき貴殿から徴収します。また、代執行によりその物件及びその他の資材について損害が生じても、その責任は負わないことを申し

資料③ 管理不全空家等及び特定空家等に対する措置に関する適切な実施を図るために必要な指針
（ガイドライン）

添えます。

記

1．○年○月○日付け○○第○○号により戒告した措置の内容
　　（何をどのようにするのか、具体的に記載）※戒告書と同内容を記載
　　（特定空家等の全部の除却である場合は動産等に対する取扱いについても明記することが望ましい。）
　　（例）対対象となる特定空家等の内部又はその敷地に残置されている動産等を措置の期限までに運び出し、適切に処分等すること。
　　　　特定空家等の除却により発生する動産等を措置の期限までに関係法令に従って適切に処理すること。

2．代執行の対象となる特定空家等
　　　　○○市××町×丁目×番地×号
　　　　住宅（附属する門、塀を含む）約１００㎡

3．代執行の時期
　　　　○年○月○日から○年○月○日まで

4．執行責任者
　　　　○○市○○部○○課長　　○○　　○○

5．代執行に要する費用の概算見積額
　　　　約○，○○○，○○○円

・　この処分について不服がある場合は、行政不服審査法（平成26年法律第68号）第２条及び第18条の規定により、この処分があったことを知った日の翌日から起算して３箇月以内に○○市長に対し審査請求をすることができます（ただし、処分があったことを知った日の翌日から起算して３箇月以内であっても、処分の日の翌日から起算して１年を経過した場合には審査請求をすることができなくなります。）。
・　また、この処分の取消しを求める訴訟を提起する場合は、行政事件訴訟法（昭和37年法律第139号）第８条及び第14条の規定により、この処分があったことを知った日の翌日から起算して６箇月以内に、○○市長を被告として、処分の取消しの訴えを提起することができます（ただし、処分があったことを知った日の翌日から起算して６箇月以内であっても、処分の日の翌日から起算して１年を経過した場合には処分の取消しの訴えを提起することができなくなります。）。なお、処分の取消しの訴えは、審査請求を行った後においては、その審査請求に対する処分があったことを知った日の翌日から起算して６箇月以内に提起することができます。

※措置の内容（除却、修繕、立木竹の伐採等）に応じて記載

資　料

〔参考様式10：第22条第９項の規定に基づく行政代執行　執行責任者証〕

（表面）

執行責任者証

○○第○○号

○○部○○課長　　○○○○
上記の者は、下記の行政代執行の執行責任者であることを証する。
　　○年○月○日
　　　　　　○○市長

○○○○　　　印

記

１．代執行をなすべき事項

　代執行令書（○年○月○日付け○○第○○号）記載の○○市××
町×丁目×番地×号の建築物の除却

２．代執行をなすべき時期
　○年○月○日から○年○月○日までの間

（裏面）

空家等対策の推進に関する特別措置法（平成26年法律第127号）（抜粋）
第22条　（以上略）
9　市町村長は、第３項の規定により必要な措置を命じた場合にお
　いて、その措置を命ぜられた者がその措置を履行しないとき、履
　行しても十分でないとき又は履行しても同項の期限までに完了す
　る見込みがないときは、行政代執行法（昭和23年法律第43号）の
　定めるところに従い、自ら義務者のなすべき行為をし、又は第三
　者をしてこれをさせることができる。
10～17　（略）
行政代執行法（昭和23年法律第43号）（抜粋）
第４条
　代執行のために現場に派遣される執行責任者は、その者が執行責
任者たる本人であることを示すべき証票を携帯し、要求があるとき
は、何時でもこれを呈示しなければならない。

索　引

あ

アウトソーシング ……………………… 57, 158, 260, 272, 280, 293, 295, 304, 326

空き家再生等推進事業 ………………………………………………… 171

空き家条例 ……………………… 6, 8, 12, 14, 30, 55, 58, 63, 65, 74, 85, 96, 128,
133, 140, 197, 199, 208, 224, 240, 247, 256, 315

空き家対策小委員会 …………………………… 189, 211, 243, 244, 262

空き家対策総合支援事業 ………………………… 39, 117, 159, 163, 171

空き家対策総合実施計画 …………………………………………… 160

空き家対策の強化に関する中間提言 …………………………… 211

空家等 ……………………………………… 5, 10, 27, 72, 202, 247

空家等活用促進区域 …………… 43, 48, 50, 52, 98, 103, 193, 200, 201, 203, 214, 219, 220, 222, 232, 243

空家等活用促進指針 ……………………… 46, 48, 50, 99, 103, 193, 204, 220

空家等管理活用支援法人 …………… 22, 24, 79, 88, 149, 214, 223, 233, 260, 276, 286, 325

空家等対策計画 …………… 23, 24, 34, 51, 53, 71, 89, 95, 156, 165, 170, 203, 220, 221, 223, 274, 283

合わせ技代執行 ……………………………………………… 134, 143

意思能力に欠ける者 …………… 73, 94, 120, 128, 139, 180, 236, 238, 244, 248

委託契約 ………………………………………………… 262, 274, 326

著しい（く） …………… 15, 76, 129, 133, 140, 186, 195, 196, 239, 319

著しいの二乗 …………………………………………………………… 121

裏負担 ……………………………………………………… 159, 274, 299

上書き ………………………………………………… 31, 125, 301, 325

永久にあがらない双六ゲーム …………………………… 123, 240, 252

オープンスペース …………………………………………………… 321

おそれ ……………………………………………… 16, 75, 79, 81

おそれの二乗 …………………………………………………………… 76

か

外国籍者 ………………………………………………………………… 26

ガイドライン …………… 2, 12, 16, 25, 33, 43, 67, 68, 74, 90, 93, 112, 114, 115, 117, 118, 120, 127, 128,
130, 132, 134, 136, 147, 176, 196, 207, 209, 225, 227, 241, 247, 248, 327

格下げ ……………………………………………………………………… 76

確認規定 ………………………………………………………… 65, 222

重ね打ち ………………………………………………………… 114, 196

395

索　引

過失責任 ……………………………………………………………………………………… 31
カスタマイズ ………………………………… 16, 21, 23, 76, 90, 296, 303, 319, 327
過料 ……………………………………………… 27, 58, 115, 120, 125, 161, 173
勧告 ………… 58, 60, 79, 81, 84, 115, 116, 121, 125, 140, 147, 178, 193, 194, 199, 224, 233, 234, 235, 277, 323
観念の通知 …………………………………………………………………………………… 17
管理行為 ……………………………………………………………………………………… 126
管理義務 ……………………………………………………………………………………… 29
管理者 ………………………………………………………………………………… 27, 29
管理処分権 …………………………………………………………………………………… 94
管理責任 ……………………………………………………………………………………… 31
管理不全空家等 ………………… 18, 22, 57, 74, 88, 197, 225, 233, 246, 247, 321, 323
管理不全建物管理人 ………………………………………………………… 28, 237, 251
管理不全建物管理命令 …………………………………………………… 90, 93, 236, 324
管理不全土地管理人 ………………………………………………………………………… 28
管理不全土地管理命令 ……………………………………………………… 90, 239, 324
緩和代執行 …………………………………………… 124, 126, 128, 129, 137, 252
議員立法（議員提案）………………………… 7, 179, 184, 205, 207, 210, 288, 316
技術的な助言 ………………………………………………………………………… 33, 247
基本指針 ………… 2, 11, 14, 27, 30, 32, 37, 39, 53, 56, 64, 68, 76, 84, 150, 153, 154, 176, 209, 241, 327
給与条例主義 ………………………………………………………………………………… 55
協議 ……………………………………………………………… 49, 51, 102, 103, 221
協議会 ………………………………………………………………………… 38, 53, 78
教示 ………………………………………………………… 59, 118, 127, 156, 162, 279
行政指導 ………………… 59, 72, 77, 84, 99, 113, 147, 164, 193, 224, 256, 319, 321
行政指導の求め …………………………………………………………………………… 115
行政代執行法 ……………………………………………………………………… 129, 130
強制徴収公債権 …………………………………………………………………………… 142
行政手続法 ………… 85, 118, 127, 137, 140, 145, 155, 167, 234, 265, 266, 270, 278, 288, 290, 297
行政リソース ………………… 16, 18, 96, 157, 169, 242, 251, 264, 271, 295, 327
供託 …………………………………………………………………………………… 132, 254
業務委託 ……………………………………………………………………………………… 158
共有者 ……………… 26, 62, 77, 91, 110, 114, 116, 123, 124, 132, 134, 158, 252, 256
共有者全員の同意 ………………………………………………… 120, 124, 239, 251
共有者多数事案 …………………………………………………………………… 93, 244
共有物件 ……………………………………………………………………………………… 132
緊急安全措置 …………………………………………………………… 128, 140, 249

396

索　引

緊急代執行	130, 138, 179, 198, 199, 234, 325
区分所有法	256
訓示規定	23, 30, 72, 100, 115, 167
激変緩和	119
建築確認	74
建築基準法	5, 13, 15, 47, 49, 60, 80, 101, 129, 133, 138, 195, 220
建築審査会の同意	221, 232
建築物	10
権利の消極的濫用	126
権利の濫用	29
公開意見聴取	129
公開聴聞	138
効果裁量	78, 82, 83, 89, 122, 124, 161, 162, 196, 265
工作物	10, 13, 31, 66, 112
公示送達	68, 117, 255
公募	154, 156, 168, 269, 295, 302
公法上の当事者訴訟	142, 325
公用請求	27, 65, 68
国税滞納処分	131, 142, 254, 325
個人情報	18, 71, 110, 164
戸籍	62, 158
戸籍情報連携システム	27, 66
戸籍謄本	27, 65, 111, 134
国家賠償責任	59, 78, 114, 241
固定資産税	63, 82, 83, 86, 134, 158, 164, 171
五点セット	215, 217
今後の空き家対策のあり方について	212, 262
コンサルタント	40, 71, 209

さ

財産権	45, 57, 60, 80, 112, 132, 134, 141, 194, 200, 251
財産権の消極的濫用	81, 141
財産権の内在的制約	7, 31
最終相続放棄者	29
最低敷地面積	51
裁判所による権限外行為許可	92

397

索　引

裁判所の許可	93, 96
参酌基準	47
残置動産	117, 131, 180, 253
支援法人	22, 24, 79, 88, 149, 214, 223, 233, 260, 276, 286, 325
市街化調整区域	45, 49, 52, 222
敷地	10, 12, 13, 27, 83
敷地特例適用要件	47, 50, 101, 220
事前通知	61
市町村マスタープラン	49, 52
執行三団体	216
指定法人	150, 165, 260
指導	77, 113, 115, 121, 140, 194, 224, 233, 234, 277
事務の委託	78, 155
事務の代替執行	78
社会資本整備審議会住宅宅地分科会	189, 211, 243, 262
借地権	90, 145, 235, 254
借地権不存在確認訴訟	255
住宅・土地統計調査	69
住宅局住宅総合整備課住環境整備室	21, 192, 209, 288
住宅地区改良事業等計画基礎調査事業	170
住宅用地特例	171, 225
住宅用地特例適用除外	80, 81, 83, 118, 196, 323
住民基本台帳ネットワークシステム	27, 66
住民自治	48
自由民主党空き家対策推進議員連盟	184, 202, 211, 240
自由民主党住宅土地・都市政策調査会	211
住民票	27, 62, 65, 111, 134, 158
重要事項説明項目	124
受益調整	145, 235, 254
需給関係	154, 273, 300
縮小社会	180, 244, 264
守秘義務	55, 59, 63, 64, 68, 71, 110
受領能力	239
準遺失物	132, 254
準特定空家等	74, 224, 247, 321
承継効	123, 252

398

索　引

情報公開法	185, 205
助言	72, 77, 113, 115, 121
処分基準	17, 124, 147, 161, 267
処分性	85, 118, 160, 161
所有権	253
所有者等	26, 61
所有者（等）の同意	48, 60, 61, 81, 94, 164, 238
所有者不明事案	126
所有者不明建物管理制度	92
所有者不明建物管理人	96, 126
所有者不明建物管理命令	90, 222, 324
所有者不明土地管理人	28, 96
所有者不明土地管理命令	90
所有者不明土地対策計画	42
所有者不明土地法	23, 27, 42, 90, 135, 168, 204, 223, 224, 225, 264, 269, 287, 289
所有者不明土地利用円滑化等推進法人	224, 264, 281, 287
シングルミッション	200
審査開始義務	154, 279, 296
審査基準	47, 49, 51, 152, 234, 266, 273, 278, 280, 286, 326
申請に対する処分	152, 167, 168, 169, 234, 261, 266, 278, 287, 326
生活環境の保全	7, 9, 15, 30, 42, 112
清算人	68
正当理由	120
成年後見人	28, 67, 73, 94, 121, 127, 139, 236, 244, 248
接道規制	43, 74, 101, 221
全員相続放棄事案	28, 110, 133, 134, 135
全国空き家対策推進協議会（全空協）	209, 224, 242, 290
前例主義	190
総合的な空き家対策計画	42
総合的な空き家対策条例	318
総合的かつ計画的	37
総合的の実施	20
創設規定	65, 222
相続財産管理人	324
相続財産清算人	28, 29, 90, 92, 94, 111, 135, 222
相続人全員が相続放棄	28, 110, 133, 134, 135

399

索　引

相続放棄 …………………………………………………………………………… 28, 57
想定問答 ………………………… 3, 8, 30, 46, 48, 76, 78, 84, 85, 88, 141, 150
相隣関係 …………………………………………………………………………………… 95
即時執行 ………………………………………………… 128, 133, 199, 249, 319
促進区域 ……………… 43, 48, 50, 52, 98, 103, 193, 200, 201, 203, 214, 219, 220, 222, 232, 243
促進区域ガイドライン …………………………………………………………………… 45
促進指針 ………………………………… 46, 48, 50, 99, 103, 193, 204, 220
損害賠償責任 ……………………………………………………………………………… 78

た

代執行 …………………………………………………… 115, 226, 238, 253
代理人 …………………………………………………………………………………… 127
宅地建物取引業法 ……………………………………………………………………… 124
多数者共有特定空家等 …………………………………………… 180, 239, 250
立入調査 ……………………………………………… 56, 58, 81, 202, 225
地域再生法 ……………………………………………………………………………… 221
地域住宅団地再生事業改革制度 ……………………………………………………… 221
地域住民 …………………………………………………………………… 7, 9, 23
地域振興 …………………………………………………………………………………… 8
地方交付税 ……………………………………………………………………………… 171
地方自治の本旨 …………………………………………………… 20, 22, 326
地方税法 ………………………………… 63, 65, 83, 87, 172, 225, 323
地方六団体 …………………………………………………… 215, 242, 243
賃貸借契約解除・建物収去・土地明渡請求訴訟 ………………… 117, 255
データベース …………………………………………………………………………… 69
適正手続の保障 ………………………………………………………………………… 61
適切な管理 …………………………………………………………………… 5, 30
適切な配慮 …………………………………………………………… 103, 222
適切な役割分担 ……………………………………………… 20, 23, 304
同意 …………………………………………………… 50, 51, 102, 221
登記簿 ……………………………………… 26, 57, 62, 63, 134, 158
時の裁量 …………………………………………………………………… 82, 124
特定行政庁 …………………………………………………… 47, 221, 247
特定記録郵便 ………………………………………………………………………… 123
特定空家等 ……… 14, 57, 72, 75, 83, 107, 195, 202, 225, 226, 235, 239, 247, 319, 321
特別緊急代執行 ……………… 126, 128, 138, 141, 146, 199, 226, 241

400

索　引

特別措置法 ··· 65, 129, 147
特別法 ·············· 29, 43, 47, 50, 65, 125, 137, 147, 220, 251
独立条例 ·· 315, 320
特例許可 ·· 49, 101, 221
特例認定 ··· 101
特例法 ··· 129
都市計画税 ·· 83, 172
都市計画法 ··· 49
土地基本法 ··· 31, 61
都道府県区域マスタープラン ······················ 49, 52

な

名あて人不明事案 ······································· 146
内閣提出法案 ············· 138, 142, 184, 189, 205, 208, 288, 316
内閣法制局 ·············· 4, 30, 43, 141, 184, 211, 221, 235
内閣法制局参事官 ··· 188
内閣法制局長官 ····························· 185, 189, 202
内閣法制次長 ··································· 189, 202
長屋 ··· 12, 180, 255, 319
認定 ·· 15, 17, 51, 81
納付命令 ·· 142

は

廃棄物 ·· 12, 131, 253
廃棄物処理法 ····························· 131, 272, 274, 302
配達証明付き内容証明郵便 ························ 118, 123
パブコメ回答 ··· 3, 54, 12, 55, 68, 82, 114, 120, 122, 153, 154
パブリックコメント ········· 41, 48, 212, 215, 242, 248, 290
判断基準 ····························· 16, 161, 247, 260
非強制徴収公債権 ·································· 142, 325
非訟事件手続法 ··· 93, 94
「ヒト」ではなく「モノ」 ···················· 114, 125, 250
標準処理期間 ··· 156, 279
平等原則 ·· 132
比例原則 ·········· 45, 62, 80, 81, 83, 112, 117, 122, 135, 193, 251, 253
不在者財産管理人 ··· 28, 90, 91, 94, 111, 126, 135, 145, 222, 324

401

索　引

不作為責任 …………………………………………………………………………………… 114, 241

附属機関 …………………………………………………………………………… 53, 55, 76, 322

附帯決議 ………………………… 21, 121, 124, 128, 140, 143, 145, 179, 213, 228, 235, 238, 245

不動産・建設経済局土地政策課 ……………………………………………………………… 269, 289

不動産登記法 ………………………………………………………………………… 13, 26, 236

不当利得 ……………………………………………………………………………………………… 126

不文の必要性基準（要件）…………………………………………… 155, 271, 280, 293, 295

不法行為責任 …………………………………………………………………………………………… 31

プライバシー ………………………………………………………… 50, 57, 60, 61, 62, 75, 80

不利益処分 …………………………………………………………… 59, 127, 146, 162, 236, 323

変更行為 ………………………………………………………………………………… 92, 124, 126

弁済供託 ……………………………………………………………………………………………… 132

弁明機会の付与 ……………………………………………… 59, 85, 118, 138, 162, 239, 323

報告徴収 ……………………………………………………………………………………………… 201

報告徴収権 ……………………………………………………………………………………… 58, 225

法人 ………………………………………………………………………… 26, 93, 151, 265

法治主義 ……………………………………………………………………………………… 84, 283

法定自治事務 …………………………………………………………………… 7, 20, 23, 148

法定受託事務 …………………………………………………………………………………… 20, 23

法的リスク …………………………………………………………………………………………… 118

防犯 …………………………………………………………………………………………… 6, 38, 54

法律実施条例 …………………… 6, 14, 15, 21, 23, 58, 86, 96, 140, 159, 274, 315, 320, 323, 325

補助金 …………………………………………………… 25, 39, 41, 136, 159, 170, 269, 274, 296

保存行為 ………………………………………………………………………………………… 92, 126

ま

未然防止アプローチ ………………………………………………………………… 16, 38, 88, 137

民事法 ………………………………………………………………… 13, 31, 75, 95, 120, 124

民事法の公法化 ……………………………………………………………………………………… 90

民法の特例 …………………………………………………… 89, 95, 111, 139, 168, 222, 223, 324

無過失責任 …………………………………………………………………………………………… 31

滅失登記 ……………………………………………………………………………… 12, 148, 236

持分割合 ……………………………………………………………………………… 28, 126, 250

や

誘導用途 ………………………………………………………………………… 46, 99, 193, 220, 222

402

索　引

猶予期間 ··· 233, 240

猶予期限 ··· 117, 122

要綱 ·· 86

用途制限 ··· 43

用途特例適用要件 ··· 49, 52, 102, 221

予見可能性 ·· 199

予納金 ·· 91, 92, 96

予防アプローチ ·· 12

ら

利害関係人 ·· 90, 111

リスク ·· 114, 233

立法裁量 ··· 84

立法ミス ··· 136, 145

略式代執行 ·· 29, 128, 133, 136, 227, 235, 236, 249, 254, 324

理由提示 ··· 167, 267

理由付記 ···································· 85, 127, 146, 155, 267, 279, 296

リンケージ ·· 81, 83, 101, 118, 220

連携協定 ··· 155

連帯債務 ··· 132

ロードマップ ··· 115

403

初出・原題一覧

第1部　2023年改正空家法
　第1章　書き下ろし

第2部　改正空家法の制定過程
　第2章　「空家法2023年改正法案確定に至る政府内部過程：国土交通省と内閣法制
　　　　　局とのやりとりからみえるもの」上智法学論集68巻1・2合併号（2024年）
　第3章　「空家法2023年改正法案の準備、内容、そして、審議」自治総研544号（2024
　　　　　年）
　第4章　「空家法2023年改正における附帯決議を読む」日本不動産学会誌37巻3号
　　　　　（2023年）

第3部　施行が開始された改正空家法
　第5章　「指定の判断基準：空家等管理活用支援法人の法的位置づけ」自治総研540
　　　　　号（2023年）
　第6章　「支援法人指定申請の取扱い」自治体法務研究75号（2023年）
　第7章　「支援法人指定処分に関する審査基準の作成動向：改正空家法施行2か月
　　　　　後の定点観測」都市とガバナンス41号（2024年）
　第8章　「空家法改正を踏まえた条例対応の可能性」国際文化研修121号（2023年）

〔著者紹介〕

北村喜宣（きたむら・よしのぶ）
上智大学法学部教授

1960年　京都市生まれ
1983年　神戸大学法学部卒業
1986年　神戸大学大学院法学研究科博士課程前期課程修了（法学修士）
1988年　カリフォルニア大学バークレイ校大学院「法学と社会政策」研究科修了
　　　　（M. A. in Jurisprudence and Social Policy）
1989年　横浜国立大学経済学部講師
1990年　同・助教授
1991年　神戸大学法学博士
2001年　上智大学法学部教授（現在に至る）
2004年　放送大学客員教授（～2015年）
2014年　上智大学法科大学院長（～2016年）
2021年　上智大学大学院法学研究科長（～2023年）
2022年　（公財）地方自治総合研究所所長（現在に至る）

〔専　　攻〕　行政法学、環境法学
〔主要単著書〕　『環境管理の制度と実態』（弘文堂、1992年）
　　　　　　　『行政執行過程と自治体』（日本評論社、1997年）
　　　　　　　『産業廃棄物への法政策対応』（第一法規出版、1998年）
　　　　　　　『環境政策法務の実践』（ぎょうせい、1999年）
　　　　　　　『揺れ動く産業廃棄物法制』（第一法規出版、2003年）
　　　　　　　『分権改革と条例』（弘文堂、2004年）
　　　　　　　『産業廃棄物法改革の到達点』（グリニッシュ・ビレッジ、2007年）
　　　　　　　『分権政策法務と環境・景観行政』（日本評論社、2008年）
　　　　　　　『行政法の実効性確保』（有斐閣、2008年）
　　　　　　　『プレップ環境法〔第2版〕』（弘文堂、2011年）
　　　　　　　『現代環境法の諸相〔改訂版〕』（放送大学教育振興会、2013年）
　　　　　　　『環境法政策の発想』（レクシスネクシス・ジャパン、2015年）
　　　　　　　『空き家問題解決のための政策法務』（第一法規、2018年）
　　　　　　　『分権政策法務の実践』（有斐閣、2018年）
　　　　　　　『現代環境規制法論』（上智大学出版、2018年）
　　　　　　　『廃棄物法制の軌跡と課題』（信山社、2019年）
　　　　　　　『企業環境人の道しるべ』（第一法規、2021年）
　　　　　　　『空き家問題解決を進める政策法務』（第一法規、2022年）
　　　　　　　『自治力の闘魂』（公職研、2022年）
　　　　　　　『環境法〔第6版〕』（弘文堂、2023年）
　　　　　　　『リーガルマインドが身につく自治体行政法入門〔改訂版〕』（ぎょうせい、2023年）
　　　　　　　『環境法〔第3版〕』（有斐閣、2024年）
　　　　　　　『自治体環境行政法〔第10版〕』（第一法規、2024年）

サービス・インフォメーション
―― 通話無料 ――

① 商品に関するご照会・お申込みのご依頼
　　　　　TEL 0120(203)694／FAX 0120(302)640
② ご住所・ご名義等各種変更のご連絡
　　　　　TEL 0120(203)696／FAX 0120(202)974
③ 請求・お支払いに関するご照会・ご要望
　　　　　TEL 0120(203)695／FAX 0120(202)973

●フリーダイヤル（TEL）の受付時間は、土・日・祝日を除く
　9:00～17:30です。
●FAXは24時間受け付けておりますので、あわせてご利用ください。

空き家問題解決を支える政策法務
―施策展開のための改正法解釈―

2025年3月3日　初版発行

著　　者　北　村　喜　宣

発　行　者　田　中　英　弥

発　行　所　第一法規株式会社
　　　　　　〒107-8560　東京都港区南青山2-11-17
　　　　　　ホームページ　https://www.daiichihoki.co.jp/

装　　丁　篠　　隆　二

空家政策法務施策　ISBN 978-4-474-09698-1　C0032 （2）